Fresques

Histoire et éducation à la citoyenneté
2ᵉ cycle du secondaire • **2ᵉ année**

Christophe Horguelin • Maude Ladouceur
France Lord • Fabienne Rose

Avec la collaboration de
Stéphanie Béreau et François-Nicolas Pelletier

**Manuel de l'élève
Tome 1**

GRAFICOR
CHENELIÈRE ÉDUCATION

Fresques
Histoire et éducation à la citoyenneté, 2e cycle du secondaire, 2e année

Christophe Horguelin, Maude Ladouceur, France Lord, Fabienne Rose

© 2008 Les Éditions de la Chenelière inc.

Édition : Audrée-Isabelle Tardif
Coordination : Denis Fallu, Christiane Gauthier, Geneviève Mativat et
  Dominique Lapointe
Révision linguistique : Sylvain Archambault et Claire St-Onge
Correction d'épreuves : Natasha Auclair et Michèle Levert
Conception graphique et infographie : Matteau Parent graphisme et
  communication inc. (Chantale Richard-Nolin)
Conception de la couverture : Matteau Parent graphisme et
  communication inc. (Chantale Richard-Nolin) et Josée Brunelle
Montages iconographiques : Luc Normandin (couverture, p. 2-3 et 138-139)
Recherche iconographique : Marie-Chantal Laforge et Bernard Théoret
Recherche historique : Nancy Marando et Maryse Tremblay
Cartographie : Yanick Vandal, Groupe Colpron
Numérisation des photos : Centre de production partagé de Montréal,
  Médias Transcontinental
Impression : Imprimeries Transcontinental

Remerciements

L'Éditeur tient à remercier Jesse Boulette, auteur du guide d'enseignement, pour la rédaction de l'outil S'interroger en vue de l'interprétation historique et pour ses conseils avertis.

L'Éditeur remercie également, pour leur précieuse collaboration à titre de consultants pédagogiques, Christian Labrèche, enseignant au collège Villa Maria, Sylvie Perron, enseignante à la C.S. des Premières-Seigneuries et Annie Girard, enseignante à la C.S. de Montréal, ainsi que tous les enseignants et les enseignantes qui ont participé aux différentes étapes de l'élaboration de ce manuel.

Pour leur travail de révision scientifique réalisé avec soin et promptitude, l'Éditeur remercie également Alain Beaulieu, UQAM (chapitre 1, premiers occupants) ; Fernando Chinchilla, Université de Montréal (Brésil) ; Sylvie Dépatie, UQAM (chapitre 1, régime français) ; Christian Dessureault, Université de Montréal (chapitres 1 et 2, régime britannique) ; Gérard Hervouet, Université Laval (Singapour) ; Marie-Nathalie Leblanc, UQAM (Afrique du Sud et Côte d'Ivoire) ; Jean-Pierre Le Glaunec, Université de Sherbrooke (Haïti) ; Claude Morin, Université de Montréal (Mexique) ; Pascale Ryan, PhD, historienne (chapitres 1 et 2, période contemporaine) ; Loïc Tassé, Université de Montréal (Chine) ; Marc Termote, Université de Montréal (Belgique) ; Thomas Wien, Université de Montréal (chapitre 2, premiers occupants et régime français).

GRAFICOR

CHENELIÈRE ÉDUCATION

7001, boul. Saint-Laurent
Montréal (Québec) Canada H2S 3E3
Téléphone : 514 273-1066
Télécopieur : 450 461-3834 / 1 888 460-3834
info@cheneliere.ca

ISBN 978-2-7652-0481-7

Dépôt légal : 2e trimestre 2008
Bibliothèque et Archives nationales du Québec
Bibliothèque et Archives Canada

Imprimé au Canada

2 3 4 5 ITIB 12 11 10 09 08

Nous reconnaissons l'aide financière du gouvernement du Canada par l'entremise du Programme d'aide au développement de l'industrie de l'édition (PADIÉ) pour nos activités d'édition.

Gouvernement du Québec – Programme de crédit d'impôt pour l'édition de livres – Gestion SODEC.

DANGER
LE PHOTOCOPILLAGE TUE LE LIVRE

TABLE DES MATIÈRES

chapitre 1

POPULATION ET PEUPLEMENT 2

chapitre 2

ÉCONOMIE ET DÉVELOPPEMENT 138

TOME 2

L'organisation du manuel
Développer ses compétences
Les concepts communs en univers social

L'ORGANISATION DU MANUEL

Votre manuel en deux tomes comprend un rappel des réalités sociales de la 1re année du 2e cycle du secondaire, cinq chapitres et cinq sections de référence : la Boîte à outils, l'Atlas, la Chronologie, le Glossaire et l'Index.

Chaque chapitre permet d'aborder une réalité sociale selon une thématique et sous un angle historique et actuel.

Le début d'un chapitre

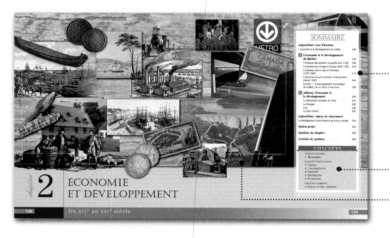

L'ouverture du chapitre présente en un coup d'œil la thématique à l'étude.

Le sommaire donne un aperçu du contenu du chapitre.

Les concepts du chapitre sont présentés sous forme de liste.

La fresque d'ouverture met en évidence les principaux éléments de contenu abordés.

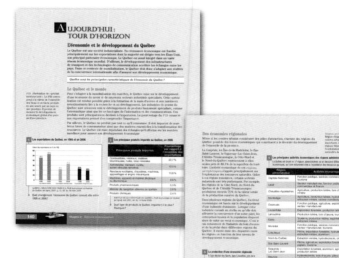

Les pages « Aujourd'hui : tour d'horizon » soulèvent un questionnement sur un aspect du Québec contemporain. Ce questionnement se poursuivra à la fin du chapitre, dans les pages « Aujourd'hui : enjeux de citoyenneté ».

Les pictogrammes CD 1, CD 2, et CD 3 indiquent la compétence ou les compétences disciplinaires qui peuvent être développées dans la partie.

La rubrique « Pistes d'interrogation » incite l'élève, à partir des documents présentés, à s'interroger sur un enjeu lié à un aspect du Québec contemporain.

La partie en lien avec le passé du Québec

La question de départ guide l'interprétation du contenu tout au long de la section.

Des consignes soutiennent l'interprétation selon la méthode historique.

Les projets facultatifs du chapitre sont présentés brièvement.

Le ruban du temps présente les périodes historiques abordées dans le chapitre. Les illustrations placées sous chacune des périodes amènent l'élève à s'interroger sur les éléments de continuité et de changement qui caractérisent chacune des périodes historiques à l'étude.

La partie est divisée en trois ou quatre périodes historiques.

La question d'ouverture guide l'interprétation du contenu de la période historique à l'étude.

Le ruban du temps permet de situer les principaux événements historiques de la période.

La rubrique « À travers le temps » présente un aspect de l'histoire dans une perspective de continuité entre le passé et le présent.

La rubrique « Portrait » relate le parcours des gens qui ont eu une influence sur leur époque.

Les définitions des mots ou des concepts écrits en bleu dans le texte sont placées en marge.

La rubrique « Curiosité » présente des faits étonnants.

Les documents écrits permettent de comprendre le point de vue des gens de l'époque.

Les concepts étudiés dans la partie en cours sont indiqués près du titre.

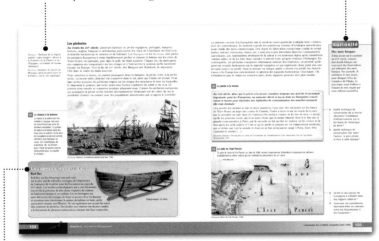

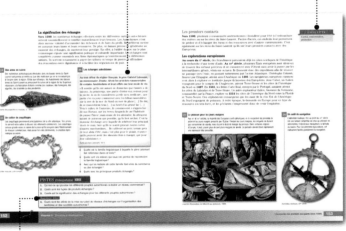

La rubrique « Lieu de mémoire » s'attarde à des éléments du patrimoine culturel des sociétés à l'étude.

La rubrique « Pistes d'interprétation » comprend des questions relatives au contenu d'une partie de la période à l'étude.
La « Question bilan » permet de faire le point.

Les pages «Décoder…» proposent une activité d'intégration et de réinvestissement faisant appel à plusieurs techniques que l'on trouve dans la Boîte à outils à la fin du manuel.

La rubrique «Pour mieux comprendre» offre l'occasion de répondre à la question de départ.

La partie sur les sociétés de comparaison

La deuxième partie, intitulée «Ailleurs,…», permet de comparer le Québec contemporain avec une autre société, au choix parmi celles présentées dans cette partie.

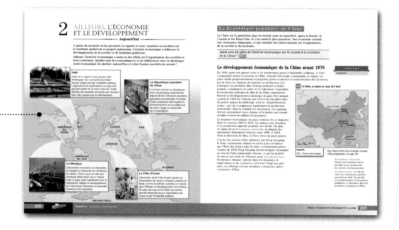

Une carte situe les sociétés de comparaison et les présente brièvement.

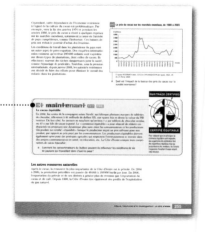

La rubrique «Et maintenant» propose des liens avec le présent afin de susciter la réflexion.

La rubrique «Pistes de comparaison» propose une série de questions relatives au contenu présenté ainsi qu'une activité de comparasion.

La fin d'un chapitre

Les pages « Aujourd'hui : enjeux de citoyenneté » portent sur le Québec actuel et poursuivent la réflexion amorcée dans les pages « Aujourd'hui : tour d'horizon » du début du chapitre.

La rubrique « Débats d'idées » pose des questions liées aux documents, en vue d'un débat en classe.

La rubrique « Pistes de réflexion citoyenne » amène à réfléchir aux gestes qu'on peut poser en tant que citoyens dans la société d'aujourd'hui.

La synthèse du chapitre est suivie de plusieurs activités de synthèse et de réinvestissement qui permettent de faire un retour sur le contenu, les concepts et l'objet d'interprétation du chapitre.

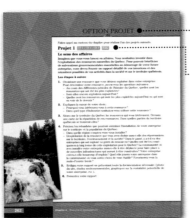

L'« Option projet » présente de façon détaillée les deux projets facultatifs du chapitre.

Le pictogramme **TIC** souligne une occasion de faire appel aux technologies de l'information et de la communication (TIC).

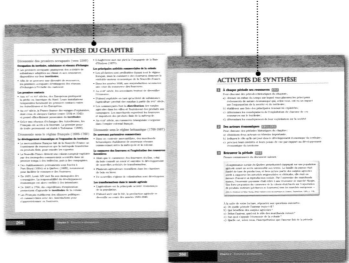

Les pages de référence du manuel

La Boîte à outils propose des techniques utiles en histoire et des exemples de leur application.

L'Atlas présente des cartes historiques et des cartes géographiques pertinentes.

- La Chronologie fait un survol des événements importants de chaque thématique à l'étude.

- Le Glossaire regroupe toutes les définitions du manuel et renvoie aux pages où les mots définis apparaissent pour la première fois.

- L'Index renvoie aux pages du manuel où sont présentés des personnages ou des événements d'importance.

DÉVELOPPER SES COMPÉTENCES

Le cours d'histoire et éducation à la citoyenneté vise le développement de trois compétences disciplinaires.

CD 1 Interroger les réalités sociales dans une perspective historique

Cette compétence permet de relever de l'information et de se questionner sur le Québec d'aujourd'hui en vue d'aller chercher ensuite des explications dans le passé. Il s'agit de faire des liens entre les différents aspects de la société présentée sur une longue durée. On est alors amené à s'intéresser à l'évolution de la société dans le temps.

Dans le manuel, cette compétence peut-être développée dans les sections suivantes :
- Les pages « Aujourd'hui : tour d'horizon » ;
- La rubrique « Pistes d'interrogation » ;
- Les pages d'ouverture qui présentent la thématique du chapitre ;
- La partie en lien avec le passé du Québec ;
- La partie sur les sociétés de comparaison ;
- Les activités de synthèse.

CD 2 Interpréter les réalités sociales à l'aide de la méthode historique

Cette compétence permet d'utiliser la méthode historique et de mettre à contribution les outils et techniques propres à l'histoire, afin de trouver des explications à ses interrogations. Il s'agit d'interpréter le passé en faisant des liens entre les événements et en établissant leurs conséquences dans la durée. Appuyé par des documents variés, on justifie son interprétation en réutilisant les concepts à l'étude dans différents contextes.

Dans le manuel, cette compétence peut être développée dans les sections suivantes :
- La partie en lien avec le passé du Québec ;
- Les rubriques « Pistes d'interprétation » ;
- La partie sur les sociétés de comparaison et les rubriques « Pistes de comparaison » ;
- Les pages « Décoder… » ;
- La synthèse et les activités de synthèse ;
- La boîte à outils.

CD 3 Consolider l'exercice de sa citoyenneté à l'aide de l'histoire

L'étude des réalités sociales aide à réaliser l'importance des actions humaines dans le développement de notre société démocratique. Pour pouvoir établir les bases de participation à la vie collective, il faut être en mesure de définir son identité et reconnaître qu'il existe une diversité d'identités. En débattant d'enjeux de société et en réinvestissant ses connaissances dans le contexte du présent, on est en mesure de consolider l'exercice de sa citoyenneté.

Dans le manuel, cette compétence peut être développée dans les sections suivantes :
- Les pages « Aujourd'hui : tour d'horizon » ;
- Les rubriques « Et maintenant » ;
- Les pages « Aujourd'hui : enjeux de citoyenneté » ;
- Les activités de synthèse.

LES CONCEPTS COMMUNS EN UNIVERS SOCIAL

Le domaine de l'univers social s'articule autour de trois concepts communs : société, territoire et enjeu. Ce domaine regroupe la géographie, l'histoire et l'éducation à la citoyenneté. Ces disciplines permettent de comprendre le monde dans lequel nous évoluons et de trouver des façons d'y contribuer en tant que citoyens.

SOCIÉTÉ

Une société est un regroupement d'individus qui s'organisent sur un territoire et qui établissent des liens durables entre eux. Chaque société se définit par sa culture propre, c'est-à-dire ses traditions et ses coutumes, le mode de vie de ses habitants, son type de régime politique, la ou les religions qu'on y pratique, la ou les langues qu'on y parle, etc. Ainsi, la société québécoise se caractérise, entre autres, par ses valeurs démocratiques, son ouverture à la diversité et son attachement à la langue française.

TERRITOIRE

Le territoire est le lieu sur lequel une société évolue. Il est aménagé en vue de répondre aux besoins de cette société et il reflète les caractéristiques politiques, économiques et sociales du groupe humain qui l'occupe. Par exemple, le territoire de certaines régions ressources du Québec reflète le type d'exploitation économique (telle l'exploitation forestière) qui y est fait et le mode de vie de ceux qui y habitent.

ENJEU

Toutes les sociétés font face à des enjeux déterminants. Un enjeu est ce qu'il y a à gagner ou à perdre dans une situation qui, la plupart du temps, pose problème. Il est souvent lié à une question de continuité ou de changement dans une société, et il compte en général des opposants et des partisans. La question de la propriété et de l'utilisation de l'eau qui est disponible sur le territoire du Québec est un exemple d'enjeu. Elle implique ceux qui estiment que l'eau est un bien commun et appartient à l'ensemble des Québécois, et ceux qui estiment que l'eau est un bien et qu'elle peut être vendue. Le gouvernement, quant à lui, doit faire face à cet enjeu et évaluer tous les aspects du problème pour trouver un compromis.

LES PREMIERS OCCUPANTS

Il y a environ 30 000 ans, les ancêtres des Autochtones seraient arrivés sur le continent américain par le détroit de Béring. Puis, vers 10 000 av. J.-C., les premiers occupants du Québec s'établissent dans le sud du territoire québécois actuel. Ils peuplent progressivement l'ensemble du territoire. Les Inuits s'installent dans l'Arctique, les Algonquiens, dans le Subarctique de l'Est et les Iroquoiens, dans le Nord-Est. Selon le territoire où elles vivent, les sociétés autochtones sont nomades ou sédentaires, et chacune développe sa propre culture. Toutefois, l'adaptation de ces sociétés à leur milieu de vie conduit à une **conception du monde** commune. Celle-ci est étroitement liée à la nature et elle imprègne leurs rituels, leurs récits mythiques, leur spiritualité ainsi que leurs valeurs fondamentales, soit la bravoure, le don et l'éloquence. La conception du monde des Autochtones se perpétue au moyen de la tradition orale, transmise principalement par les aînés.

Vers −33 000 à vers 1500

−33 000

−10 000

L'ÉMERGENCE D'UNE SOCIÉTÉ EN NOUVELLE-FRANCE

Dès le XVIᵉ siècle, des pêcheurs et des explorateurs européen parcourent les côtes de l'Amérique du Nord. Puis, en 1534, Jacques Cartier prend possession, au nom de la France, du territoire situé à l'embouchure du fleuve Saint-Laurent. Au XVIIᵉ siècle, l'État français entreprend la colonisation de la Nouvelle-France afin d'en exploiter les ressources naturelles. Il accorde des monopoles à des compagnies qui pratiquent le commerce des fourrures avec les Amérindiens, ce qui enrichit la France. En retour, les compagnies s'engagent à faire venir des colons pour peupler la **colonie**. L'Église s'établit également sur le territoire afin d'évangéliser les Amérindiens et d'offrir des services aux colons. Cependant, dans les années 1660, la colonie demeure peu peuplée. Le roi Louis XIV décide alors, en 1663, de placer celle-ci sous son autorité. Sous le gouvernement royal, la Nouvelle-France devient une véritable colonie de peuplement, et une nouvelle société émerge au XVIIIᵉ siècle. Encadrée par l'Église, la population s'accroît, l'économie se diversifie et une culture authentiquement canadienne se développe. Cependant, la rivalité franco-anglaise déborde sur le territoire nord-américain et les affrontements entre les deux empires aboutissent à la conquête de la colonie par les Britanniques en 1760.

1534 à 1760

LE CHANGEMENT D'EMPIRE

En 1760, la colonie est soumise à un régime militaire. Le traité de Paris de 1763 en fait officiellement une colonie britannique. La **Conquête** entraîne de nombreux changements dans l'organisation de la société et les institutions mises en place par les Français. La nouvelle colonie se démarque par ailleurs des autres possessions britanniques par sa population, qui est majoritairement de descendance française. La Proclamation royale de 1763 impose à la *Province of Quebec* des structures politiques et juridiques britanniques. Puis, le gouverneur Murray reçoit de Londres des instructions qui visent l'assimilation des Canadiens. Il doit toutefois faire des concessions. Ainsi, les Canadiens peuvent conserver quelques droits, dont la pratique de la religion catholique et l'application de certaines lois françaises. Cependant, les autorités britanniques craignent que l'agitation dans les Treize colonies entraîne des répercussions dans la province de Québec. Cette crainte les amène à accorder, par l'Acte de Québec de 1774, davantage de droits aux Canadiens, comme la reconnaissance officielle de l'Église catholique et le rétablissement du droit civil français. En 1783, à la suite de l'indépendance des États-Unis d'Amérique, des loyalistes émigrent vers les territoires britanniques situés plus au nord, y compris dans la province de Québec. Cette situation va modifier le paysage démographique et culturel de la province.

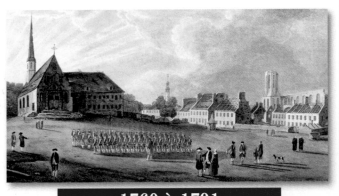

1760 à 1791

1500   1600   1700   1800

LES REVENDICATIONS ET LES LUTTES DANS LA COLONIE BRITANNIQUE

À la fin du XVIII siècle, des Canadiens et des colons britanniques, incluant des loyalistes, réclament une réforme des institutions politiques. Par l'Acte constitutionnel de 1791, une Chambre d'assemblée est créée dans les colonies du Bas-Canada et du Haut-Canada. Au Bas-Canada, l'essentiel du pouvoir reste toutefois dans les mains du gouverneur et des membres des Conseils. Face à cette situation, plusieurs députés réclament davantage de droits et un gouvernement responsable. Par ailleurs, les députés canadiens et britanniques surveillent de près les intérêts de leur groupe respectif, et les positions de chacun sont défendues dans la presse écrite. Des tensions politiques s'ensuivent. En 1826, le Parti canadien devient le Parti patriote et se fait le défenseur des droits des Canadiens. Certains de ses membres se radicalisent et prônent la lutte armée. Lorsqu'en 1837 Londres rejette leurs revendications, des rébellions éclatent au Bas-Canada. Une rébellion a aussi lieu dans le Haut-Canada. En 1839, l'envoyé de Londres, Lord Durham, recommande l'assimilation des Canadiens français. Il mise sur l'immigration britannique et prône la réunion des deux Canadas, qui se concrétise par l'Acte d'Union de 1840. Les Canadiens français prennent alors conscience de leur appartenance à une **nation** différente. Au cours des années 1840, des députés canadiens-français et des députés canadiens-anglais s'unissent pour réclamer la responsabilité ministérielle, qu'ils obtiennent en 1848.

1791 à 1850

LA FORMATION DE LA FÉDÉRATION CANADIENNE

Au cours des années 1850, les rivalités entre les partis nuisent à la bonne gestion des affaires de la colonie. Sur le plan économique, le libre-échangisme adopté par la Grande-Bretagne force les colonies britanniques d'Amérique du Nord à développer un marché commun pour contrer la concurrence. Des députés du Canada-Est et du Canada-Ouest décident alors de former une coalition et proposent un projet de confédération des colonies. À la même époque, soit entre 1850 et 1867, une première phase d'**industrialisation** se met en place. Les colonies sont désormais reliées par des réseaux de transport. Le projet de confédération se concrétise en 1867, avec la promulgation de l'Acte de l'Amérique du Nord britannique. Le Canada devient alors un dominion de l'Empire britannique et adopte un régime parlementaire. Entre 1867 et 1929, de nouvelles provinces s'ajoutent au territoire du Dominion et une deuxième phase d'industrialisation contribue au mouvement d'urbanisation. Les conditions de travail difficiles poussent les ouvriers des usines à se regrouper en syndicats. Sur le plan économique, la Première Guerre mondiale profite aux industries du Dominion.

1850 à 1929

1800   1850   1900

LA MODERNISATION DE LA SOCIÉTÉ QUÉBÉCOISE

Le krach boursier de 1929 plonge le Québec dans une grave crise économique. Les gouvernements interviennent afin d'aider les plus démunis. De nombreux partis politiques sont créés durant cette période, dont l'Union nationale dirigée par Maurice Duplessis. L'Église occupe alors une place importante, en particulier dans la gestion des affaires sociales. En 1939, la Seconde Guerre mondiale stimule l'économie et amène les femmes à intégrer le marché du travail. L'industrie de guerre enclenche une nouvelle période de prospérité pour le Québec. C'est aussi le début de la société de consommation et de la communication de masse. La culture américaine, de plus en plus présente, influence les mentalités des Québécois. Entre 1946 et 1960, le baby-boom et l'immigration contribuent à l'augmentation de la population, d'où un besoin accru de services sociaux. L'État prend alors la relève de l'Église et met en place un État providence. Le Parti libéral de Jean Lesage, au pouvoir de 1960 à 1966, amorce un processus de **modernisation** de la société : c'est la Révolution tranquille. Grâce à la nationalisation de certaines ressources économiques, dont l'hydroélectricité, les Québécois prennent en main l'économie de la province. De plus, les institutions publiques se démocratisent, notamment les systèmes d'éducation et de santé. Les réformes entraînent un essor du nationalisme et l'affirmation culturelle et politique des Québécois.

1929 à 1980

LES ENJEUX DE LA SOCIÉTÉ QUÉBÉCOISE

Depuis les années 1980, la société québécoise connaît des transformations qui l'amènent à débattre de nombreux enjeux dans l'**espace public**. Sur le plan politique, le référendum de 1980 sur la souveraineté-association soulève la question de la place du Québec au sein du Canada. Lors du rapatriement de la Constitution, en 1982, le Québec n'approuve pas les termes de la nouvelle loi et refuse de signer. À ce jour, le Québec n'est d'ailleurs toujours pas réintégré dans la Constitution canadienne. La question autochtone constitue aussi un enjeu politique de taille. Des accords sont signés entre le gouvernement du Québec et les Autochtones, notamment la résolution de 1985, qui reconnaît les nations autochtones du Québec, et la Paix des Braves, en 2002. Quant à leur droit à l'autodétermination, les Autochtones poursuivent toujours leurs revendications. Sur le plan économique, la précarisation de l'emploi, la croissance du secteur tertiaire, l'augmentation de la dette publique et la mondialisation sont au cœur des débats de société. De nombreux enjeux sociaux sont aussi présents, comme la place de la langue française, l'équité salariale, la conciliation travail-famille, la pauvreté, l'immigration, le vieillissement de la population, etc. L'environnement suscite également de nombreuses réflexions, notamment sur la diminution des rejets polluants, la gestion des matières résiduelles et de l'énergie et la protection des ressources naturelles.

Depuis 1980

1950

2000

CHRONOLOGIE DES PRINCIPAUX ÉVÉNEMENTS DE L'HISTOIRE DU QUÉBEC

LES PREMIERS OCCUPANTS

- Vers – 33 000 à vers – 28 000, arrivée des premiers Autochtones en Amérique
- Vers – 10 000, arrivée des premiers Autochtones dans la vallée du Saint-Laurent
- Vers – 6000 à vers – 1000, arrivée des premiers nomades dans l'aire du Subarctique de l'Est
- Vers – 2000, arrivée des Dorsétiens dans l'aire de l'Arctique
- Vers – 1000 à vers 900, sédentarisation des Iroquoiens
- Vers 1000, arrivée des Thuléens dans l'aire de l'Arctique
- Vers 1000, présence des Vikings à Terre-Neuve
- 1492, Colomb atteint l'Amérique
- 1497, Cabot atteint Terre-Neuve et longe la côte de l'Amérique du Nord
- 1524, Verrazano atteint la côte atlantique de l'Amérique du Nord

Vers – 33 000 à vers 1500

– 33 000

– 10 000

L'ÉMERGENCE D'UNE SOCIÉTÉ EN NOUVELLE-FRANCE

- 1534, Cartier à Gaspé
- 1541, établissement de forts par Cartier et Roberval près de Stadaconé (Québec)
- Début du XVIIe siècle, établissements français en Acadie
- 1608, fondation de Québec par Champlain
- 1611, arrivée des Jésuites
- 1615, arrivée des Récollets
- 1627, Compagnie des Cent-Associés
- 1634, fondation de Trois-Rivières par Laviolette
- 1639, arrivée des Ursulines et des Augustines
- 1642, fondation de Ville-Marie (Montréal) par Maisonneuve et Jeanne Mance
- 1663, début du gouvernement royal
- 1665, Talon, intendant
- 1672, Frontenac, gouverneur
- 1674, Mgr François de Montmorency-Laval, évêque de Québec
- 1674-1682, exploration du Mississippi
- 1689, Frontenac, gouverneur
- 1701, Grande Paix de Montréal
- 1713, traité d'Utrecht
- 1713, Hocquart, intendant
- 1755, déportation des Acadiens
- 1759, bataille des plaines d'Abraham

1534 à 1760

LE CHANGEMENT D'EMPIRE

- 1760, capitulation de la Nouvelle-France à Montréal
- 1759-1763, régime militaire
- 1763, traité de Paris
- 1763, Proclamation royale et instructions au gouverneur Murray
- 1763, révolte des Amérindiens
- 1766, signature d'un traité de paix entre Pontiac et les autorités britanniques
- 1774, Acte de Québec
- 1775, invasion de la province de Québec par les insurgés des Treize colonies
- 1776, déclaration d'Indépendance américaine
- 1778, arrivée des premiers loyalistes dans la province de Québec
- 1783, traité de Paris et traité de Versailles
- 1791, Acte constitutionnel

1760 à 1791

1500   1600   1700   1800

LES REVENDICATIONS ET LES LUTTES DANS LA COLONIE BRITANNIQUE

- 1791, Acte constitutionnel
- 1792, premières élections au Bas-Canada
- 1805, fondation du journal *The Quebec Mercury*
- 1806, fondation du journal *Le Canadien*
- 1809, mise à l'eau du premier navire à vapeur construit au Canada, l'*Accommodation*
- 1815, début de l'essor de l'immigration britannique au Bas-Canada
- 1817, fondation de la première banque, la Banque de Montréal
- 1825, mise en service du canal de Lachine
- 1826, le Parti canadien devient le Parti patriote
- 1834, adoption des 92 Résolutions
- 1836, première ligne de chemin de fer
- 1837-1838, rébellions dans le Bas-Canada et le Haut-Canada
- 1839, rapport Durham
- 1840, Acte d'Union
- 1841, alliance des réformistes
- 1846, abolition des *Corn Laws*
- 1848, application du principe de la responsabilité ministérielle

1791 à 1850

LA FORMATION DE LA FÉDÉRATION CANADIENNE

- 1850, début de la première phase d'industrialisation
- 1854, traité de réciprocité
- 1864, Conférence de Charlottetown et Conférence de Québec
- 1866, Conférence de Londres
- 1867, Acte de l'Amérique du Nord britannique
- 1867, élection du gouvernement Macdonald
- 1870, création de la province du Manitoba
- 1871, création de la province de la Colombie-Britannique
- 1873, création de la province de l'Île-du-Prince-Édouard
- 1876, adoption de la Loi sur les Indiens
- 1879, Politique nationale
- 1885, achèvement du Canadien Pacifique
- 1885, pendaison de Louis Riel
- 1887, élection provinciale du gouvernement Mercier
- 1896, élection fédérale du gouvernement Laurier
- 1905, création des provinces de l'Alberta et de la Saskatchewan
- 1914-1918, Première Guerre mondiale
- 1917, obtention par les femmes du droit de vote au fédéral
- 1921, fondation de la Confédération des travailleurs catholiques du Canada
- 1922, avènement de la radio
- 1929, krach boursier à New York

1850 à 1929

1800

1850

1900

LA MODERNISATION DE LA SOCIÉTÉ QUÉBÉCOISE

- 1930, début de la Grande Crise
- 1930, parution de la *Lettre pastorale des évêques sur le divorce*
- 1936, élection du gouvernement Duplessis
- 1939-1945, Seconde Guerre mondiale
- 1939, élection du gouvernement Godbout
- 1940, droit de vote accordé aux femmes au Québec
- 1943, adoption de la loi sur la fréquentation scolaire obligatoire
- 1944, élection du second gouvernement Duplessis
- 1948, adoption du drapeau québécois
- 1949, grève de l'amiante
- 1952, début de la mise en ondes de la télévision de Radio-Canada
- 1954, création de l'impôt provincial
- 1955, élaboration de la pilule contraceptive
- 1960, élection du gouvernement Lesage
- 1963, Commission royale d'enquête sur l'enseignement dans la province de Québec
- 1967, élection du gouvernement Bourassa
- 1967, Exposition universelle de Montréal
- 1970, crise d'Octobre
- 1971, annonce du projet de la Baie-James
- 1972, création de l'Assurance maladie du Québec
- 1976, élection du gouvernement Lévesque
- 1977, adoption de la Charte de la langue française (loi 101)
- 1978, adoption de la Loi sur la protection du territoire agricole du Québec
- 1978, création de la Régie de l'Assurance automobile du Québec

1930 à 1980

LES ENJEUX DE LA SOCIÉTÉ QUÉBÉCOISE

- 1978, création du Bureau d'audiences publiques sur l'environnement
- 1980, référendum sur la souveraineté-association
- 1982, rapatriement unilatéral de la Constitution canadienne
- 1985, adoption par l'Assemblée nationale de la résolution reconnaissant officiellement l'existence de 10 nations autochtones dont une nation inuite
- 1987, échec de l'accord du lac Meech
- 1988, adoption de l'accord de libre-échange avec les États-Unis
- 1990, crise d'Oka
- 1992, échec de l'accord de Charlottetown
- 1993, Accord de libre-échange nord-américain (ALENA)
- 1995, référendum sur la souveraineté
- 1996, Loi sur l'équité salariale
- 1997, création des Centres de la petite enfance
- 1997, signature du protocole de Kyoto
- 1999, création du territoire du Nunavut
- 2002, Paix des Braves
- 2002, adoption de la Loi visant à lutter contre la pauvreté et l'exclusion sociale

Depuis 1980

1950

2000

chapitre

1 POPULATION ET PEUPLEMENT

Des origines au XXIᵉ siècle

CONCEPTS

CONCEPT CENTRAL
▶ **Population**

CONCEPTS PARTICULIERS
▶ Appartenance
▶ Croissance
▶ Identité
▶ Migration
▶ Pluriculturalité

CONCEPTS COMMUNS
▶ Enjeu, société, territoire

A UJOURD'HUI : TOUR D'HORIZON

La population et le peuplement du Québec

Au fil des siècles, l'accroissement naturel et les nombreux mouvements migratoires ont contribué à forger la population actuelle du Québec et à assurer sa croissance. La population québécoise est composée d'une majorité d'habitants d'origine française, d'une minorité d'origine britannique, de plusieurs nations autochtones, ainsi que de nombreux citoyens d'origines culturelles diverses. Elle compte plusieurs groupes sociaux ayant chacun leur identité propre, mais qui partagent un territoire, des lois, des valeurs et une langue communes. Le Québec d'aujourd'hui se distingue donc par sa pluriculturalité.

> *Quelles sont les principales caractéristiques de la population et du peuplement du Québec ?*

Croissance Augmentation d'une population, que ce soit par accroissement naturel, c'est-à-dire les naissances, ou par l'immigration.

La répartition de la population du Québec

En 2007, le Québec comptait près de 7 700 000 habitants, soit environ 23 % de la population du Canada. La majorité de la population de la province est concentrée dans les villes dispersées sur le territoire. Ainsi, la région métropolitaine de recensement (RMR) de Montréal regroupe à elle seule près de la moitié (47,9 %) de la population du Québec. Pourtant, la superficie de la RMR de Montréal ne mesure que 4047,3 km², soit environ 0,2 % de la superficie totale du territoire de la province, qui s'étend sur 1 667 441 km².

1 La densité de la population du Québec, en 2001

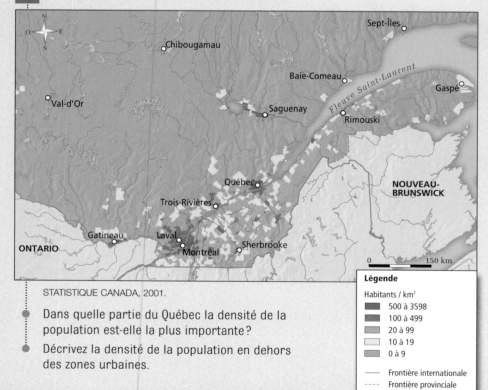

STATISTIQUE CANADA, 2001.

Légende

Habitants / km²
- 500 à 3598
- 100 à 499
- 20 à 99
- 10 à 19
- 0 à 9

— Frontière internationale
---- Frontière provinciale

- Dans quelle partie du Québec la densité de la population est-elle la plus importante ?
- Décrivez la densité de la population en dehors des zones urbaines.

2 La densité de la population au Québec et ailleurs dans le monde, en 2005

Région	Nombre d'habitants au km²
Québec	4,6
Russie	8,5
Brésil	21,8
Afrique du Sud	36,0
Mexique	56,1
France	110,4
Belgique	345,9
Hong Kong	6642,0
Singapour	6826,0

QUÉBEC. IMMIGRATION ET COMMUNAUTÉS CULTURELLES. « Densité de la population du Québec » (données de 2005) [en ligne] ; CIA. *The World Factbook* (données de 2005) [en ligne] ; *Atlas du monde* (données de 2005) [en ligne], réf. du 18 janvier 2008.

- Selon vous, pourquoi le Québec est-il si peu densément peuplé ?
- Quel pays parmi la liste est le plus densément peuplé ? De quel continent fait-il partie ?

Les mesures de la population

Afin de mieux comprendre les variations de population sur un territoire donné, les démographes, ces spécialistes de l'étude statistique des populations humaines, mesurent deux éléments : l'accroissement naturel et les mouvements migratoires.

L'accroissement naturel

L'accroissement naturel permet de mesurer la différence entre le nombre de naissances et le nombre de décès au sein d'une population. Lorsque le **taux de natalité** est plus élevé que le **taux de mortalité**, la population connaît une croissance. À l'opposé, si le taux de mortalité dépasse le taux de natalité, la population diminue.

Au cours des dernières décennies, le taux de natalité au Québec a reculé. L'**indice de fécondité**, qui permet de mesurer la tendance d'une population à croître ou à décroître, est d'environ 1,6 enfant par femme. Or, pour que les générations puissent se renouveler, le nombre moyen d'enfants par femme devrait se situer autour de 2,1. L'indice de fécondité du Québec est donc insuffisant pour assurer ce renouvellement. On assiste donc à un phénomène de dénatalité.

Cette situation est accrue par un phénomène de vieillissement de la population : non seulement la population du Québec ne se renouvelle pas, mais elle vieillit. En 2004-2006, l'espérance de vie des hommes atteignait 78 ans et celle des femmes, 83 ans. L'espérance de vie des Québécois est l'une des plus élevées du monde. Le vieillissement de la population, conjugué à la dénatalité, est susceptible d'entraîner un déclin de la population globale de la province.

Taux de natalité Taux indiquant le nombre de naissances pour 1000 habitants (‰) dans une année.

Taux de mortalité Taux indiquant le nombre de décès pour 1000 habitants (‰) dans une année.

Indice de fécondité Relation entre le nombre total de naissances viables et le nombre moyen de femmes en âge d'avoir des enfants.

3 L'indice de fécondité au Québec, entre 1955 et 2005

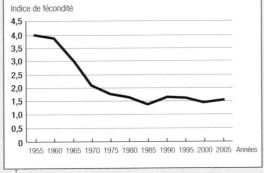

INSTITUT DE LA STATISTIQUE DU QUÉBEC, « Démographie » [en ligne], réf. du 16 avril 2008.

● À partir de quelle décennie le phénomène de dénatalité s'est-il amorcé ?

4 Les centres de la petite enfance

En 2003, le gouvernement du Québec instaure une politique familiale dans le but d'accroître la natalité de la province. Les principales mesures mises en place sont l'accès à des services de garde à coûts réduits, les congés parentaux et les réductions d'impôt.

5 La pyramide des âges au Québec, en 2007

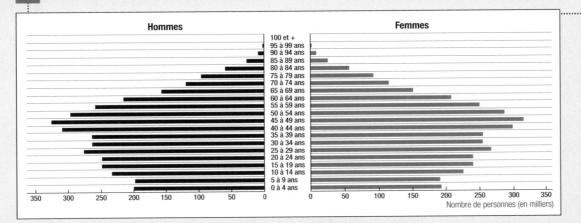

INSTITUT DE LA STATISTIQUE DU QUÉBEC, « Démographie » [en ligne], réf. du 16 avril 2008.

● Quel est le groupe d'âge le plus nombreux chez les hommes ? chez les femmes ?

● En 2027, quel âge auront les personnes qui constituent ce groupe d'âge ?

Les mouvements migratoires

Les mouvements migratoires contribuent à l'augmentation ou à la diminution d'une population sur un territoire. Le phénomène de **migration** comprend l'**immigration** et l'**émigration**. L'immigration joue un rôle important dans le portrait démographique du Québec, notamment parce qu'elle permet de contrebalancer la dénatalité et de combler, entre autres, les besoins en main-d'œuvre de la province.

Au Canada, l'immigration est une compétence partagée entre le gouvernement fédéral et les gouvernements provinciaux. Dans les années 1950, le Québec a conclu une entente avec le gouvernement fédéral dans le but de participer à la sélection des immigrants. Aujourd'hui, le ministère de l'Immigration et des Communautés culturelles du Québec privilégie les immigrants qui parlent français.

La population du Québec est en mouvement. Plusieurs milliers de Québécois migrent chaque année. Certains décident d'émigrer vers un autre pays ou une autre province (ou territoire). Toutefois, le nombre de personnes qui émigrent est moins élevé que le nombre de celles qui immigrent. Quant aux mouvements de population à l'intérieur des limites de la province, ils sont surtout liés à la conjoncture économique, politique, culturelle ou sociale. Par exemple, plusieurs personnes quittent les zones rurales pour aller chercher du travail dans les centres urbains.

Migration Déplacement de personnes qui passent d'un territoire à un autre pour s'y installer.

Immigration Installation sur un territoire de personnes nées sur un autre territoire.

Émigration Départ de personnes vivant sur un territoire vers un autre territoire.

6 **Des immigrants qui parlent français**

Au Québec, 25 % des immigrants viennent de l'Algérie, de la France et du Maroc. Pour les immigrants non-francophones, le gouvernement du Québec a mis en place un programme de francisation qui permet aux personnes immigrantes d'apprendre gratuitement le français tout en favorisant leur intégration dans des milieux de vie francophones.

7 **Le bilan démographique du Québec, de 1986 à 2006**

Le bilan démographique sert à observer la croissance de la population d'un territoire ou d'un pays sur une période de temps, en tenant compte à la fois de l'accroissement naturel et des mouvements migratoires.

	Gains	Pertes	Total
Accroissement naturel	Naissances : 1 746 630	Décès : 1 092 523	+ 654 107
Mouvements migratoires	Immigration : 1 265 830	Émigration : 840 340	+ 425 490
Total	+ 3 012 460	− 1 932 863	+ 1 079 597

INSTITUT DE LA STATISTIQUE DU QUÉBEC, *Le bilan démographique du Québec*, éd. 2007, p. 50.

● Le bilan démographique du Québec entre 1986 et 2006 est-il positif ou négatif ?

● Quel facteur a le plus contribué à la croissance de la population entre 1986 et 2006 ?

La pluriculturalité de la société québécoise

La population du Québec forme une collectivité qui partage des valeurs, des institutions et une langue. Elle est composée de plusieurs groupes qui se distinguent entre autres par leur origine, leur religion ou leur langue maternelle. La **pluriculturalité** de la société québécoise contribue à lui donner un visage unique. Parallèlement, cette diversité de la société québécoise, qui se veut, au départ, rassembleuse, donne lieu à un questionnement sur l'**identité** et sur l'**appartenance**.

Pluriculturalité Diversité de cultures ou de groupes culturels au sein d'une société.

Identité Ensemble de caractéristiques propres à une personne ou à un groupe et qui se distingue des autres. Désigne aussi le sentiment d'appartenance d'un individu à ce groupe.

Appartenance Le fait pour une personne d'appartenir et de s'identifier à un groupe ou à une collectivité.

8 Le pluralisme religieux au Québec

« Le paysage religieux québécois a depuis longtemps fait place au pluralisme religieux. Celui-ci s'établissait toutefois au sein de la grande famille des religions catholique, protestante et juive avant de s'ouvrir à d'autres confessions à partir des années 1970. [...] Près de 52 % des immigrants admis au Canada entre 1991 et 2001 ont déclaré appartenir à une confession non-chrétienne. On note une croissance significative du nombre de sikhs et d'hindous, dont les effectifs ont quasiment doublé. Si le groupe des bouddhistes n'a pas connu la même poussée au Québec qu'au Canada, où il est passé de 163 000 personnes à 300 000, soit une hausse de 84 %, son augmentation atteint tout de même 31 %. Quant à la population de religion musulmane, elle dépasse désormais celle de confession juive. »

Estelle Zehler, « Entre homogénéité et diversité », *Le Devoir*, 7 et 8 avril 2007.

- Quels groupes sont mentionnés dans l'article ?
- Quel phénomène social cet article illustre-t-il ?

9 Les communautés autochtones

Le Québec compte 11 nations autochtones, soit plus de 80 000 personnes en 2005.

10 Un pluralisme linguistique

En 2001, 83,1 % de la population du Québec affirmait être francophone et 10,5 % affirmait être anglophone. Cependant, un pourcentage de plus en plus grand de la population déclare être allophone : de 4,5 % en 1996, ce pourcentage est passé à 6,5 en 2001.

PISTES d'interrogation CD 1 • CD 3

1. Comment décririez-vous la population québécoise ?
2. Comment la population du Québec est-elle répartie sur le territoire ?
3. Quels sont les principaux facteurs qui contribuent à la croissance de la population du Québec ?
4. Qu'est-ce qui fait du Québec une société pluriculturelle ?

1 LA POPULATION ET LE PEUPLEMENT DU QUÉBEC

—◆— Des origines au XXIe siècle —◆—

Le peuplement, qui s'effectue soit par accroissement naturel ou par des mouvements migratoires, est un processus par lequel des êtres humains occupent un territoire qu'ils organisent et transforment selon leurs besoins. Sur le territoire actuel du Québec, les premières traces d'occupation remontent à environ 12 000 ans. Au fil des siècles, les peuples autochtones occupent peu à peu l'ensemble du territoire et forment des nations diversifiées. Au début du XVIIe siècle, la France entreprend la colonisation du territoire. Sous le régime français, plusieurs politiques sont mises en place afin d'accroître la faible population qui vit dispersée sur une vaste étendue. Puis, à l'époque du régime britannique, les immigrants, issus en majorité des îles Britanniques, doivent cohabiter avec la majorité canadienne-française. Au cours du XIXe siècle, d'autres vagues d'immigration favorisent l'expansion du territoire canadien et le développement des villes. L'industrialisation entraîne plusieurs mouvements migratoires, qui se poursuivent tout au long du XXe siècle. Des gens décident de quitter leur pays ou leur campagne pour se diriger vers les centres industriels, contribuant ainsi au processus d'urbanisation. Au XXe siècle, après avoir connu un baby-boom au lendemain de la Seconde Guerre mondiale, le Québec est aux prises, à partir des années 1980, avec un phénomène de dénatalité. À travers ces différentes époques, l'accroissement naturel de la population et les mouvements migratoires ont un impact considérable sur le mode d'occupation des terres. La diversité des origines et des cultures des immigrants contribue à façonner le visage du Québec actuel.

1500   1600   1700

LES PREMIERS OCCUPANTS

LE RÉGIME FRANÇAIS

1608

Les migrations autochtones

Le départ de Champlain pour la Nouvelle-France, en 1608

Les premiers contacts avec des Européens au XVIe siècle

Des Canadiens au champ au XVIIIe siècle

OPTION PROJET

Vous pouvez lire dès maintenant, aux pages 132 et 133, la présentation des projets.

Projet 1

Un jeu d'occupation

Projet 2

Pour une intégration réussie

| 1800 | 1900 | 2000 |

LE RÉGIME BRITANNIQUE | **LA PÉRIODE CONTEMPORAINE**

`1760` | `1867`

Des immigrants d'origine britannique s'établissent en nombre croissant dans la colonie, à partir des années 1830

Un quartier ouvrier à Québec, vers 1900

Des Canadiens émigrent vers les États-Unis, à partir des années 1840

Une rue de Montréal, aujourd'hui

La population des premiers occupants

Vers 1500

Il y a des milliers d'années, au moment où des changements climatiques ouvrent l'accès au territoire, plusieurs vagues migratoires viennent peupler le continent américain. Des populations s'établissent au sein de milieux naturels variés. Leur capacité d'adaptation et la disponibilité des ressources permettent le peuplement progressif de l'ensemble du territoire. Au Québec, les plus anciennes traces d'occupation remontent à environ 12 000 ans. De la vallée du Saint-Laurent à l'Arctique, des communautés se forment, s'organisent et adoptent des modes de vie spécifiques. Ces sociétés autochtones vont entrer en contact d'abord avec des Scandinaves au Xe siècle, puis avec d'autres Européens qui explorent le continent nord-américain, vers la fin du XVe siècle.

Quels sont les effets des migrations et de l'accroissement naturel sur la formation de la population et l'occupation de l'Amérique du Nord-Est vers 1500 ? CD 2

1608

− 50 000   − 15 000   − 10 000   − 5 000   Début de l'ère chrétienne

LES PREMIERS OCCUPANTS

v. −16 000
Réchauffement et retrait graduel des glaces

v. −50 000 à v. −13 000
Datations des nombreuses hypothèses sur les premières migrations vers l'Amérique du Nord

v. −10 000
Début de la période du Paléoindien

Occupation du Méganticois

v. −8 000
Début de la période de l'Archaïque

Occupation du Bouclier canadien et de la Côte-Nord

v. −2 500
Arrivée des Prédorsétiens dans l'Arctique québécois

v. −1 000
Début de la période du Sylvicole

v. 900 à v. 1 000
Les Iroquoiens sont sédentarisés dans la vallée du Saint-Laurent

v. 1 000
Arrivée des Thuléens dans l'Arctique québécois

v. 1 500
Début des contacts avec les Européens

Des premières migrations à l'occupation permanente du territoire

Les débuts de l'épopée humaine en Amérique du Nord datent d'au moins 15 000 ans. Certains chercheurs n'hésitent pas à faire reculer cette date jusqu'à 30 000, voire 50 000 ans. Sur le territoire québécois, la plus ancienne trace d'occupation connue remonte à environ 12 000 ans. Des populations venues du sud, de l'ouest et du nord du continent ont parcouru l'espace québécois et s'y sont établies. Elles se sont adaptées à des milieux naturels variés pour créer des sociétés dont les caractéristiques et l'organisation sont tout aussi distinctes.

Le casse-tête du peuplement de l'Amérique

La théorie selon laquelle le peuplement du continent américain résulterait d'une grande migration à la fin de la dernière glaciation a été longtemps la plus répandue. Elle est basée sur la découverte, à la fin des années 1920, de pointes de lances et d'ossements de gros gibier (mammouth, chameau, etc.) près du village de Clovis, dans le sud-ouest des États-Unis. Ces artéfacts témoignent d'une présence humaine qui remonterait à 13 000 ans. Par la suite, les archéologues ont retrouvé de nombreux outils taillés selon la même technique dans d'autres régions d'Amérique du Nord : ils en ont conclu à l'existence d'une civilisation ancienne qu'ils ont appelée « Clovis ».

Plusieurs chercheurs ont alors déduit de ces découvertes qu'il y a environ 15 000 ans, des populations seraient venues à pied de Sibérie pour chasser le gros gibier sur la plaine de Béringie. Ces groupes humains auraient fait route vers le sud en empruntant un corridor libre de glace. Leurs descendants se seraient ensuite dispersés, jusqu'à occuper l'ensemble du continent.

11 **Une pointe de flèche Clovis**

La pointe « Clovis » se caractérise par ses deux tranchants effilés et une rainure, ou cannelure, partant de la base de la pointe vers le centre.

12 La théorie des migrations par le passage de la Béringie et le corridor libre de glace en Amérique du Nord

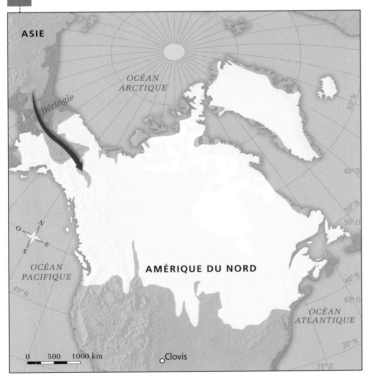

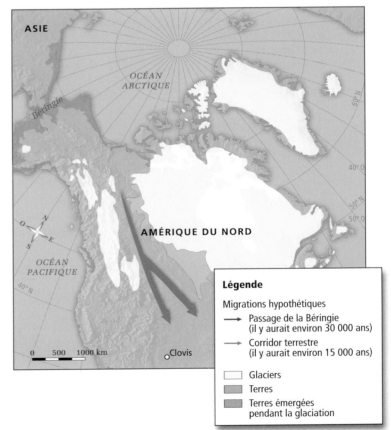

Légende

Migrations hypothétiques

→ Passage de la Béringie (il y aurait environ 30 000 ans)

→ Corridor terrestre (il y aurait environ 15 000 ans)

☐ Glaciers

☐ Terres

☐ Terres émergées pendant la glaciation

De nouvelles découvertes à la fin du XXe siècle ont toutefois remis en question la théorie du corridor libre de glace. Des sites archéologiques en Amérique du Sud révèlent en effet une occupation humaine qui remonterait à plus de 30 000 ans. Cette datation demeure cependant controversée. Des données géologiques indiquent par ailleurs que, il y a plus de 15 000 ans, il ne pouvait exister aucun chemin praticable entre les glaces à l'est des montagnes Rocheuses. De plus, la fonte progressive des glaciers a d'abord créé un environnement très hostile : les ancêtres des chasseurs Clovis n'auraient pu arriver par cette route. Aujourd'hui, certains chercheurs pensent plutôt que, il y a environ 17 000 ans, de petits groupes auraient voyagé dans des embarcations pour atteindre le continent américain et se déplacer le long de la côte.

Il existe d'autres hypothèses sur le peuplement initial de l'Amérique, mais les théories du corridor libre de glace et de la route maritime côtière sont les plus plausibles. Toutefois, malgré les progrès de l'**archéométrie** et la découverte de nouveaux sites archéologiques, les chercheurs manquent de preuves pour vérifier leurs hypothèses. S'il est fort probable que le premier peuplement de l'Amérique venait d'Asie, la datation précise de ce peuplement demeure cependant inconnue.

Archéométrie Ensemble des techniques scientifiques (physique, chimie, sciences environnementales, mathématiques) appliquées aux découvertes archéologiques afin de détecter des vestiges, de les dater et de mieux les identifier.

13 **Les théories des routes maritimes de migration vers les Amériques**

Les nouvelles théories sur les routes de migration et l'origine du peuplement se multiplient et provoquent de vifs débats. L'analyse de restes humains trouvés aux États-Unis et au Brésil laisse croire à des migrations par voie maritime directement d'Asie, d'Océanie et même d'Europe. La possibilité qu'il y ait eu différentes vagues migratoires, à différentes époques, doit être aussi prise en compte.

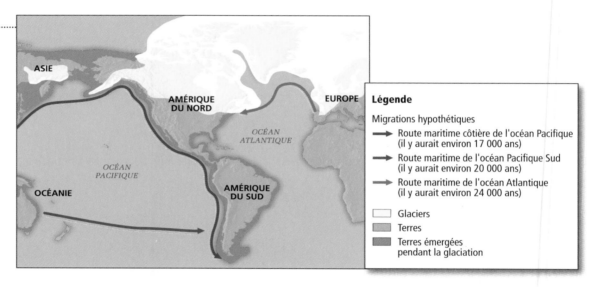

Légende

Migrations hypothétiques

→ Route maritime côtière de l'océan Pacifique (il y aurait environ 17 000 ans)
→ Route maritime de l'océan Pacifique Sud (il y aurait environ 20 000 ans)
→ Route maritime de l'océan Atlantique (il y aurait environ 24 000 ans)

☐ Glaciers
☐ Terres
☐ Terres émergées pendant la glaciation

L'occupation graduelle du territoire québécois

L'occupation du territoire québécois s'effectue sur une longue période. Il y a 15 000 ans, les glaces qui recouvrent le territoire, et qui forment l'**inlandsis** laurentien, commencent à fondre, et les eaux marines envahissent les basses terres du Saint-Laurent. Les Montérégiennes, comme les monts Saint-Hilaire et Rougemont, forment alors de toutes petites îles au milieu d'une mer nouvelle, la mer de Champlain. À mesure que l'inlandsis fond, le continent, soulagé du poids des glaces, se relève et les eaux se retirent. Les plus anciennes traces connues d'activité humaine sur le territoire du Québec actuel remontent à cette époque, c'est-à-dire vers 10 000 av. J.-C.

Inlandsis Calotte glaciaire.

14 **Une coupe de la vallée du Saint-Laurent, il y a environ 15 000 ans**

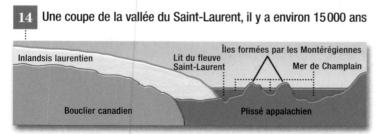

D'après Guy Dagnault, « Les conditions initiales », dans Serge Courville, *Atlas historique du Québec : population et territoire*, Presses de l'Université Laval, 1996.

L'occupation du territoire québécois se déroule suivant trois grandes périodes chronologiques. Les archéologues ont établi ces divisions en se basant sur l'évolution des outils et des techniques utilisés par les premiers occupants et qui caractérisent leur adaptation progressive à leur environnement naturel.

La période du Paléoindien (10 000 à 8000 av. J.-C.)

La période qui correspond à l'arrivée des premiers occupants sur le territoire du Québec se nomme le Paléoindien. À cette époque, la glace recouvre encore une large portion du territoire et le climat demeure rigoureux. La mer de Champlain cède lentement la place au fleuve Saint-Laurent ainsi qu'à tout un réseau de lacs et de rivières. Petit à petit, le sud du Québec se recouvre d'une toundra favorable à la vie animale. En provenance du sud, des groupes de chasseurs-cueilleurs pénètrent le territoire en poursuivant des troupeaux de gros gibier, comme le caribou. Vivant dans un environnement en pleine transformation, ces petits groupes nomades se déplacent le long des cours d'eau et par les cols des montagnes.

Lithique Relatif à la pierre.

Chert Roche riche en quartz appréciée pour sa dureté.

Rhyolite Roche vitreuse.

Lieu de *mémoire*

Le Méganticois, un passage animé

En 2003, une équipe de l'École de fouilles du département d'anthropologie de l'Université de Montréal découvre des traces d'occupation humaine vieilles d'environ 12 000 ans près du lac Mégantic, en Estrie. Le petit campement était situé à proximité de trois lacs et de la rivière Chaudière, au cœur du Méganticois, un corridor dans les Appalaches qui permettait de circuler entre la côte atlantique et la vallée du Saint-Laurent. Des outils et des armes caractéristiques du Paléoindien démontrent qu'un groupe de chasseurs-cueilleurs a séjourné dans la région alors qu'il suivait probablement les traces d'un troupeau de caribous ou même de mammouths.

Légende

- ▭ Méganticois
- ⬤ Gisement de pierre
- —— Frontière internationale
- ----- Frontière d'État

La région du Méganticois

15 Des pierres venues de loin

Les pierres trouvées près du lac Mégantic ont permis d'émettre certaines hypothèses sur le mode de vie des premiers occupants de cette région.

« À la lumière des données disponibles [...], les indices concernant la présence des matériaux **lithiques** indique le fort degré de mobilité de ces premiers groupes de chasseurs venus explorer les terres du Méganticois. Le groupe de la région du lac Mégantic s'inscrit très bien dans un nomadisme étendu basé sur un vaste réseau d'acquisition [...] de deux matériaux particuliers : le **chert** rouge de Munsungun et la **rhyolite** du New Hampshire. »

Claude Chapdelaine, « Des chasseurs de la fin de l'âge glaciaire dans la région du lac Mégantic », *Recherches amérindiennes au Québec*, vol. 34, n° 1, 2004, p. 18.

16 Une pointe de flèche en chert rouge

⬤ En vous référant à la carte, déterminez à quelle distance approximative du Méganticois étaient situés les gisements de chert rouge de Munsungun et de rhyolite du New Hampshire.

À mesure que les températures s'adoucissent, le territoire du Québec devient de plus en plus hospitalier et attire de nouvelles populations. Il y a environ 11 000 ans, des peuples nomades venus des plaines de l'Ouest migrent le long des Grands Lacs et du fleuve Saint-Laurent. Leur mode de subsistance, basé sur la chasse au caribou, se diversifie peu à peu, selon les ressources locales disponibles (phoque, lièvre, poisson, etc.).

La période de l'Archaïque (8000 à 1000 av. J.-C.)

À la période paléoindienne succède la période de l'Archaïque, au cours de laquelle le paysage et le peuplement du territoire du Québec subissent d'importants changements. Avec la fin de la glaciation, le territoire habitable s'agrandit et l'environnement devient de plus en plus stable (climat, végétation, lacs et rivières, etc.). Les migrations se raréfient et les déplacements, réduits aux nécessités de la chasse, de la pêche et de la cueillette, deviennent saisonniers. À la même période, de vastes réseaux de communication favorisent les échanges commerciaux, comme en témoignent, par exemple, la présence de cuivre provenant du lac Supérieur et de dents de requin originaires du golfe du Mexique.

Mieux implantées, les populations nomades de la période de l'Archaïque connaissent bien les ressources de leur territoire. Elles s'adaptent à leur milieu de vie et connaissent une certaine croissance démographique. Leur alimentation et leur outillage se diversifient. Les Amérindiens utilisent une plus grande variété de matériaux locaux, développent de nouvelles techniques, comme le polissage de la pierre, et créent des outils de plus en plus spécialisés (couteaux, **alènes**, hameçons, filets, etc.).

Alène Poinçon servant à percer les cuirs, de façon à pouvoir passer l'aiguille pour les coudre.

17 L'occupation du territoire québécois à la période de l'Archaïque (8000 à 1000 av. J.-C.)

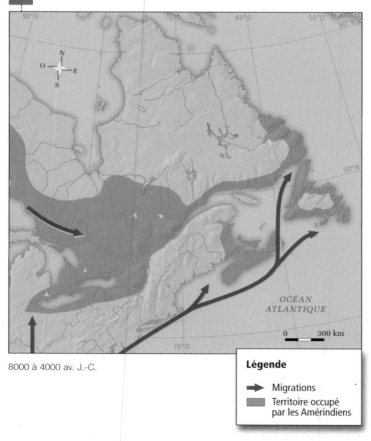

8000 à 4000 av. J.-C.

Légende

➡ Migrations
▨ Territoire occupé par les Amérindiens

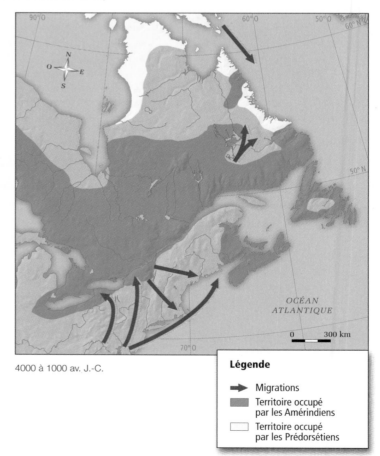

4000 à 1000 av. J.-C.

Légende

➡ Migrations
▨ Territoire occupé par les Amérindiens
☐ Territoire occupé par les Prédorsétiens

La période du Sylvicole (1000 av. J.-C. à 1500 ap. J.-C.)

Une fois le territoire occupé, les réseaux d'échanges permettent la diffusion d'objets, de plantes et de techniques nouvelles. Trois grandes innovations transforment le quotidien des populations amérindiennes durant la période du Sylvicole : l'arc et la flèche, la poterie ainsi que l'agriculture.

Au nord du fleuve Saint-Laurent, les populations de chasseurs-cueilleurs empruntent aux Paléoesquimaux l'arc et la flèche afin d'améliorer leurs techniques de chasse. La poterie et la culture du maïs pénètrent le territoire de la vallée du Saint-Laurent par le sud des Grands Lacs. Le climat et les sols de la région sont propices au développement de l'agriculture. Petit à petit, des groupes adoptent ce mode de subsistance, ce qui entraîne un fort accroissement démographique dans la région. Ces groupes fusionnent pour former des communautés mieux organisés. La concentration des populations au même endroit et la sédentarisation, favorisées par l'agriculture, amènent la création de villages.

Le peuplement de l'Arctique (2500 av. J.-C. à 1500 ap. J.-C.)

Il y a environ 4500 ans, des groupes de chasseurs nomades venus de Sibérie atteignent l'Arctique québécois. Ces Paléoesquimaux (les Prédorsétiens, suivis des Dorsétiens) font preuve d'une remarquable adaptation aux contraintes de leur environnement. Chasseurs de mammifères marins (phoque, morse, narval), ils prospèrent dans un milieu très hostile grâce au raffinement de leurs techniques de chasse. Ce savoir-faire est crucial en raison de la rareté de la végétation et des matières premières dans les vastes étendues de toundra et de glace que fréquentent ces populations.

Vers l'an 1000, l'Arctique connaît une autre vague de migrations originaire de l'Alaska : celle des Thuléens, les ancêtres des Inuits. Ces chasseurs de baleines se déplacent avec rapidité à bord de leur kayak ou de leur oumiak. Sur la terre ferme ou sur la banquise, ils utilisent le traîneau à chiens. Ces ancêtres des Inuits disposent également d'un équipement de chasse complet et ingénieux. Outre la lance et le harpon, ils utilisent l'arc et la flèche ainsi que toute une panoplie de projectiles.

PISTES d'interprétation CD 2

1. Quelles sont les deux principales théories à propos des premières migrations sur le continent américain ?
2. Décrivez les étapes de l'arrivée des premiers occupants sur le territoire québécois.

Question bilan

3. Quels sont les effets des migrations des premiers Autochtones sur l'occupation du territoire ?

---

18 L'occupation du territoire québécois au début de la période du Sylvicole (1000 av. J.-C. à 500 ap. J.-C.)

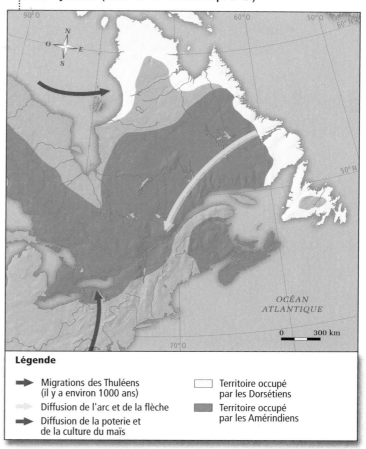

Légende

➡ Migrations des Thuléens (il y a environ 1000 ans)

➡ Diffusion de l'arc et de la flèche

➡ Diffusion de la poterie et de la culture du maïs

☐ Territoire occupé par les Dorsétiens

■ Territoire occupé par les Amérindiens

---

19 Une reconstitution d'une habitation thuléenne

Pour construire leurs habitations, les Thuléens utilisent tous les matériaux qui leur tombent sous la main : pierres, gravier, mottes de terre, tourbe, peaux de caribou et os de cétacé.

Musée national de l'Homme, Musées nationaux du Canada

La population du territoire québécois vers 1500

Vers 1500, les nations autochtones possèdent des langues, des croyances et des modes de vie distincts, associés à des territoires définis. Les différents peuples peuvent être regroupés selon leur aire culturelle, leur appartenance politique (nation) ou leur langue. Les nations autochtones se répartissent en trois familles linguistiques : l'iroquoienne, l'algonquienne et l'esquimaude-aléoute.

20 Les nations autochtones du nord-est de l'Amérique, vers 1500

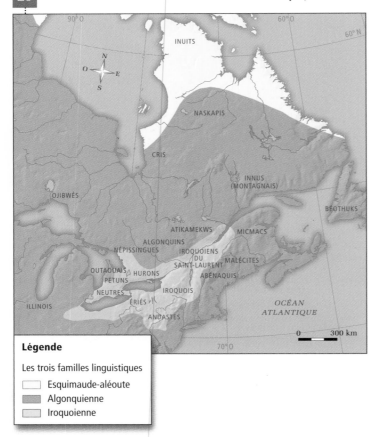

Légende

Les trois familles linguistiques

- ☐ Esquimaude-aléoute
- ☐ Algonquienne
- ☐ Iroquoienne

La démographie autochtone

Afin de dénombrer approximativement les populations autochtones vers 1500, les chercheurs s'appuient sur la taille et l'emplacement des sites archéologiques ainsi que sur la capacité d'un milieu naturel donné à nourrir une population. Ils étudient également les écrits des premiers observateurs européens, tel Jacques Cartier.

21 La population estimée du territoire québécois, vers 1500

Famille linguistique	Population	
	Estimation minimale	Estimation maximale
Iroquoienne	5 300	10 100
Algonquienne	12 000	20 600
Esquimaude-aléoute	1 000	5 000
Total	18 300	35 700

D'après Serge Courville (sous la direction de), *Atlas historique du Québec : population et territoire*, Les Presses de l'Université Laval, 1996.

- Pourquoi y a-t-il un écart aussi important entre les estimations minimale et maximale d'une population ?

22 La population estimée du nord-est de l'Amérique, vers 1500

Famille linguistique	Population
Iroquoienne	100 000
Algonquienne	170 000
Esquimaude-aléoute	25 000
Total	295 000

D'après John A. Dickinson et Brian Young, *Brève histoire socio-économique du Québec*, Les éditions du Septentrion, 2003, p. 21-22.

- En vous référant à l'estimation maximale du tableau 21, déterminez le pourcentage d'Iroquoiens vivant vers 1500 sur le territoire du Québec actuel.
- Quel pourcentage des Algonquiens vivent sur le territoire du Québec vers 1500 ?
- Quel pourcentage des Inuits vivent sur le territoire du Québec vers 1500 ?

Et maintenant CD 3 TIC

La population autochtone du Québec

Aujourd'hui, il y a au Québec 55 communautés autochtones, réparties entre 11 nations. En 2005, ces nations comptaient plus de 80 000 personnes. Les Autochtones représentent donc environ 1 % de la population du Québec.

- Comment la population autochtone est-elle répartie sur le territoire actuel du Québec par rapport à la population générale ?

L'organisation des sociétés autochtones et de leur territoire

Les nations qui composent chacune des familles linguistiques présentent des caractéristiques similaires quant à l'aménagement du territoire qu'elles occupent ainsi qu'à leur organisation politique et sociale.

Les Iroquoiens

En se sédentarisant, les peuples iroquoiens mettent en place une organisation territoriale, sociale et politique complexe.

24 Une description d'un village et d'une maison longue par Jacques Cartier

« Ladite ville est toute ronde, et clôturée de bois, sur trois rangs [...]. Et il n'y a dans cette ville qu'une porte d'entrée, qui ferme à barres, sur laquelle, et en plusieurs endroits de ladite clôture, il y a des sortes de galeries, et des échelles pour y monter, lesquelles sont garnies de rochers et de cailloux, pour la garde et la défense de celle-ci. Il y a dans cette ville environ cinquante maisons, longues d'environ cinquante pas ou plus, chacune, et larges de douze ou quinze pas, toutes faites de bois, couvertes et garnies de grandes écorces [...]. Et dans celles-ci il y a plusieurs âtres et chambres ; et au milieu de ces maisons il y a une grande salle à ras de terre, où ils font leur feu, et vivent en communauté ; puis ils se retirent en leurs chambres, les hommes avec leurs femmes et enfants. Et pareillement ils ont des greniers en haut de leurs maisons, où ils mettent leur blé [...] »

Jacques Cartier, *Voyages au Canada*, 1535.

● Qu'est-ce que ce document nous apprend sur l'organisation de la société iroquoienne ?

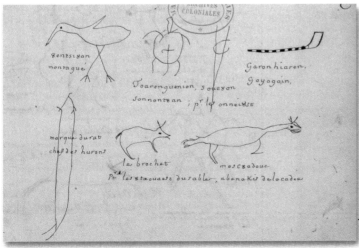

Tiré du *Traité de la Grande Paix*, 1701.

23 L'occupation et l'aménagement du territoire chez les Iroquoiens, vers 1500

Mode de vie	Semi-sédentaire
Habitation	• Maison longue • Habitations regroupées en village, souvent entouré d'une palissade • Emplacement sur un sol fertile propice à la culture, à proximité d'une étendue d'eau et de la forêt

25 L'organisation sociale et politique des Iroquoiens, vers 1500

Système de parenté	• Lien de filiation de mère en fille (matrilinéaire) • L'homme marié vit généralement dans la famille de son épouse
Organisation sociale	**Le clan** Groupe de familles se reconnaissant une même ancêtre maternelle **Le village** • Formé de plusieurs maisons longues appartenant à différents clans • Une maison longue abrite plusieurs familles d'une même lignée maternelle (clan) **La nation** Ensemble de villages sur un territoire donné partageant une même langue et une même culture **La confédération** Ligue ou union de différentes nations à des fins stratégiques (commerce et défense)
Représentation politique	**L'exercice du pouvoir** Gouvernement par consensus, sans contrainte, par des hommes désignés par les femmes aînées, les mères de clan, responsables des maisons longues **Le chef civil** • Fonction héréditaire • Gestion des affaires internes du village (respect des coutumes, activités de subsistance, jeux, fêtes, etc.) • Relations avec les autres villages et les peuples voisins **Le conseil** • Regroupement de chefs de clan • Au niveau du village, de la nation ou de la ligue **Le chef de guerre** • Fonction temporaire • Choisi pour sa bravoure et les exploits accomplis lors de conflits

26 Des signatures amérindiennes

La signature amérindienne représente souvent un totem animal, symbole du clan auquel appartient le signataire.

27 L'occupation et l'aménagement du territoire chez les Algonquiens, vers 1500

Mode de vie	Nomade
Habitation	• Wigwam (tente d'écorce ou de peau) • Campement d'été : regroupe plusieurs tentes à proximité d'une étendue d'eau navigable • Campement d'hiver : petit regroupement de tentes à l'intérieur des terres

28 L'organisation sociale et politique des Algonquiens, vers 1500

Système de parenté	• Lien de filiation de père en fils (patrilinéaire) • La femme mariée va vivre dans la famille de son époux, chef de famille
Organisation sociale	**La famille nucléaire** • Base de l'organisation sociale • Un wigwam peut abriter plus d'une famille, selon ses dimensions **Le groupe de chasse** Petit groupe de quelques familles appartenant à une même bande (en hiver) **La bande** Grand regroupement de plusieurs familles apparentées (en été)
Représentation politique	**L'exercice du pouvoir** Gouvernement par consensus, sans contrainte **Le chef de bande** • Fonction temporaire • Homme choisi par ses pairs pour ses habiletés de chasseur ou son influence sur les membres de la bande

Les Algonquiens

Comme les ressources nécessaires à leur subsistance ne se trouvent pas aux mêmes endroits selon les saisons, les peuples algonquiens doivent constamment se déplacer pour y avoir accès, ce qui détermine leur organisation territoriale, sociale et politique.

29 Une famille algonquienne devant son wigwam, en 1884

Installés sur la rive sud du Saint-Laurent, les Abénaquis et les Malécites sont des peuples algonquiens semi-nomades. Ils pratiquent la culture du maïs, tout comme les Iroquoiens.

30 Une habitation inuite durant la période estivale, en 1872

Les Inuits

Soumises à des conditions climatiques extrêmement rigoureuses, les communautés inuites doivent faire preuve d'une très grande adaptabilité, une caractéristique qui se reflète dans leur organisation territoriale, sociale et politique.

31 L'occupation et l'aménagement du territoire chez les Inuits, vers 1500

Mode de vie	Nomade
Habitation	• Tente de peau (en été) • Iglou (en hiver) • Campement de taille variable, plus important en hiver, à l'époque de la chasse au phoque sur la banquise

32 L'organisation sociale et politique des Inuits, vers 1500

Système de parenté	• Lien de filiation de père en fils (patrilinéaire) • La femme mariée vit auprès de la famille de son époux, chef de famille
Organisation sociale	**La famille nucléaire** Base d'une organisation sociale très souple **Le groupe de chasse** Petit groupe de quelques familles apparentées ou amies (importance des liens d'amitié) **La bande régionale** Regroupement de plusieurs familles
Représentation politique	**L'exercice du pouvoir** Gouvernement par consensus, sans contrainte **Le chef de bande** • Fonction temporaire • Homme actif le plus âgé du groupe

La cohabitation des Autochtones sur le territoire

En dépit de l'immensité du territoire québécois qu'occupent les nations autochtones vers 1500, celles-ci entretiennent des relations entre elles. Elles entrent en contact principalement lors d'échanges commerciaux ou d'affrontements armés.

En général, les relations entre les différents groupes dépendent de la densité de la population sur le territoire et de leur mode de vie. Au nord, les populations de chasseurs nomades, comme les Inuits et les Algonquiens, fréquentent de vastes étendues faiblement peuplées. Par conséquent, elles ont rarement l'occasion de s'affronter pour le contrôle d'un territoire de chasse. À la jonction des territoires cependant, des conflits surviennent. Les Inuits ne rencontrent les Naskapis qu'à la période de la chasse au caribou, lorsqu'ils se déplacent au sud de leur territoire. Les relations entre ces petites bandes sont alors très hostiles.

Du côté de la vallée du Saint-Laurent, des conflits surgissent entre les Iroquoiens du Saint-Laurent et leurs voisins à l'extérieur de la vallée (les Iroquois, les Hurons et les Algonquiens). Même si la chasse est devenue une activité complémentaire chez les peuples d'agriculteurs sédentaires, l'accès aux territoires de chasse demeure une source potentielle de conflits.

33 Des guerriers ramenant des scalps et un prisonnier

Chez les Iroquoiens surtout, la capture de prisonniers afin de remplacer les morts constitue un motif important de conflits, sans exclure toutefois d'autres facteurs, comme l'accès à des territoires de chasse. Les femmes et les enfants capturés sont généralement adoptés par la communauté. Les hommes peuvent également être adoptés, mais ils sont le plus souvent soumis à la torture, épreuve dans laquelle ils doivent démontrer du courage.

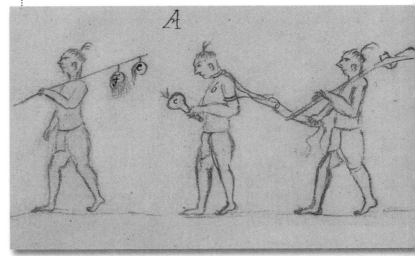

Joseph Chaumonot, 1666.

PISTES d'interprétation CD 2

1. En 1500, quelle est la famille linguistique la plus nombreuse sur le territoire actuel du Québec?
2. Quelles sont les relations entre les nations autochtones qui habitent le territoire?

Question bilan

3. Quels sont les effets des migrations et de la croissance des populations autochtones sur l'organisation de leur société?

Le passage des premiers Européens

Bien avant que les Français s'installent de façon permanente dans la vallée du Saint-Laurent, au XVIIe siècle, d'autres Européens fréquentent le nord-est de l'Amérique, convoitent ses ressources et envisagent même de s'y établir.

Les Scandinaves

À la fin du Xe siècle, quelques milliers de colons scandinaves, marchands et éleveurs, dirigés par Erik le Rouge, s'installent dans les fjords du sud-ouest de l'île du Groenland. Vers l'an 1000, Leif Eriksson, le fils d'Erik le Rouge, et ses compagnons explorent la côte atlantique, depuis la terre de Baffin jusqu'au golfe du Saint-Laurent. C'est dans cette dernière région, plus hospitalière, qu'ils décident de s'établir, notamment à L'Anse aux Meadows, sur l'île de Terre-Neuve. Pendant deux ou trois ans, ils construisent des habitations, pratiquent l'élevage et commercent avec les Autochtones pour obtenir des fourrures. Cependant, des conflits éclatent et les populations autochtones forcent les Scandinaves à abandonner leur colonie.

34 Un extrait de la saga d'Erik le Rouge racontant une rencontre entre des Autochtones et des Scandinaves, au Vinland

On connaît l'histoire des Scandinaves en Amérique grâce aux découvertes archéologiques et aux sagas, ces grands récits de la tradition orale scandinave.

« Un matin, ils ont remarqué neuf bateaux recouverts de peaux et les personnes dans ces bateaux agitaient des perches de bois qui faisaient un bruissement lorsque tournées dans le sens du soleil. […]

[Ils] ont ensuite ramé vers eux et ils ont été étonnés de leur apparence lorsqu'ils ont mis pied à terre. Ils étaient petits avec des traits menaçants, les cheveux emmêlés, de grands yeux et les pommettes saillantes. […]

Un matin de printemps, ils ont remarqué un grand nombre de bateaux recouverts de peaux qui remontaient du sud vers le cap. Il y en avait tellement qu'on aurait dit que des morceaux de charbons avaient été jetés dans l'eau et on agitait un bout de bois dans chacun des bateaux. Ils ont fait des signaux avec leurs boucliers, puis ils ont commencé à faire du commerce avec les visiteurs qui voulaient surtout faire du troc pour obtenir du tissu rouge. Ils voulaient aussi acheter des épées et des lances, mais Karlsefni et Snorri ont interdit ce troc. […]

Il s'est passé trois semaines avant qu'ils ne reviennent. Puis, ils ont vu arriver du sud un flot de bateaux indigènes. Cette fois, ils agitaient les bouts de bois dans le sens contraire du soleil et ils hurlaient. Les hommes ont pris leurs boucliers rouges et se sont avancés vers eux. Ils se sont rencontrés et se sont battus. Il y avait une pluie de projectiles et les indigènes avaient aussi des lance-pierres. »

« Où est Vinland ? », *Les Grands Mystères de l'histoire canadienne* [en ligne], réf. du 25 avril 2008.

● Quelles réactions les Autochtones ont-ils envers les Scandinaves ?

35 Les terres connues des Scandinaves dans le nord-est de l'Amérique, vers l'an 1000

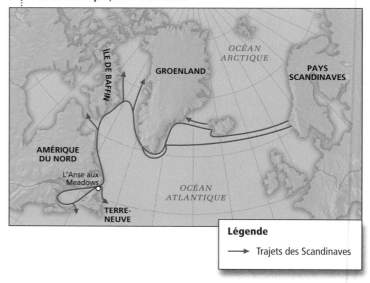

Légende
→ Trajets des Scandinaves

Les explorateurs

Au XVe siècle, les progrès de la navigation et la perspective de débouchés commerciaux amènent les Européens à rechercher un passage vers l'Asie au nord-ouest de l'océan Atlantique. Plusieurs explorateurs parcourent la côte nord-américaine – du Labrador à la Caroline du Nord actuelle – pour le compte de l'Angleterre, du Portugal ou de la France. Incapables de découvrir un passage vers l'ouest, ces navigateurs mentionnent cependant, dès 1497, la présence d'importants bancs de poissons au large de Terre-Neuve. Les pêcheurs européens commencent alors à parcourir les côtes de l'Amérique du Nord-Est.

Les voyages de Cartier et de Roberval

Au début du XVIᵉ siècle, la France entend bien se constituer un empire colonial afin de concurrencer ses rivaux européens. En 1534, puis en 1535, à la demande du roi François 1ᵉʳ, Jacques Cartier traverse l'Atlantique, en quête de métaux précieux et d'un passage au nord-ouest. Le bilan de ses voyages n'est pas à la hauteur de ses objectifs : pas d'or ni de route maritime vers l'Asie. Cartier a toutefois exploré le fleuve Saint-Laurent et peut raffiner la cartographie du golfe. Il a repéré des terres propices à la culture. De plus, les récits des Iroquoiens d'**Hochelaga** affirment qu'on trouve des métaux en amont de la rivière des Outaouais.

En 1540, François 1ᵉʳ ordonne un troisième voyage. Cette fois, il souhaite établir une colonie de peuplement et, pour plaire au pape, convertir les Amérindiens au catholicisme. Il confie l'administration de la future colonie à Jean-François de La Rocque, sieur de Roberval. Cartier demeure capitaine de l'expédition et devance Roberval. En 1541, Cartier quitte la France avec, à son bord, près de 400 colons, du bétail et d'abondantes provisions. Le petit groupe se fixe près de **Stadaconé**. Les nouveaux arrivants s'empressent de construire des fortifications et de défricher le sol. Cartier croit même avoir trouvé de l'or et des diamants à proximité (il apprendra, de retour en France, qu'il s'agit de pyrite de fer et de quartz). Les relations avec les Iroquoiens auraient été toutefois tendues. Comme Roberval n'arrive toujours pas, Cartier décide de lever le camp avec sa «précieuse» cargaison.

Au printemps 1542, Cartier croise Roberval à Terre-Neuve. Celui-ci lui ordonne de faire demi-tour, mais Cartier, impatient de présenter son trésor au roi, s'enfuit en direction de la France. Roberval poursuit sa route avec 200 colons à bord. Malgré de meilleures relations avec les Amérindiens, la rigueur de l'hiver, le manque de nourriture et le scorbut frappent durement la petite communauté. Roberval quitte à son tour le Canada en septembre 1543. Le projet de colonisation française est un échec, mais aux yeux des Européens, toutefois, les croix plantées par Cartier et ses séjours prolongés assurent à la France la possession de ces territoires.

36 **Une carte de la côte est de l'Amérique du Nord, dessinée en 1547**

Carte faite pour ou par Nicolas Vallard, 1547.

Hochelaga Village iroquoien du Saint-Laurent situé sur l'emplacement de la ville actuelle de Montréal.

Stadaconé Village iroquoien du Saint-Laurent situé sur l'emplacement de la ville actuelle de Québec.

Portrait

Jean-François de La Rocque, sieur de Roberval (v. 1500-1560)

Jean-François de La Rocque, sieur de Roberval, est homme de guerre, corsaire et courtisan de François 1ᵉʳ. En 1541, le roi le nomme lieutenant-général du Canada, malgré sa conversion au protestantisme. L'échec de l'expédition de colonisation qu'il mène au Canada en 1542 et 1543 entraîne sa ruine financière. Même s'il se voit par la suite confier plusieurs charges dans l'administration française, Roberval ne parvient pas à reconstituer sa fortune. Il meurt assassiné, avec d'autres protestants, dans une rue de Paris au début des guerres de religion qui opposent Catholiques et Protestants en France à la fin du XVIᵉ siècle.

Les pêcheurs européens

Cet échec n'empêche pas les pêcheurs de continuer à fréquenter les côtes de l'Amérique du Nord-Est. Au milieu du XVIᵉ siècle, plus de 10 000 hommes auraient pêché dans la région, chaque année. De nombreux bateaux de pêche européens fréquentent les côtes de Terre-Neuve, du Labrador et du golfe du Saint-Laurent. Vers la fin du XVIᵉ siècle, des pêcheurs basques séjournent même dans la vallée du Saint-Laurent durant l'été. Ces Européens de passage entretiennent des liens commerciaux avec les Inuits et les Amérindiens. Vers la fin du XVIᵉ siècle, les fourrures ramenées en Europe par les pêcheurs et les explorateurs attirent à leur tour des commerçants. Ces derniers organisent des voyages de traite, sans aucune intention cependant d'établir une colonie de peuplement.

La disparition des Iroquoiens du Saint-Laurent

Au début des années 1580, des commerçants français constatent la disparition des Iroquoiens du Saint-Laurent, que Cartier avait rencontrés. Cette absence amène les historiens à s'interroger quant à l'impact sur les populations autochtones des premiers contacts avec les Européens. Bien que certains tentent d'expliquer ce dépeuplement par des maladies d'origine européenne et le refroidissement climatique enregistré à partir du XVᵉ siècle, la cause la plus vraisemblable semble être les conflits entre nations autochtones.

En effet, les nations voisines représentent des ennemis potentiels. Après le débarquement de Cartier, les Iroquoiens du Saint-Laurent deviennent les intermédiaires privilégiés des Européens dans la traite des fourrures. Toutefois, les données archéologiques n'ont pas démontré que l'intensification des échanges avec les Européens aurait alors aggravé les tensions entre les Iroquoiens du Saint-Laurent et leurs voisins. Les Iroquoiens du Saint-Laurent ont sans doute été vaincus et assimilés par leurs ennemis traditionnels, les Iroquois, les Hurons et les Algonquiens.

37 Une scène de guerre entre Amérindiens

André Thevet, *Les singularitez de la France Antarctique…*, 1558.

PISTES d'interprétation · CD 2

1. Qui sont les Européens qui migrent vers l'Amérique du Nord à partir du Xᵉ siècle ?

2. Quelles sont les intentions de chacun de ces groupes ?

3. Quelle est la cause la plus probable de la disparition des Iroquoiens du Saint-Laurent ?

Question bilan

4. À la fin du XVIᵉ siècle, quels sont les effets de la présence européenne sur les populations amérindiennes et leur territoire ?

La population sous le régime français

1608-1760

À la fin du XVIᵉ siècle, malgré l'échec de l'établissement de Cartier et de Roberval, les voyages de pêche et de traite se multiplient le long du fleuve Saint-Laurent. Le potentiel économique de ces activités ravive l'intérêt de la France pour l'Amérique du Nord et relance le projet de colonisation. Durant plus de 150 ans, les Français vont tenter d'assurer une présence dans cette immense contrée qui s'étire du Labrador, au nord-est, jusqu'à la Louisiane, aux abords du golfe du Mexique. Dès le XVIIᵉ siècle, les premiers noyaux de peuplement s'implantent au Canada, dans la vallée qui s'étend de part et d'autre du fleuve Saint-Laurent. Cette région stratégique va devenir la plus importante zone de peuplement européen de la Nouvelle-France, conséquence d'un accroissement naturel marqué. Quelques milliers d'Amérindiens y côtoient les colons, mais la plupart des populations autochtones vivent à l'extérieur de la vallée.

Quels sont les effets de l'accroissement naturel et des migrations sur la population et l'occupation du territoire sous le régime français ? **CD 2**

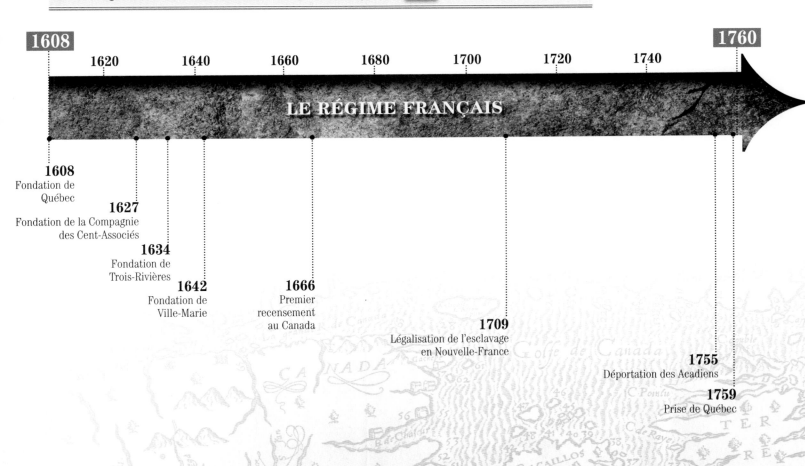

1608

| 1620 | 1640 | 1660 | 1680 | 1700 | 1720 | 1740 |

1760

LE RÉGIME FRANÇAIS

1608
Fondation de Québec

1627
Fondation de la Compagnie des Cent-Associés

1634
Fondation de Trois-Rivières

1642
Fondation de Ville-Marie

1666
Premier recensement au Canada

1709
Légalisation de l'esclavage en Nouvelle-France

1755
Déportation des Acadiens

1759
Prise de Québec

L'occupation du territoire

Dès la **fin du XVIe siècle**, la métropole française entend exploiter et coloniser le territoire de la Nouvelle-France. À partir de 1605, les premiers îlots de colonisation se forment en Acadie, puis au Canada. Tout au long du **XVIIe siècle**, cette occupation se consolide, soutenue par les voyages d'exploration. Ceux-ci entraînent les Français aussi loin que la baie d'Hudson, au nord, et le golfe du Mexique, au sud. À la veille de la Conquête, la France revendique près des trois quarts du continent nord-américain. Cependant, à l'exception de la vallée du Saint-Laurent, cette occupation demeure précaire, car elle repose essentiellement sur un réseau fragile de forts et de postes de traite.

Les premières tentatives de peuplement

À partir de **1580**, le commerce des fourrures s'intensifie le long du fleuve Saint-Laurent. Soucieuse d'occuper le territoire et de profiter de ses ressources, la France accorde à des entrepreneurs le monopole de la traite en Nouvelle-France. En contrepartie, ceux-ci doivent fonder une colonie de peuplement et veiller à l'évangélisation des Amérindiens. Les premières tentatives de colonisation à l'île de Sable (1598-1603), située en Nouvelle-Écosse actuelle, et à Tadoussac (1600), se soldent par un échec. Le premier établissement français permanent voit le jour en Acadie en **1605**, sous l'autorité de Pierre Du Gua de Monts, un ancien militaire devenu explorateur et commerçant.

38 L'établissement de Port-Royal

En 1603, l'État français concède à Du Gua de Monts le monopole de la traite. L'année suivante, accompagné d'une centaine d'hommes, celui-ci s'installe sur l'île Sainte-Croix. Après un hiver éprouvant, les colons trouvent un emplacement moins exposé sur le continent, où ils construisent l'habitation de Port-Royal. Ce poste fortifié a été reconstitué entre 1939 et 1941.

L'occupation française dans la vallée du Saint-Laurent

L'occupation continue du territoire québécois par des colons français s'amorce en **1608**, lorsque Du Gua de Monts confie à Samuel de Champlain la fondation d'un poste de traite dans la vallée du Saint-Laurent. Aucune population sédentaire n'habite alors dans la région. Champlain choisit Québec, un site facile d'accès et bien connu des Européens depuis l'époque de Cartier. C'est un carrefour de commerce fréquenté par les Montagnais (Innus) et les Algonquins, deux nations algonquiennes alliées des Français. À cet endroit, le resserrement du fleuve permet de surveiller facilement le passage des navires.

39 Une terre de richesses

Marc Lescarbot, *Figure de la Terre Neuve, Grande Rivière de Canada*, 1609.

● Quels sont les principaux lieux connus des Européens en 1609?

● Où se situe Québec? Tadoussac?

Puisque la traite des fourrures constitue le principal attrait du pays, l'occupation du territoire évolue lentement. Dans les premières années, les habitants se comptent par dizaines. Quelques terres sont d'abord concédées aux environs de Québec, mais il faut attendre les années 1630 pour dénombrer plus de 100 colons dans la région. Peu à peu, des îlots de peuplement se forment le long du fleuve Saint-Laurent. En **1634**, Champlain envoie le sieur de Laviolette ériger le poste de Trois-Rivières, à l'embouchure de la rivière Saint-Maurice, un autre lieu stratégique.

En **1642**, Paul Chomedey de Maisonneuve fonde Ville-Marie (aujourd'hui Montréal) pour le compte d'une compagnie française vouée à la colonisation et à l'évangélisation des Amérindiens. Dans un premier temps, les autorités coloniales s'y opposent, car elles craignent la menace des Iroquois. Elles considèrent que la colonie est encore trop petite pour assurer la défense d'un nouveau poste aussi éloigné. Cependant, Maisonneuve persiste dans son entreprise, et la zone de peuplement français prend de l'expansion. Au siècle suivant, elle s'étend de part et d'autre du fleuve, depuis l'embouchure de la rivière des Outaouais, en amont de Montréal, jusqu'au Bas-Saint-Laurent. Plusieurs établissements de pêche apparaissent aussi sur la Côte-Nord et tout autour de la péninsule gaspésienne. En **1760**, le Canada compte environ 70 000 habitants.

De 1748 à 1751, le botaniste suédois Pehr Kalm effectue une mission scientifique en Amérique du Nord dans le but de recueillir des échantillons de semences et de plantes. Tout au long de son voyage, Kalm note ses observations.

« Les berges sont basses, le pays également, mais il est partout habité ; les maisons sont en bois ou en pierre [...]. Le fleuve est assez étroit, large d'environ un mille anglais. Le pays que nous côtoyons est partout assez beau et c'est un plaisir de voir comme il est joliment habité, et de façon si dense, sur les deux bords du fleuve ; on pourrait presque dire qu'il forme un village continu, qui commence à Montréal et se prolonge jusqu'à Québec. »

Pehr Kalm, *Voyage de Pehr Kalm au Canada en 1749.*

Portrait

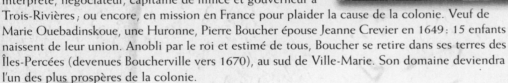

Pierre Boucher de Boucherville (1622-1717)

Pierre Boucher a 13 ans lorsqu'il débarque à Québec. Dès lors, il consacre sa vie au développement de la Nouvelle-France. Boucher est partout : avec les missionnaires en territoire huron ; simple soldat à Québec ; officier à Ville-Marie ; interprète, négociateur, capitaine de milice et gouverneur à Trois-Rivières ; ou encore, en mission en France pour plaider la cause de la colonie. Veuf de Marie Ouebadinskoue, une Huronne, Pierre Boucher épouse Jeanne Crevier en 1649 : 15 enfants naissent de leur union. Anobli par le roi et estimé de tous, Boucher se retire dans ses terres des Îles-Percées (devenues Boucherville vers 1670), au sud de Ville-Marie. Son domaine deviendra l'un des plus prospères de la colonie.

« Tous les pauvres gens feraient mieux ici qu'en France, pourvu qu'ils ne fussent pas paresseux ; ils ne manqueraient pas ici d'emploi et ne pourraient pas dire ce qu'ils disent en France, qu'ils sont obligés de chercher leur vie, parce qu'ils ne trouvent personne qui leur veuille donner de la besogne. »

Pierre Boucher, *Histoire véritable et naturelle des mœurs et productions du pays de la Nouvelle-France, vulgairement dite le Canada*, 1664.

● Selon l'auteur, quel avantage la colonie offre-t-elle aux colons français ?

● Selon vous, pourquoi les rives du fleuve sont-elles densément peuplées ?

La distribution du territoire selon le régime seigneurial

Pendant le régime français, le peuplement s'organise autour des agglomérations de Québec, Montréal et Trois-Rivières. La distribution du territoire de la colonie s'effectue selon le modèle de propriété en vigueur en France, soit le **régime seigneurial**. L'administration coloniale délimite d'abord de vastes terrains situés en bordure du fleuve ou de ses affluents, notamment les rivières Chaudière et Richelieu. Elle distribue ensuite ces domaines, ou seigneuries, à des individus (officiers, marchands, nobles, etc.) et à des communautés religieuses. Le propriétaire doit à son tour concéder des portions de sa terre aux colons désireux de s'établir, en contrepartie des redevances annuelles, les cens et les rentes.

Régime seigneurial Type d'organisation sociale dans laquelle le seigneur distribue des terres à des paysans en échange de redevances.

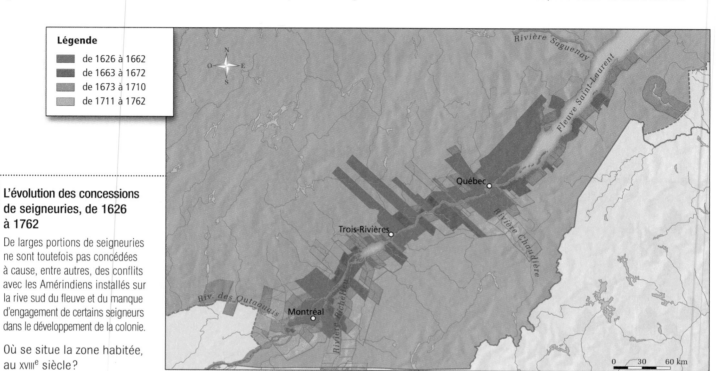

Légende
- de 1626 à 1662
- de 1663 à 1672
- de 1673 à 1710
- de 1711 à 1762

41 **L'évolution des concessions de seigneuries, de 1626 à 1762**

De larges portions de seigneuries ne sont toutefois pas concédées à cause, entre autres, des conflits avec les Amérindiens installés sur la rive sud du fleuve et du manque d'engagement de certains seigneurs dans le développement de la colonie.

● Où se situe la zone habitée, au XVIIIᵉ siècle?

D'après Serge Courville, *Atlas historique du Québec. Population et territoire*, Québec, Les Presses de l'Université Laval, p. 58, 1996.

Des villes et des villages

Vers la **fin du XVIIᵉ siècle**, l'activité commerciale, le grand nombre de naissances et la concentration de la population transforment Montréal et Québec. Ces agglomérations deviennent de véritables petites villes, quoique de taille modeste. En 1760, Québec compte 7000 habitants; Montréal, 5000 et Trois-Rivières, moins de 1000. Protégées par des fortifications, elles abritent les pouvoirs administratifs, militaires et religieux, de même qu'un port, une place du marché, un hôpital, des églises, des écoles, des auberges ainsi qu'une grande variété de boutiques et d'ateliers.

En milieu rural, où la population est parfois très dispersée, les villages sont rares et tardent à se développer. L'organisation des terres en censives de forme rectangulaire ne favorise pas le regroupement de la population. Cependant, la construction d'un moulin ou d'une église ainsi que la présence de quelques artisans annoncent l'emplacement de villages qui verront le jour à partir de la **fin du XVIIIᵉ siècle**.

À partir des **années 1660**, l'Église catholique commence sa propre division du territoire, qu'elle organise en paroisses. L'évêque crée une paroisse lorsque le nombre d'habitants dans une seigneurie est suffisant pour financer la construction et l'entretien d'une église. La population doit aussi subvenir aux besoins du curé, en versant la **dîme**. À la fin du régime français, la colonie compte une centaine de paroisses.

Dîme Impôt versé pour l'entretien du curé et de l'église paroissiale, et qui consiste en une petite portion de la récolte de grains.

Explorations, missions et traite

Les Français qui arrivent dans la vallée du Saint-Laurent aux XVIIᵉ et XVIIIᵉ siècles ne se destinent pas tous à l'agriculture. Des centaines d'hommes se lancent à la découverte des grands espaces, motivés par le commerce des fourrures, la lutte pour la possession du territoire, l'évangélisation des Amérindiens ou, tout simplement, le goût de l'aventure. Cette population mobile composée d'hommes célibataires, de soldats et de religieux contribue toutefois peu au peuplement de la colonie.

Les trajets des explorations, qui s'étendent de la baie James au golfe du Mexique, correspondent au réseau d'échanges et de communication mis en place depuis longtemps par les Amérindiens. Les missionnaires se joignent à toutes les expéditions officielles. Ils établissent des missions dans la vallée du Saint-Laurent, remontent les rivières vers le nord, jusqu'à la baie James, et fréquentent les Abénaquis sur la côte actuelle du Maine. Ils parcourent également la région des Grands Lacs et toute la vallée du Mississippi.

Afin d'appuyer les revendications de la France sur cet immense territoire, notamment au sud des Grands Lacs, les autorités coloniales font construire un réseau de forts et de postes où séjournent principalement des soldats et des **voyageurs** canadiens de passage.

L'occupation du territoire par les Anglais

Les Français ne sont pas les seuls à convoiter l'Amérique du Nord. À l'époque de Champlain, les Anglais s'installent sur la côte atlantique (en Virginie et au Massachusetts actuels) et à Terre-Neuve. Eux-mêmes à la recherche d'un passage vers l'Asie, ils explorent les côtes du nord et de l'ouest du territoire québécois actuel. À partir des **années 1670**, l'occupation permanente du territoire par les Anglais se traduit par la présence d'un réseau de postes de traite sur les pourtours des baies James et d'Hudson. La rigueur du climat et l'aridité des sols excluent tout effort de peuplement. Par ailleurs, la lutte pour l'occupation du territoire mène à des guerres. Avec le traité d'Utrecht, signé en 1713, une partie du territoire de la Nouvelle-France, soit une portion de l'Acadie, la baie d'Hudson et Terre-Neuve, est cédée pour la première fois à la Grande-Bretagne.

> **Voyageur** Commerçant spécialiste de la traite des fourrures et des relations avec les Amérindiens qui détient un permis ou travaille pour un marchand qui en possède un.

42 **Un poste français en Louisiane**

Au XVIIIᵉ siècle, la Louisiane accueille de faibles migrations en provenance de la vallée du Saint-Laurent, d'Europe et d'Afrique : en 1735, moins de 7000 colons et esclaves habitent cette vaste région.

Dumont de Montigny, *Fort Rosalie et les implantations françaises chez les Natchez*, vers 1728.

43 **La Nouvelle-France après le traité d'Utrecht de 1713**

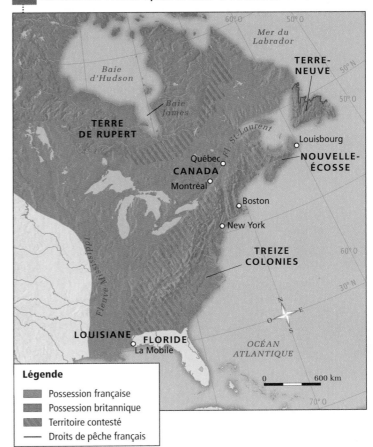

Légende
- ▨ Possession française
- ▨ Possession britannique
- ▨ Territoire contesté
- — Droits de pêche français

PISTES d'interprétation CD 2

1. Quelles sont les différentes façons d'occuper le territoire pour les Français ?

2. Qu'est-ce qui permet le développement des villes et des villages ?

3. Quelles sont les conséquences des explorations sur le territoire ?

4. Quel est l'impact, pour les Français, de l'occupation d'une partie du territoire par les Anglais ?

La présence autochtone : territoires et villages

Malgré l'arrivée des Français, la présence des Amérindiens demeure prédominante sur le territoire.

Les Inuits et les Algonquiens

Tout au nord, les limites du territoire des Inuits demeurent inchangées. De même, les nations algonquiennes continuent de parcourir les vastes étendues du Bouclier canadien et des Appalaches. Dans l'estuaire du fleuve, différents groupes, tels les Micmacs, occupent maintenant les anciens territoires de chasse et de pêche des Iroquoiens du Saint-Laurent. Malgré les liens qu'elles entretiennent avec les commerçants européens, la plupart de ces populations maintiennent leur mode de vie nomade. Cependant, l'établissement progressif des colons sur la rive nord du Saint-Laurent repousse le gros gibier plus au nord. Certaines populations algonquiennes doivent donc se replier vers le nord et vers l'ouest pour chasser.

Domicilié Amérindien établi en permanence dans un village de la vallée du Saint-Laurent, administré par une communauté missionnaire.

44 Des Amérindiens en déplacement

Giuseppe Bressani, *Novae Franciae Accurata Delineatio* [détail], 1653.

45 Les villages des Amérindiens domiciliés, vers 1750

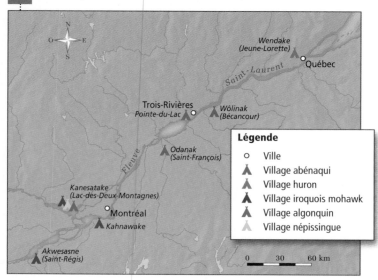

D'après Alain Beaulieu, *Les Autochtones du Québec*, Fides, Montréal, 2000.

Les Iroquoiens et les « domiciliés »

Sous le régime français, les guerres entre les nations amérindiennes, de même que la colonisation française et anglaise, amènent le rétrécissement progressif du territoire iroquoien. Au nord des lacs Érié et Ontario, les Hurons, les Pétuns, les Neutres et les Ériés périssent sous les attaques des Iroquois. Les survivants des nations défaites sont dispersés ou assimilés par leurs voisins alors que les Iroquois continuent d'occuper leur territoire traditionnel, au sud-est du lac Ontario.

À partir du **milieu du XVIIe siècle**, les missionnaires créent de petites agglomérations amérindiennes dans la vallée du Saint-Laurent afin d'amener les Amérindiens convertis au catholicisme à adopter le mode de vie des français. Quelques centaines de Hurons et d'Iroquois chrétiens ainsi que des Algonquiens, tels les Algonquins et les Népissingues, s'installent de façon permanente à proximité de Québec et de Montréal. Quant aux Algonquins et aux Abénaquis, chassés par des conflits avec les colons de la Nouvelle-Angleterre, ils se fixent dans la région de Trois-Rivières. Les Français qualifient ces Amérindiens de « **domiciliés** ». À la fin du régime français, ces domiciliés seront environ 5000, soit 8 % de la population canadienne de l'époque.

PISTES d'interprétation CD 2

1. Quels sont les effets de la colonisation sur les Autochtones et leur occupation du territoire ?

Question bilan

2. Quels sont les effets de la colonisation française sur le territoire actuel du Québec ?

Une faible évolution démographique

Au **XVIIᵉ siècle**, les différentes actions entreprises dans le but d'attirer des colons français en Nouvelle-France donnent peu de résultats. Malgré de nombreuses naissances, la faible immigration nuit à l'augmentation de la population tout au long du régime français.

Les différentes opinions sur le peuplement

Les explorateurs, les compagnies de marchands, les dirigeants de l'Église catholique et les administrateurs français n'ont pas tous la même opinion quant à la colonisation de la vallée du Saint-Laurent. Tandis que certains associent ce projet à une perte de profit, d'autres s'intéressent aux retombées économiques, sociales et culturelles d'une migration française.

Le projet de société de Champlain

Allié commercial et militaire de plusieurs nations amérindiennes, Samuel de Champlain participe à la fondation de l'Acadie, fonde Québec et explore l'est des Grands Lacs. Il se rend en France à plusieurs reprises pour défendre son programme de colonisation auprès du roi et des grands commerçants de la métropole. En **1618**, Champlain présente deux mémoires, un à Louis XIII et l'autre, à la Chambre de commerce de Paris. Dans ces mémoires, il soumet différentes propositions pour faire de la vallée du Saint-Laurent un établissement commercial permanent et une colonie de peuplement. Voici quelques-unes de ses propositions :

- faire immigrer des familles entières ;
- mettre sur pied une administration ;
- fonder des villes (sur les sites de Québec, Tadoussac, Trois-Rivières et Montréal) ;
- construire des forts avec garnison ;
- développer la foi chrétienne en misant sur l'installation d'une population catholique et l'évangélisation des Amérindiens ;
- ouvrir une route vers l'Asie.

L'indifférence des autorités de la métropole et le manque d'enthousiasme des commerçants de la fourrure, entre autres, ne favorisent pas le peuplement. La colonisation est abandonnée aux initiatives individuelles. En **1617**, une seule famille, celle de Louis Hébert et de Marie Rollet, immigre à Québec. À la veille de l'offensive des Anglais contre la colonie, en 1627, Québec ne compte que quatre familles. Une centaine de personnes vivent alors au Canada. À la mort de Champlain, en **1635**, le bilan de l'immigration s'avère décevant.

46 Le départ de Champlain pour la Nouvelle-France

Le vitrail est situé à l'hôtel du Parlement, à Québec.

Joseph Bernard, *Comment Samuel de Champlain quitta Honfleur* [détail], début 1920.

47 Les premiers habitants de Québec

L'apothicaire Louis Hébert, son épouse Marie Rollet et leurs trois enfants, Anne, Guillemette et Guillaume, s'installent à Québec en 1617.

Alfred Laliberté, *Louis Hébert*, début du XXᵉ siècle.　　Alfred Laliberté, *Marie Rollet et ses enfants*, début du XXᵉ siècle.

● Pourquoi, selon vous, a-t-on élevé des monuments à la mémoire de la famille Hébert ?

Les intérêts et les obligations des compagnies

Le monopole de la traite des fourrures accordé par le roi aux compagnies a un prix : elles ont l'obligation de peupler et d'évangéliser le nouveau territoire. Or, coloniser la Nouvelle-France est une entreprise coûteuse. En effet, il faut non seulement recruter et maintenir une population agricole, mais également mettre en place les institutions nécessaires au fonctionnement d'une société. De telles dépenses peuvent réduire de façon substantielle les profits des compagnies. Elles préfèrent donc, très souvent, ignorer leurs engagements, les nouveaux arrivants étant perçus comme des concurrents potentiels pour ce qui est de la traite des fourrures.

En **1627**, le cardinal de Richelieu, ministre du roi Louis XIII, décide de relancer la colonisation du territoire. Il recrute alors une centaine d'investisseurs et crée la Compagnie de la Nouvelle-France, aussi appelée « Compagnie des Cent-Associés ».

Sauvage Terme souvent utilisé dans les documents d'époque pour désigner un Amérindien. Il témoigne d'un préjugé défavorable à l'égard du mode de vie des Amérindiens, que les Européens trouvent peu « civilisés ».

Dévot Personne très attachée à la religion et à ses pratiques.

48 Les obligations de la Compagnie des Cent-Associés

La Compagnie des Cent-Associés se voit confier tout le territoire de la Nouvelle-France et le monopole de la traite, à condition de remplir certaines obligations liées à la colonisation.

« [Les associés] promettront de faire passer au dit pays de la Nouvelle France, deux à trois cents hommes de tous métiers dès l'année prochaine 1628, et pendant les années suivantes, en augmenter le nombre jusqu'à quatre mille de l'un et de l'autre sexe, dans quinze ans prochainement venant […] ; les y loger, nourrir et entretenir de toutes choses […] nécessaires à la vie pendant trois ans. […]

Dans chaque habitation [poste] qui sera construite […], afin de vaquer à la conversion des **sauvages** et consolation des Français qui seront en la dite Nouvelle France, il y aura trois ecclésiastiques au moins, lesquels dits associés seront tenus de loger, fournir des vivres, ornements et généralement les entretenir de toutes choses nécessaires. »

Charte de la Compagnie de la Nouvelle-France, 1627.

● Selon ce document, quelles sont les obligations de la Compagnie des Cent-Associés ?

● En quoi l'obligation de peupler le territoire est-elle coûteuse ?

Dès sa fondation, la Compagnie éprouve des ennuis sérieux. Cette même année, la guerre éclate entre la France et l'Angleterre. En **1628**, les Anglais attaquent les navires de la Compagnie qui transportent des colons français. L'année suivante, ils chassent la plupart des habitants de Québec, alors sans protection militaire. La France récupérera le Canada, ainsi que l'Acadie, en **1632** seulement. L'occupation anglaise porte un dur coup à la Compagnie de la Nouvelle-France : les dépenses liées au maintien des habitants et à la défense de la colonie l'amènent au bord de la faillite. Jusqu'à sa dissolution, en **1663**, la Compagnie réussit néanmoins à maintenir un certain flot d'immigration, quoique plus faible que prévu.

Le peuplement comme moyen d'évangélisation

La volonté des catholiques français d'évangéliser les peuples amérindiens d'Amérique du Nord encourage le peuplement de la Nouvelle-France. Les missionnaires se montrent favorables à l'immigration, convaincus qu'une colonie française catholique bien établie pourra servir de modèle aux Amérindiens. De plus, une présence plus forte dissuaderait les Iroquois d'attaquer les habitants. Les Jésuites voient aussi, dans le peuplement de la colonie, une solution au chômage et à la pauvreté qui affligent la France.

Portrait

Angélique Faure de Bullion (1593-1662)

Anonyme, *Angélique Faure de Bullion*, XVIIᵉ siècle.

Ni la Compagnie des Cent-Associés ni les administrateurs de Québec ne planifient la fondation de Ville-Marie. Celle-ci naît de la volonté de la Société de Notre-Dame de Montréal pour la conversion des Sauvages de la Nouvelle-France, un groupe de **dévots** français qui tentent de créer une ville missionnaire idéale au cœur du pays amérindien.

Certains membres de la Société se lancent corps et âme dans l'aventure, tels Pierre de Maisonneuve et Jeanne Mance, qui débarquent en 1641 dans la colonie avec une cinquantaine de compagnons.

D'autres, comme Angélique Faure de Bullion, préfèrent apporter leur contribution à la mission sans quitter la France. La marquise de Bullion, une femme très pieuse, consacre toute sa fortune au développement du nouvel établissement. Jusqu'à sa mort, elle financera de façon anonyme la construction et le maintien de l'Hôtel-Dieu, l'installation de colons ainsi que la défense du petit poste de Ville-Marie.

La correspondance des missionnaires de la colonie, notamment les *Relations* des Jésuites publiées chaque année entre 1632 et 1672, invite les lecteurs à contribuer à leur mission de Nouvelle-France : d'une part, par leur fortune, et, d'autre part, de leur personne, en venant eux-mêmes bâtir, soigner et éduquer les colons et les Autochtones.

La présence des communautés religieuses attire de nombreuses personnes dans la colonie. Afin d'assurer sa subsistance et d'implanter des hôpitaux, des écoles, etc., le clergé se voit octroyer de vastes seigneuries. En 1674, plus de 55 % de la zone seigneuriale est concédée aux communautés religieuses, dont la totalité de l'île de Montréal. Durant le régime français, la colonie accueille près de 800 religieux, femmes et hommes.

49   **Deux missionnaires se prononcent sur les conditions de peuplement**

Pour les missionnaires de la Nouvelle-France, il est essentiel que les nouveaux arrivants soient en mesure de se loger et de se nourrir. Ces colons doivent également présenter des qualités morales et spirituelles.

« Il semble qu'il soit nécessaire qu'une grande étendue de bois soit changée en terres labourables, avant d'introduire un plus grand nombre de familles, autrement la faim pourrait les égorger. […] Il n'est pas à propos que tout le monde sache combien il fait bon dans les sacrées horreurs de ces forêts […], nous aurions trop de monde qui voudrait y venir et nos habitations ne seraient pas capables de loger tant de gens. »

Paul Le Jeune, *Relation de ce qui s'est passé en la Nouvelle France, en l'année 1635*, 1636.

René Lochon, *Portait du révérend père Paul Le Jeune*, 1665.

Le père Paul Le Jeune (1591-1664) est le supérieur des Jésuites de Québec et le premier rédacteur des *Relations*. Durant son séjour au Canada, de 1632 à 1649, Le Jeune encourage la fondation de Ville-Marie et demande à la métropole des renforts militaires pour protéger la colonie.

« Parmi les honnêtes gens, il vient beaucoup de canailles de l'un et l'autre sexe, qui causent beaucoup de scandale. Il eût été bien plus avantageux à cette nouvelle [colonie] d'avoir peu de bons chrétiens, que d'en avoir un grand nombre qui nous cause tant de trouble. »

Marie de l'Incarnation, *Lettre à son fils*, octobre 1669.

Jean Edelinck, *Portrait de la vénérable mère Marie de l'Incarnation*, 1677.

Mère Marie de l'Incarnation, née Marie Guyart (1599-1672), de la communauté des Ursulines, débarque à Québec en 1639. Avec ses compagnes, elle fonde la première école pour filles de la colonie.

Les efforts de l'administration royale

À partir **de 1663**, le roi Louis XIV décide de réorganiser son empire colonial. Il place alors la Nouvelle-France sous son autorité et la dirige par l'intermédiaire de son ministre de la Marine, Jean-Baptiste Colbert. L'administration de la colonie est confiée à deux hauts fonctionnaires : un gouverneur général et un intendant. Ce dernier est notamment responsable du peuplement et de l'aménagement du territoire (concession des terres, voirie, etc.).

L'intendant du moment, Jean Talon, se voit confier la tâche d'organiser un **recensement**. Celui-ci révèle qu'après plus d'un demi-siècle de présence française, soit en 1666, la colonie ne compte que 3215 habitants. Le roi et son ministre décident alors de prendre le peuplement du Canada en main : l'occupation et la défense de la colonie ainsi que l'exploitation de ses ressources naturelles exigent une population beaucoup plus nombreuse. De plus, l'État français veut créer en Nouvelle-France un marché pour vendre les produits qui sont manufacturés dans la métropole.

● Quels obstacles à l'immigration ces documents mentionnent-ils ?

● Quel serait l'impact d'une migration trop grande, selon Paul Le Jeune ?

Recensement
Dénombrement détaillé de la population d'un pays, d'une région ou d'une ville.

À travers le temps

Le recensement

Le premier recensement vise à dénombrer la population afin de planifier le peuplement, les activités économiques et la défense du territoire colonial. Sans modèle ni méthode, l'intendant Talon a pour mandat de visiter « les habitations les unes après les autres pour en reconnaître le véritable état ». Le recensement de Talon contient les noms des habitants, leur lieu de résidence, leur âge, leur état matrimonial, leur occupation, leur lien avec le chef de la famille ou encore leur statut dans le pays (habitant établi, engagé, etc.).

Cette pratique administrative se maintient après la conquête britannique de 1760. Les données de recensement apportent alors un nouvel éclairage sur la population du Canada. On s'intéresse à la religion, au pays d'origine des individus et à la date d'arrivée des immigrants. En **1867**, l'Acte de l'Amérique du Nord britannique exige la tenue d'un recensement afin de déterminer le nombre de députés fédéraux à attribuer à chaque province. À partir de 1871, le dénombrement s'effectue tous les 10 ans. Depuis les années 1950, le gouvernement fédéral recueille des données de recensement une fois par cinq ans. Ces données permettent aux différentes administrations publiques de planifier leurs activités et de créer des programmes adaptés aux besoins de la population.

En 2006, 80 % des ménages canadiens ont rempli un formulaire de recensement abrégé visant à recueillir des informations de base telles l'âge, le sexe, l'état matrimonial ou la langue maternelle. Les autres ménages devaient répondre à 61 questions sur des sujets tels la santé, l'origine ethnique, la scolarité, l'emploi, le revenu et le logement.

Un extrait du recensement de 1666

Dans cet extrait, on peut lire le nom d'un des conseillers du Conseil souverain, Charles Le Gardeur de Tilly ; celui de sa femme, Geneviève Juchereau, ainsi que ceux de leurs 10 enfants et de leurs 4 engagés.

Engagé Colon qui s'engage à travailler pendant trois ans pour un employeur de la colonie qui, en retour, paye son voyage aller-retour, son entretien et son salaire.

L'administration royale prend différentes mesures afin d'accélérer la croissance de la population. Pour stimuler l'émigration vers la Nouvelle-France, les autorités intensifient le système des engagés : les capitaines doivent désormais transporter un nombre d'**engagés** proportionnel à la taille de leur navire. Et, afin d'augmenter les naissances dans la colonie, l'État encourage l'émigration de jeunes Françaises, les Filles du Roy. Les jeunes hommes célibataires du Canada sont d'ailleurs tenus d'épouser ces jeunes femmes dans les 15 jours suivant leur arrivée, sous peine de perdre leurs droits de chasse, de pêche et de traite. Enfin, le roi veut inciter les officiers du régiment de Carignan-Salières à s'établir dans la colonie en leur offrant des seigneuries. Les troupes de Carignan-Salières sont envoyées par Louis XIV pour défendre les colons de la Nouvelle-France pendant les guerres iroquoises de 1665 à 1667.

50 La Salpêtrière

Les Filles du Roy sont, pour la plupart, des orphelines âgées de 25 ans et moins. Nombre d'entre elles sont pensionnaires à la Salpêtrière, un hospice de Paris. Parrainées par l'État, elles débarquent dans la colonie entre 1663 et 1673 pour y être mariées à des colons.

Perelle, *La Salpêtrière*, 1680.

Au **XVIIIᵉ siècle**, la France continue d'encourager l'émigration d'engagés et de militaires vers la colonie. À cela s'ajoute la déportation de quelques centaines de prisonniers, indésirables en France mais jugés aptes à devenir de bons colons : jeunes nobles délinquants déshérités par leur famille, ou encore contrebandiers et braconniers réclamés à titre d'engagés. Parallèlement, l'État français tente de forcer les seigneurs et les censitaires à mettre en valeur le territoire en les menaçant de leur retirer, sans compensation, les terres non exploitées au profit de colons plus vaillants.

52 Le roi encourage les naissances et les mariages

Soucieux d'assurer la croissance démographique de la Nouvelle-France, Louis XIV prévoit des primes de mariage et de natalité, mais aussi des amendes pour les parents qui tardent à marier leurs enfants.

« Tous les habitants du pays qui auront jusqu'au nombre de dix enfants vivants, nés en légitime mariage, non prêtres, religieux ni religieuses, seront payés des deniers que Sa Majesté enverra au pays, d'une pension de trois cents livres par an […] De plus, Sa Majesté veut qu'il soit payé […] à tous les garçons qui se marieront à vingt ans et au-dessous, et aux filles à seize ans et au-dessous, vingt livres pour chacun le jour de leurs noces […] et qu'il soit établi quelque peine pécuniaire […] contre les pères qui ne marieront point leurs enfants à l'âge de vingt ans pour les garçons et de seize ans pour les filles. »

Arrêt du Conseil d'État du Roi, 1670.

● Quel est le but des mesures prises par le roi de France ?

51 Le registre paroissial

Les registres paroissiaux sont de grands livres dans lesquels le curé note les baptêmes, les mariages et les enterrements. Il s'agit ici de l'extrait de baptême d'Eustache Chartier de Lotbinière, 14 décembre 1688, Québec.

● Pourquoi les documents comme celui-ci sont-ils importants en histoire ?

PISTES d'interprétation CD 2

1. Quel est le projet de Champlain en ce qui concerne la colonie ?
2. Pourquoi les compagnies ne respectent-elles pas leur engagement de peupler la Nouvelle-France ?
3. Dans quelle mesure la Compagnie des Cent-Associés respecte-t-elle son engagement de peuplement ?
4. En quoi l'évangélisation des Amérindiens contribue-t-elle au peuplement de la colonie ?
5. Quelles mesures l'administration royale adopte-t-elle pour favoriser le peuplement ?

Question bilan

6. Quelles sont les motivations des Français en ce qui a trait au peuplement de la colonie ?

Immigrer en Nouvelle-France

Malgré les efforts de Champlain, le peuplement de la vallée du Saint-Laurent ne s'enclenche véritablement qu'à partir des **années 1630**. Un timide mouvement migratoire amène alors au pays une majorité de militaires et de travailleurs.

La composition de l'immigration

Les démographes et les historiens du régime français estiment que l'apport de l'immigration dans la vallée du Saint-Laurent se situe entre 27 000 et 35 000 individus, majoritairement célibataires. Seulement 250 familles débarquent à Québec. Il faut dire que les compagnies, l'Église et l'administration encouragent plutôt la venue d'hommes seuls : leur passage coûte moins cher et leur travail contribue au défrichement ainsi qu'à la défense du territoire. Malgré l'arrivée de près de 800 Filles du Roy le recensement de 1681 indique que plus de 90 % des hommes âgés entre 15 et 29 ans sont toujours célibataires.

53 La composition de l'immigration canadienne, avant 1760

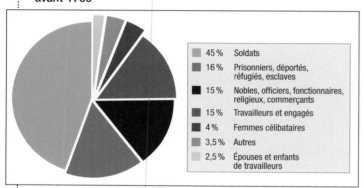

45 %	Soldats
16 %	Prisonniers, déportés, réfugiés, esclaves
15 %	Nobles, officiers, fonctionnaires, religieux, commerçants
15 %	Travailleurs et engagés
4 %	Femmes célibataires
3,5 %	Autres
2,5 %	Épouses et enfants de travailleurs

D'après Robert Larin, *Brève histoire du peuplement européen en Nouvelle-France*, 2000.

● Quel groupe compose la majorité des immigrants au Canada ?

54 L'immigration dans la vallée du Saint-Laurent, sous le régime français

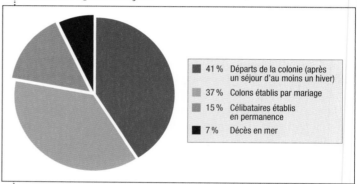

41 %	Départs de la colonie (après un séjour d'au moins un hiver)
37 %	Colons établis par mariage
15 %	Célibataires établis en permanence
7 %	Décès en mer

D'après Serge Courville, *Atlas historique du Québec. Population et territoire*, Les Presses de l'Université Laval, 1966.

● Selon vous, les mesures prises par la France fontionnent-elles ?

La très grande majorité des personnes qui immigrent dans la colonie sont des sujets du roi de France. Les autres viennent de pays d'Europe voisins, de l'Acadie et de la Nouvelle-Angleterre. On compte aussi quelques milliers d'Amérindiens qui vivent dans la vallée du Saint-Laurent, ainsi que des esclaves amérindiens et noirs.

55 Le port de La Rochelle, dans la province de l'Aunis

La majorité des colons français viennent de l'Île-de-France, de la Normandie, du Poitou et de l'Aunis, en France. Le quart d'entre eux sont originaires de grandes villes comme Paris, Rouen ou La Rochelle.

Anonyme, *La Rochelle vers 1690*.

Une faible immigration française et catholique

Les quelques dizaines de milliers d'immigrants du Canada constituent un apport bien maigre en comparaison du nombre d'Européens et d'Africains, soit plus de 900 000 individus, qui, avant 1790, débarquent dans les Treize colonies qui vont former les États-Unis.

Plusieurs facteurs expliquent la faible immigration en Nouvelle-France, à commencer par la rigueur du climat et les atrocités des guerres iroquoises décrites par les missionnaires. Les Français semblent être par ailleurs peu enclins à émigrer. De plus, le commerce des fourrures n'offre que peu d'emplois, les Amérindiens assurant une large part du travail. Enfin, en créant la Compagnie des Cent-Associés, le roi met un frein à l'émigration des protestants puisqu'il entend «peupler le dit pays de naturels français catholiques».

En fait, qu'il soit militaire, engagé, missionnaire ou fonctionnaire, l'immigrant séjourne rarement dans la colonie par choix, mais parce que son travail l'exige. Ainsi, peu de militaires répondent à l'offre du roi de s'établir dans la région. Le tiers des 1200 hommes du régiment de Carignan-Salières et seulement 10 % des 6000 soldats venus défendre la colonie contre les Britanniques dans les années 1750 resteront dans la colonie. Quant aux prisonniers et aux esclaves, ils constituent aussi une immigration involontaire.

Et maintenant CD 3 TIC

Le Québec, une terre d'adoption

Le Québec tente d'intéresser des immigrants à venir s'installer dans la province afin de vitaliser son économie et d'assurer sa croissance démographique. Pour ce faire, le Québec mise sur plusieurs caractéristiques. Il offre, bien sûr, un immense territoire où la densité de population est relativement faible et la qualité de vie, élevée. Il met également de l'avant les valeurs fondamentales de liberté d'expression, d'égalité des droits et de respect des différences. Sa situation en tant que société nord-américaine francophone alliée à une culture d'influence européenne constitue aussi un atout.

- Si vous étiez un étranger, seriez-vous intéressé à immigrer au Québec? Expliquez votre réponse.

Lieu de *mémoire*

Le Grand Dérangement de 1755

En 1713, la France doit céder une partie de l'Acadie (en Nouvelle-Écosse actuelle) à la Grande-Bretagne. Plus de 1700 colons d'origine française décident de rester sur place. Ces Acadiens choisissent de demeurer neutres dans le conflit qui oppose les deux métropoles, mais ils refusent de prêter serment d'allégeance au roi d'Angleterre.

En **1754**, la guerre éclate entre les colonies françaises et britanniques d'Amérique du Nord. L'année suivante, près de 2000 soldats en provenance de la Nouvelle-

George H. Craig, *La déportation des Acadiens*, 1893.

Angleterre débarquent en renfort. Désireux d'éliminer des ennemis potentiels et de remettre les riches terres acadiennes à des colons anglo-américains, le gouverneur britannique ordonne la déportation de plus de 6000 Acadiens. Des milliers d'autres subiront cette migration forcée jusqu'en 1763. Les Britanniques les éparpillent le long de la côte atlantique, en Louisiane, en France, en Grande-Bretagne et dans les Antilles. Environ 2000 d'entre eux trouveront refuge au Canada.

PISTES d'interprétation CD 2

1. Quel est le statut civil de la majorité des immigrants?
2. Quelles raisons peuvent expliquer la faiblesse de l'immigration dans la colonie?
3. Quels sont les effets des migrations françaises sur la population de la Nouvelle-France?

Naître en Nouvelle-France

Bien que 14 000 colons seulement s'établissent de façon permanente dans la colonie, un nombre impressionnant de naissances permet d'augmenter la population à environ 70 000 habitants vers 1760. Cette situation compense la faiblesse de l'immigration.

Taux de croissance naturelle
Différence entre le nombre de naissances et le nombre de décès pour 1000 habitants dans une année.

Au Canada, la qualité du milieu de vie favorise un taux de natalité élevé (55 pour mille) et un taux de mortalité modéré (30 pour mille), ce qui donne un **taux de croissance naturelle** exceptionnel de 25 pour mille. En comparaison, le taux de croissance en France est alors de 3 pour mille. L'abondance de la nourriture et la qualité de l'eau contribuent à la bonne santé relative des colons. De plus, le fait que la population soit répartie sur le territoire limite le risque d'épidémies.

56 L'intérieur d'une maison canadienne

Cornelius Krieghoff, *Habitants*, 1852.

57 La population du Canada, de 1608 à 1760

Le Canada est la région la plus peuplée de la Nouvelle-France, qui compte près de 55 000 habitants en 1754, date du dernier recensement.

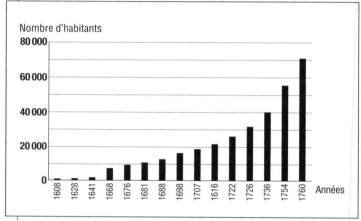

STATISTIQUE CANADA, *Recensements du Canada, 1665-1871*.

● Quelles sont les causes de la croissance de la population ?

Portrait

Catherine Guertin, sage-femme

Avec une moyenne de plus de sept enfants par femme mariée, les sages-femmes du Canada ne chôment pas. En effet, les rares médecins et chirurgiens (lorsqu'il y en a) n'interviennent habituellement qu'en cas de complication. Les sages-femmes comme Catherine Guertin sont donc très respectées dans leur milieu. Pour exercer son métier d'accoucheuse, elle doit non seulement être compétente, mais aussi avoir une réputation irréprochable. En effet, lorsqu'un nouveau-né est en danger de mort, c'est à la sage-femme qu'il incombe d'administrer le baptême à la place du prêtre.

« Aujourd'hui le douzième jour du mois de février de l'année mil sept cent treize, Catherine Guertin, femme de Denis Vérono de cette paroisse, âgée d'environ quarante six ans, a été élue dans l'assemblée des femmes de cette paroisse à la pluralité des suffrages, pour exercer l'office de sage-femme, et a fait serment entre mes mains, conformément à l'ordonnance de Monseigneur l'évêque de Québec. »

Claude Dauzat, prêtre, *Acte de serment de fidélité*, paroisse de la Sainte-Famille de Boucherville, 12 février 1713.

● Qui participe au processus de sélection des sages-femmes ?

La démographie amérindienne en difficulté

À partir du **XVIIᵉ siècle**, la présence européenne et les activités de traite ont un impact significatif sur l'évolution de la population amérindienne. Car, si le commerce forge des alliances, il alimente aussi les conflits et crée des conditions propices à la propagation des maladies. En outre, les progrès de la colonisation française font que la colonie empiète peu à peu sur les territoires des différentes nations amérindiennes.

Le choc microbien

Dès **1603**, à Tadoussac, les Français s'empressent de s'entendre avec les fournisseurs de fourrure de la région, les Algonquins, les Montagnais (Innus) et les Etchemins, une nation abénaquise. Champlain renouvelle cette alliance en **1609**. Il établit alors des contacts avec les Hurons de la région des Grands Lacs, qui sont d'habiles commerçants et les alliés des nomades algonquiens. Cependant, la fréquentation des colons français, que ce soit dans un contexte de commerce ou d'évangélisation, expose les Amérindiens à des maladies d'origine européenne : variole, typhus, choléra, ou encore des maladies infantiles comme la varicelle. Impuissants à combattre ces microbes, les Amérindiens meurent en grand nombre.

La chute de la population autochtone provoquée par le choc microbien est toutefois freinée par différents facteurs : les mouvements des populations amérindiennes vers le nord-est de l'Amérique, l'immunisation à la suite des épidémies, les naissances ainsi que l'isolement et la faible densité de certains peuples, comme les Inuits.

Les répercussions des guerres iroquoises

Dans la culture amérindienne, les échanges commerciaux s'accompagnent souvent d'une alliance politique et militaire. Alliés des Hurons et des Algonquins, les Français doivent par conséquent combattre les ennemis de leurs alliés, les Iroquois. Ces derniers s'entendent et commercent avec les Néerlandais, puis les Anglais, établis dans l'État actuel de New York. Au XVIIᵉ siècle, pendant que les peuples amérindiens se battent, entre autres, pour le contrôle de la traite des fourrures avec les colons européens, les Français et les Anglais s'affrontent pour la possession du territoire nord-américain.

59 Un chef de guerre iroquois

John Verelst, *Portrait de Sa Ga Yeath Qua Pieth Tow*, 1710.

58 La population autochtone du Québec, de 1600 à 1800

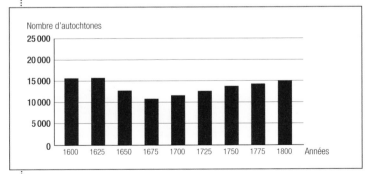

Nombre d'autochtones

D'après Serge Courville, *Atlas historique du Québec. Population et territoire*, Les Presses de l'Université Laval, 1996, p. 19.

● Comment expliquer la baisse de la population autochtone aux XVᵉ et XVIᵉ siècles ?

● Quels facteurs permettent de ralentir cette baisse ?

60 Un jésuite témoigne des conflits entre nations amérindiennes

En 1653, François Le Mercier devient le supérieur de la mission jésuite en Nouvelle-France. Il est un témoin privilégié des conséquences dramatiques des guerres iroquoises et de la dispersion de la nation huronne.

« Jamais il n'y eut plus de castors dans nos lacs et dans nos rivières ; mais jamais il ne s'en est moins vu dans les magasins du pays. Avant la colonisation des Hurons, les cent canots venaient en traite tous chargés de castors. Les Algonquins en apportaient de tous côtés […]. La guerre des Iroquois a fait tarir toutes ces sources […] les flottes de Hurons ne descendent plus à la traite ; les Algonquins sont dépeuplés, et les nations plus éloignées se retirent encore plus loin. »

François Le Mercier, Jésuite, *Relation de ce qui s'est passé en la mission des pères de la Compagnie de Jésus, au pays de la Nouvelle France*, 1653.

● Quels sont les effets des conflits entre Amérindiens sur les populations autochtones ? sur le territoire ?

Les migrations européennes dans le nord-est de l'Amérique aggravent les conflits traditionnels des Amérindiens. En **1649**, les attaques iroquoises, les épidémies et la famine anéantissent la confédération huronne, au nord du lac Ontario. À peine 300 survivants, accompagnés par quelques missionnaires, trouvent refuge dans la région de Québec. Dans la seconde moitié du XVIIᵉ siècle, les raids guerriers amènent les Iroquois de plus en plus loin de leur territoire traditionnel. Finalement, en **1701**, après des décennies de guerres, les Iroquois affaiblis font la paix avec les Français et leurs alliés amérindiens. Ils signent La Grande Paix de Montréal. Lors des conflits ultérieurs opposant la France et l'Angleterre, les Iroquois resteront neutres.

61 Des Amérindiens domiciliés

Les Amérindiens qui vivent à proximité des Européens sont plus susceptibles de contracter des maladies contre lesquelles ils n'ont aucune protection.

E. Close, *Costume des Indiens domiciliés d'Amérique*, 1814.

PISTES d'interprétation CD 2

1. Comment expliquer le fait que la population canadienne augmente ?

2. Pourquoi les Français participent-ils aux guerres contre les Iroquois ?

3. Quelles sont les conséquences des migrations européennes sur les populations autochtones ?

Question bilan

4. Quels sont les effets des migrations et de la croissance naturelle sur la société coloniale ?

Cohabiter en Nouvelle-France

Aux XVIIe et XVIIIe siècles, une société française prend racine en Amérique du Nord. Par ailleurs, les rapports qu'entretiennent les Amérindiens et les colons transforment l'identité culturelle des deux groupes en présence.

L'organisation sociale au Canada

Comme en France, la hiérarchie sociale au Canada se compose de différentes catégories d'individus, soit les trois ordres : la noblesse, le clergé et le tiers état. Cette hiérarchie est cependant moins stricte que celle de la métropole.

Compte tenu de la faiblesse de l'immigration, la Nouvelle-France compte peu de gens fortunés. À la tête de la colonie se trouvent quelques membres de la noblesse française, surtout des hauts fonctionnaires, tels le gouverneur et l'intendant, ainsi que des représentants du clergé, dont l'évêque, chef de l'Église catholique dans la colonie.

Au Canada, il est beaucoup plus facile de gravir les échelons de la société qu'en France, surtout au XVIIe siècle. Ainsi, un paysan prospère ou un fils de menuisier, comme Pierre Boucher de Boucherville, peut espérer devenir seigneur, et même être anobli. Riches marchands, officiers militaires bien établis et supérieurs de communautés religieuses figurent aussi parmi les propriétaires terriens de l'époque.

Les grands négociants importateurs, quant à eux, appartiennent généralement à la bourgeoisie française. Ils ne sont que de passage dans la colonie. Cependant, des marchands d'origine canadienne ou établis à Montréal œuvrent dans le commerce des fourrures ou desservent les paysans.

La très forte majorité de la population canadienne (90 %) fait partie du tiers état, qui regroupe paysans, artisans et petits commerçants. De plus, à partir des années 1660, de nombreux jeunes hommes font le commerce des fourrures pour remplacer les Hurons comme intermédiaires dans la traite des fourrures.

CONCEPTS

Appartenance, identité

62 Marie-Charlotte Denys de La Ronde

Marie-Charlotte Denys de La Ronde est l'épouse de Claude de Ramezay, gouverneur de Montréal de 1704 jusqu'à sa mort, en 1724. Le couple fait partie de la noblesse de la colonie.

Anonyme, *Portrait présumé de Marie-Charlotte Denys de La Ronde*, date inconnue.

63 La vie des paysans canadiens

Les trois quarts des colons vivent du travail de la terre. Ils font partie du tiers état.

James Peachey, *Vue de la citadelle et des fortifications du cap Diamant à Québec*, vers 1785.

Comment la population occupe-t-elle le territoire ?

Les exclus de la société canadienne

La perspective de travailler comme domestique dans une colonie en développement est loin de séduire les colons. Les tâches sont considérables, le salaire, maigre, et la liberté d'action, presque nulle. Pour remédier à la pénurie de main-d'œuvre, l'administration royale légalise la pratique de l'esclavage. On compte entre 2000 et 3000 esclaves durant le régime français. La majorité d'entre eux appartiennent à diverses nations amérindiennes ennemies des Français, dont les Panis (*Pawnees*) originaires de l'ouest du Mississippi. Les autres sont originaires d'Afrique. Dépouillés de leurs droits et de leurs libertés, ces hommes, femmes et enfants peuvent être achetés et vendus. La plupart d'entre eux travaillent comme aides domestiques auprès d'un haut fonctionnaire, d'un officier, d'une communauté religieuse ou d'un riche marchand.

64 **Chapitoulas**

Situé au nord de la Nouvelle-Orléans, le petit village de Chapitoulas réunit, en 1726, près de 400 esclaves africains pour 42 colons européens. Les frères Chauvin de Montréal comptent parmi les propriétaires terriens de l'endroit. Le recensement officiel de 1735 dénombre plus de 4200 esclaves noirs en Louisiane.

Dumont de Montigny, *La concession des Chapitoulas vers 1726.*

65 **L'esclavage en Nouvelle-France**

Jacques Raudot, intendant de la Nouvelle-France de 1705 à 1711, se prononce en faveur de l'esclavage dans la colonie.

« Ordonnance rendue au sujet des **nègres** et des sauvages nommés Panis. […] Nous, sous le bon plaisir de Sa Majesté, ordonnons que tous les Panis et Nègres qui ont été achetés, et qui le seront par la suite, appartiendront en pleine propriété à ceux qui les ont achetés comme étant leurs esclaves. »

Ordonnance de l'intendant Raudot, 13 avril 1709.

Nègre Personne noire réduite à l'état d'esclavage.

Quant aux Amérindiens, ils ne s'intègrent pas à la société coloniale. Les autorités françaises et les missionnaires adoptent d'abord une politique d'assimilation, mais les mariages entre les deux groupes demeurent l'exception. D'ailleurs, au XVIIIᵉ siècle, l'administration du Canada se prononcera contre ces unions. D'autres groupes vivent en marge de la société. Ainsi, les protestants représentent environ 10 % de l'immigration en Nouvelle-France. La plupart d'entre eux font partie des troupes venues défendre la colonie. Après la création de la Compagnie des Cent-Associés, les protestants ne sont plus autorisés à venir s'installer dans la colonie. Ceux qui le font doivent dissimuler leur appartenance religieuse ou renoncer à leur foi.

De nouvelles identités

Les contacts entre les Amérindiens et les nouveaux arrivants transforment la vie quotidienne, voire la culture et l'identité des uns et des autres. La nécessité de s'adapter aux caractéristiques du territoire, comme le climat et les ressources alimentaires, amène aussi les colons à modifier leur mode de vie.

L'influence européenne sur les Amérindiens

Au fil des échanges, les Amérindiens adoptent des produits d'origine européenne. Les textiles et les différents objets de métal se révèlent les plus populaires. La marchandise troquée se retrouve même dans des régions éloignées des zones de colonisation. Cependant, ces emprunts à la civilisation européenne n'entraînent pas de changement notable dans le mode de vie traditionnel de ces communautés : leurs activités de subsistance et leur organisation sociale demeurent inchangées.

66 Les objets d'origine européenne

Nicholas Denys, un marchand d'Acadie, parle de l'enthousiasme des Amérindiens pour les objets de traite européens.

« Par la nécessité des choses qui viennent de nous et dont l'usage leur est devenu d'une nécessité indispensable, ils ont renoncé à tous leurs ustensiles, tant à cause de la peine qu'ils avaient à les faire et à s'en servir, que par la facilité de tirer de nous pour des peaux qui ne leur coûtent presque rien, des choses qui leur semblaient inestimables, non tant par leur nouveauté que par les commodités qu'ils en reçoivent. [...] Les haches, les chaudières, les couteaux et tout ce qu'on leur donne leur est bien plus commode et portatif que ce qu'ils avaient le temps passé. »

Nicholas Denys, *Histoire naturelle des peuples, des animaux, des arbres & plantes de l'Amérique septentrionale & de ses divers climats*, 1672.

● Pourquoi les Amérindiens renoncent-ils à leurs ustensiles ?

● Quelle est la conséquence de l'utilisation de produits européens pour les populations amérindiennes ?

67 Les Hurons de Lorette

Cette famille de Hurons en prière témoigne de l'influence des Européens sur le mode de vie des Amérindiens domiciliés.

John Richard Coke Smyth, *Autochtones de Lorette*, 1840.

La transformation du mode de vie est visible cependant chez les Amérindiens domiciliés de la vallée du Saint-Laurent. Non seulement ces Autochtones se convertissent à la religion catholique, mais ils adoptent la langue française et pratiquent l'élevage. Au **début du XVIIIe siècle**, les Hurons de Lorette, près de Québec, abandonnent leurs maisons longues, où ils vivaient en famille élargie, pour emménager dans des maisons de bois semblables à celles des colons, mieux chauffées et mieux aérées. Toutefois, ces habitations beaucoup plus petites brisent l'organisation familiale traditionnelle.

Cependant, les Amérindiens domiciliés ne renoncent pas entièrement à leur identité. Ils continuent de pratiquer certaines activités de subsistance, comme la chasse, et maintiennent leur organisation en clans dirigés par des chefs civils.

Anonyme, *Canadienne et Canadien,* vers 1750.

De Français à Canadien

Petit à petit, les Français qui s'établissent dans la vallée du Saint-Laurent reproduisent une organisation sociale, politique et économique semblable à celle de la France. Toutefois, la fréquentation régulière des Amérindiens, la rigueur du climat et la faiblesse du peuplement poussent les colons à modifier certains aspects de leur mode de vie.

La vie au Canada fait probablement en sorte que la population développe une identité distincte des gens de la métropole. En effet, qu'ils défrichent leur terre ou qu'ils courent les bois pour assurer leur subsistance, les habitants doivent souvent se débrouiller seuls, d'où leur autonomie et leur esprit d'indépendance. Venus de différentes régions de la métropole, ils partagent la même réalité et le même désir de prospérer sur ce nouveau territoire. En ce sens, un sentiment d'appartenance à leur communauté se dessine chez les colons. Ils abandonnent leurs parlers régionaux pour le français, la langue de l'administration royale, du clergé et de l'armée. Au **XVIIIᵉ siècle**, les administrateurs et les militaires français de passage désignent comme Canadiens les hommes et les femmes nés dans la colonie.

69 Québec en 1761

Richard Short, *Vue du Palais de l'intendant,* 1761.

● Qu'est-ce qui illustre l'occupation du territoire par les Britanniques ?

La Guerre de Sept Ans (1756-1763) annonce la fin de la Nouvelle-France. Avec la capitulation de Louisbourg, en 1758, et de Montréal, en **1760**, les Britanniques s'emparent définitivement du territoire. À partir de ce moment, la société canadienne et les sociétés amérindiennes auront à composer avec une nouvelle vague d'immigration anglophone.

PISTES d'interprétation CD 2

1. L'organisation sociale du Canada et celle de la Nouvelle-France sont-elles semblables ? Expliquez votre réponse.

2. Qui peut-on qualifier d'exclus dans la société canadienne ?

3. Quelle est l'influence de la présence européenne sur les Amérindiens ?

4. En quoi l'établissement des colons au Canada influence-t-il leur identité et leur sentiment d'appartenance ?

Question bilan

5. Quels sont les effets de la colonisation française sur la population au Canada ?

La population sous le régime britannique

1760-1867

En 1760, la conquête de la Nouvelle-France par les Britanniques interrompt l'immigration française. Le changement de régime entraîne également le départ de plus de 2000 personnes, pour la plupart administrateurs, officiers, commerçants et seigneurs. La grande majorité des habitants reste dans la colonie et doit s'accommoder du changement de métropole. De 1760 à 1775, les nouveaux colons d'origine britannique qui s'établissent dans la colonie sont peu nombreux et appartiennent principalement aux élites: administrateurs coloniaux, officiers militaires et marchands. À partir de 1775, l'immigration en provenance des États-Unis et des îles Britanniques modifie le portrait culturel de la société. Cependant, l'accroissement naturel de la population canadienne assure la prédominance d'un peuplement francophone et catholique sur le territoire québécois. La fin du XVIIIe siècle est également marquée par la stagnation de la population autochtone.

Au XIXe siècle, la croissance démographique et l'amélioration des réseaux de transport favorisent la mobilité des populations. Une poussée s'effectue à la fois vers l'est de la vallée du Saint-Laurent et vers l'intérieur des terres. Parallèlement à la première phase d'industrialisation, un mouvement d'urbanisation s'enclenche. Par ailleurs, des dizaines de milliers de nouveaux immigrants et de Canadiens se dirigent vers l'Ouest et la Nouvelle-Angleterre.

Quels sont les effets de l'accroissement naturel et des mouvements migratoires sur la formation de la population et l'organisation du territoire sous le régime britannique? **CD 2**

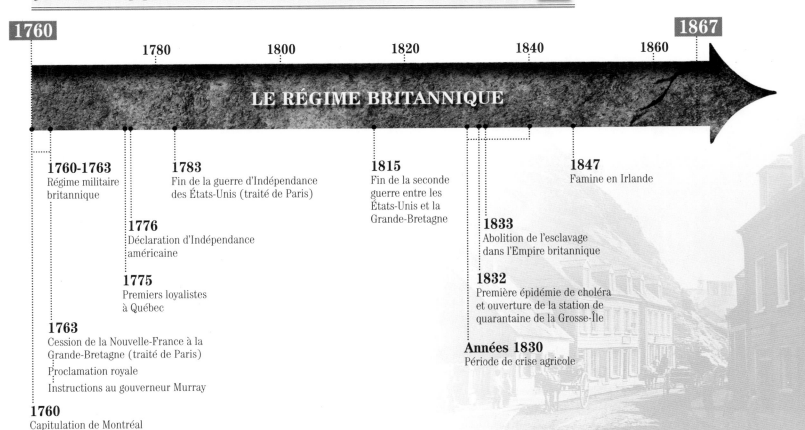

1760 ... **1867**

1780 — 1800 — 1820 — 1840 — 1860

LE RÉGIME BRITANNIQUE

1760-1763
Régime militaire britannique

1783
Fin de la guerre d'Indépendance des États-Unis (traité de Paris)

1815
Fin de la seconde guerre entre les États-Unis et la Grande-Bretagne

1847
Famine en Irlande

1776
Déclaration d'Indépendance américaine

1833
Abolition de l'esclavage dans l'Empire britannique

1775
Premiers loyalistes à Québec

1832
Première épidémie de choléra et ouverture de la station de quarantaine de la Grosse-Île

1763
Cession de la Nouvelle-France à la Grande-Bretagne (traité de Paris)
Proclamation royale
Instructions au gouverneur Murray

Années 1830
Période de crise agricole

1760
Capitulation de Montréal

Le peuplement de la *Province of Quebec* jusqu'en 1815

Le changement de métropole, officialisé en **1763**, n'a pas de répercussion sur la forte natalité de la population canadienne. Quant au nombre des Amérindiens, il demeure stable. La Conquête modifie cependant la provenance de l'immigration. Alors que les habitants des îles Britanniques semblent peu enclins à émigrer, la révolution américaine qui débute en **1775** déclenche un mouvement migratoire vers la vallée du Saint-Laurent. Cet accroissement de la population va entraîner la colonisation de nouveaux espaces au-delà des rives du fleuve Saint-Laurent.

L'accroissement de la population canadienne

L'absence d'immigration en provenance de la France n'empêche pas la population canadienne de pratiquement quadrupler dans les cinquante années qui suivent la Conquête, grâce à un accroissement naturel considérable. En fait, le taux de natalité demeure très élevé en dépit de l'apparition ponctuelle de certaines contraintes. Ainsi, les conflits, les maladies ou les mauvaises récoltes retardent les mariages, augmentent la mortalité et diminuent le nombre de naissances. À cette époque, l'âge moyen des Canadiens pour un premier mariage est de 22 ans chez les femmes et de 27 ans chez les hommes.

70 L'évolution de la population catholique du Québec, de 1761 à 1815

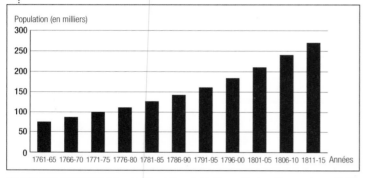

D'après Hubert Charbonneau, *La population du Québec : études rétrospectives*, 1973.

71 Les taux de natalité et de mortalité de la population du Québec, de 1761 à 1815

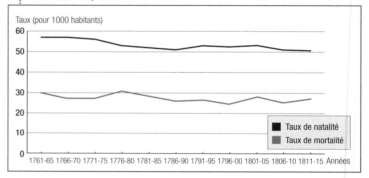

D'après Hubert Charbonneau, *La population du Québec : études rétrospectives*, 1973.

François Malépart de Beaucourt, *Les époux Trottier dit Desrivières*, 1793.

72 Le mariage chez la bourgeoisie francophone

Moins enclins à élever des familles nombreuses et soucieux de trouver un conjoint fortuné – ou d'un rang social élevé –, les membres de l'élite canadienne se marient généralement à un âge plus tardif que les habitants : 25 ans, en moyenne, chez les femmes et plus de 30 ans pour les hommes. Ces deux portraits montrent Marguerite Mailhot et Eustache Trottier Desrivières Beaubien, un couple de riches commerçants de fourrures et de détail qui ont résidé à Montréal, puis à la mission du Lac-des-Deux-Montagnes (Oka).

La stagnation de la population autochtone

Durant la première moitié du régime britannique, les Amérindiens contribuent peu à l'accroissement naturel de la population sur le territoire québécois. La guerre de la Conquête et la révolution américaine amènent un grand nombre de réfugiés dans les villages amérindiens de la région de Montréal, notamment des Algonquins, des Abénaquis et des Iroquois. Cependant, cet apport migratoire est de courte durée : la plupart des familles ne tardent pas, en effet, à se disperser vers la rive nord des Grands Lacs.

Les Algonquiens et les Inuits établis plus au nord maintiennent leur mode de vie traditionnel, mais leur nombre stagne à environ 10 000 personnes. Cette situation démographique est liée à plusieurs problèmes dont les famines causées par la surchasse du gibier et les incendies de forêt, qui entraînent de nombreuses pertes humaines.

Un mouvement migratoire anglophone

Au lendemain de la Conquête, l'immigration française est interrompue. Cependant, plusieurs des Acadiens qui avaient été déportés dans les autres colonies britanniques ou en France viennent s'installer dans la province de Québec, où ils profitent des concessions de terres. À la fin du XVIIIe siècle, la population de souche acadienne atteint environ 8000 individus.

Au même moment, la Grande-Bretagne entend favoriser le peuplement de la vallée du Saint-Laurent par des Britanniques. En **1763**, par sa Proclamation royale, Georges III réorganise les frontières de l'Amérique du Nord britannique et prévoit différentes mesures destinées à attirer de nombreux colons.

73 **La mission iroquoise de Saint-Régis (Akwesasne), fondée par les Jésuites, en 1752**

Entre 1750 et 1800, la population autochtone de la vallée du Saint-Laurent passe de 3700 individus à environ 5000.

John Bartlett, *Mission de Saint-Régis*, vers 1840.

● Comment expliquez-vous la croissance des populations amérindiennes de la vallée du Saint-Laurent ?

74 Des extraits de la Proclamation royale de 1763

La Proclamation royale accorde des pouvoirs au gouverneur en ce qui regarde la mise en place d'institutions britanniques et la concession de terres.

« – ordonner et [...] convoquer, [...] dès que l'état et les conditions des colonies le permettront, des assemblées générales [...] ;

– faire, avec le consentement [...] des représentants du peuple [...] des lois [...] pour assurer la paix publique, le bon ordre ainsi que le bon gouvernement [...] conformément autant que possible aux lois d'Angleterre [...] ;

– créer [...] des tribunaux civils et des cours de justice publique [...] pour entendre et juger toutes les causes [...], conformément autant que possible aux lois anglaises [...] ;

– s'entendre et [...] conclure des arrangements avec les habitants de Nosdites nouvelles colonies et tous ceux qui iront s'y établir, au sujet des terres, des habitations et de toute propriété [...] et de leur en faire la concession. »

Proclamation royale, octobre 1763.

● Quels éléments de la Proclamation royale visent à attirer des colons britanniques dans la colonie ?

PISTES d'interprétation CD 2

1. Quels facteurs favorisent la croissance de la population francophone entre 1760 et 1815 ?

2. Quelle est la situation démographique de la population autochtone entre 1760 et 1815 ?

Lieu de *mémoire*

La Torah de la première communauté juive de Montréal

Tout comme les protestants, les Juifs n'étaient pas les bienvenus en Nouvelle-France. Dès 1760, le gouvernement militaire se montre favorable à l'immigration de cette communauté. Des Juifs s'installent alors dans la vallée du Saint-Laurent : la plupart sont des soldats appartenant aux troupes britanniques ou des marchands venus des colonies anglo-américaines pour approvisionner l'armée. La première congrégation juive du Québec, fondée à Montréal en 1768, regroupe à peine 20 membres. La congrégation se donne le nom de *Shearith Israel*, ce qui signifie «les restes d'Israël». Cette organisation communautaire fait construire une synagogue en 1777, au coin des rues Notre-Dame et Saint-Lambert (Saint-Laurent). Ce sera le seul lieu de culte juif pendant plus de 80 ans.

Une Torah du XVIIe siècle offerte par des Juifs de Londres à la congrégation de *Shearith Israel* au moment de sa création. La Torah est un rouleau de parchemin sur lequel sont copiés à la main les textes des cinq premiers livres de la Bible.

Loyaliste Personne demeurée fidèle à la Couronne britannique et qui refuse d'appuyer les insurgés des Treize colonies.

En **1763**, le gouverneur James Murray reçoit du roi une série d'instructions précises, dont certaines visent la colonisation, notamment l'établissement de l'Église anglicane. Ces mesures incitatives ont peu d'effet : trois ans plus tard, les Britanniques représentent seulement 1 % de la population de la province.

75 Les difficultés du peuplement britannique

À la veille d'être nommé gouverneur de la province, Guy Carleton constate le manque d'empressement des sujets britanniques à s'établir dans la nouvelle colonie.

«Les Européens qui émigrent ne préféreront jamais les longs hivers inhospitaliers du Canada aux climats plus doux et au sol plus fertile des provinces du sud de Sa Majesté. Les quelques anciens sujets de Sa Majesté qui demeurent actuellement dans cette province y ont été pour la plupart laissés par accident. Ils se composent d'officiers, de soldats licenciés et de ceux que l'armée traînait à sa suite […]; ou bien, ce sont des trafiquants de hasard ou des gens qui ne pouvant plus demeurer en Angleterre en sont partis pour essayer de refaire leur fortune.»

Lettre de Guy Carleton, administrateur de la *Province of Quebec*, au secrétaire d'État britannique, Lord Shelburne, 25 novembre 1767.

● Comment Carleton explique-t-il les difficultés du peuplement britannique de la colonie ?

76 La population du Bas-Canada, de 1760 à 1815

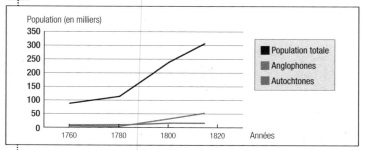

John A. Dickinson et Brian Young, *Brève histoire socio-économique du Québec*, Septentrion, 2003.

Le mouvement migratoire le plus important de la période prend sa source dans les Treize colonies. À partir des années 1760, les habitants de ces possessions britanniques manifestent un mécontentement grandissant envers leur métropole. Les affrontements s'intensifient et mènent à l'invasion de la vallée du Saint-Laurent, puis à la guerre d'Indépendance américaine, en **1776**. Or, cette guerre contre les autorités coloniales ne fait pas l'unanimité dans la population des Treize colonies. Pendant la guerre – et surtout après le traité de Paris de **1783** –, environ 7000 **loyalistes** se réfugient dans la province de Québec.

● Quel est l'effet de l'arrivée des loyalistes sur la population de la province de Québec?

Certains des loyalistes s'établissent dans les villes et sont proches des autorités coloniales. Cependant, la plupart des réfugiés sont de condition modeste et s'installent à la campagne : familles de paysans, Iroquois alliés des Britanniques, esclaves noirs affranchis ou nouveaux arrivants britanniques surpris par la guerre civile. Ces immigrants proviennent surtout de l'État de New York et de la Nouvelle-Angleterre. Au fil des années, d'autres habitants des États-Unis vont franchir la frontière, attirés par les terres gratuites et le secours financier offert par la métropole. **Entre 1791 et 1812**, plus de 15 000 Américains vont s'établir au Bas-Canada.

L'expansion du territoire occupé

À la suite de la Conquête, les frontières de la colonie se transforment au gré des politiques de la métropole et des événements militaires. Le peuplement de la vallée du Saint-Laurent se poursuit. L'occupation du territoire par des populations sédentaires s'étend à la fois vers l'intérieur des terres, vers le Bas-Saint-Laurent et vers l'ouest de Montréal.

Écoumène Ensemble des terres habitées ou exploitées par une population.

Une vallée densément peuplée

Dans la vallée du Saint-Laurent, la poussée démographique amorcée durant le régime français se poursuit. Cette croissance force le développement de nouvelles zones de peuplement. Avec la Conquête, la concession de nouvelles seigneuries a pris fin, à part quelques exceptions. Par contre, de grandes portions de la zone seigneuriale sont encore inoccupées. Ainsi, le peuplement progresse soit vers l'intérieur des terres, au-delà des seigneuries, ou encore vers les seigneuries moins exploitées du Bas-Saint-Laurent, de la Beauce et de la rivière Richelieu. À titre d'exemple, la population de la paroisse de Saint-Joseph-de-Beauce passe de 340 habitants, en 1762, à une population de 1775 personnes, en 1825. Cet accroissement de l'**écoumène** colonial a pour effet de repousser les populations amérindiennes encore plus loin dans l'arrière-pays.

Les agglomérations profitent de l'accroissement naturel, mais surtout de l'immigration anglophone : la moitié des nouveaux arrivants s'installe en milieu urbain. Durant les **années 1810**, la population des villes de Montréal et de Québec se chiffre à plus de 15 000 habitants chacune.

77 La maison Simon-McTavish, rue Saint-Jean-Baptiste, à Montréal, en 1896

Cette maison, construite vers 1785, a servi de résidence et d'entrepôt à l'Écossais Simon McTavish, un magnat de la fourrure, de 1786 à 1804.

De nouvelles terres pour les loyalistes

L'arrivée des loyalistes pose quelques problèmes à l'administration du gouverneur Frederick Haldimand, en poste de 1778 à 1786. Afin d'éviter des troubles à la frontière, ce dernier interdit l'installation de réfugiés anglophones dans la future région des Cantons-de-l'Est. Haldimand s'oppose également à leur présence dans la zone seigneuriale, craignant des conflits avec les Canadiens. Les nouveaux venus s'implantent donc à l'extérieur de ces régions ou dans les villes.

L'Acte constitutionnel de **1791** instaure également un nouveau système de concession des terres. Les nouvelles terres, situées à l'extérieur de la zone seigneuriale, sont divisées en **cantons**, comme en Grande-Bretagne. Le colon qui reçoit un lot en devient le propriétaire et s'engage à le mettre en valeur. Ce bout de terre est libre de toute forme de redevance. Par ailleurs, près de 30 % de ces lots sont mis de côté et exploités au profit de l'État ou du clergé protestant. De plus, à partir de 1791, les autorités permettent officiellement la colonisation de la région des Cantons-de-l'Est. Jusqu'en 1812, 15 000 américains profitent de l'occasion et s'établissent dans cette région.

Canton Division territoriale où les occupants sont propriétaires et libres de toute forme de redevance. Généralement, le canton prend la forme d'un carré découpé en lots.

78 **Les premiers établissements loyalistes dans la province de Québec, avant 1791**

Des quelque 7000 loyalistes qui débarquent dans la province de Québec, 1000 s'établissent sur le territoire québécois actuel ; environ 500 prennent pays en Gaspésie, tandis que les autres optent pour les villes. Près de 6000 immigrants reçoivent des terres sur les rives occidentales des lacs Ontario et Érié, à l'ouest de la rivière des Outaouais, forçant ainsi les Amérindiens de la région à se replier.

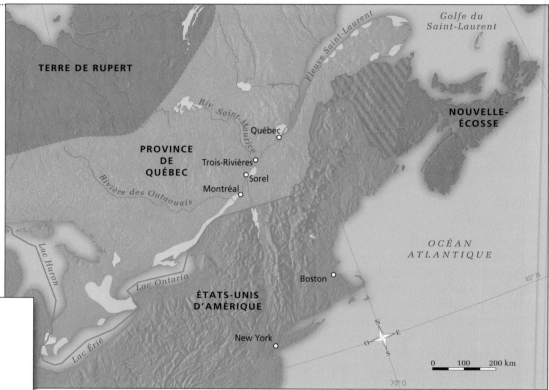

Légende

- ☐ Établissements loyalistes
- ▨ Province de Québec (colonie britannique)
- ▨ Possession britannique
- ▨ États-Unis d'Amérique
- ▨ Territoire contesté (Grande-Bretagne – États-Unis d'Amérique)
- —— Frontière définie
- ---- Frontière approximative

PISTES d'interprétation CD 2

1. Quels groupes forment le mouvement migratoire anglophone qui arrive dans la colonie après la Conquête ?

2. Quelles sont les causes de ce mouvement migratoire ?

Question bilan

3. De 1760 à 1815, comment la population est-elle répartie sur le territoire de la colonie ?

Les tensions sociales consécutives à la Conquête

Le changement de métropole annonce une réorganisation en profondeur de la société canadienne. Si les Canadiens français demeurent majoritaires, ils doivent dorénavant prendre leur place dans une nouvelle hiérarchie sociale et composer avec la présence de nouveaux groupes culturels.

Les premières tensions

Tout au long du régime britannique, les autorités coloniales tentent de régler les problèmes de coexistence entre la majorité canadienne et la minorité d'origine britannique.

CONCEPTS

Appartenance, identité, pluriculturalité

Serment du Test Serment par lequel une personne renonce à la foi catholique et rejette l'autorité du pape.

---

79 Extraits de la capitulation de Montréal, 1760

En 1760, Pierre-François de Rigaud, marquis de Vaudreuil, dernier gouverneur de la Nouvelle-France, négocie avec les Britanniques les conditions de la reddition de la colonie.

« art. 4 – Les milices […] retourneront chez elles, sans pouvoir être inquiétées […] pour avoir porté les armes ;

art. 27 – Le libre exercice de la religion catholique […] subsistera en son entier ;

art. 28 – Les prêtres, curés et missionnaires continueront avec entière liberté leurs exercices et fonctions ;

art. 39 – Les seigneurs de terres, les officiers militaires et de justice, les Canadiens, les Français […] et toutes autres personnes […] conserveront l'entière paisible propriété et possessions de leurs biens, […] meubles ou immeubles ;

art. 42 – Les Français et Canadiens continueront d'être gouvernés suivant la Coutume de Paris et les lois et usages établis pour ce pays. »

Capitulation de Montréal, 1760.

● Ces conditions sont-elles clémentes envers la population canadienne ? Expliquez votre réponse.

Les termes de la Proclamation royale de **1763**, moins cléments que ceux de la capitulation de Montréal, visent l'établissement d'une organisation politique et sociale britannique. Cette nouvelle constitution, qui prévoit imposer les lois britanniques, la religion protestante ainsi que l'élection éventuelle d'une Chambre d'assemblée, est plutôt mal accueillie par les Canadiens. Ainsi, seuls ceux qui prêtent le **serment du Test** peuvent accéder à des postes administratifs. Soucieux de maintenir la paix, les gouverneurs assouplissent les termes de la Proclamation. Selon eux, une attitude plus conciliante incitera les Canadiens à développer un sentiment d'appartenance à l'égard de l'Empire britannique.

Cette situation politique crée des tensions au sein même de la petite communauté britannique, qui se divise en deux camps : le *French Party* et le *British Party*. Le premier regroupe des administrateurs, des aristocrates et des officiers favorables aux droits des Canadiens, tandis que le second rallie les riches marchands britanniques qui demandent l'assimilation des Canadiens, l'application des lois britanniques et la création d'une Chambre d'assemblée réservée aux colons protestants.

La loyauté envers l'Empire britannique

En **1774**, craignant que l'agitation politique dans les Treize colonies ne gagne la vallée du Saint-Laurent, le Parlement britannique adopte l'Acte de Québec, qui accorde à la majorité francophone catholique des concessions politiques, judiciaires et religieuses. Les autorités britanniques veulent ainsi s'assurer de la loyauté des Canadiens, mais ce geste va irriter profondément les riches marchands britanniques.

80 Mgr Jean-Olivier Briand

Évêque de Québec de 1766 à 1784, Mgr Jean-Olivier Briand choisit de collaborer avec les autorités coloniales. Le gouvernement britannique compte sur l'Église pour garantir l'obéissance et la fidélité des Canadiens envers la Couronne. En retour, le maintien du catholicisme dans la colonie est assuré. Mgr Briand parvient ainsi à préserver un des fondements de l'identité canadienne.

Gerritt Schipper, *Mgr Jean-Olivier Briand*, vers 1810.

En **1775**, l'invasion des insurgés des Treize colonies permet de tester la stratégie des autorités coloniales. Les réactions s'avèrent partagées. Déçue par l'Acte de Québec, la moitié de l'élite marchande britannique soutient les rebelles. Plusieurs habitants ravitaillent les troupes insurgées alors qu'une centaine de volontaires canadiens leur prêtent main-forte. Les notables canadiens, quant à eux, se montrent plutôt satisfaits des concessions accordées par l'Acte de Québec et restent fidèles à la Grande-Bretagne. Un petit nombre se joint même aux forces britanniques. Le clergé prend aussi position en faveur des Britanniques. Cependant, la plupart des Canadiens demeurent neutres dans ce conflit entre Londres et ses Treize colonies.

81 L'attitude des habitants face aux insurgés

Hector Cramahé, militaire et lieutenant-gouverneur de la province de Québec de 1771 à 1782, organise la défense de la ville de Québec lors de l'invasion américaine de 1775. Dans cette lettre, il rend compte de la situation aux autorités de la métropole.

« On a eu recours sans succès à tous les moyens pour amener le paysan canadien au sentiment de son devoir et l'engager à prendre les armes pour la défense de la province. Mais justice doit être rendue à la noblesse, au clergé et à la plus grande partie de la bourgeoisie qui ont donné des grandes preuves de zèle et de fidélité au service et fait de grands efforts pour faire entendre raison aux paysans infatués [entêtés]. »

Lettre de Hector Cramahé, lieutenant-gouverneur de la *Province of Quebec*, au secrétaire d'État britannique, Lord Dartmouth, 21 septembre 1775.

● Selon ce document, les paysans canadiens ont-ils développé un sentiment d'appartenance envers l'Empire britannique après l'Acte de Québec ?

82 La bataille de Châteauguay, en 1813

En 1812, les États-Unis déclarent à nouveau la guerre à la Grande-Bretagne. Alors qu'une majorité n'avait pas participé aux batailles lors de l'invasion américaine de 1775, les colons canadiens, tant francophones qu'anglophones, joignent les rangs de l'armée britannique pour contrer la menace américaine. En octobre 1813, à Châteauguay (sud de Montréal), le lieutenant-colonel Charles-Michel de Salaberry et ses miliciens repoussent les troupes américaines lors d'une tentative d'invasion.

Eyving H. de Dirkine Holmfeld, *La Bataille de Châteauguay*, 1896.

Diviser pour mieux coexister ?

Les loyalistes qui s'installent dans la province de Québec constatent que les institutions politiques et judiciaires auxquelles ils sont habitués n'existent pas dans la colonie. Ils joignent alors leur voix à celle des grands marchands pour réclamer la mise en place de ces institutions. Par ailleurs, les loyalistes établis à l'ouest de la rivière des Outaouais exigent un territoire distinct. C'est, entre autres, pour satisfaire les colons d'origine britannique que Londres vote l'Acte constitutionnel de **1791**, qui divise la province de Québec en deux colonies : le Haut-Canada, à majorité anglophone, et le Bas-Canada, à majorité francophone. Chaque colonie aura sa Chambre d'assemblée élue. Au Bas-Canada, la nouvelle constitution ne règle pas les discordes entre l'influente minorité britannique et les Canadiens. L'opposition entre les deux groupes se transporte sur la scène politique, pendant que l'élite marchande britannique continue de réclamer auprès de la métropole l'assimilation des Canadiens.

PISTES d'interprétation CD 2

1. Pourquoi y a-t-il des tensions entre les Canadiens et la minorité britannique ?

2. Peut-on dire que les Canadiens sont loyaux envers l'Empire britannique ? Expliquez votre réponse.

Question bilan

3. De 1760 à 1815, quels sont les effets des mouvements migratoires sur la société coloniale ?

Le peuplement du territoire, de 1815 à 1867

À partir de **1815**, le mouvement migratoire provenant des îles Britanniques prend de l'ampleur et change la composition de la société du Bas-Canada. De nouveaux groupes anglophones s'ajoutent à la population, majoritairement francophone. La pression de l'immigration et de l'accroissement naturel sur le territoire québécois va provoquer l'ouverture de nouvelles régions à la colonisation ainsi qu'un mouvement d'émigration vers les États-Unis.

CONCEPTS

Croissance, migration, pluriculturalité

Une croissance démographique plus diversifiée

La fin de la guerre entre l'Angleterre et les États-Unis, en **1815**, marque le début d'un mouvement d'immigration britannique sans précédent vers les Canadas. La composition de la population du Bas-Canada se diversifie et la progression démographique se poursuit, soutenue par l'accroissement constant de la population francophone.

L'accroissement naturel

Entre 1814 et 1861, la population globale du territoire québécois triple. La croissance démographique est due en grande partie à la forte natalité au sein de la population francophone, ainsi qu'à la stabilité du taux de mortalité (environ 24 pour mille). Le nombre moyen d'enfants par famille catholique se situe autour de sept.

83 La population du Québec, de 1815 à 1865

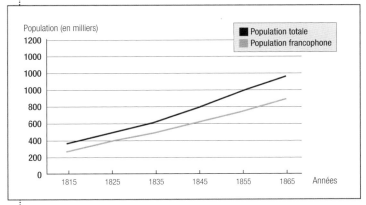

John A. Dickinson et Brian Young, *Brève histoire socio-économique du Québec*, Septentrion, 2003.

● Quel est le groupe culturel majoritaire dans la colonie?

Du côté des Amérindiens, la population atteint son plus bas niveau depuis l'arrivée des Européens. Vers **1850**, un peu plus de 10 000 Amérindiens vivent au Bas-Canada. Les conditions de vie des chasseurs nomades se détériorent, en raison principalement de l'expansion des terres cultivées dans la vallée du Saint-Laurent, de l'exploitation forestière dans les régions du Saguenay et du Lac-Saint-Jean ainsi que des efforts des Églises (catholique et protestante) et de l'État dans le but de sédentariser cette population. Au XIXe siècle, les famines et les épidémies frappent les populations les plus éloignées, qui avaient été épargnées jusque-là.

84 Une enfant décédée, en 1863

Dans la seconde moitié du XIXe siècle, il est risqué de naître dans les grandes villes qui connaissent une urbanisation rapide comme Montréal. Le taux de mortalité infantile y est beaucoup plus élevé qu'à la campagne. La forte densité de population et la contamination de l'eau favorisent l'éclosion et la propagation de maladies parfois mortelles, même dans les quartiers plus favorisés.

85 La mission des frères moraves à Hebron, dans le nord du Labrador

En 1771, des membres de l'Église morave, des protestants venus d'Allemagne, sont les premiers Européens à s'installer en permanence sur la côte du Labrador, auprès des Inuits, afin de les convertir et de les sédentariser. Située dans le nord du Labrador, la mission d'Hebron est ouverte en 1830.

La diversification du peuplement

À partir de **1812**, l'immigration en provenance des États-Unis est interrompue par la guerre, puis de nouveau lors de l'annexion par les États-Unis de territoires situés à l'est des montagnes Rocheuses. Au même moment, le retour de la paix en Europe – et, par conséquent, sur l'océan Atlantique – annonce un nouveau courant migratoire des îles Britanniques vers l'Amérique du Nord. Les armateurs qui transportent le bois des colonies vers la Grande-Bretagne rentabilisent leurs voyages de retour vers la vallée du Saint-Laurent en embarquant de nombreux passagers à peu de frais.

86 La cale surpeuplée d'un navire en provenance de l'Irlande

La traversée en voilier s'effectue souvent dans des cales insalubres et surpeuplées. Certains navires transportent plus de 400 passagers. En 1847, 16 % de ceux qui quittent les ports britanniques en direction de l'Amérique du Nord meurent avant la fin du voyage.

Anonyme, «Dans l'entrepont», *London News*, 10 mai 1851.

De quel groupe social est issu la majorité de l'immigration irlandaise?

87 L'évolution de l'immigration dans le port de Québec, de 1815 à 1866

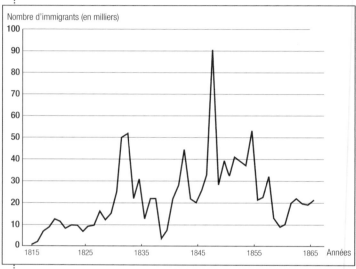

André Sévigny, *Synthèse sur l'histoire de l'immigration au Canada via Québec entre 1815 et 1945*, Parcs Canada, Gestion du patrimoine culturel, Québec, avril 1995.

Qu'est-ce qui explique la hausse de l'immigration en 1867?

Lieu de *mémoire*

Grosse-Île

En 1832, devant la menace imminente d'une épidémie de choléra en provenance de la Grande-Bretagne, les autorités du Bas-Canada aménagent à la hâte une station de quarantaine. Afin d'éviter que la maladie ne se répande dans Québec, principale porte d'entrée de la colonie, les navires de passagers doivent être inspectés à la Grosse-Île, située dans le fleuve Saint-Laurent, en aval de la ville.

À cette époque, le Bas-Canada ne contrôle ni le nombre ni la provenance des immigrants qu'il accueille. Le bilan du service de quarantaine est désastreux : le personnel médical connaît mal les maladies infectieuses et les installations ne suffisent pas à héberger convenablement les immigrants, sains ou malades. Les épidémies n'épargnent pas la colonie. Il faudra attendre les années 1860 pour que soient mis en place des contrôles de santé et des mesures d'isolement plus rigoureux : inspection des bagages, vaccination, nouveaux bâtiments, etc.

Les nouveaux immigrants viennent d'Angleterre, d'Écosse et d'Irlande. Si la plupart des Anglo-Écossais sont protestants, la majorité des Irlandais pratiquent la religion catholique. Même si une petite proportion de ces nouveaux arrivants sont bien nantis, les autres fuient des conditions de vie difficiles, la famine et les épidémies. La Grande Famine qui frappe l'Irlande dans les années 1840, et particulièrement en **1847**, provoque à elle seule l'émigration de deux millions de personnes.

Les autorités prennent peu de mesures pour garder les immigrants d'origine britannique au Bas-Canada. À partir des années 1830, moins de 10 % s'établissent dans la colonie du Bas-Canada, alors que le reste se dirige vers le Haut-Canada ou encore vers les États-Unis. Malgré ce faible taux de rétention, le pourcentage d'anglophones dans la colonie passe de 15 %, en **1815**, à plus de 24 % en **1861**.

Un territoire trop étroit

Après 1840, la croissance démographique et la rareté des terres entraînent la surpopulation de la vallée du Saint-Laurent. La population rurale se déplace alors vers la Nouvelle-Angleterre, les nouvelles régions de colonisation – comme le Saguenay et le Lac-Saint-Jean – ainsi que les centres urbains de la colonie.

Des campagnes surpeuplées

Au Bas-Canada, la croissance de la population rurale s'accompagne d'une diminution de l'accès à des terres cultivables. Quant aux espaces non défrichés, les seigneurs et les compagnies foncières britanniques profitent du manque de terres pour en hausser les coûts (redevances ou prix de vente). Les campagnes de la vallée du Saint-Laurent deviennent surpeuplées. Avec les transformations de l'économie, la densité de la population rurale favorise une diversification des emplois exercés dans les campagnes de la vallée du Saint-Laurent. Ainsi, dans la **première moitié du XIXᵉ siècle**, on y rencontre de plus en plus d'artisans ainsi que des journaliers sans terre.

88 L'occupation du territoire du Canada-Est, en 1840

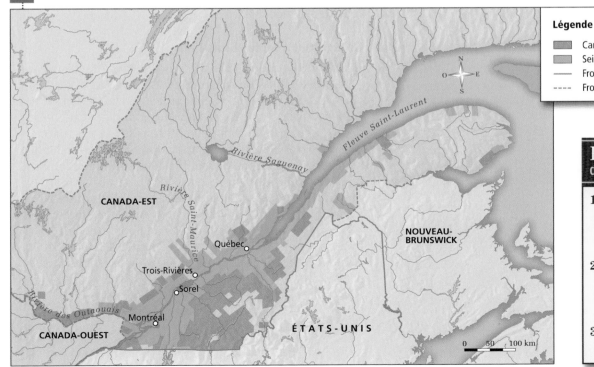

Légende

- ▨ Cantons
- ▨ Seigneuries
- ——— Frontière définie
- ----- Frontière approximative

PISTES d'interprétation **CD 2**

1. Quelle est la situation démographique de la population du Bas-Canada de 1815 à 1867 ?

2. D'où proviennent les immigrants et où la majorité d'entre eux s'établissent-ils ?

3. Pourquoi les campagnes sont-elles surpeuplées ?

Vers 1830, l'agriculture dans le Bas-Canada traverse une période de crise et de restructuration. Les mauvaises récoltes et la concurrence que représentent les fermiers du Haut-Canada forcent les agriculteurs du Bas-Canada à abandonner progressivement le blé pour d'autres productions agricoles.

La densité de la population ainsi qu'un début d'industrialisation dans les campagnes favorisent toutefois la formation de nouveaux villages et la croissance de ceux qui sont en place depuis le XVIIIe siècle. Ces nouvelles agglomérations absorbent une partie du surplus de la population rurale.

89 **Le village de Cap-Rouge, vers 1880**

Même si la présence de colons à Cap-Rouge est attestée dès la fin des années 1630, l'église paroissiale ne sera construite qu'en 1859 à la demande des villageois. À la veille de la Confédération, cette petite municipalité d'environ 600 habitants vit au rythme d'une manufacture de céramique ainsi que des moulins à scie et à farine.

90 **L'évolution du nombre de villages du Québec, de 1760 à 1852**

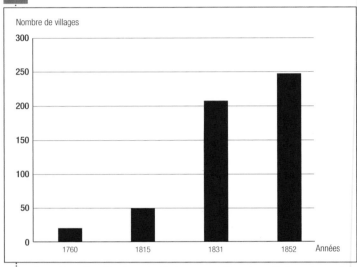

Serge Courville, «Esquisse du développement villageois au Québec: le cas de l'aire seigneuriale entre 1760 et 1854», *Cahiers de géographie du Québec*, vol. 28, nos 73-74, 1984, p. 9.

● Pourquoi le nombre de villages augmente-t-il pendant cette période?

91 **Stanstead, à la frontière du Bas-Canada et du Vermont, en 1832**

Une grande partie des Canadiens qui émigrent vers la Nouvelle-Angleterre optent pour le Vermont où ils trouveront des emplois en agriculture, dans l'industrie forestière et dans les briqueteries.

Anonyme, d'après une œuvre du colonel Joseph Bouchette, 1832.

L'émigration vers les États-Unis

À la **fin des années 1830**, le surpeuplement des campagnes de la vallée du Saint-Laurent favorise un exode vers les villes et hors de la zone seigneuriale. La construction de canaux sur le fleuve Saint-Laurent et la rivière Richelieu, de même que le développement du réseau ferroviaire, facilitent la mobilité de la population. À la recherche de meilleures conditions de vie, plusieurs prennent la route de la Nouvelle-Angleterre vers les États du Vermont, du Maine, du Massachusetts, du Rhode Island, du New Hampshire et du Connecticut. Au Québec, ce mouvement d'émigration concerne autant les anglophones que les francophones et, dans la seconde moitié du siècle, il touchera également fortement les provinces maritimes et l'Ontario.

La plupart des émigrants s'installent à la ville, tandis que les autres cherchent du travail dans les fermes, les chantiers forestiers ou les briqueteries. Pour certains, il s'agit d'un emploi saisonnier ; pour d'autres, c'est une nouvelle vie qui commence. À partir du milieu du XIXe siècle, grâce au développement du chemin de fer, un mouvement plus important d'émigration s'amorce vers les usines de textiles et de chaussures du sud de la Nouvelle-Angleterre. **Entre 1840 et 1860**, de 22 000 à 35 000 Canadiens français émigrent vers les États-Unis. Un comité spécial de l'Assemblée législative dénonce cette situation dans deux rapports d'enquête (le premier en 1849 ; le second en 1857), mais aucune mesure significative n'est prise à ce moment pour freiner ce mouvement migratoire.

La colonisation de nouvelles régions

Les immigrants et les surplus de population rurale se dirigent aussi vers de nouvelles régions situées à l'intérieur même de la colonie. La moitié de l'immigration britannique s'établit dans les campagnes, notamment le long de la frontière américaine, au sud de Montréal et dans les Cantons-de-l'Est. Quelques Canadiens s'y installent aussi.

Depuis le début du XIXe siècle, l'exploitation des forêts du territoire québécois par les Britanniques exige une importante main-d'œuvre et révèle de nouvelles zones propres à l'occupation. Dans l'Outaouais, la coupe du bois et la construction du canal Rideau entre Bytown (Ottawa) et Kingston attirent des ouvriers irlandais et des Canadiens sans terre. Dès la fin des années 1830, soit avant même que le gouvernement n'autorise la colonisation au Saguenay en 1842, des bûcherons venus de Charlevoix y installent leurs familles.

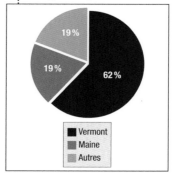

92 La répartition des Canadiens français en Nouvelle-Angleterre, en 1850

Vermont 62 %
Maine 19 %
Autres 19 %

Ralph D. Vicero, « Immigration of French Canadians to New England, 1840-1900 : A Geographical Analysis », (thèse de doctorat), University of Wisconsin, 1968.

93 La colonisation, une tâche ardue

En 1851, l'abbé François Pilote, de Sainte-Anne-de-la-Pocatière, publie un ouvrage dans lequel il fait la promotion de la colonisation. Dans cet extrait, l'abbé Pilote décrit les difficultés vécues par les premiers colons.

« Le plus grand nombre était sans moyen d'acheter des chevaux, des vaches et des bœufs. […] Cependant cela n'empêchait pas […] de défricher et de semer quelquefois en quantité considérable, sans autres instruments que la pioche ou la hache. Ils étaient obligés de transporter le bois de chauffage sur leur dos […]. Ce n'était que pendant les courts intervalles que leur laissaient les travaux des chantiers [forestiers], qu'ils pouvaient s'occuper de la culture de leurs terres comme à la dérobée. Tel est le triste état dans lequel ont vécu pendant plusieurs années un si grand nombre de familles, ainsi reléguées au fond des bois, à plus de 30 lieues de la paroisse la plus proche, la Malbaie. Encore cette communication n'était-elle possible qu'en été, par le Saguenay. »

François Pilote, prêtre, *Le Saguenay en 1851 : histoire du passé, du présent et de l'avenir probable du Haut-Saguenay au point de vue de la colonisation*, 1852.

- Quelles sont les conditions de vie des colons qui s'installent au Saguenay au milieu du XIXe siècle ?

94 Une vue de Chicoutimi, en 1858

Érigée en 1845, la municipalité de Chicoutimi s'étend alors sur la rive sud de la rivière Saguenay.

- Quelle raison motive le mouvement de colonisation dans la région du Saguenay ?
- Quel élément de cette photographie permet de conclure que la région est en plein défrichement ?

L'urbanisation

Entre 1831 et 1866, un nombre grandissant de jeunes ruraux ainsi que la moitié des immigrants convergent vers les centres urbains. L'arrivée de centaines – et parfois même de milliers – d'anglophones bouleverse l'équilibre entre les groupes culturels des villes portuaires que sont Québec et Montréal. À cette époque, la proportion de la population d'origine britannique à Montréal se situe entre 50 % et 60 %. Le port, les industries naissantes et les grands travaux de construction (canal Lachine, pont Victoria, marché Bonsecours, etc.) offrent aux nouveaux venus de nombreuses possibilités d'emplois.

95 La répartition de la population sur le territoire, en 1831 et en 1861

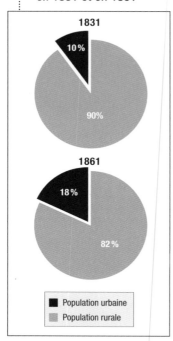

1831

10 %

90 %

1861

18 %

82 %

■ Population urbaine
■ Population rurale

Légende

○ 60 000 habitants et plus
● 5000 habitants et moins
— Frontière définie
---- Frontière approximative

96 Les principales villes du Canada-Est, en 1851

Montréal est la ville qui profite le plus de la croissance démographique et du développement économique. Entre 1821 et 1861, sa population quadruple, passant à plus de 90 000 habitants. Québec, pour sa part, abrite 60 000 habitants en 1861. Cependant, à l'échelle nord-américaine, ces agglomérations demeurent modestes : Boston compte alors près de 180 000 habitants, et New York, plus de 800 000.

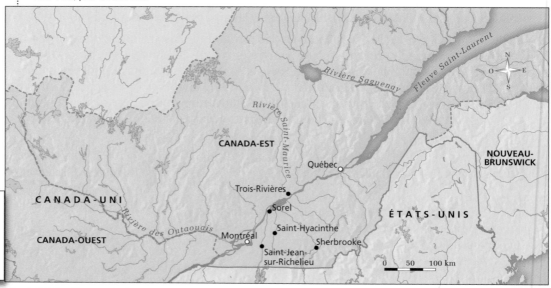

D'après Christian Dessureault, «La population urbaine des colonies britanniques d'Amérique du Nord, 1784-1852» [en ligne], réf. du 23 avril 2008.

James Duncan, *Incendie de la maison Hayes, square Dalhousie, Montréal*, 1852.

97 Le grand incendie de Montréal, en 1852

L'incendie du 7 juillet 1852 jette 10 000 Montréalais à la rue et rase 1200 bâtiments, dont la cathédrale. Les élus municipaux interdisent alors les nouvelles constructions en bois même dans les faubourgs, hors des limites de la ville.

PISTES d'interprétation CD 2

1. Quels mouvements migratoires le surpeuplement des campagnes entraîne-t-il ?

2. Pourquoi l'émigration vers les États-Unis augmente-t-elle après 1850 ?

3. Où s'établissent les immigrants d'origine britannique ?

Question bilan

4. De 1815 à 1867, quels sont les effets de l'accroissement naturel et des migrations sur le territoire de la colonie ?

L'organisation sociale sous le régime britannique

CONCEPTS

Appartenance, identité, pluriculturalité

Depuis le début du XIXᵉ siècle, divers facteurs tels l'immigration, l'urbanisation et l'industrialisation donnent un nouveau visage à la société québécoise. Les différents groupes qui en font partie se définissent entre autres par la langue, la religion et leur niveau de richesse. Quant aux Autochtones, ils demeurent encore largement exclus de cette organisation sociale.

La persistance des tensions entre les groupes culturels

Les tensions entre les groupes culturels, engendrées par l'immigration anglophone, ne s'effacent pas avec le temps. Elles culminent avec les rébellions de **1837-1838** et la publication du rapport Durham, l'année suivante, qui propose l'assimilation linguistique, culturelle et politique des Canadiens. C'est dans cette optique que s'effectue l'union des deux Canadas en **1840**. Par la suite, des députés des deux Canadas, francophones et anglophones, vont se rallier autour d'un projet politique commun : l'obtention d'un gouvernement responsable. Cette situation inattendue ne signifie pas la fin des tensions. Toutefois, les Canadiens français voient dans cette alliance stratégique une façon de contrer la menace qui pèse sur leur identité culturelle.

98 **La prise de Saint-Charles, en 1840**

En 1837 et 1838, les rébellions éclatent au Bas-Canada. Elles sont l'aboutissement de la colère des Patriotes face au refus des autorités coloniales d'adopter une réforme démocratique des institutions politiques et de respecter les droits des francophones. À quelques exceptions près, les Britanniques du Bas-Canada s'opposent aux revendications des réprésentants politiques des Canadiens.

Lord Charles Beauclerk, *Un passage fortifié. Le colonel Wetherall avançant vers la prise de Saint-Charles*, 1840.

99 **L'évolution de la population des deux Canadas, de 1806 à 1861**

L'Acte d'Union, adopté en 1840, réunit les deux Canadas en une seule colonie. L'anglais devient l'unique langue officielle et les Canadiens français se retrouvent en minorité.

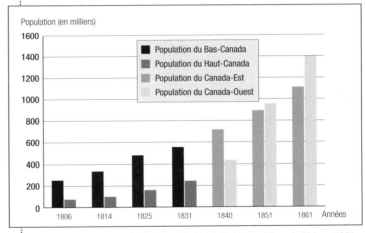

Donald G.G. Kerr (sous la direction de), *A Historical Atlas of Canada*, Nelson, 1961.

● Pourquoi les Canadiens français se retrouvent-ils en minorité en 1840 ?

Une bourgeoisie d'affaires influente

Le changement de métropole et l'immigration modifient la hiérarchie sociale du Bas-Canada. À partir de la Conquête, une petite élite formée des administrateurs coloniaux, des grands propriétaires terriens et de négociants britanniques domine la société. Certains, tels le marchand James McGill et le brasseur John Molson, appartiennent à la fois à la communauté marchande et à la classe dirigeante. Conscients de leur pouvoir et de leur richesse, ils développent une forte identité sociale. Qu'ils soient négociants en fourrures, exportateurs de bois ou banquiers, ces gens d'affaires d'origine britannique jouissent d'un grand avantage : ils sont les fournisseurs du gouvernement britannique et bénéficient d'un réseau d'affaires dans la métropole. Les marchands canadiens se voient peu à peu exclus du grand commerce par cette nouvelle concurrence. Cependant, ils demeurent majoritaires dans les secteurs ruraux.

Une nouvelle bourgeoisie libérale

À la **fin du XVIIIe siècle**, un nouveau groupe social formé principalement de notaires, d'avocats et de médecins commence à se tailler une place aux côtés de la petite bourgeoisie commerçante. Parmi eux se trouvent de nombreux Canadiens français. La création d'un Parlement, en **1792**, leur permet d'accéder à la fonction de député et d'accroître leur influence dans la colonie. Plusieurs se font élire pour défendre les intérêts des Canadiens français et lutter contre le favoritisme des autorités coloniales à l'égard des Britanniques.

100 **La résidence montréalaise de Hugh M. Allan, financier, armateur et promoteur de chemins de fer**

Les mieux nantis habitent les vieux quartiers ou se font construire des résidences luxueuses, dans les nouvelles banlieues plus sûres et plus saines. À Montréal, l'élite anglophone s'installe à l'ouest, sur les flancs du mont Royal. La bourgeoise canadienne française, quant à elle, préfère les rues Saint-Denis et Saint-Hubert, plus à l'est.

Gravure publiée en 1872 dans l'*Opinion publique*.

101 **La rue Champlain, à Québec, en 1865**

Situé à proximité du port, dans la basse-ville de Québec, le quartier où se situe la rue Champlain abrite de nombreux ouvriers du port et compte plusieurs auberges.

 Quels sont les effets des mouvements migratoires sur l'organisation du territoire urbain ?

Des habitants et des ouvriers

Vers la **fin du XVIIIe siècle**, l'immigration britannique au Bas-Canada se compose en majorité de personnes de condition modeste. Ces nouveaux venus anglophones viennent grossir la population des pêcheurs de la Gaspésie, des bûcherons de l'Outaouais ou encore des cultivateurs des Cantons-de-l'Est. Plusieurs s'installent aussi en ville, tout comme de nombreux Canadiens français à la recherche d'un gagne-pain. Une nouvelle classe sociale se forme : la classe ouvrière.

Si la plupart des ouvriers des villes sont canadiens-français, les Irlandais forment le groupe d'ouvriers le plus important parmi la minorité anglophone. Au fil des ans, des quartiers populaires se dessinent à proximité des lieux de travail, près du port, des usines ou des chantiers navals. Les communautés francophone et anglophone ont tendance à se regrouper dans des quartiers distincts.

Cependant, ces espaces culturels ne sont pas tout à fait étanches. En effet, les Irlandais et les Canadiens français partagent la même religion. En **1860**, malgré la barrière de la langue, plus de 7 % des mariages catholiques unissent des conjoints anglophones et francophones. La barrière de la religion entre les groupes sociaux est cependant beaucoup plus difficile à franchir que celle de la langue, car les institutions religieuses encadrent leurs fidèles de façon stricte.

102 **La répartition religieuse de la population de Montréal, en 1851**

Avec l'immigration d'origine britannique, la religion protestante connaît une forte expansion, surtout dans les centres urbains. Par ailleurs, en 1851, Montréal ne compte que 181 personnes de confession juive.

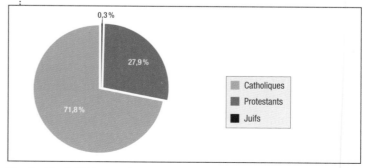

D'après John A. Dickinson et Brian Young, *Brève histoire socio-économique du Québec*, Septentrion, 2003, p. 161.

Lieu de *mémoire*

Les cimetières, lieux de séparation

Les cimetières reflètent l'appartenance à une même famille ou à une communauté pratiquant la même religion. Ces lieux de sépulture reproduisent jusqu'après le décès des individus les écarts de richesse et de prestige. Ils traduisent même parfois l'exclusion sociale de certains groupes. Ainsi, selon la tradition orale des Cantons-de-l'Est, Philip Luke, un entrepreneur loyaliste installé à Saint-Armand au tournant du XIXᵉ siècle, aurait enterré ses esclaves au pied d'un imposant rocher, maintenant appelé le rocher Nigger. Le bout de terrain où reposeraient ces esclaves se trouve à une cinquantaine de mètres du cimetière réservé aux membres de la famille Luke. Si le rocher Nigger abrite effectivement les sépultures des esclaves de Philip Luke, il s'agirait du premier cimetière d'esclaves connu au Canada. L'esclavage a été aboli en 1833 dans l'Empire britannique.

La chapelle anglicane et le cimetière St. Matthew

Entre 1772 et 1860, près de 7000 protestants d'origine britannique sont inhumés au cimetière St. Matthew de Québec.

Les Amérindiens et l'expansion coloniale

À la **fin du XVIIIᵉ siècle**, les conflits à l'échelle nord-américaine et le commerce de la fourrure permettent encore aux Amérindiens de jouer un rôle d'alliés auprès des autorités britanniques. Après la guerre de **1812** cependant, divers facteurs amènent le gouvernement à changer d'attitude à l'égard des Amérindiens, qui se retrouvent dès lors de plus en plus marginalisés.

Une fois la paix signée entre les États-Unis et la Grande-Bretagne, en **1815**, les Amérindiens perdent leur position stratégique : ils ne peuvent plus exploiter à leur avantage la rivalité entre les deux camps ennemis. À partir de cette époque, l'ouverture de nouvelles régions à la colonisation et à l'industrie forestière provoque la diminution progressive de leurs territoires de chasse et de pêche dans l'Outaouais et le Saguenay. Tous ces changements constituent pour les Amérindiens autant de menaces à leur mode de vie nomade et à leurs activités de subsistance traditionnelles, deux éléments qui se trouvent au cœur de leur identité. Cette situation, qui est aggravée par la fragilité de leur croissance démographique, amène l'administration coloniale à considérer les Amérindiens comme un peuple en voie d'extinction qu'il faut assimiler. Plusieurs enquêtes sont alors menées sur la question autochtone.

103 **Lorette, un village de Hurons domiciliés, vers 1840**

Lors de la guerre d'Indépendance américaine et de celle de 1812, les Amérindiens domiciliés et les Iroquois de l'État de New York combattent aux côtés des Britanniques. Toutefois, la fin des hostilités, ainsi que le déclin du commerce de la fourrure au début du XIXᵉ siècle, remettent en question leur rôle militaire et économique.

William H. Bartlett, *Le village de Lorette (près de Québec)*, 1840-1842.

Des Amérindiens s'adressent au gouvernement du Canada-Uni

À partir des années 1820, les nations touchées par l'expansion coloniale, comme les Algonquins, les Népissingues et les Montagnais (Innus) du Saguenay, du Lac-Saint-Jean et de la Côte-Nord, demandent aux autorités coloniales des compensations financières et des terres réservées.

« Quand vous nous voyez voyager de côté et d'autres sur les fleuves, les rivières et les lacs dans nos faibles canots, vous nous trouvez bien misérables. C'est bien la vérité, nous l'avouons. Nous sommes dans la misère parce qu'on nous dépouille tous les jours de ce que nous possédons. Nos terres passent rapidement entre les mains des blancs. Depuis longtemps vous nous conseillez de cultiver ; bien longtemps nous n'avons pas écouté un conseil si salutaire. […] Nous voulons imiter les blancs. C'est pourquoi nous demandons un terrain pour cultiver. [...] C'est une partie de nos terres de chasse que nous voulons cultiver si vous nous accordez ce que nous vous demandons. »

Pétition présentée au Conseil législatif du Canada-Uni par les Algonquins et les Népissingues, 1845.

● Quels sont les effets des mouvements migratoires sur le mode de vie de ces Amérindiens ?

105 Un groupe de Montagnais du Lac-Saint-Jean, vers 1898

Malgré les efforts de l'État et des Églises, les chasseurs nomades continuent d'exprimer leur appartenance à leur communauté et à sa culture traditionnelle.

Pour Londres, assimiler les Amérindiens signifie les fixer sur des terres agricoles en vue de les sédentariser. Les autorités comptent aussi sur les missionnaires pour leur inculquer la langue, la religion et les valeurs des Blancs. Elles sont en effet persuadées que le regroupement des populations amérindiennes sur un territoire délimité, à proximité de colons d'origine européenne, leur permettra de mieux les protéger tout en favorisant leur assimilation.

Dans les **années 1850**, le Parlement du Canada-Uni adopte des lois qui prévoient la mise de côté de terres à l'usage des Amérindiens et le versement d'indemnités. Comme cette politique met en jeu l'accès à des terres et à des sommes d'argent, le Parlement définit, sans même consulter les Amérindiens, le « statut d'Indien » : toute personne de sang amérindien réputée appartenir à une nation, ses descendants ainsi que les non-Indiennes mariées à des Amérindiens. Afin d'éviter que des colons mettent la main sur des terres réservées, les non-Indiens qui épousent des Amérindiennes de même que leurs enfants n'obtiennent pas le statut d'Indien.

PISTES d'interprétation CD 2

1. Pourquoi les tensions entre la majorité francophone et la minorité anglophone persistent-elles ?
2. Quels sont les effets de l'immigration britannique sur la société coloniale ?
3. En quoi l'identité des Amérindiens se trouve-t-elle menacée au XIXe siècle ?

Question bilan

4. De 1815 à 1867, quels sont les effets des mouvements migratoires sur la société coloniale ?

La population durant la période contemporaine

—◆◆— Depuis 1867 —◆◆—

Après la création du Dominion du Canada, en 1867, le gouvernement cherche à consolider sa présence sur le territoire en encourageant l'immigration. De plus, à la fin du XIXe et au cours du XXe siècle, la population du Canada se caractérise par sa grande mobilité géographique. L'expansion des réseaux de chemins de fer contribue au peuplement du Dominion vers l'Ouest, tandis que l'industrialisation provoque un phénomène d'urbanisation. Les conditions de vie dans les grands centres urbains sont souvent difficiles et les épidémies font des ravages. Dans les campagnes, les terres cultivables se font de plus en plus rares pour ceux qui voudraient s'y établir. Dans l'espoir d'améliorer leur sort, des milliers de personnes décident de migrer vers les États-Unis alors que d'autres vont s'établir sur de nouvelles terres de colonisation.

Au début du XXe siècle, des conditions économiques favorables attirent de nombreux immigrants. Peu à peu, la population se diversifie. Les politiques d'immigration favorisent les immigrants originaires des îles britanniques au détriment d'autres communautés. Pendant les deux guerres mondiales, l'immigration subit un net recul. Toutefois, dans les années d'après-guerre, la croissance démographique dans la province de Québec s'accélère, grâce entre autres au baby-boom. Depuis les années 1980, le Québec est aux prises avec plusieurs défis liés au peuplement, comme l'étalement urbain, le dépeuplement des régions, la diversification des origines des immigrants et le vieillissement de la population. En ce début de XXIe siècle, les enjeux liés à la population sont au cœur de la définition de l'identité québécoise.

> *Quels sont les effets des mouvements naturels et migratoires sur la formation de la population et l'occupation du territoire depuis 1867 ?* **CD 2**

1867

1875 · **1900** · **1925** · **1950** · **1975** · **2000**

LA PÉRIODE CONTEMPORAINE

1867
Acte de l'Amérique du Nord britannique

1876
Loi sur les Indiens

1918
Épidémie de grippe espagnole

1885
Épidémie de variole à Montréal

Achèvement de la première voie ferrée pancanadienne par le Canadien Pacifique

1945
Début du baby-boom

1871
Premier recensement dans le Dominion

1968
Création du ministère de l'Immigration du Québec

1869
Acquisition par le Dominion de la Terre de Rupert

La Confédération et les politiques d'immigration, de 1867 à 1885

Dans la seconde moitié du XIXe siècle, l'Amérique du Nord connaît une forte poussée démographique. Les quatre provinces réunies par l'Acte de l'Amérique du Nord britannique, soit le Québec, l'Ontario, le Nouveau-Brunswick et la Nouvelle-Écosse, ont une population estimée à près de 3,4 millions d'habitants en 1867. Au cours des années qui suivent, le Dominion prend de l'expansion alors que le gouvernement entreprend de vastes campagnes de promotion visant à peupler rapidement l'ensemble du territoire.

Le partage des compétences en matière d'immigration

L'Acte de l'Amérique du Nord britannique prévoit un partage des compétences entre le gouvernement fédéral et les provinces en ce qui regarde l'immigration. Toutefois, pendant les premières années du Dominion, seul le gouvernement fédéral énoncera des politiques en cette matière. Soucieux d'affirmer la souveraineté du Canada sur la Terre de Rupert acquise en **1869**, celui-ci met en place une politique d'immigration destinée à peupler, à sécuriser et à mettre en valeur ces terres.

En **1869**, une première loi sur l'immigration est adoptée par le Parlement canadien. Cette loi prévoit notamment la création d'un système de quarantaine en vue d'éviter la propagation de maladies contagieuses au pays, de même que des règlements ayant trait à la sécurité à bord des bateaux. Cette première loi est peu restrictive quant au nombre d'immigrants que le Canada est prêt à accueillir. Ainsi, pratiquement tous ceux qui sont intéressés à venir s'établir dans le Dominion sont les bienvenus. Le gouvernement prend toutefois quelques mesures afin d'interdire l'entrée de criminels.

106 Le Canada accueille les immigrants

Dans cette gravure parue dans le *Canadian Illustrated News* de Montréal en 1880, le Canada est personnifié par une jeune femme qui accueille les immigrants.

107 L'immigration dans l'AANB

L'Acte de l'Amérique du Nord britannique, qui officialise la formation du Dominion du Canada, prévoit la séparation des compétences en matière d'immigration entre le gouvernement fédéral et les gouvernements provinciaux.

« Article 95. Agriculture et immigration

La législature de chaque province peut légiférer en matière d'agriculture et d'immigration dans cette province, et le Parlement du Canada peut légiférer en matière d'agriculture et d'immigration dans toutes les provinces ou dans chacune d'elles. Toutefois, les lois édictées en pareille matière par une législature n'ont d'effet, dans les limites de la province et à son égard, que dans la mesure où elles ne sont pas incompatibles avec les lois du Parlement du Canada. »

CANADA, MINISTÈRE DE LA JUSTICE, *Loi de 1867 sur l'Amérique du Nord britannique* [en ligne], texte n° 1, art. 95, réf. du 30 avril 2008.

● Qui est responsable des compétences en matière d'immigration ?

● Les provinces peuvent-elles faire leurs propres lois en matière d'immigration ? Expliquez votre réponse.

La situation démographique au Canada

À l'époque de la Confédération, la population du Dominion est concentrée près de la frontière avec les États-Unis. La majorité, composée essentiellement d'agriculteurs, vit dans les régions rurales, tandis que les grandes villes comme Montréal et Toronto voient leurs populations s'accroître rapidement. En général, au cours des dernières décennies du XIXᵉ siècle, les immigrants se dirigent principalement vers les grands centres urbains et vers les Prairies, dans l'Ouest canadien, où de nouvelles terres agricoles sont disponibles.

Les provinces les plus peuplées sont alors le Québec et l'Ontario, qui rassemblent à elles seules près de 75 % de la population du Dominion. Lors du premier recensement canadien, organisé en **1871**, le Québec compte 1 191 516 personnes. De ce nombre, plus d'un million (1 082 940) se disent Canadiens français. Ces derniers représentent près de 31 % de la population totale du Dominion. Ainsi, à la suite de la Confédération, tout comme à l'époque du Canada-Uni, les francophones se trouvent en position minoritaire au sein du Dominion.

108 La répartition de la population du Québec, par sexe et par âge, en 1871

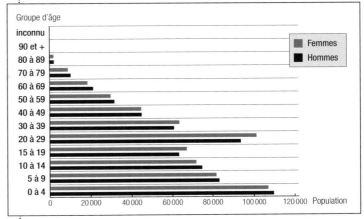

D'après Maurice Saint-Yves, *Atlas de géographie historique du Canada*, Les Éditions françaises, 1982, p. 70.

● Quel groupe d'âge est le plus nombreux ?

● Quel groupe d'âge est le moins nombreux ?

● Quelle tendance démographique pouvez-vous observer dans la province de Québec en 1871 ?

109 La répartition de la population du Canada, en 1871

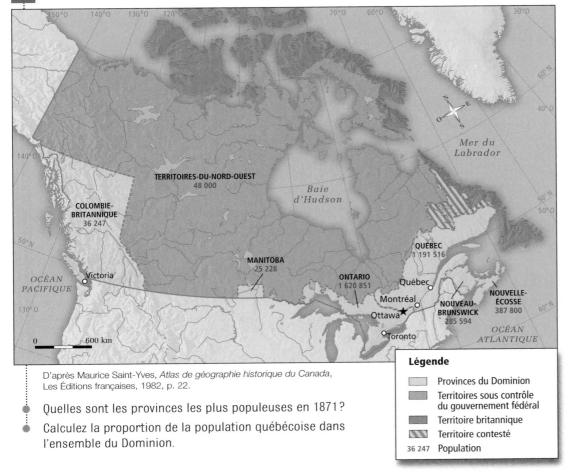

D'après Maurice Saint-Yves, *Atlas de géographie historique du Canada*, Les Éditions françaises, 1982, p. 22.

● Quelles sont les provinces les plus populeuses en 1871 ?

● Calculez la proportion de la population québécoise dans l'ensemble du Dominion.

L'impact de la Politique nationale sur la population du Dominion

Les objectifs de la Politique nationale

1. Instaurer une politique tarifaire augmentant les droits de douane sur les produits importés de l'étranger pour encourager les industries canadiennes.

2. Augmenter les échanges entre les différentes régions du Dominion en investissant massivement dans la construction de lignes de chemin de fer.

3. Peupler les terres à l'ouest de l'Ontario grâce à l'immigration, en vue de créer un vaste marché intérieur.

En **1873**, une crise économique perturbe la croissance démographique du Dominion. En **1879**, cherchant un moyen d'endiguer la crise et de constituer un marché intérieur, le premier ministre John A. Macdonald propose sa Politique nationale.

La mise en œuvre de la Politique nationale de Macdonald s'appuie principalement sur l'immigration. Il faut en effet peupler le pays afin de créer un marché où vendre la production canadienne. De plus, le Dominion doit faire appel à un nombre important de travailleurs pour la construction de lignes ferroviaires, sans compter que les centres urbains ont besoin d'un grand bassin de main-d'œuvre, pour faire fonctionner les nouvelles industries. L'immigration s'avère alors essentielle au peuplement et au développement du Canada.

Par ailleurs, à la **fin du XIXe siècle**, plusieurs familles se déplacent vers les grands centres urbains ou quittent le Dominion à destination des États-Unis plutôt que d'aller s'installer dans les Prairies. Pour remédier à cette situation, le gouvernement encourage au maximum l'immigration en ouvrant les frontières aux immigrants – surtout aux immigrants européens – et en facilitant leur transport vers le Canada.

- Selon ces données, l'immigration est-elle suffisante entre 1871 et 1881 pour compenser les pertes dues à l'émigration? Expliquez votre réponse.

- Sur quel facteur le Dominion doit-il compter pour augmenter le nombre d'habitants?

110 Le bilan démographique du Canada, de 1871 à 1881

	Gains	Pertes	Total
Accroissement naturel	Naissances : 1 480 000	Décès : 790 000	+ 690 000
Migrations	Immigration : 350 000	Émigration : 404 000	- 54 000

D'après Maurice Saint-Yves, *Atlas de géographie historique du Canada,* Les Éditions françaises, 1982, p. 69.

De **1871 à 1901**, environ 1,5 million d'immigrants viennent s'établir au Canada. Ils proviennent notamment des îles britanniques, d'Europe du Nord et des États-Unis. Les Écossais, les Irlandais et les Anglais arrivent en masse au Québec et forment une partie importante de la population. Bien que les Canadiens français soient majoritaires au Québec, les Britanniques se retrouvent souvent en très grand nombre dans les villes, de même que dans certaines régions, comme les Cantons de l'Est, l'Outaouais ou la Gaspésie. À la fin du XIXe siècle, la population du Québec est constituée à 98 % de Canadiens d'origine française ou britannique, dont 80,2 % de Canadiens français et 17,6 % de Canadiens d'origine britannique (Irlandais, Anglais et Écossais).

111 Une inondation dans le quartier de Griffintown, en 1873

À leur arrivée dans le Dominion, les immigrants s'installent souvent dans le quartier où vivent déjà d'autres membres de leur communauté. Par exemple, au cours du XIXe siècle, plusieurs Irlandais habitent près du canal Lachine, dans le sud-ouest de Montréal, où ils représentent la majorité de la main-d'œuvre des différentes industries qui s'y développent. Les Irlandais forment bientôt les trois quarts de la population de ce quartier, qui sera rebaptisé Griffintown. Situé sur des terres très basses, le quartier de Griffintown est périodiquement inondé, comme le montre cette illustration parue en 1873.

- Quels sont les effets de l'arrivée massive des immigrants dans les grands centres urbains?

Edward Jump, *Montréal – Les inondations printanières – La crue des eaux, esquisse réalisée à Griffintown,* 1873.

Les relations entre les groupes culturels ne sont pas toujours faciles. Par exemple, les Irlandais et les Canadiens français, même s'ils sont tous catholiques, vivent des tensions. Puisqu'ils font partie de la même classe sociale (la classe ouvrière), ils sont constamment en concurrence sur le marché du travail. Les relations entre les Irlandais et les autres groupes d'origine britannique sont aussi parfois tendues, principalement pour des raisons politiques et historiques. Quant aux Anglais et aux Écossais, ils font partie en majorité de la classe moyenne ou de la bourgeoisie, ce qui crée une distance par rapport aux Canadiens français et aux Irlandais.

Les effets de la Politique nationale se font toutefois véritablement sentir sous le gouvernement de Wilfrid Laurier, au pouvoir à partir de **1896**. Plusieurs vagues successives d'immigration viendront alors augmenter la population du Dominion.

112 **Les origines de certains immigrants arrivés dans le port de Québec, de 1871 à 1885**

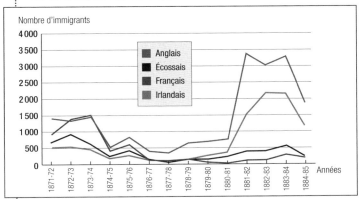

D'après QUÉBEC, BUREAU DES STATISTIQUES, *Annuaire statistique*, 7e année, 1920, p. 76.

- Quelle est la tendance de l'immigration française entre 1871 et 1885 ?
- Quels immigrants arrivent en plus grand nombre entre 1871 et 1885 ?
- Quels sont les effets de l'arrivée d'un plus grand nombre d'immigrants anglophones sur la composition de la population du Québec ?

Lieu de *mémoire*

Les immigrants asiatiques

Les premières politiques d'immigration adoptées par le Canada sont plutôt souples. Cependant, dès 1858, des restrictions sont imposées aux Chinois, qui doivent payer une taxe d'entrée pour être admis au pays. De nombreux Chinois immigrent tout de même à partir de 1880 pour travailler à la construction du chemin de fer du Canadien Pacifique. Près de 15 000 d'entre eux auraient participé à ces travaux, souvent dans des conditions extrêmement pénibles.

Après l'achèvement du chemin de fer du Canadien Pacifique, en 1885, plusieurs ouvriers chinois choisissent de rester au Canada. Toutefois, les Canadiens font en général preuve de racisme à leur égard, estimant que les Asiatiques sont incapables de s'adapter au mode de vie occidental. Les politiques d'immigration des gouvernements reflètent ces comportements racistes. Dès 1885, le Parlement de la Colombie-Britannique vote une loi interdisant l'immigration chinoise. Même si cette loi est révoquée en 1902, une commission royale d'enquête sur l'immigration chinoise et japonaise conclut que les Asiatiques ne réussissent pas à s'adapter à la réalité canadienne. En outre, le gouvernement fédéral vote une série de lois afin de restreindre l'entrée des Asiatiques dans le Dominion. Cette politique de discrimination se poursuit au cours du XXe siècle par l'entremise de nouvelles lois visant à imposer une taxe spéciale à d'autres groupes d'immigrants asiatiques.

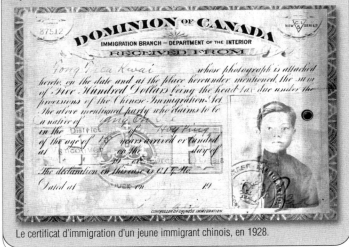

Le certificat d'immigration d'un jeune immigrant chinois, en 1928.

PISTES d'interprétation `CD 2`

1. Comment les compétences en matière d'immigration sont-elles partagées entre le gouvernement fédéral et les gouvernements provinciaux dans la Constitution de 1867 ?
2. À la formation de la Confédération, quelle est la répartition de la population du Dominion sur le territoire ?
3. Quelle est la place des francophones au sein du nouveau Dominion ?
4. Quels sont les effets de la Politique nationale sur la population du Dominion ?

Les populations autochtones

Dans les années qui suivent la Confédération, les communautés amérindiennes et métisses vivent de profonds bouleversements. L'article 91 de l'Acte de l'Amérique du Nord britannique précise que le gouvernement fédéral devient le responsable légal des Amérindiens et confirme son autorité sur toutes les terres qu'ils habitent ou qui leur ont été réservées. En 1869, au moment où il acquiert la Terre de Rupert, le gouvernement canadien s'approprie les terres où vivent des communautés amérindiennes et métisses pour les mettre à la disposition des colons blancs. Les représentants du gouvernement fédéral se rendent alors dans les Prairies pour négocier avec les Autochtones et arpenter les territoires nouvellement acquis.

C'est dans ce contexte que se déroule la première rébellion des Métis installés dans le sud du territoire qui deviendra le Manitoba. En **1869**, ceux-ci protestent contre la présence des arpenteurs venus diviser leurs terres en cantons. Le mode de vie des Métis, fondé principalement sur l'agriculture de subsistance et la chasse au bison, est menacé par l'arrivée de nouveaux colons. Sous la conduite de Louis Riel, leur rébellion mènera à la création de la province du Manitoba, en **1870**.

Devant l'arrivée massive de colons dans la région, bon nombre d'Amérindiens et de Métis émigrent aux États-Unis ou plus à l'Ouest, aux abords de la rivière Saskatchewan, où une autre rébellion métisse s'organise en **1885**. À partir du **début des années 1870**, les Amérindiens qui ont choisi de rester sur place réclament quant à eux la conclusion de traités pour régler les questions territoriales et pour faire respecter leurs droits sur les terres où ils sont installés. En échange de leur renoncement à leurs **titres fonciers**, le gouvernement délimite à l'intention exclusive des Amérindiens des parties de territoires dont il demeure, par ailleurs, l'unique propriétaire : ce sont les « **réserves** indiennes ».

Titre foncier Droit de propriété ou d'utilisation d'un territoire.

Réserve Territoire réservé aux populations amérindiennes et administré par le gouvernement fédéral.

---

113 Le peuplement des Prairies canadiennes, de 1871 à 1911

Les mouvements migratoires dans l'Ouest du Dominion ont un impact sur l'organisation du territoire. La distribution des terres, sous forme de cantons, a pour effet d'agrandir le territoire agricole et de réduire les terres des Métis.

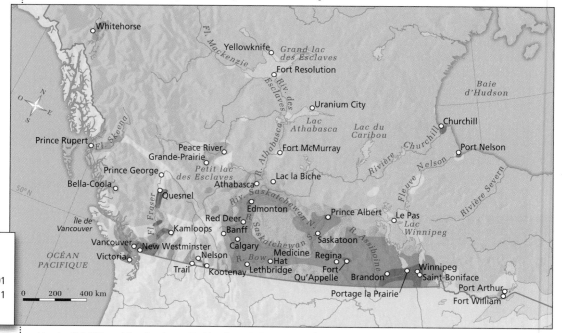

Légende

- Régions habitées avant 1871
- Zone de peuplement de 1871 à 1891
- Zone de peuplement de 1891 à 1911
- Zone de peuplement après 1911

Maurice Saint-Yves, *Atlas de géographie historique du Canada*, Les Éditions françaises, 1982, p. 41.

● Autour de quels éléments du territoire se développent les zones de peuplement ?

En **1876**, le gouvernement fédéral adopte la Loi sur les Indiens. Cette loi, qui attribue aux Amérindiens un statut équivalent à celui d'un mineur, vise leur assimilation. Le statut d'Indien y est défini de la façon suivante : « Tout individu de sexe masculin et de sang sauvage, réputé appartenir à une bande particulière ». Confinés dans les réserves, pris en charge par le gouvernement fédéral et poussés à s'intégrer au mode de vie des Occidentaux, les Amérindiens perdent peu à peu leur identité et leur culture. Jusqu'en 1985, ceux qui souhaitent acquérir le statut de citoyen canadien devront renoncer à leur statut d'Indien et aux droits légaux qui lui sont rattachés sur le territoire des réserves. Ils devront également renoncer à leur appartenance à leur bande.

Au Québec, dans les années qui suivent la Confédération, les communautés amérindiennes représentent environ 0,5% de la population totale. Elles sont dispersées sur l'ensemble du territoire de la province. Certaines communautés vivent près des centres urbains, comme à Lorette, Kahnawake et Oka.

La croissance démographique dans la vallée du Saint-Laurent exerce toujours une pression considérable sur les communautés amérindiennes qui y sont établies. Par ailleurs, le mouvement migratoire vers des régions de colonisation se poursuit. De plus, les activités forestières grugent de plus en plus le territoire et rendent les activités de subsistance des Amérindiens presque impraticables. Contraints de s'adapter aux façons de faire des Occidentaux, plusieurs Amérindiens abandonnent leur mode de vie nomade pour s'adonner à l'agriculture.

114 **Une famille amérindienne de l'Ouest, vers 1900**

Avec l'application de la Loi sur les Indiens, les Amérindiens qui désirent garder leur identité doivent accepter de vivre sous la tutelle du gouvernement fédéral.

Et maintenant CD 3 TIC

Le territoire autochtone au Québec

Au Québec, contrairement à l'Ontario et aux autres provinces de l'ouest du pays, le gouvernement fédéral n'a pas négocié de traités avec les communautés autochtones dans les années qui suivent la Confédération. Déjà, en 1851, le Parlement du Canada-Uni avait voté l'*Acte pour mettre à part certaines étendues de terre pour l'usage de certaines tribus de sauvages dans le Bas-Canada*, dans le but de sédentariser les Amérindiens sur certaines parties du territoire. C'est sur ces terres qu'ont été établies les réserves. Au cours des années 1970, dans le contexte du vaste projet de construction hydroélectrique à la baie James, les Autochtones du Québec commencent à réclamer et à obtenir officiellement une reconnaissance de leurs nations et de leurs droits sur le territoire.

Les Inuits par contre n'ont pas été visés par la Loi sur les Indiens de 1876 et ils ont aussi été moins touchés par les différents mouvements de colonisation. Toutefois, le vaste territoire qu'ils occupent dans le nord du pays suscite aujourd'hui la convoitise de plusieurs pays qui revendiquent la souveraineté sur certaines îles de l'Arctique et le passage du Nord-Ouest. Des entrepreneurs s'intéressent par ailleurs aux richesses naturelles (métaux et pierres précieuses) qui abondent dans cette partie du territoire.

● Est-il possible de développer le territoire tout en respectant le mode de vie des Autochtones ? Expliquez votre réponse.

● Selon vous, quelles pourraient être les conséquences liées au développement des richesses dans le nord du Québec sur les communautés autochtones et le territoire qu'elles habitent ?

PISTES
d'interprétation CD 2

1. Pourquoi les Amérindiens et les Métis se sentent-ils menacés par l'arrivée de nouveaux colons blancs dans les Prairies ?

2. Quels sont les mouvements migratoires provoqués par l'arrivée des nouveaux colons qui s'installent dans les Prairies ?

3. Au Québec, quel est l'effet des migrations vers de nouvelles régions sur le mode de vie des Amérindiens ?

Question bilan

4. Quels sont les effets de la Confédération sur la population et le peuplement du Canada de même que sur le territoire ?

L'industrialisation, l'urbanisation et les mouvements migratoires, de 1885 à 1930

Au **tournant du XXᵉ siècle**, une deuxième phase d'industrialisation s'enclenche au Canada. L'augmentation de la population dans l'Ouest du Dominion – résultat des politiques d'immigration – crée un nouveau marché pour les produits manufacturés, ce qui stimule le développement de nouvelles industries. Les grandes villes comme Toronto et Montréal, principaux points de jonction du réseau ferroviaire, concentrent les industries et attirent les surplus de population des zones rurales, ce qui accentue le phénomène d'urbanisation amorcé au cours du XIXᵉ siècle. De plus, différents mouvements migratoires entraînent des changements importants dans la répartition de la population sur le territoire.

115 Les populations urbaine et rurale au Québec, de 1871 à 1931

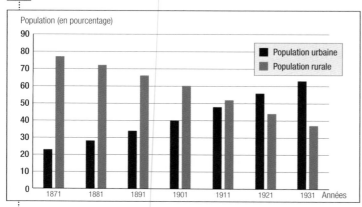

STATISTIQUE CANADA, *Recensements du Canada, 1851-2001* [en ligne], 2005, réf. du 21 mai 2008.

● À partir de quelle décennie la population des villes commence-t-elle à dépasser celle des campagnes?

● Quel est l'effet de ce mouvement migratoire sur le territoire?

Les conditions de vie dans les villes

Attirés par les emplois dans les manufactures, les immigrants et les paysans s'établissent en grand nombre dans les villes où sont implantées la majorité des grandes industries. Au Québec, Montréal est la ville la plus populeuse. Les grandes villes ne sont toutefois pas les seuls pôles d'attraction. À la même époque, parallèlement au développement des réseaux ferroviaires, des villages prennent de l'expansion et mettent en place des infrastructures qui permettent de desservir les régions environnantes.

Aux prises avec une croissance extrêmement rapide de leur population, les villes n'ont pas toujours les aménagements nécessaires pour accommoder tous les nouveaux arrivants. Des logements sont construits en toute hâte pour faire face à la demande. La plupart des maisons des quartiers ouvriers sont bâties les unes contre les autres. Dans certains quartiers de Montréal, la densité de la population atteint près de 60 000 personnes au km² en **1901**. Même si certains services sont peu à peu mis en place, comme la cueillette des déchets ou la construction d'égouts et d'aqueducs, les installations sanitaires sont précaires.

116 La population des principales villes du Québec, en 1901

Ville	Population
Montréal	267 730
Québec	68 840
Hull	13 993
Sherbrooke	11 765
Trois-Rivières	9 981

Paul-André Linteau et autres, *Histoire du Québec contemporain*, tome 1, *De la Confédération à la crise (1967-1929)*, Boréal, 1989, p. 474-475.

117 La rue Sous-le-Cap, Québec, vers 1900

● Quels sont les effets de l'urbanisation accélérée de certains quartiers sur ses habitants?

118 Une division spatiale des inégalités

À Montréal comme ailleurs, les inégalités flagrantes entre les classes sociales ont des effets sur l'organisation des villes et de la société.

« La ville en haut de la côte abrite les classes supérieures. Dans ces résidences bien construites on trouve les […] propriétaires fonciers et ceux qui travaillent plutôt avec leur esprit qu'avec leurs mains. […] La ville en bas de la côte abrite l'artisan, le travailleur manuel, l'ouvrier qualifié, le commis et les trois quarts de ses habitants appartiennent à cette classe, la véritable classe industrielle. […] Dans la haute-ville, les rues sont larges, bien pavées et assez propres. Les maisons, presque sans exception, ont une façade sur la rue. Ce n'est pas la même chose dans la basse-ville. Ici, une maison sur dix est située sur une petite ruelle étroite […] Le logement de fond de cour typique est soit un petit édifice de deux étages recouverts de mauvaises briques et dans un état de décrépitude, ou encore une construction de bois dans le style rural de la maison de l'habitant […]. »

Herbert Brown Ames, *The City Below the Hill*, Bishop Engraving and Printing Company, 1897.

- Quelles sont les différences entre les quartiers décrits par l'auteur?
- Quels sont les effets de la croissance rapide de la population sur le territoire de Montréal?

La mortalité infantile

Au **tournant du xxᵉ siècle**, le taux d'accroissement naturel de la population du Québec est élevé. Cependant, la mortalité infantile reste une des principales causes de décès. Montréal se classe alors parmi les villes d'Amérique du Nord qui ont les plus hauts taux de mortalité infantile. Près de un enfant sur quatre y décède avant d'avoir atteint l'âge de un an. Les principales causes sont la propagation d'épidémies telles que le choléra, la variole, la diphtérie, etc., ainsi que la mauvaise qualité de l'eau et du lait non pasteurisé que consomment les enfants. Pour remédier à ce fléau, la Ville met en place, dans les **années 1910**, un système de **chloration** et de filtration de l'eau. Une décennie plus tard, un programme de distribution de lait pasteurisé, appelé « Goutte de lait », est lancé. Celui-ci joue un rôle important dans la diminution de la mortalité infantile à Montréal dans les **années 1920**.

Chloration Action de purifier l'eau en y ajoutant du chlore.

119 La densité démographique à Montréal, en 1881 et en 1901

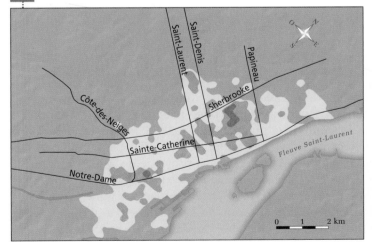
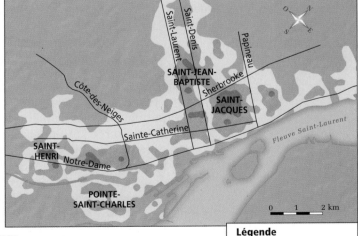

D'après *Atlas historique du Canada*, vol. II, planche 49, Presses de l'Université de Montréal, 1987.

Légende

Nombre de ménages au km²

- 8000 - 12 000
- 4000 - 7999
- 1 - 3999

120 Une clinique de vaccination, en 1940

À partir du début du XXᵉ siècle, les municipalités recommandent aux citoyens de se faire vacciner dans le but de prévenir les épidémies.

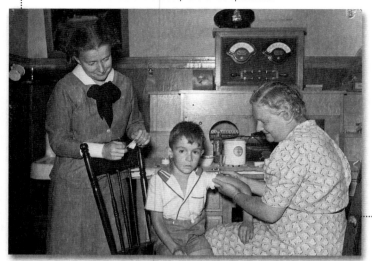

Les épidémies

Dans les **dernières décennies du XIXᵉ siècle**, les maladies contagieuses se propagent rapidement dans les quartiers ouvriers, où les conditions de vie sont difficiles. En 1885, une grave épidémie de variole fait plus de 3000 morts à Montréal. La Ville impose alors la vaccination obligatoire pour enrayer le fléau. De nombreux citoyens, alarmés par un incident mettant en cause des vaccins contaminés, refusent de se faire vacciner. Le 28 septembre 1885, une émeute éclate dans l'est de Montréal parce qu'un malade a été transporté de force à l'hôpital. Le maire doit faire appel aux militaires pour disperser les émeutiers. L'épidémie finit pourtant par se résorber et les autorités publiques, constatant qu'on ne rapporte plus de cas de décès, la déclare officiellement terminée en janvier 1886.

- Qu'est-ce que la vaccination tente de prévenir?
- Quels sont les effets des épidémies sur la population du Québec au début du XXᵉ siècle?

121 Des citadins touchés par la variole

- Selon ce document, quelles sont les classes de la population qui sont les plus touchées par les épidémies?
- Pourquoi certaines personnes refusent-elles de se conformer aux mesures d'hygiène imposées par la ville?
- Selon l'inspecteur, pourquoi les quartiers ouvriers sont-ils plus susceptibles d'être touchés par les épidémies?

En 1885, le journal *Witness* publie une entrevue réalisée avec un inspecteur de la santé publique de Montréal.

« Q. Quelle classe de citoyens a été jusqu'à présent frappée par la maladie?

R. Les classes francophones les plus défavorisées. Si elles sont frappées par la maladie, c'est bien de leur faute. Elles refusent de prendre les précautions les plus élémentaires. […] Il y a peu de temps, je suis passé devant une maison contaminée et j'ai vu plusieurs femmes et enfants attroupés près de la porte, en train de parler à la maîtresse de maison. Quand je leur ai fait des remontrances, elles m'ont répondu que c'était le bon Dieu qui avait envoyé la maladie, qu'il était inutile de lutter contre elle et que, si c'était la volonté de Dieu, elles l'attraperaient, et si ce ne l'était pas, elles ne l'attraperaient pas. Dans certaines parties du secteur Est, les gens vivent entassés d'une façon que ne peuvent imaginer ceux qui vivent dans les plus beaux quartiers de la ville. Quand ces personnes tombent malades, il est très difficile de les isoler. »

Extrait du journal *Witness*, 13 août 1885.

Les municipalités, qui sont responsables de la santé publique, font appel au gouvernement provincial pour se doter d'institutions capables de mettre en place des mesures d'hygiène permanentes et d'améliorer ainsi la santé de la population. En 1886, le gouvernement du Québec crée la Commission provinciale d'hygiène et adopte la Loi d'hygiène publique. La Commission, qui devient en 1887 le Conseil d'hygiène de la province de Québec, a pour mandat d'étudier les causes des épidémies et des contagions, et de trouver des moyens de les prévenir. Par l'entremise de centres locaux, le Conseil diffuse des informations sur l'hygiène à l'ensemble de la population. L'implantation de services de santé publique contribue à faire baisser de moitié le taux de mortalité au Québec entre 1900 et 1939 (de 20 décès sur 1000 à près de 10 sur 1000).

En plus de faire prendre conscience aux autorités de la nécessité d'implanter de toute urgence un programme de santé publique, l'épidémie de variole a aussi mis en lumière les disparités entre les conditions de vie des francophones et celles des anglophones, puisque plus de 90% des victimes sont des Canadiens français.

curiosité

Une recette infaillible

Malgré l'avènement des services d'hygiène publique à la fin du XIXe siècle, les épidémies restent bien présentes dans les quartiers où les mesures d'hygiène sont déficientes. Dans le *Journal d'Hygiène populaire*, un médecin expose, sur un ton humoristique, les conditions parfaites pour que les épidémies se développent :

« Simple recette pour obtenir une épidémie durable, franche, active, bien corsée :

- Déchets de maison
- Excreta humains   } Quantité égale
- Eau stagnante

Laissez le tout décomposer lentement, graduellement sur une certaine étendue de terrain recouvert en grande partie de logements habités par une population insouciante des précautions hygiéniques. Laissez fermenter au milieu des gaz délétères qui s'échappent de dix mille fosses fixes et cinq mille bouches d'égout, respirez à l'aise les émanations de ce produit complexe et en quelques mois vous obtiendrez la série complète des épidémies de maladies contagieuses dans l'ordre suivant : rougeole, scarlatine, variole, diphtérie, et fièvre typhoïde. L'efficacité de cette formule a été éprouvée sur une grande échelle par la ville de Montréal. »

Dr Beausoleil, *Journal d'Hygiène populaire*, vol. II, n° 7, 15 août 1885, p. 78.

Avant la mise en place de mesures nationales, la responsabilité de l'hygiène, en cas d'épidémie, échoit aux municipalités. Cette caricature montre le maire de Montréal, Jean-Louis Beaudry, aux prises avec différentes épidémies. La légende qui l'accompagne se lit comme suit : « Tenez fermement, monsieur le Maire, sinon les diables de la mort vont s'échapper de leur laisse et nous dévorer ».

Henri Julien, *Le maire et la Commission de santé*, 1877.

- Que représentent les diables illustrés dans cette caricature ?

- Selon vous, pourquoi le maire de la ville doit-il les tenir fermement ?

Lieu de *mémoire*

Une grave épidémie de grippe espagnole, en 1918

En 1918, une autre maladie contagieuse se répand rapidement au sein de la population du Québec : la grippe espagnole. Pour les seules années de 1918 et 1919, les estimations les plus conservatrices évaluent le nombre de morts entre 20 et 40 millions à travers le monde. Apparu en Asie en 1918, le virus de la grippe espagnole s'est propagé à grande vitesse partout dans le monde. À la fin de la Première Guerre mondiale, des soldats infectés reviennent d'Europe, introduisant ainsi le virus sur le continent américain. En octobre 1918, les autorités décident d'interdire les réunions dans les lieux publics, comme les écoles, les théâtres et les salles de cinéma. Seulement au Canada, la grippe espagnole aura fait plus de 50 000 morts.

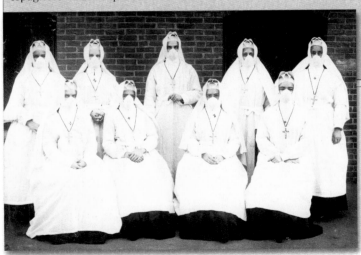

En 1918, lorsque l'épidémie de grippe espagnole se déclare, de nombreuses religieuses sont affectées au soin des malades. Elles se protègent du virus du mieux qu'elles peuvent.

PISTES d'interprétation CD 2

1. Quel est le lien entre l'industrialisation et l'urbanisation ?

2. Décrivez les conditions de vie dans les quartiers ouvriers des grandes villes.

3. Quelles sont les mesures mises en place afin d'enrayer le problème de la mortalité infantile au début du XXe siècle ?

4. Quelles sont les conditions propices à la propagation d'épidémies dans les villes ?

5. Quels sont les effets des migrations vers les villes sur la population et l'organisation du territoire du Québec ?

L'émigration vers les États-Unis

De **1867 à 1929**, le Canada affiche un taux d'accroissement naturel élevé, en dépit des ravages des épidémies et de la mortalité infantile. Cependant, malgré le nombre considérable de naissances, la croissance globale de la population demeure faible.

123 Le bilan démographique du Canada, de 1881 à 1901

	Gains	Pertes	Total
Accroissement naturel	Naissances : 3 072 000	Décès : 1 750 000	+ 1 322 000
Migrations	Immigration : 930 000	Émigration : 1 206 000	− 276 000

Maurice Saint-Yves, *Atlas de géographie historique du Canada*, Les Éditions françaises, 1982, p. 69.

● Quel facteur contribue le plus à l'augmentation de la population entre 1881 et 1901 ?

● Pourquoi le solde migratoire est-il négatif ?

Au **tournant du XXᵉ siècle**, le mouvement d'émigration vers les États-Unis, amorcé depuis les années 1840, se poursuit de plus belle. Plusieurs raisons incitent les Canadiens à émigrer vers le Sud :

1. La pénurie de terres agricoles dans la vallée du Saint-Laurent, qui persiste depuis les années 1840-1850, pousse des agriculteurs à chercher du travail ailleurs ;

2. Les réseaux ferroviaires, qui se développent dans le nord-est américain, contribuent à la mobilité géographique de la population ;

3. La proximité de la frontière américaine facilite les déplacements ;

4. Les salaires dans les grands centres industriels américains sont souvent plus intéressants que ceux qu'offrent les industries canadiennes ;

5. La modernisation des techniques et des outils agricoles au XIXᵉ siècle diminue les besoins en main-d'œuvre. Ceux qui se retrouvent sans emploi se dirigent donc vers les grands centres industriels des États-Unis.

124 Un défilé de la fête de la Saint-Jean Baptiste à Lowell, au Massachusetts, en 1906

Les historiens estiment que près d'un million de Canadiens français auraient émigré vers les États-Unis entre 1840 et 1940. Dans les années 1880, ces émigrants représentent environ 11 % de la population totale du Québec.

125 Le nombre d'émigrants du Québec vers les États-Unis, de 1870 à 1930

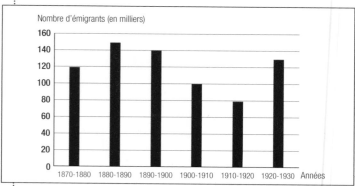

Nombre d'émigrants (en milliers)

D'après Yolande Lavoie, « Les mouvements migratoires des Canadiens entre leur pays et les États-Unis au XIXᵉ et au XXᵉ siècle », dans H. Charbonneau, *La population du Québec*, Boréal Express, 1973.

● Durant quelle période l'émigration du Québec vers les États-Unis est-elle la plus forte ?

● Selon vous, qu'est-ce qui peut expliquer la remontée de l'émigration vers les États-Unis dans les années 1920-1930 ?

Certains émigrants s'installent de façon temporaire aux États-Unis et reviennent au Canada après avoir accumulé un peu d'argent. La plupart s'y établissent pour de bon. Ces émigrants convergent vers les mêmes villes et États, entre autres le Massachusetts, le Vermont, le Rhode Island, le New Hampshire et le Maine. À certains endroits, les Canadiens français transforment des quartiers entiers, qu'ils adaptent à leurs besoins. Plusieurs villes américaines se dotent alors d'églises catholiques et d'écoles de langue française qui reflètent l'identité de cette communauté distincte. Au fil du temps, ces Canadiens français prennent racine et deviennent des Franco-Américains.

La colonisation de nouvelles régions

L'émigration vers les États-Unis ralentit la croissance démographique du Canada. Le gouvernement du Québec et le clergé catholique craignent que la population francophone et catholique devienne de plus en plus minoritaire au sein d'un Canada peuplé par une majorité anglophone. Pour remédier à cette situation, le clergé et le gouvernement du Québec instaurent des programmes de colonisation agricole dans des régions éloignées. Ils estiment que la colonisation peut régler les problèmes de chômage et retenir ceux qui désirent quitter la province. Parce qu'elles offrent un accès aux ressources naturelles du territoire, certaines régions se développent donc plus rapidement au **début du XXᵉ siècle**.

126 La colonisation et l'identité canadienne-française

La colonisation devient, pour le clergé, un acte de patriotisme puisqu'elle marque l'appartenance des Canadiens français à leur territoire et permet en quelque sorte la survie de leur identité nationale au sein d'une Confédération de plus en plus diversifiée.

« Le colon canadien, en s'éloignant des bords enchanteurs du grand fleuve pour s'enfoncer à quinze ou vingt lieues dans la profondeur des forêts, avec toutes les difficultés que l'on connaît, a fait preuve d'un courage surhumain. [...] Nous saurons [...] à quoi nous en tenir sur le véritable sens du mot patriotisme : c'est l'amour de notre pays, du sol où reposent les cendres de nos ancêtres ; c'est l'attachement inviolable à la langue de notre mère, à la foi de nos pères ; c'est le respect de nos institutions et de nos lois. Quiconque a ces sentiments profondément gravés dans le cœur est un véritable patriote. »

Mgr Louis-François Laflèche, *Quelques considérations sur les rapports de la société civile avec la religion et la famille*, 1866.

- Pourquoi Mgr Laflèche estime-t-il que le colon canadien fait preuve de beaucoup de courage ?
- Quelle est la définition du patriotisme selon Mgr Laflèche ?

127 Le village de l'Annonciation, dans les Laurentides, vers 1890

L'église, souvent érigée au centre des nouvelles paroisses, fait aussi office de lieu de rassemblement pour les habitants de la région. Le comté où se trouve le village de l'Annonciation enregistre une croissance démographique de 450 % entre 1871 et 1881.

128 La distribution de la population selon les régions de colonisation, de 1871 à 1931

Régions de colonisation	1871	1901	1931
Gaspésie et Bas-Saint-Laurent	134 001	172 815	270 363
Saguenay et Lac-Saint-Jean	22 980	37 028	105 977
Cantons de l'Est	138 960	208 164	281 494
Outaouais	54 439	89 998	114 357
Abitibi et Témiscamingue	–	6 685	44 301
Côte-Nord et Nouveau-Québec	–	11 263	22 161

D'après Serge Courville, *Atlas historique du Québec : population et territoire*, Les Presses de l'Université Laval, 1996, p. 65.

- Quelles régions connaissent la croissance la plus importante entre 1901 et 1931 ?

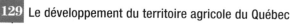

129 Le développement du territoire agricole du Québec

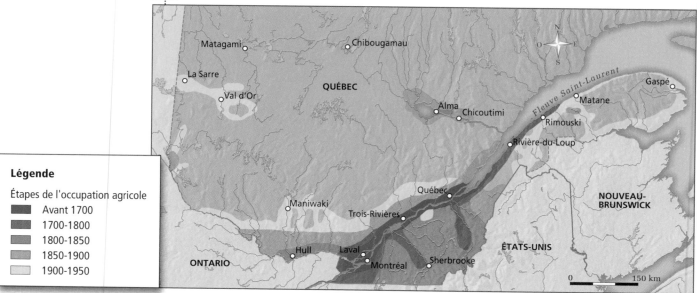

Légende

Étapes de l'occupation agricole

- ▊ Avant 1700
- ▊ 1700-1800
- ▊ 1800-1850
- ▊ 1850-1900
- ▊ 1900-1950

D'après Gilles Laporte et Luc Lefebvre, *Fondements historiques du Québec*, 2ᵉ éd., Les Éditions de la Chenelière, 2008, p. 57.

Portrait

François-Xavier-Antoine Labelle (1833-1891)

Né à Sainte-Rose, Antoine Labelle est nommé curé de Saint-Jérôme en 1867. Il devient rapidement un des plus importants promoteurs de la colonisation de la région des Laurentides. Le curé Labelle rêve de peupler de Canadiens français catholiques les régions du Nord, entre Montréal et Winnipeg, afin d'exploiter ces terres. Celui que les habitants surnomment le « roi du Nord » s'occupe également de promouvoir la construction d'une ligne de chemin de fer entre Montréal et Saint-Jérôme, qui faciliterait le déplacement des colons, l'accès aux ressources naturelles et la distribution des produits fabriqués dans la région. Afin de convaincre la population du Québec du bien-fondé de son projet de chemin de fer, le curé Labelle, au cours de l'hiver 1872, décide de venir en aide à la population pauvre de Montréal en envoyant un convoi de 80 chariots chargés de bois de chauffage. Ce coup d'éclat réussira à convaincre le gouvernement du Québec d'investir dans la construction du Petit Train du Nord. Ce dernier sera finalement inauguré en 1879. Nommé sous-ministre du tout nouveau ministère de la Colonisation, en 1888, le curé Labelle occupera ce poste jusqu'à sa mort.

« Dans ces territoires du nord sera placé un jour la grande nation du Canada parce que c'est là où le pays se développe avec une expansion extraordinaire jusqu'à la Baie d'Hudson, et l'annexion des Laurentides Occidentales à la Baie d'Hudson ne manquera pas d'ajouter encore une grande valeur à notre Province. Ce sera un grenier pour l'avenir, lorsque la population débordera dans les Laurentides Orientales. – On pourra compter un jour une infinité de paroisses qui se multiplieront jusqu'à Winnipeg et même jusqu'à la Baie d'Hudson. »

Curé Antoine Labelle.

● Pour quelle raison le curé Labelle veut-il développer les terres situées dans le nord-ouest du Québec jusqu'à la baie d'Hudson ?

Les programmes de colonisation n'ont toutefois pas le succès escompté. L'émigration vers les États-Unis continue de drainer une importante partie de la population du Québec, au détriment des nouvelles régions de colonisation, où les conditions de vie sont très pénibles : terres à défricher, rigueur du climat, difficulté de produire des récoltes substantielles, etc. Les colons doivent compléter leurs revenus en allant travailler dans les chantiers forestiers. Les efforts de colonisation se poursuivront toutefois jusqu'au milieu des années 1950, en Abitibi et au Témiscamingue.

Les migrations vers l'Ouest

Outre l'émigration en direction du nord-est des États-Unis et les déplacements vers de nouvelles régions de colonisation au Québec, un autre mouvement migratoire se dirige vers l'Ouest, soit en Ontario, au Manitoba, en Saskatchewan et en Alberta.

Toutefois, peu de Canadiens français émigrent dans l'Ouest. Leur poids démographique reste donc faible à l'extérieur du Québec. Dans les **années 1870**, à la suite des efforts de certains missionnaires catholiques, les francophones sont majoritaires au Manitoba, mais l'arrivée massive de colons d'origine britannique réduit leur poids démographique. En **1891**, les francophones ne représentent plus que 7,3 % de la population du Manitoba.

Plusieurs facteurs expliquent la faiblesse de la migration canadienne-française vers l'Ouest à la fin du XIXe siècle. Les Canadiens français craignent la domination de la majorité anglophone. De plus, la pendaison de Louis Riel, à la suite des rébellions métisses, a fait naître un sentiment de méfiance. Au Québec, l'opinion publique se montre nettement en faveur de Riel et la grande majorité estime que les droits des francophones sont bafoués dans cette région et que leur identité y serait menacée. Enfin, en raison de leur proximité, les États-Unis gagnent la faveur des émigrants, car le transport vers l'Ouest est plus long, donc plus coûteux. Malgré tout, des îlots francophones s'implantent dans plusieurs provinces canadiennes, notamment au Manitoba et en Saskatchewan.

Portrait

Alexandre-Antonin Taché (1823-1894)

Évêque de Saint-Boniface, au Manitoba, Alexandre-Antonin Taché a démarré plusieurs projets de colonisation dans le nord-ouest du Canada. Intervenant lors des rébellions de 1869-1870, il s'inquiète du sort réservé aux Métis et aux Canadiens français dans la nouvelle province du Manitoba. De 1870 à 1890, grâce aux efforts de Mgr Taché, notamment, le Manitoba devient légalement bilingue et instaure un système scolaire mixte (biconfessionnel et bilingue). Fondateur de la Société de colonisation du Manitoba, dans les années 1870-1880, il se préoccupe surtout de faire venir des Canadiens français dans l'Ouest canadien. Cependant, ces derniers sont peu nombreux à répondre à son appel.

Et maintenant CD 3 TIC

La présence francophone hors Québec aujourd'hui

Aujourd'hui, au Canada, environ un million de francophones vivent à l'extérieur du Québec. Intégrés dans un milieu à majorité anglophone, ils disposent de plusieurs structures et institutions (écoles, hôpitaux, services gouvernementaux, etc.) qui leur permettent, dans une certaine mesure, de vivre en français et de préserver leur identité. La vitalité de ces communautés se manifeste tant dans le domaine professionnel que dans celui des arts et de la culture. Ces communautés restent toutefois fragiles et plusieurs redoutent leur assimilation à la majorité anglophone.

- Selon vous, les communautés francophones hors Québec risquent-elles d'être assimilées et de perdre leur identité francophone?

---

130 **Les Québécois hors Québec, en 1901**

Des communautés d'émigrants québécois se constituent à la fin du XIXe siècle.

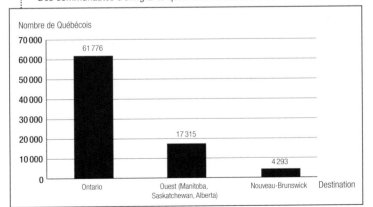

Nombre de Québécois

Destination	Nombre
Ontario	61 776
Ouest (Manitoba, Saskatchewan, Alberta)	17 315
Nouveau-Brunswick	4 293

D'après Paul-André Linteau et autres, *Histoire du Québec contemporain*, tome 1, *De la Confédération à la crise (1967-1929)*, Boréal, 1989, p. 54.

PISTES d'interprétation CD 2

1. Quels sont les principaux mouvements migratoires au Québec et au Canada à la fin du XIXe et au début du XXe siècle?

2. Qu'est-ce qui motive les Canadiens à émigrer vers les États-Unis?

3. Comment les Canadiens français réussissent-ils à conserver leur identité dans les villes américaines?

4. Quelle mesure le gouvernement du Québec et le clergé proposent-ils pour mettre fin à l'émigration vers les États-Unis?

5. Quels facteurs expliquent la faiblesse de la migration canadienne-française vers l'Ouest?

L'immigration et la société canadienne au début du XXᵉ siècle

Une période de croissance caractérise l'économie canadienne au **début du XXᵉ siècle**. Ces conditions favorables attirent de nombreux immigrants. De 1900 à 1915, près de trois millions d'immigrants se seraient installés au pays, principalement dans les Prairies, ce qui constitue un apport considérable si l'on considère que le Canada, en 1900, ne compte que 5 371 315 habitants. Le début du XXᵉ siècle est également marqué par l'application de nouvelles politiques d'immigration discriminatoires. Par exemple, en **1906** et en **1910**, deux lois sur l'immigration établissent des catégories d'immigrants jugés « indésirables » en raison soit de leur origine, de leur culture, de leur état de santé, de leurs opinions politiques ou de leur niveau de richesse. Ces lois sanctionnent de plus l'expulsion de nouveaux arrivants selon ces mêmes critères. Ces politiques d'immigration – et celles qui vont suivre – ont des effets notables sur la composition de la population du Canada. Comme elles privilégient les immigrants originaires des îles britanniques, ces derniers forment, au début du XXᵉ siècle, la majorité de la population du pays.

Portrait

Clifford Sifton (1861-1929)

Avocat et homme politique canadien, Clifford Sifton est nommé ministre de l'Intérieur sous le gouvernement de Wilfrid Laurier, de 1896 à 1905. Pendant son mandat, il fait la promotion du Canada à l'étranger en vue de coloniser les Prairies. Sa stratégie publicitaire à l'étranger (affiches, brochures, articles de journaux en plusieurs langues, etc.) vise à faire connaître les attraits de l'Ouest aux Européens et aux Américains. Convaincu que l'immigration est la clé du développement économique du pays, Sifton négocie aussi avec les compagnies ferroviaires – qui sont d'importants propriétaires fonciers – afin de libérer des terres pour la colonisation. Pendant son mandat, un nombre record d'immigrants débarquent au pays.

---

131 **Des immigrants d'origine britannique, vers 1911**
Au début du XXᵉ siècle, les politiques d'immigration canadiennes favorisent la venue d'immigrants d'origine britannique.

● Pourquoi le gouvernement favorise-t-il la venue d'immigrants d'origine britannique?

132 **Une vague d'immigration déferle**
Cette caricature illustre bien l'arrivée massive des immigrants européens et américains au début du XXᵉ siècle. Au cours du mandat de Clifford Sifton, près de 700 000 Européens vont s'installer dans les Prairies canadiennes.

Anonyme, *Now Then, All Together!*, fin du XIXᵉ siècle.

● Quel élément de la caricature suggère la destination de la majorité des immigrants?

● Quels immigrants semblent les plus nombreux?

La diversité culturelle de la population

Entre 1901 et 1931, le Québec reçoit environ 700 000 immigrants. La majorité d'entre eux sont d'origine britannique. Cependant, la province accueille de plus en plus d'immigrants qui proviennent d'autres pays. La présence de tous ces nouveaux arrivants a un effet considérable sur le développement des villes, où se concentre la majeure partie de cette nouvelle main-d'œuvre qui travaille principalement dans l'industrie manufacturière.

Lieu de *mémoire*

Les petits immigrés britanniques

Au tournant du XXe siècle, un important contingent d'enfants et d'adolescents d'origine britannique arrive au Canada. Orphelins pour la plupart, ces enfants sont envoyés en Amérique du Nord par des organismes religieux ou caritatifs débordés, dans l'espoir que des familles canadiennes les prennent en charge. Entre 1868 et 1930, plus de 100 000 de ces enfants, les « *Home Children* », immigrent au pays. La majorité d'entre eux sont engagés comme ouvriers dans des familles d'agriculteurs. D'autres – des jeunes filles surtout – travaillent comme domestiques.

> Ce document annonce la création d'une société britannique dont le but est d'envoyer de jeunes orphelins vers le Canada.
>
> « Je prends la respectueuse liberté de vous informer qu'il vient d'être organisé, [...], une société, qui a pour but de transporter des jeunes orphelins d'Angleterre au Canada [...]. On a en vue de placer ces jeunes principalement chez des fermiers. [...] Le Refuge à Rimouski est sous la direction des Sœurs de Charité, et les enfants après avoir été placés temporairement sous leur surveillance digne de toute confiance, seront ensuite dirigés de là chez les personnes qui les engageront [...]. Si vous désirez coopérer à cette œuvre importante, je serai très heureux de recevoir vos ordres à ce sujet aussitôt que vous le pourrez, et aussi une liste des enfants catholiques ayant le dessein d'émigrer, âgés respectivement de 12 à 14 ans, que vous pourriez recommander comme jouissant de bonne santé, d'un bon caractère, industrieux, faits pour la vie agricole, [...] »
>
> J.F. Boyd, *Émigration de jeunes garçons d'Angleterre au Canada*, 22 mai 1884.

Des enfants immigrants au ponton du débarcadère, à Saint-Jean, Nouveau-Brunswick, au début du XXe siècle.

● Qu'apportent les petits immigrés britanniques à la société québécoise ?

133 La répartition de la population du Québec selon la langue parlée, en 1931

Langue parlée	Nombre	Pourcentage
Anglais seulement	395 995	13,8 %
Français seulement	1 615 155	56,2 %
Anglais et français	842 369	29,3 %
Autre	20 736	0,7 %

Hubert Charbonneau et Robert Maheu, *Les aspects démographiques de la question linguistique*, p. 24., tiré de P.-A. Linteau, et autres, *op. cit.*, p. 68.

● Quelle est la langue parlée par la majorité des habitants du Québec en 1931 ?

● À cette époque, les habitants du Québec sont-ils en majorité bilingues ?

● Selon vous, à quel groupe linguistique les nouveaux arrivants d'alors décident-ils de s'associer en majorité ?

134 Les principaux groupes culturels (autres que français et britannique) au Québec, de 1871 à 1931

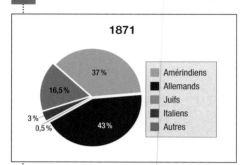

1871
- Amérindiens
- Allemands
- Juifs
- Italiens
- Autres

37 %
16,5 %
3 %
0,5 %
43 %

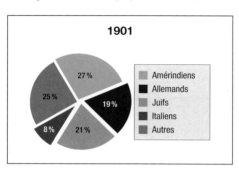

1901
- Amérindiens
- Allemands
- Juifs
- Italiens
- Autres

27 %
25 %
19 %
8 %
21 %

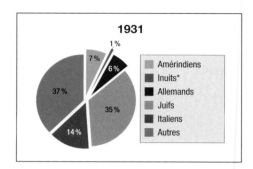

1931
- Amérindiens
- Inuits*
- Allemands
- Juifs
- Italiens
- Autres

1 %
7 %
6 %
37 %
35 %
14 %

* Données non disponibles avant 1931.

D'après Paul-André Linteau et autres, *Histoire du Québec contemporain,* tome 1, *De la Confédération à la crise (1867–1929),* Boréal, 1989, p. 54.

- Quels groupes culturels connaissent la plus importante croissance entre 1871 et 1931?
- Comment expliquer cette croissance?
- Quels sont les effets de cette croissance dans la société du Québec?

Entre 1871 et 1931, les Canadiens français sont majoritaires au Québec, où ils représentent près de 80 % de la population. Quant aux Québécois d'origine britannique, leur nombre tend à diminuer. Durant cette période, ces derniers passent de 20 % à environ 15 % de la population. D'autres groupes culturels, peu nombreux au XIXe siècle, voient leurs effectifs augmenter graduellement au **début du XXe siècle**. C'est le cas des Allemands, des Juifs et des Italiens. Ces communautés ont plutôt tendance à se regrouper entre elles et apprennent la langue de leur travail, l'anglais ou le français. Cette nouvelle diversité au sein de la société québécoise modifie non seulement la composition de la population, mais également l'organisation du territoire, surtout en zone urbaine. Par exemple, la région de Montréal accueille un fort contingent d'immigrés italiens au début du XXe siècle. Rassemblés dans un secteur de la ville, ceux-ci contribuent au développement d'un quartier italien.

Par ailleurs, le développement industriel de nouvelles régions du Québec, notamment sur la Côte-Nord, a des effets sur les communautés autochtones dont le mode de vie nomade repose sur les ressources du territoire. Le déclin de leurs activités de chasse et de pêche s'accompagne d'une augmentation de la dépendance à l'assistance gouvernementale. C'est dans ce contexte que ces communautés se sédentarisent.

135 Une famille innu de la Basse-Côte-Nord en compagnie d'une infirmière, en 1953

En 1931, les Autochtones du Québec représentent 10,5 % de l'ensemble de la population autochtone du Canada.

À travers le temps

Le boulevard Saint-Laurent à travers le temps

Le boulevard Saint-Laurent a été, au XVIIᵉ siècle, le premier chemin à s'éloigner de la ville de Montréal pour gagner le nord de l'île. Au siècle suivant, cette artère divise l'île de Montréal en deux : d'un côté s'étend Montréal-Est et de l'autre, Montréal-Ouest. Plus tard, la croissance rapide de la population du Québec et l'arrivée massive d'immigrants transforment le boulevard, aussi connu sous le nom de la « *Main* ». Le boulevard Saint-Laurent attire alors de nombreux artisans, gens de métiers et gens d'affaires. Les nouveaux arrivants sont nombreux à trouver du travail dans les commerces qui bordent la rue, et la présence d'institutions (écoles, banques) gérées par leurs communautés les incite à s'y regrouper. Des immigrants d'Europe de l'Ouest et du Sud s'installent sur la *Main* au cours du XXᵉ siècle : Italiens, Juifs, Yougoslaves, Polonais, etc. Les communautés grecque et portugaise s'y développent rapidement à la suite de la Seconde Guerre mondiale, puis la communauté chinoise, déjà installée autour du port et de la gare, y prolonge son quartier vers le Nord. En 1996, afin de souligner l'apport des nombreux immigrants au développement de la ville de Montréal, le boulevard Saint-Laurent est désigné Lieu historique national du Canada.

Le boulevard Saint-Laurent à la fin du XIXᵉ siècle

Le boulevard Saint-Laurent aujourd'hui

Les conséquences de la Première Guerre mondiale sur l'immigration

Après l'entrée du Canada dans la Première Guerre mondiale, en **1914**, l'immigration chute abruptement. Le conflit complique les mouvements migratoires. Occupé par le développement et le financement de l'industrie de guerre, le gouvernement consacre peu d'énergie au recrutement d'immigrants. Après en avoir accepté un peu plus de 400 000 en 1913, le Canada en accueille seulement 36 665 en 1915. De plus, les tensions politiques présentes dans différents pays d'Europe font craindre l'arrivée d'étrangers jugés « indésirables » et servent à justifier l'application de politiques d'immigration racistes et discriminatoires. Par exemple, les immigrants originaires des pays ennemis sont considérés comme une menace à la sécurité interne du pays et sont refusés. Quant aux Allemands, aux Autrichiens, aux Turques et aux Bulgares qui vivent déjà au Canada, et dont les pays d'origine combattent les Alliés, ils voient leurs droits limités, tandis que certains sont même internés dans des camps de travail répartis dans le pays. En 1917, le droit de vote leur est également retiré.

136 Le nombre d'immigrants reçus au Canada, de 1900 à 1935

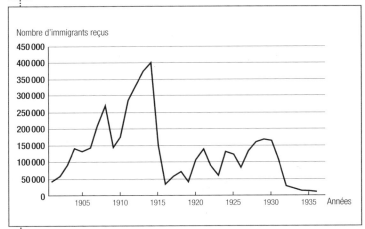

D'après Maurice Saint-Yves, *Atlas de géographie historique du Canada*, Les Éditions françaises, 1982, p. 69.

- À partir de quand l'immigration commence-t-elle à diminuer ?
- En comparant l'immigration entre 1900 et 1913 à l'immigration entre 1913 et 1935, que constatez-vous ?

En **1919**, un premier amendement à la Loi sur l'immigration vise à classer les immigrants selon leur « potentiel d'assimilation », dans le but de préserver le caractère britannique de la société canadienne. De nouvelles règles d'exclusion et d'expulsion sont édictées. Un article de cet amendement accroît les pouvoirs du gouvernement afin qu'il puisse déporter des activistes qui s'expriment contre l'État ou dont les orientations idéologiques ou religieuses ne correspondent pas à celles de la majorité. Cette nouvelle politique d'immigration, plus restrictive, demeure pratiquement inchangée jusqu'au début des années 1960.

La crise économique qui suit le krach boursier de 1929 amène le gouvernement canadien à fermer presque complètement ses frontières à l'immigration.

137 **Le camp de travail de Spirit Lake, en Abitibi, en 1915**

La Loi sur les mesures de guerre oblige les citoyens originaires de pays ennemis qui vivent au Canada à montrer des pièces d'identité partout où ils vont. Parmi eux, plusieurs milliers de personnes, considérées comme des espions, sont internées dans des camps. Au cours de la Première Guerre mondiale, 8579 hommes seront ainsi détenus.

138 **La question de l'immigration après la guerre**

Au lendemain de la Première Guerre mondiale, des politiciens tentent de restreindre l'entrée au pays de certains groupes d'immigrants.

« Depuis que la guerre a été déclarée en 1914, nos concitoyens ont eu amplement de temps et de facilité pour étudier nombre de problèmes dont la solution s'impose, et l'un de ces problèmes [...], c'est la question de l'immigration. [...] Il y a d'abord ceux qui sont d'avis que le Canada devrait être réservé pour les Canadiens – pour les Anglo-Saxons. Ils disent que nous sommes dans une colonie anglaise, qu'elle doit rester anglaise et qu'on ne devrait permettre qu'à ceux qui sont anglais de frapper à nos portes d'entrée. [...] D'autre part, il y a ceux qui sont d'avis que nous devons maintenir la porte ouverte, pas aussi largement ouverte que dans le passé, mais qu'il devrait y avoir des restrictions très nettes et bien définies. Ils disent qu'il devrait y avoir des restrictions applicables à tout le monde au sujet de la santé, de la mentalité, de la possibilité de gagner sa vie, de la moralité, et autres questions de cette nature. Il y en a qui prétendent que certaines nationalités devraient être exclues. Puis d'autres estiment que l'on ne devrait admettre certaines nationalités au Canada, qu'en nombre limité, en quantités telles que le pays puisse les absorber et les assimiler. [...] En d'autres termes, nous ne pouvons pas adopter une politique d'immigration qui soit de nature à noyer les nôtres sous des éléments venus du dehors et qui les détruiraient ou qui menaceraient de les détruire. Le sentiment qui règne d'un bout à l'autre du Canada est que nous avons été beaucoup trop généreux jusqu'à présent et que nous avons négligé nos propres intérêts, qu'il faut à l'avenir être plus prudents et ne plus admettre que des sujets aisément assimilables [...]. »

M. Calder, ministre de l'Immigration et de la Colonisation, *Discussion générale du projet de loi relatif à l'immigration*, Gouvernement du Canada, Débats de la Chambre des Communes, 29 avril 1919.

- Quelles sont les différentes propositions en matière d'immigration dans ce document ?
- Quels sont les arguments avancés pour restreindre l'accès au Canada à certains groupes d'immigrants ?

PISTES d'interprétation **CD 2**

1. Quelles sont les origines de la majorité des immigrants qui viennent s'installer dans la province au début du XXe siècle ?

2. Quelles sont les conséquences de la Première Guerre mondiale sur l'immigration ?

Question bilan

3. Quels sont les effets des principaux mouvements migratoires au début du XXe siècle sur la société et le territoire ?

Les transformations démographiques, de 1930 à 1980

La fin de la Seconde Guerre mondiale engendre une période de prospérité qui se manifeste notamment par une augmentation du nombre de naissances. Puis, à partir des années 1960, l'immigration contribue à la croissance démographique du Québec. La population se diversifie alors de plus en plus. Par ailleurs, le développement économique modifie la répartition de la population sur le territoire de la province.

CONCEPTS

Croissance, identité, migration,

La politique d'immigration durant la Seconde Guerre mondiale

Au cours de la Seconde Guerre mondiale (1939-1945), le Canada accueille très peu d'immigrants. Le pays ferme alors ses frontières à des milliers d'Européens qui demandent l'asile politique, tels les Juifs qui sont victimes de persécution. Comme ailleurs en Amérique du Nord, les points de vue sur l'immigration sont partagés au pays. L'opinion favorable exprimée par une partie de la population à l'égard des opprimés européens entre en contradiction avec un courant de **xénophobie** et d'**antisémitisme**. Pendant cette période, le gouvernement maintient une politique restrictive en matière d'immigration et il adopte des mesures exceptionnelles envers certains immigrants. Ainsi, il fait interner dans des camps de travail des individus originaires de pays ennemis. Les Allemands, les Italiens et les Japonais sont particulièrement visés par ces mesures.

Xénophobie Hostilité ou crainte à l'égard des personnes d'origine étrangère.

Antisémitisme Racisme dirigé contre les Juifs.

---

139 **La grève des internes de l'hôpital Notre-Dame**

En 1934, l'hôpital Notre-Dame, situé à Montréal, engage Samuel Rabinovitch, un Juif, à titre d'interne*. Les autres internes de l'hôpital déclenchent alors une grève sous prétexte de protéger les médecins canadiens-français d'une compétition possible. Samuel Rabinovitch décide de quitter son poste et explique les motifs de sa démission à la presse.

«De passage à nos bureaux, hier soir, le docteur Rabinovitch nous a dit :

"En prenant ma décision, j'avais trois choses à considérer :

1. L'insulte directe qu'a reçue de ce fait la race** juive ;
2. Le sort qui était fait, par suite de la grève, aux infortunés patients des hôpitaux qui avaient à souffrir du manque de soins découlant de la grève des internes ;
3. La situation embarrassante dans laquelle se trouvaient les directeurs de l'hôpital Notre-Dame qui ont si généreusement pris ma part. […]

Je déplore vivement que les internes canadiens-français aient soulevé la question de race dans un hôpital où le soin des malades doit toujours venir en premier lieu et je regrette qu'ils aient ainsi ignoré complètement le serment qu'ils avaient prêté, il y a si peu de temps de ne jamais laisser souffrir un malade, quelles que soient les circonstances."»

* Étudiant en médecine qui, sous la direction d'un médecin diplômé, a le droit de soigner des patients.

** Le mot «race» ici désigne les personnes de religion juive.

«Le docteur Rabinovitch démissionne comme interne senior à l'hôpital Notre-Dame», *Le Devoir*, 19 juin 1934.

Pour quelles raisons le Dr Rabinovitch démissionne-t-il?

140 **Un avis discriminatoire**

Cet avis est affiché en 1939 à Sainte-Agathe-des-Monts, dans les Laurentides, où une communauté juive a un centre de villégiature.

141 **Un avis antinazi**

Cette affiche invite la population à une rencontre contre le nazisme et Hitler. La rencontre a lieu au Forum de Montréal, le 23 avril 1939.

Comment la population réagit-elle à l'arrivée d'immigrants d'origines diverses?

Le baby-boom et l'essoufflement de la croissance naturelle

À la fin de la Seconde Guerre mondiale, le retour des troupes et la prospérité économique contribuent à la croissance de la population alors que les mariages et les naissances se multiplient. Cette forte natalité, appelée « **baby-boom** », correspond approximativement au taux qui existait avant la Grande Crise. En 1951, l'indice de fécondité s'élève à 3,84 enfants.

Un autre facteur explique ce bond soudain de l'accroissement naturel. Le taux de mortalité infantile de la province, qui avait toujours été très élevé, diminue considérablement au cours de cette période. De 120 pour 1000 qu'il était en 1931, il chute à 32 pour 1000 en 1961. Les femmes sont de plus en plus nombreuses à accoucher dans des hôpitaux, qui assurent un suivi aux mères de la conception à l'accouchement. En 1960, 94,6 % des femmes accouchent à l'hôpital, comparativement à 16 % en 1940. L'essor de la natalité, combiné à la baisse de la mortalité infantile et du nombre de mères qui décèdent lors de l'accouchement, contribuent à l'accroissement démographique de la province.

Le baby-boom contribue également à la diminution de l'âge moyen de la population. Ce phénomène entraîne d'importants changements dans la société. L'État doit par exemple investir dans la construction d'hôpitaux, d'écoles, etc. afin de répondre aux besoins de la population croissante.

Baby-boom Augmentation importante du taux de natalité.

142 Le baby-boom au Québec

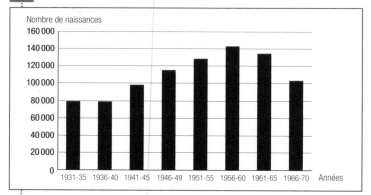

Nombre de naissances

D'après Maurice Saint-Yves, *Atlas de géographie historique du Canada*, Les Éditions françaises, 1982, p. 69.

- À partir de quelle période le nombre de naissances augmente-t-il au Québec ?
- À partir de quelle période le nombre de naissances commence-t-il à diminuer au Québec ?
- Selon ces données, quelle période correspond au baby-boom ?

143 Le bilan démographique du Québec, de 1952 à 1970

	Gains	Pertes	Total
Accroissement naturel	Naissances : 2 428 994	Décès : 700 879	+ 1 728 115
Migrations	Immigration : 569 829	Émigration : 419 258	+ 150 571

D'après INSTITUT DE LA STATISTIQUE DU QUÉBEC, *Données statistiques sur la démographie* [en ligne], 2008, réf. du 28 avril 2008.

- Le bilan démographique du Québec de 1952 à 1970 est-il positif ou négatif ?
- De 1952 à 1970, quel facteur contribue le plus à l'augmentation de la population ?

144 Une famille nombreuse

Dans les années 1950, il n'est pas rare de voir des familles de 10 enfants et plus.

145 Le docteur Henry Morgentaler

En 1968, la première clinique d'avortement ouvre ses portes. De plus en plus de femmes revendiquent le droit de disposer de leur corps.

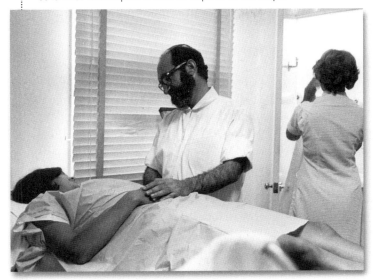

146 Le mariage

Les années 1970 sont marquées par une forte diminution du nombre de mariages. La population s'identifie de moins en moins à la façon traditionnelle de concevoir la famille et la vie de couple.

À la **fin des années 1960**, le taux de natalité est en baisse : c'est la fin du baby-boom. La société québécoise vit de profondes transformations. Un changement de mentalités auquel participe largement la génération du baby-boom, est en train de s'opérer. Ce changement s'inscrit dans la modernisation du Québec surtout à partir de la Révolution tranquille. Ainsi, les femmes ne veulent plus avoir autant d'enfants et cherchent à se tailler une place sur le marché du travail. Autrefois nombreuses, la plupart des familles ne comptent plus désormais qu'un enfant ou deux alors que se répand l'usage de la pilule contraceptive.

En outre, l'institution du mariage est de plus en plus remise en question. En effet, le nombre de mariages, très élevé dans les années d'après-guerre, tend à diminuer : de 10,7 mariages pour 1000 personnes en 1940, ce taux passe à 5,5 en 1983. Grâce aux assouplissements apportés à la loi sur le divorce en 1967, le nombre de divorces augmente : en 1969, il y a 8,8 divorces pour 100 mariages, comparativement à 43,5 divorces pour 100 mariages en 1980. Par ailleurs, les mariages civils et les unions libres augmentent en popularité.

147 Les effets du baby-boom sur l'âge moyen de la population

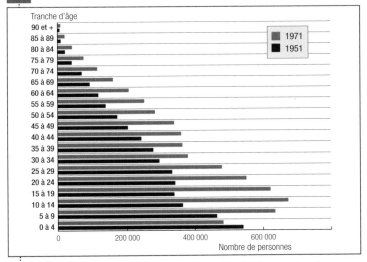

D'après Maurice Saint-Yves, *Atlas de géographie historique du Canada*, Les Éditions françaises, 1982, p. 70.

● Quelle tranche d'âge est la plus nombreuse en 1951 ? en 1971 ?

● Comment expliquer la baisse de la tranche de 0 à 4 ans en 1971 ?

● Quel âge auront, en 1971, les enfants qui ont de 0 à 4 ans en 1951 ? Quel âge ces personnes ont-elles aujourd'hui ?

PISTES d'interprétation CD 2

1. Quelle est la politique d'immigration adoptée par le Canada au cours de la Seconde Guerre mondiale ?

2. Qu'est-ce que le baby-boom ? Quels sont ses effets sur la société ?

3. Quels facteurs peuvent expliquer la fin du baby-boom ?

La reprise de l'immigration à partir des années 1950

La société de consommation qui se développe après la guerre requiert une main-d'œuvre abondante. En dépit de la présence accrue des femmes sur le marché du travail, la croissance économique nécessite davantage de ressources humaines. L'immigration va contribuer à combler ces besoins.

L'immigration dans les années 1950

Avant la Grande Crise, la majorité des immigrants venaient des îles Britanniques. Après la Seconde Guerre mondiale, l'origine des immigrants se diversifie. À la recherche d'une vie meilleure, des Italiens, des Grecs et des Portugais notamment quittent leur pays miné par des crises politiques ou économiques.

En **1950**, le gouvernement fédéral crée le ministère de la Citoyenneté et de l'Immigration et donne à celui-ci le mandat d'établir des critères d'admission au pays. La Loi sur l'immigration de 1952, la première depuis 1910, met en place une «politique du robinet» qui a pour but d'ajuster le flux migratoire aux besoins du pays. En période de décroissance économique par exemple, le «robinet» est fermé et le pays accueille moins d'immigrants.

La Loi détermine alors des groupes d'immigrants privilégiés, comme les sujets britanniques, les citoyens français, les résidents américains ainsi que les Asiatiques qui ont déjà de la famille au Canada. Elle spécifie aussi des critères d'exclusion qui s'avèrent discriminatoires envers certains groupes. Par exemple, sont exclus les Asiatiques qui n'ont pas de famille au Canada, les Indiens, les Pakistanais et les Sri Lankais. Ces critères sont plus ou moins appliqués selon les périodes et le bon vouloir du Cabinet et du ministre de l'Immigration.

---

148 La Loi sur l'immigration de 1952

La Loi sur l'immigration de 1952 précise les critères d'admission qui s'appliquent aux personnes qui veulent s'installer au Canada.

«[…] Article 5. Nulle personne […] ne doit être admise au Canada si elle est membre de l'une des catégories suivantes:

a) les individus
   i. qui sont idiots, imbéciles ou faibles d'esprit,
   ii. qui sont aliénés ou, dans le cas d'immigrants, qui l'ont été à quelque époque,
   iii. qui sont atteints de psychopathie constitutionnelle, ou,
   iv. s'il s'agit d'immigrants, qui sont atteints d'épilepsie;

b) les personnes atteintes de tuberculose sous quelque forme que ce soit […] ou d'une maladie contagieuse ou infectieuse […]

c) les immigrants qui sont muets, aveugles ou autrement déficients au point de vue physique […]

d) les personnes qui ont été déclarées coupables de quelque crime impliquant turpitude morale […]

e) les prostitués, les homosexuels ou les personnes qui vivent des fruits de la prostitution ou de l'homosexualité, les souteneurs, ou les personnes qui viennent au Canada pour ces fins ou d'autres objets immoraux […]

g) les mendiants ou vagabonds de profession […]

h) les alcooliques chroniques […]»

GOUVERNEMENT DU CANADA, *Loi sur l'immigration de 1952* [en ligne], p. 249-250, réf. du 30 avril 2008.

● Selon vous, ces articles de loi sont-ils discriminatoires? Expliquez votre réponse.

● Selon vous, ces articles de loi sont-ils encore en vigueur aujourd'hui?

---

149 Une famille italo-québécoise, en 1952

La hausse de l'immigration qui survient après la guerre a des effets notables sur le territoire et la société. De **1946 à 1960**, le Québec reçoit 400 000 immigrants. La plupart d'entre eux s'installent dans les zones urbaines, accentuant ainsi le phénomène d'urbanisation. De plus, ces nouveaux arrivants s'intègrent surtout à la communauté anglophone.

Une modification aux critères d'admission dans les années 1960-1970

À partir des **années 1960**, les politiques d'immigration sont graduellement modifiées afin de refléter la nouvelle orientation du gouvernement fédéral en faveur de l'admission universelle. En **1962**, le gouvernement élimine les critères de discrimination raciale de sa politique d'immigration. En **1966**, il publie son Livre blanc sur l'immigration dans lequel il définit ses principales orientations dans ce domaine. Le Livre blanc va inspirer la mise en œuvre d'une nouvelle politique, en **1967**. Cette politique vise à orienter l'immigration selon les besoins du marché et à privilégier les immigrants qui possèdent les compétences dont le pays a besoin. La politique veut donc mettre fin à la discrimination raciale en privilégiant des valeurs individuelles telles les qualifications professionnelles, la connaissance du français ou de l'anglais et le niveau de scolarité. Dorénavant, les candidats à l'immigration seront sélectionnés à partir d'un système de pointage, basé sur leurs compétences, et non plus de façon arbitraire.

En **1969**, le Canada décide également d'adhérer à la Convention relative au statut des réfugiés, adoptée par l'ONU en 1951. Il modifie alors ses critères d'admissibilité et débloque des fonds pour faciliter l'établissement des personnes qui cherchent refuge au pays.

Enfin, en **1975**, le gouvernement canadien publie son Livre vert sur l'immigration, qui sera suivi d'une nouvelle Loi sur l'immigration, en **1976**. Cette loi vise à corriger les lacunes de la loi de 1952. Elle définit les pouvoirs des provinces en matière d'immigration et précise des objectifs afin d'élargir les critères d'admission et de reconnaître la contribution des différentes communautés culturelles à la société canadienne.

Voici les principaux objectifs de la Loi sur l'immigration de 1976 :

- favoriser la croissance démographique ;
- enrichir le patrimoine culturel ;
- faciliter la réunion des familles ;
- faciliter l'adaptation des nouveaux résidents à la société ;
- poursuivre la sélection des candidats selon des critères non discriminatoires ;
- maintenir une attitude humanitaire envers les réfugiés.

À partir des années 1970, le pays d'origine des immigrants varie de plus en plus. Les nouveaux arrivants contribuent à la diversification de la population québécoise. Cette situation amène aussi la société québécoise à se questionner sur son avenir et sur sa capacité à intégrer de façon harmonieuse les nouveaux arrivants dont elle a besoin pour combler son déficit démographique.

150 **Des réfugiées vietnamiennes arrivent à l'aéroport de Dorval**

À la fin de la guerre du Viêt Nam, en 1975, près d'un million de Vietnamiens fuient leur pays à bord de fragiles embarcations. Nombre de ces *Boat people* demandent l'asile politique au Canada. Le pays va accueillir environ 60 000 de ces réfugiés en provenance du Sud-Est asiatique.

Période	Pays d'origine	Pourcentage
1961 à 1970	Îles Britanniques	21 %
	Italie	13 %
	États-Unis	10 %
	Portugal	5 %
	Grèce	4 %
	République fédérale d'Allemagne	4 %
	Îles des Antilles	3 %
	Yougoslavie	3 %
1971 à 1980	Îles Britanniques	13 %
	États-Unis	10 %
	Inde	6 %
	Portugal	5 %
	Philippines	4 %
	Jamaïque	4 %
	République populaire de Chine	4 %
	Hong Kong	4 %

STATISTIQUE CANADA, *Cent ans d'immigration au Canada (1901-2001)* [en ligne], réf. du 29 avril 2008.

151 **Les principaux pays d'origine des immigrants au Canada, de 1961 à 1980**

- D'où vient la majorité des immigrants de 1961 à 1970 ? de 1971 à 1980 ?
- Quels sont les effets de cette immigration sur la société québécoise ?

Les ententes fédérales-provinciales sur l'immigration

L'immigration est une compétence partagée en vertu de la Constitution de 1867. Les provinces ont la possibilité de légiférer dans ce domaine dans la mesure où leurs lois ne sont pas incompatibles avec les lois fédérales. À partir des **années 1950**, le Québec intervient de plus en plus dans ce domaine, de manière à privilégier les immigrants qui pourront s'intégrer sur les plans culturel et linguistique à la société québécoise. En effet, dans les **années 1960**, dans la vague du nationalisme, les Québécois francophones craignent que l'anglicisation des nombreux immigrants ne menace le fait français et la culture francophone. C'est ainsi qu'en **1968**, le gouvernement du Québec crée le ministère de l'Immigration, qui sera chargé de veiller à la francisation des immigrants qui arrivent au Québec.

152 L'Accord Canada-Québec relatif à l'immigration

En 1991, après plusieurs années de négociations, les deux paliers de gouvernement signent un accord qui précise les responsabilités de chaque partie en ce qui a trait à l'immigration.

« […] Considérant la volonté du gouvernement du Canada et du gouvernement du Québec de conclure une nouvelle entente, inspirée de l'Entente Couture-Cullen, pour fournir au Québec de nouveaux moyens de préserver son poids démographique au sein du Canada, et d'assurer dans la province une intégration des immigrants respectueuse du caractère distinct de la société québécoise ; […]

Le Québec est le seul responsable de la sélection des immigrants à destination de cette province et le Canada est le seul responsable de l'admission des immigrants dans cette province.

Le Canada doit admettre tout immigrant à destination du Québec qui satisfait aux critères de sélection du Québec, si cet immigrant n'appartient pas à une catégorie inadmissible selon la loi fédérale.

Le Canada n'admet pas au Québec un immigrant qui ne satisfait pas aux critères de sélection du Québec. […] »

GOUVERNEMENT DU QUÉBEC, *Accord Canada-Québec relatif à l'immigration et à l'admission temporaire des aubains [étrangers] (Accord Gagnon-Tremblay-McDougall)* [en ligne], février 1991, réf. du 30 avril 2008.

- Selon vous, pourquoi le Québec cherche-t-il à préserver son poids démographique au sein du Canada ?
- Selon vous, qu'est-ce qui constitue le caractère distinct de la société québécoise ?
- Quelles sont les responsabilités de Québec en matière d'immigration ? Quelles sont celles du gouvernement fédéral ?

Au cours des **années 1970**, Ottawa et Québec concluent des ententes visant à favoriser la venue dans la province d'immigrants d'origine francophone. En **1976**, le gouvernement du Parti québécois adopte la Charte de la langue française, aussi connue sous le nom de « Loi 101 ». La Charte a pour but de protéger la langue française et d'assurer l'intégration des immigrants à la majorité francophone. Ainsi, les enfants d'immigrants sont tenus de fréquenter l'école en français. En **1978**, le gouvernement affirme sa volonté de faire du français un des critères d'admission dans la province en négociant l'Entente Couture-Cullen. Par cet accord, le Québec acquiert plus de pouvoirs en matière d'immigration et peut désormais participer à l'établissement des critères de sélection des immigrants.

153 L'intégration des immigrants

En 1967, le gouvernement du Québec met sur pied les Centres d'orientation et de formation des immigrants (COFI), où les nouveaux arrivants apprennent le français. Leurs enfants fréquentent les écoles de quartier.

Dans les **années 1960 et 1970**, les ententes conclues entre les gouvernements fédéral et provincial ont des répercussions sur la composition de la population. Pendant cette période, le Québec tisse des liens avec les pays de la francophonie et tente d'attirer une plus grande proportion d'immigrants originaires du Liban, de l'Égypte, de l'Afrique du Nord et des autres pays francophones d'Europe.

Lieu de *mémoire*

Le multiculturalisme

En **1971**, le gouvernement du Canada adopte une politique de multiculturalisme, qui vise à promouvoir l'égalité entre les différents groupes culturels du Canada, la reconnaissance des droits des peuples autochtones et le statut des deux langues officielles du pays. Cette politique provoque de vives réactions. Certains estiment qu'elle a pour effet de diminuer l'importance de l'apport des deux peuples majoritaires (francophone et anglophone). Le premier ministre Pierre Elliott Trudeau soutient plutôt que sa politique multiculturaliste tend à reconnaître l'apport de toutes les communautés présentes au pays, sans en privilégier une. En 1972, le gouvernement nomme un ministre responsable du multiculturalisme. Puis, en 1973, il crée le Conseil canadien du multiculturalisme.

« Attendu :

que la Constitution du Canada dispose que la loi ne fait acception de personne et s'applique également à tous, que tous ont droit à la même protection et au même bénéfice de la loi, indépendamment de toute discrimination, que chacun a la liberté de conscience, de religion, de pensée, de croyance, d'opinion, d'expression, de réunion pacifique et d'association, et qu'elle garantit également aux personnes des deux sexes ce droit et ces libertés.

qu'elle reconnaît l'importance de maintenir et de valoriser le patrimoine multiculturel des Canadiens ;

qu'elle reconnaît des droits aux peuples autochtones du Canada ;

qu'elle dispose, de même que la Loi sur les langues officielles, que le français et l'anglais sont les langues officielles du Canada et que ni l'une ni l'autre ne portent atteinte aux droits et privilèges des autres langues ; [...] »

GOUVERNEMENT DU CANADA, *Loi sur le multiculturalisme canadien* [en ligne], réf. du 29 avril 2008.

- Que reconnaît la Loi sur le multiculturalisme ?
- Pourquoi, selon vous, la Loi sur le multiculturalisme a-t-elle soulevé de vives réactions ?

PISTES d'interprétation CD 2

1. Pourquoi l'immigration reprend-elle au cours des années 1950 ?
2. En quoi consistent les principales politiques d'immigration mises en place par le gouvernement fédéral au cours des années 1950 ?
3. Quels sont les critères d'admission pour les immigrants au cours des années 1960-1970 ?
4. Quels sont les effets de la diversification de la population immigrante au cours des années 1960-1970 sur la société et le territoire du Québec ?
5. Pourquoi le Québec s'implique-t-il davantage en matière d'immigration à partir des années 1950 ?
6. Quelles sont les principales transformations démographiques du Québec entre 1930 et 1980 ?

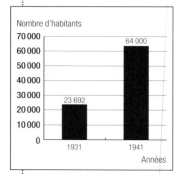

154 La population en Abitibi, en 1931 et en 1941

Nombre d'habitants

70 000		
60 000		64 000
50 000		
40 000		
30 000		
20 000	23 692	
10 000		
0	1931	1941

Années

D'après John A. Dickinson et Brian Young, *Brève histoire socio-économique du Québec*, Septentrion, 1995, p. 286.

● Quels sont les effets sur le territoire des mouvements de population vers l'Abitibi ?

Les migrations et l'occupation du territoire québécois

De **1930 à 1980**, l'occupation du territoire du Québec passe par plusieurs phases : colonisation et développement des régions ressources, urbanisation et étalement urbain. Les différents mouvements de population transforment le territoire de la province.

La colonisation et le développement des régions ressources

Durant la Grande Crise, une part importante de la population se retrouve incapable de subvenir à ses besoins. De nombreux chômeurs dépendent alors des secours directs, pendant que d'autres, encouragés par les gouvernements, vont aller coloniser de nouvelles régions. En **1935**, le plan Vautrin (du nom du ministre de la Colonisation, de la Chasse et des Pêcheries du Québec) prévoit le financement d'un programme de colonisation, notamment en Abitibi. Environ 16 000 familles partent alors s'y établir entre 1932 et 1940.

À partir des **années 1950**, les régions ressources, telles la Côte-Nord et le Nouveau-Québec, sont de plus en plus convoitées. Les rivières à haut débit représentent en effet un fort potentiel hydroélectrique. Plusieurs entreprises s'intéressent également aux ressources forestières et minières qui s'y trouvent. Des infrastructures de transport (routes, chemins de fer, port) sont mises en place afin de pouvoir exploiter ces richesses. Dans les **décennies 1950 et 1960**, le développement de ces territoires donne lieu à un mouvement de migration composé d'exploitants et de travailleurs. Par exemple, la population de la Côte-Nord passe de 2500 personnes, en 1941, à près de 85 000 en 1966.

Cette situation a des effets directs sur le mode de vie des populations autochtones établies dans ces régions. Leurs activités de chasse et de piégeage sont menacées par la construction d'immenses barrages hydroélectriques qui provoquent l'inondation de certaines parties de leur territoire. En 1975, la Convention de la Baie-James et du Nord québécois est signée. Les Autochtones veulent faire respecter leurs droits territoriaux et recevoir des redevances pour l'exploitation de leur territoire. Ils doivent de plus composer avec une population non autochtone, qui était jusque là pratiquement inexistante dans cette partie de la province.

155 La colonisation de l'Abitibi, en 1934

Les colons de l'Abitibi sont loin de mener une vie facile : le climat de cette région est rigoureux et le défrichement des terres s'avère une tâche harassante, sans compter que les services sont quasi inexistants.

L'urbanisation et l'étalement urbain

À partir des **années 1950**, non seulement la population se déplace sur le territoire pour répondre aux besoins de main-d'œuvre dans de nouvelles régions, mais elle se concentre également de plus en plus dans les zones urbaines.

Plusieurs facteurs expliquent cette concentration. D'une part, les grandes villes exercent un attrait sur les immigrants en raison des nombreuses infrastructures et possibilités d'embauche qu'elles leur offrent. Ainsi, en 1979, à leur arrivée, 69 % des immigrants disaient vouloir s'établir sur l'île de Montréal ou sur l'île Jésus (aujourd'hui Laval) ; 9 % sur la rive sud de Montréal ; 5 % dans la région de Québec ; 2,4 % en Estrie ; et 2 % dans l'Outaouais. D'autre part, l'exode de la population rurale se poursuit au profit des zones urbaines.

La population dans certaines régions diminue considérablement, malgré l'accroissement de la production agricole. En effet, la modernisation des techniques et des outils agricoles entraîne inévitablement une diminution de la demande en main-d'œuvre. Ce surplus de ressources humaines se dirige donc vers les villes, accélérant de ce fait le phénomène d'urbanisation.

La modification du territoire habité est une autre conséquence de l'augmentation de la population des villes. Les zones urbaines prennent de l'expansion et s'étendent jusqu'aux limites de l'écoumène agricole : c'est le phénomène de l'étalement urbain. Cette situation modifie de façon permanente le territoire québécois alors que la superficie des terres agricoles rétrécit considérablement.

Le baby-boom a également des effets sur le territoire puisque, pour loger toutes ces familles, de nombreux projets d'habitation doivent être mis en chantier. À partir de la fin des années 1950, les familles sont de plus en plus nombreuses à posséder une automobile. Beaucoup choisissent alors de s'installer à l'extérieur de la ville, dans des maisons individuelles et unifamiliales qui témoignent d'un nouveau milieu de vie : la banlieue.

156 Les « bungalows » et les banlieues

Quel sont les effets du baby-boom sur le territoire du Québec ?

157 Le nombre de fermes au Québec, en 1951 et en 1991

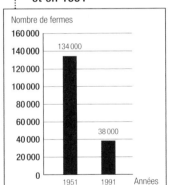

D'après Serge Courville, *Atlas historique du Québec : population et territoire*, Les Presses de l'Université Laval, 1996, p. 113.

Qu'est-ce qui explique la diminution du nombre de fermes entre 1951 et 1991 ?

161 Une population vieillissante

Le gouvernement doit tenir compte du fait que la population vieillissante du Québec requiert davantage de services qui coûtent de plus en plus cher.

162 L'évolution des coûts des services de santé

En 1988, la Commission d'enquête sur les services de santé et les services sociaux dépose son rapport.

« Au cours des quinze dernières années, l'évolution des coûts des services sociaux et des services de santé a été bien maîtrisée. Les caractéristiques même du financement de ces services, à savoir un financement public dominant et basé sur les revenus fiscaux, auront grandement contribué à cette performance. Pour les prochaines années, on doit s'attendre à ce que les dépenses augmentent de façon à peu près identique, soit à un rythme légèrement supérieur à celui du produit intérieur brut. Cette tendance exigera un effort important du gouvernement pour assurer le maintien et l'expansion des services que commande l'évolution socio-démographique du Québec. »

GOUVERNEMENT DU QUÉBEC, «Commission d'enquête sur les services de santé et les services sociaux», *Rapport de la Commission sur les services de santé et les services sociaux*, 1988, p. 696.

- Comment les programmes des services de santé sont-ils financés?
- Quels sont les effets du vieillissement de la population sur les coûts des services de santé?

163 La proportion de la population âgée de 65 ans et plus de 1976 à 2006, et les projections pour 2016 et 2026

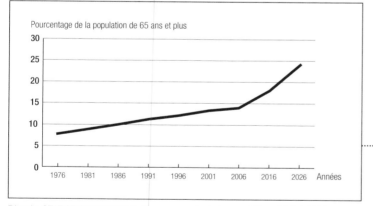

Pourcentage de la population de 65 ans et plus

D'après STATISTIQUE CANADA, *Recensements de la population, 1956 à 2006* [en ligne], réf. du 29 avril 2008. ; INSTITUT DE LA STATISTIQUE DU QUÉBEC, *Le bilan démographique du Québec*, 2007, p. 19.

Le vieillissement de la population a également des répercussions dans le monde du travail. En effet, le Québec doit s'attendre à une baisse importante du nombre de travailleurs d'expérience en raison des nombreux départs à la retraite. En **1982**, pour contrer ce phénomène, l'État cesse d'imposer la retraite obligatoire à 65 ans. Il veut ainsi faciliter la transmission des savoirs d'une génération à l'autre. Enfin, en raison du nombre croissant des bénéficiaires du Régime des rentes du Québec, les générations à venir devront s'attendre à voir augmenter leurs charges fiscales.

- Selon vous, le phénomène du vieillissement de la population va-t-il s'accentuer avec le temps? Expliquez votre réponse.
- Quels sont les effets du vieillissement de la population sur la société?

PISTES d'interprétation CD 2

1. Quels facteurs peuvent expliquer la baisse du taux de natalité au Québec depuis les années 1980?
2. Comment le gouvernement réagit-il à la baisse du taux de natalité au Québec depuis les années 1980?
3. Quelles sont les conséquences du vieillissement de la population québécoise sur la société depuis les années 1980?

L'explosion démographique autochtone

La situation est tout autre dans les communautés autochtones. Selon Statistique Canada, la population autochtone s'est accrue de 45 % **entre 1996 et 2006**. Ce taux de croissance est six fois plus élevé que celui de la population non autochtone pour la même période. Dans les années 1990, 90 % des couples autochtones du Québec déclarent avoir des enfants, et les familles autochtones ont deux fois plus d'enfants que le reste de la population. Dans les années 1980, des modifications à la Loi sur les Indiens redonnent certains droits aux Autochtones. Par exemple, les Indiennes mariées à des Blancs ainsi que leurs enfants retrouvent leur statut. Ainsi, le nombre d'Indiens inscrits double entre 1985 et 1995, sans que la superficie des réserves n'augmente vraiment.

Cette situation pose des défis aux communautés autochtones, qui doivent trouver des moyens d'améliorer leurs infrastructures et institutions (logements, transport, écoles, hôpitaux, garderies, etc.) afin de répondre aux besoins de la population croissante.

164 **Des enfants de Saluit au Nunavik, en 2007**

En 2006, l'âge moyen de la population inuite du Canada était de 22 ans, comparativement à 40 ans pour les non-Autochtones.

Les défis de l'immigration

Tout au long des **années 1980**, le Québec continue d'accueillir un grand nombre d'immigrants, ce qui a pour effet de transformer le visage de la société québécoise. L'immigration contribue alors à contrer les effets de la dénatalité et du vieillissement de la population.

À partir des années 1980, l'origine des immigrants est beaucoup plus diversifiée qu'au cours des périodes précédentes. L'immigration européenne, autrefois dominante, se fait déclasser par l'immigration en provenance de l'Asie notamment. En effet, des 664 500 immigrants admis au Québec entre 1986 et 1996, 40,6 % viennent de l'Asie ; 25,1 %, de l'Amérique ; et 21,5 %, de l'Europe.

Au cours des **années 1970 et 1980**, le gouvernement québécois adopte des critères de sélection qui favorisent les immigrants qui parlent français. Ainsi, entre 2003 et 2007, on estime que 6 immigrants sur 10 connaissent le français. La population du Québec continue donc d'être majoritairement francophone. Toutefois, la proportion des Québécois dont la langue maternelle est le français tend à diminuer, surtout dans la région de Montréal.

165	Le Québec et sa composition linguistique*, de 1971 à 2001		
	Francophones	**Anglophones**	**Allophones**
1971	80,8 %	14,7 %	4,5 %
1981	82,5 %	12,7 %	4,9 %
1986	83,1 %	11,8 %	5,1 %
1991	83,0 %	11,2 %	5,8 %
1996	82,8 %	10,8 %	6,4 %
2001	83,1 %	10,5 %	6,5 %

166	L'île de Montréal et sa composition linguistique*, de 1971 à 2001		
	Francophones	**Anglophones**	**Allophones**
1971	61,2 %	27,4 %	11,4 %
1981	59,9 %	27,0 %	13,1 %
1986	59,4 %	26,0 %	14,6 %
1991	57,3 %	26,2 %	16,5 %
1996	55,6 %	25,6 %	18,8 %
2001	56,3 %	24,8 %	18,9 %

* Il s'agit des langues d'usage.

D'après Marc Termote, *Nouvelles perspectives démolinguistiques du Québec et de la région de Montréal, 2001-2051*, 2008, p. 132.

- Où habite la majorité des anglophones ? des allophones ?
- Les allophones s'intègrent-ils davantage à la communauté francophone ou anglophone du Québec ?
- Quels sont les effets de l'immigration sur la composition linguistique du Québec entre 1971 et 2001 ?

Depuis les **années 1980**, la présence de nombreux immigrants aux origines de plus en plus variées contribue à faire du Québec une société pluriculturelle. Ces nouveaux citoyens, qui s'établissent en majorité dans les villes, participent au développement économique de la province et à la diversité culturelle de la société québécoise.

167 Boucar Diouf

Universitaire, écrivain et humoriste d'origine africaine, Boucar Diouf réside dans la région du Bas-Saint-Laurent.

168 La position d'un Québécois d'origine africaine sur l'intégration à la société québécoise

Dans son recueil intitulé *La Commission Boucar pour un raccommodement raisonnable*, Boucar Diouf réagit avec humour à la commission de consultation sur les pratiques d'accommodement à l'égard des différences culturelles, qui a sillonné le Québec en 2007.

« […] Les nouveaux arrivants profitent de la qualité de vie de leur société d'adoption et, en échange, contribuent à son mieux-être. Ils s'efforcent de se mettre au diapason de la population locale. Leurs descendants, quant à eux […] se considèrent comme des citoyens à part entière du pays d'élection de leurs parents. […] Ils développent un tel lien d'appartenance qu'ils se perçoivent d'abord comme des citoyens d'ici, malgré leur attachement légitime à la patrie de leurs géniteurs. Je ressens un réel malaise lorsque j'entends des jeunes nés et élevés à Montréal affirmer qu'ils sont Français, Grecs, Marocains […] Une fois, j'ai remis sur le nez à un ami ce que je considérais comme des excès.

– Mais enfin Assan, pourquoi répéter à tout venant que tes petites sont Marocaines ? Elles sont nées à Montréal, elles jouissent des mêmes privilèges et services que les citoyens d'ici non ?

– Peu importe où ces deux là vivent, Boucar. Leur identité tient à leur origine. Moi, leur père, je suis Arabe et leur mère aussi. […] nos deux filles sont et resteront Marocaines.

– D'accord, tu viens du Maghreb et tu tiens à tes racines. Mais sur quelle terre poussent tes branches ? Ici, tu l'admettras. […] En n'ayant que le Maroc à la bouche, tu transmets à tes filles ta propre nostalgie d'un pays […] qui n'est pas le leur, Assan ! […] »

Boucar Diouf, *La Commission Boucar pour un raccommodement raisonnable*, Les Intouchables, 2008, p. 46-47.

- Selon Boucar Diouf, comment les descendants d'immigrants définissent-ils leur identité ?
- Quelles sont les positions défendues par Assan et Boucar par rapport à l'identité ?
- Selon vous, peut-on développer un sentiment d'appartenance à sa société d'accueil tout en gardant un attachement à son pays d'origine ? Expliquez votre réponse.

La pluriculturalité pose également le défi de l'intégration des communautés culturelles à la société québécoise. Dès **1981**, le ministère des Communautés culturelles et de l'Immigration se donne comme objectif d'assurer l'adaptation de ces communautés aux institutions, aux lois, aux valeurs et à la langue de la province. En **1986**, afin d'éviter toute forme de racisme et de discrimination raciale, l'Assemblée nationale adopte la Déclaration du gouvernement du Québec sur les relations interethniques et interraciales. Le gouvernement vise ainsi à favoriser la tolérance et l'acceptation de l'autre afin que l'ensemble des communautés culturelles contribuent au développement de la société. Puis, en **1990**, il publie son énoncé de politique en matière d'immigration et d'intégration. Cet énoncé présente le Québec comme une société pluraliste, qui respecte les différents groupes culturels, dans la mesure où ceux-ci respectent à leur tour les institutions démocratiques et utilisent le français comme langue commune de la vie publique.

En **2001**, la Loi sur l'accès à l'égalité en emploi dans des organismes publics vise à reconnaître la participation des minorités dans les organismes publics qui emploient 100 personnes et plus. Il s'agit principalement des organismes municipaux, scolaires ainsi que ceux du secteur de la santé et des services sociaux. Le gouvernement veut ainsi promouvoir le dialogue entre les cultures et l'appartenance de tous les citoyens à la société québécoise.

169 Un Québec pluriculturel et urbain

170 Une charte comme garantie d'égalité

La Charte des droits et libertés de la personne du Québec garantit l'égalité à tous les citoyens. Elle sert aussi de référence à l'État dans l'élaboration des politiques qui visent à condamner le racisme, la discrimination et à reconnaître l'apport des différentes communautés culturelles à la vie publique de la province.

« 9.1 : Les libertés et droits fondamentaux s'exercent dans le respect des valeurs démocratiques, de l'ordre public et du bien-être général des citoyens du Québec.

10 : Toute personne a droit à la reconnaissance et à l'exercice, en pleine égalité, des droits et libertés de la personne, sans distinction, exclusion ou préférence fondée sur la race, la couleur, le sexe, la grossesse, l'orientation sexuelle, l'état civil, l'âge sauf dans la mesure prévue par la loi, la religion, les convictions politiques, la langue, l'origine ethnique ou nationale, la condition sociale, le handicap ou l'utilisation d'un moyen pour pallier ce handicap.

Il y a discrimination lorsqu'une telle distinction, exclusion ou préférence a pour effet de détruire ou de compromettre ce droit. »

QUÉBEC, COMMISSION DES DROITS DE LA PERSONNE ET DES DROITS DE LA JEUNESSE, *Charte des droits et libertés de la personne du Québec*, [en ligne], 19 avril 2006, réf. du 28 avril 2008.

- Quelle est l'influence de la Charte des droits et libertés de la personne du Québec sur les politiques d'immigration ou d'intégration ?
- Les droits garantis par la Charte sont-ils toujours respectés ? Expliquez votre réponse.

PISTES d'interprétation CD 2

1. Quelle est la situation démographique de la communauté autochtone du Québec depuis 1980 ?
2. Quels sont les défis liés à l'immigration au Québec depuis les années 1980 ?
3. Comment le gouvernement du Québec s'assure-t-il de préserver le caractère francophone de la province ?
4. Comment les immigrants sont-ils intégrés à la société québécoise depuis les années 1980 ?

Question bilan

5. Quels sont les effets des variations démographiques de la population du Québec sur la société et le territoire depuis les années 1980 ?

DÉCODER...
le peuplement du Québec,
du XVIᵉ au XXIᵉ siècle

Boîte à outils

Interprétez chacun des documents en vous basant sur la méthode appropriée proposée dans la section Boîte à outils, à la page 269 du manuel.

Depuis le peuplement du territoire québécois par les Autochtones il y a environ 12 000 ans, le Québec a connu de nombreuses vagues migratoires qui ont façonné le territoire et contribué à la diversité de la population. L'accroissement naturel et les différents mouvements de migration ont eu des effets sur la composition de la population et sur la façon dont elle occupe le territoire. S'installant à proximité des voies de communication et là où les ressources sont disponibles, la population forme peu à peu une société organisée en fonction de ses besoins. Aujourd'hui encore, les mouvements naturels et migratoires contribuent à faire du Québec une société pluriculturelle.

L'analyse et l'interprétation de plusieurs types de documents vous permettront de mieux comprendre les effets des mouvements naturels et migratoires sur la formation de la population et l'occupation du territoire québécois. Pour ce faire, suivez les étapes ci-dessous :

1. Répondez aux questions en lien avec chacun des documents ;

2. Déterminez l'époque à laquelle se rattache chacun des documents ;

3. Relevez, pour chacun des documents, les informations qui vous permettent de constater les effets des mouvements naturels et migratoires sur la formation de la population et l'occupation du territoire.

171 **La population autochtone avant l'arrivée des Européens**

« Si l'on ne peut évaluer avec précision l'importance numérique de la population [...], il est certain que l'Amérique du Nord n'était pas une terre vierge au début du XVᵉ siècle. Au Canada, les Algonquiens du Centre et de l'Est comptaient quelque 70 000 âmes, et 100 000 autres vivaient en Nouvelle-Angleterre. Environ 100 000 Iroquoiens habitaient autour de la baie de Chesapeake [sur la côte Est des États-Unis actuels], sur les Grands Lacs inférieurs et dans la haute vallée du Saint-Laurent. Quant aux Inuits, ils étaient peut-être 25 000 dans l'Arctique canadien, dont 3000 dans le Nord du Québec et au Labrador. »

John A. Dickinson et Brian Young, *Brève histoire socio-économique du Québec*, Septentrion, 2003, p. 21-22.

● Selon ce document, quelle serait la famille linguistique la plus nombreuse sur le territoire du nord-est de l'Amérique avant l'arrivée des Européens ?

● Quelle est la répartition des familles linguistiques sur le territoire ?

● Quels sont les effets de l'établissement de ces familles linguistiques sur le territoire de l'Amérique du Nord ? Donnez des exemples pour chacune d'elles.

● Le type d'occupation du territoire a-t-il des effets sur l'organisation sociale des familles linguistiques autochtones ?

● Quelles relations ces familles linguistiques entretiennent-elles entre elles ?

172 La pénétration des Européens en Amérique du Nord, du Xᵉ au XVIIIᵉ siècle

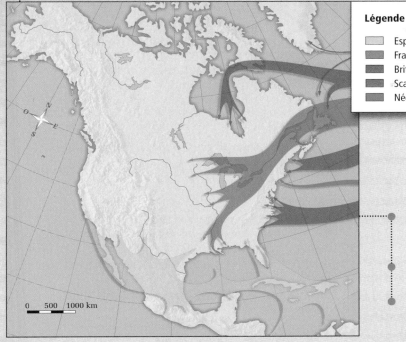

Légende

- Espagnols
- Français
- Britanniques
- Scandinaves
- Néerlandais

0 500 1000 km

D'après Olive Patricia Dickason, *Les premières nations du Canada. Depuis les temps les plus lointains jusqu'à nos jours*, Septentrion, 1996, p. 92.

- D'où viennent les Européens qui établissent les premiers contacts avec les communautés autochtones du nord-est de l'Amérique?
- Qu'est-ce qui motive leur pénétration à l'intérieur du territoire?
- Quels sont les effets des premières migrations européennes vers l'Amérique sur la population autochtone? Sur le territoire?

173 Le recensement en Nouvelle-France, 1665-1666

Sexe		Mariés		Veuvage		Enfants et non-mariés	
Hommes	Femmes	Hommes	Femmes	Hommes	Femmes	Hommes	Femmes
2034	1181	528	491	13	29	1493	661

D'après STATISTIQUE CANADA, *Recensement de la Nouvelle-France, 1665-1666* [en ligne], 2007, réf. du 22 mai 2008.

- Quelle est la population totale de la Nouvelle-France en 1666?
- Quel sexe est majoritaire en Nouvelle-France en 1666?
- Selon vous, dans quelle catégorie retrouve-t-on les célibataires?
- Ce recensement inclut-il les populations autochtones? Pourquoi, selon vous?
- Quel problème lié à la situation démographique en Nouvelle-France ce recensement démontre-t-il?
- Quels sont les effets de ce problème sur le peuplement en Nouvelle-France?

174 Un campement de Loyalistes

James Peachey, *Campement des Loyalistes à Johnstown*, 1784.

- Qui sont les Loyalistes?
- D'où viennent-ils?
- Où migrent-ils en majorité à la fin du XVIIIᵉ siècle?
- Quels sont les effets de l'arrivée des Loyalistes sur le territoire et la société?

175 Horaire et détails des traversées entre Liverpool et Québec, en 1883

COMPAGNIE MARITIME ALLAN
BATEAUX À VAPEUR DE LA POSTE ROYALE

De Liverpool [Angleterre] vers Québec

Les navires marqués du symbole «°» font une escale à Londonderry [Irlande] le jour suivant leur départ, et ceux marqués du symbole «†» font une escale à Queenstown [Irlande] le jour suivant leur départ.

De Liverpool via Queenstown [Irlande]

Vers St. John's, Halifax et Baltimore [États-Unis]

Vers Boston [États-Unis]

Vers Québec

Billets subventionnés pour les traversées vers le Canada

Des réductions sont offertes aux personnes suivantes voyageant à bord des vapeurs qui font route directement vers Québec :

Mécaniciens, terrassiers, ouvriers et leurs familles – 4 £ par adulte

Ouvriers agricoles et leurs familles et domestiques de sexe féminin – 3 £ par adulte

Enfants entre 1 et 12 ans – 2 £; nourrissons de moins de 1 an – 10 s.

Billets subventionnés pour les traversées vers Québec via Halifax : supplément de 10/-

Pour bénéficier des réductions, les passagers doivent remplir un formulaire spécial.

Horaire de la compagnie Allan, 1883.

- Quelle information ce document présente-t-il?
- À qui s'adresse-t-il?
- À quel groupe de passagers des réductions sur les traversées sont-elles offertes?
- Quels sont les effets de l'arrivée de ces passagers sur la formation de la population et sur la société au cours du XIXe siècle?

176 Les principaux groupes culturels au Canada lors des recensements, de 1871 à 1931

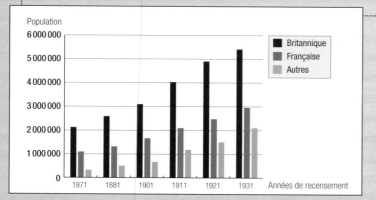

D'après STATISTIQUE CANADA, *Statistiques historiques, Origine de la population*, série A125.

- Quel est le groupe culturel le plus nombreux au Canada entre 1871 et 1931?
- Quel est le groupe culturel qui augmente le plus rapidement?
- Quelle est la tendance en ce qui concerne l'arrivée des autres groupes culturels?
- Qu'est-ce qui explique l'augmentation progressive de la population de chacun des groupes culturels?
- Quels sont les effets de l'augmentation de ces groupes culturels sur la composition de la population?
- Quelles relations les personnes de ces différents groupes culturels entretiennent-elles?

177 Le taux de natalité au Québec, de 1900 à 2005

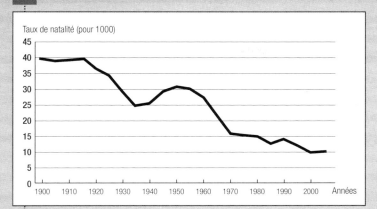

Taux de natalité (pour 1000)

INSTITUT DE LA STATISTIQUE DU QUÉBEC, *Le bilan démographique du Québec*, 2007, p. 26.

- Quelle est la tendance générale du taux de natalité au Québec au cours du xxᵉ siècle?
- Quel phénomène explique la hausse du taux de natalité au Québec dans les années 1940 et 1950?
- Aujourd'hui, quel phénomène est créé par la baisse progressive du taux de natalité?
- Quels sont les effets de ces mouvements naturels sur la population et la société québécoises?

178 Une maison en construction, en 1946

Eugène Gagné, *Maison en construction de Phil. Turbide à Sept-Îles*, 1946.

- Quelles régions du Québec sont développées dans les années 1950?
- Dans quel but ces régions sont-elles mises en valeur?
- Quels sont les effets du développement de ces nouvelles régions sur le territoire et la société québécoise?

Pour mieux comprendre CD 2

1. L'interprétation de ces documents vous a permis de reconnaître certains effets des mouvements naturels et migratoires sur la formation de la population et l'occupation du territoire québécois à différentes époques. Afin d'approfondir cette question :

   a) Pour chaque période historique, repérez, dans le manuel, d'autres documents qui vous permettent de mieux comprendre les effets des mouvements naturels et migratoires sur la formation de la population et l'occupation du territoire.

   b) Pour chaque document trouvé, utilisez l'outil approprié en vous référant, au besoin, à la Boîte à outils.

2. Répondez en quelques lignes à la question suivante :

   > *Quels sont les effets des mouvements naturels et migratoires sur la formation de la population et l'occupation du territoire du Québec depuis 1500?*

2 AILLEURS, LA POPULATION
⸺◆⸺ Aujourd'hui ⸺◆⸺

De l'installation des premiers habitants sur le territoire du Québec à l'arrivée de vagues massives d'immigration au cours du XXᵉ siècle, les mouvements naturels et migratoires ont influencé la composition de la population du Québec et le mode d'occupation de son territoire.

Ailleurs, les mouvements naturels et migratoires ont aussi eu des effets sur la composition des populations et l'occupation de leurs territoires. Quelles sont les ressemblances et les différences entre la composition de la population du Québec aujourd'hui et celle d'autres sociétés du monde ?

Belgique

La population de la Belgique est répartie sur le territoire en communautés linguistiques et culturelles distinctes. En plus des communautés flamande, francophone et germanophone, divers groupes culturels, issus de vagues d'immigration récentes, ajoutent au caractère pluriculturel de la population belge.

Singapour

L'île de Singapour est très densément peuplée. Cette île prospère a reçu différentes vagues d'immigration qui ont façonné le visage de sa population composée de quatre principales communautés : les Chinois, les Malais, les Indiens et les autres minorités.

AMÉRIQUE DU NORD

EUROPE

ASIE

OCÉAN ATLANTIQUE

OCÉAN PACIFIQUE

AFRIQUE

OCÉAN PACIFIQUE

AMÉRIQUE DU SUD

OCÉAN INDIEN

OCÉANIE

Brésil

La population brésilienne s'est transformée au fil des différentes vagues d'immigration et est aujourd'hui très diversifiée. Cette population est inégalement répartie sur le territoire et se concentre surtout en milieux urbains où les inégalités socio-économiques sont sources de tensions.

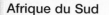

Afrique du Sud

La population de l'Afrique du Sud est composée de diverses communautés aux origines différentes. La politique d'apartheid, abolie en 1994, a longtemps opposé la population blanche, d'origine européenne, à la population noire autochtone. Inégalement répartie sur le territoire, la population sud-africaine représente aujourd'hui une mosaïque aux identités multiples.

ANTARCTIQUE

L'Afrique du Sud

Située en Afrique australe, l'Afrique du Sud est un immense territoire d'environ 1,2 million de kilomètres carrés. Ce pays, bordé par les océans Atlantique et Indien, se compose de neuf provinces réparties sur la pointe sud de l'Afrique.

Quels sont les effets des mouvements naturels et migratoires sur la composition de la population et l'occupation du territoire de l'Afrique du Sud ? **CD 2**

Afrikaners Citoyens blancs d'Afrique du Sud descendant des Boers.

Afrikans Langue d'origine néerlandaise parlée en Afrique du Sud.

Boers Nom donné aux descendants des colons néerlandais, allemands, scandinaves et français qui s'installèrent en Afrique du Sud.

Un passé mouvementé

L'Afrique australe est peuplée depuis une époque très ancienne. Les populations autochtones qui y vivent encore, comme les Bochimans (aussi appelés Sans) et les Hottentots (aussi appelés Khoïs), étaient déjà présentes au cours du premier millénaire av. J.-C. De leur côté, les migrants de langues bantoues arrivent sur le territoire un peu avant le Xe siècle.

Les Portugais sont les premiers Européens à fouler le sol sud-africain, au XVe siècle. Toutefois, ce n'est que deux cents ans plus tard que s'amorce véritablement la colonisation du territoire avec la venue des Néerlandais, dont les descendants en terre africaine sont appelés **Boers**. Au cours du XVIIIe siècle, ceux-ci doivent composer avec la présence grandissante des Britanniques qui s'installent dans le pays. En effet, alors que ces derniers étendent peu à peu leur influence sur l'Afrique, les Boers sont contraints d'émigrer à l'intérieur des terres, où ils créent deux républiques : la République sud-africaine du Transvaal en 1852 et la république de l'État libre d'Orange en 1854. Entre 1899 et 1902, les Britanniques disputent ces terres aux Boers durant ce qu'on appelle « la guerre des Boers ». Au cours du XXe siècle, l'histoire de l'Afrique du Sud est marquée par la réaffirmation politique des Boers, appelés désormais **Afrikaners**, qui reprennent progressivement le pouvoir et imposent la politique d'apartheid.

CONCEPT

Migration

Ségrégationniste Partisan des politiques de ségrégation raciale visant à isoler certains groupes de population en fonction de leur religion ou de leur couleur.

179 L'Afrique du Sud*

* Pour situer l'Afrique du Sud dans le monde, consultez l'Atlas géographique, à la page 324.

Légende

——— Frontière internationale

- - - - Frontière provinciale

Lieu de *mémoire*

L'apartheid

Ce mot de langue **afrikans** signifie « vivre à part » ou « développement séparé ». L'apartheid est un système **ségrégationniste** imposant une division raciale des peuples et leur répartition dans des zones géographiques distinctes. Pratiqué très tôt dans l'histoire de l'Afrique du Sud, l'apartheid devient une véritable politique à partir de 1948, lorsque le Parti national et son allié, le Parti afrikaner, prennent le pouvoir. Cette politique légalise alors les divisions raciales en Afrique du Sud. Toutefois, à partir des années 1980, sous les pressions internationales, les ségrégationnistes sont contraints d'assouplir leurs positions, mais ce n'est qu'une dizaine d'années plus tard, avec l'élection de Nelson Mandela en 1994, que l'espoir d'une égalité retrouvée entre les Noirs et les Blancs renaît.

À Johannesburg, une concierge nettoie le pavé devant une salle de bains réservée aux femmes blanches.

La population sud-africaine aujourd'hui

En 2007, l'Afrique du Sud comptait 148,81 millions d'habitants, ce qui représente environ 15,7 % de la population totale de l'Afrique.

La densité de la population

Bantoustan Zones géographiques réservées uniquement aux populations noires du temps de l'apartheid. Elles ont été instaurées en 1948 et dissoutes en 1994.

Actuellement, la population sud-africaine est inégalement répartie sur le territoire. Elle se concentre surtout dans l'est du pays, l'ouest étant beaucoup moins peuplé. Ce phénomène s'explique en partie par des facteurs climatiques et politiques. En effet, l'ouest du pays est désertique et semi-aride. Il s'agit donc d'un milieu peu propice au peuplement. Par ailleurs, peu après l'accession au pouvoir du Parti national en 1948, le durcissement des politiques ségrégationnistes a entraîné la création des **bantoustans** ou *homelands* (en anglais), dans l'est du pays. Les populations noires y ont été regroupées et, encore aujourd'hui, ces zones géographiques sont clairement identifiables par leur plus grande densité de population.

180 La densité de la population en Afrique du Sud

La plus grande des neuf provinces, Cap-Nord, a la densité la plus faible (12,31 habitants par kilomètre carré) alors que la plus petite province, Gauteng, compte 519,5 habitants par kilomètre carré.

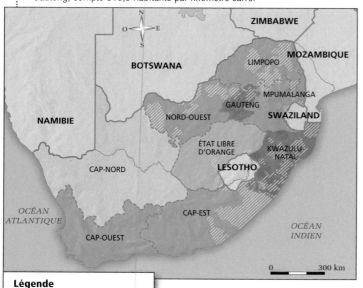

Légende

Densité de population (hab./km²)
- Plus de 50
- 25-50
- 10-25
- Moins de 10

- Bantoustans
- —— Frontière internationale
- ---- Frontière provinciale

Un autre facteur explique la répartition actuelle de la population : l'urbanisation. En effet, plus de 58 % de la population d'Afrique du Sud vit dans les villes. Ainsi, les provinces les plus densément peuplées sont aussi les plus urbanisées. C'est le cas du Gauteng et particulièrement du Kwazulu-Natal, où se trouvent de grandes villes comme Durban, qui compte près de 3,7 millions d'habitants. D'ailleurs, à lui seul, le Kwazulu-Natal rassemblait presque 21 % des Sud-Africains en 2007.

Une mosaïque culturelle

Au cours de son histoire, l'Afrique du Sud a connu différentes vagues d'immigration, d'où sa population pluriculturelle.

En ce sens, l'archevêque Desmond Tutu a défini l'Afrique du Sud comme une « nation arc-en-ciel », une allusion aux multiples groupes culturels sud-africains dont les Ngunis, les Sothos, les Tswanas, les Songas, les Vendas, les Afrikaners, les Anglais, les Métis, les Indiens, les immigrants d'Afrique, d'Europe et d'Asie, en plus des derniers représentants des Khoïs et des Sans.

181 La « nation arc-en-ciel » de Desmond Tutu

Le terme de « nation arc-en-ciel » a été inventé par Desmond Tutu, archevêque anglican et récipiendaire du prix Nobel de la paix en 1984.

« Notre pays est remarquable. Célébrons notre diversité, nos différences. […] L'Afrique du Sud veut et a besoin des Afrikaners, des Anglais, des **Coloureds**, des Indiens, des Noirs. Nous sommes sœurs et frères d'une même famille. […] Avançons vers l'avenir glorieux d'une société nouvelle où les individus comptent, non pas en vertu de critères biologiques sans pertinence ou d'autres attributs extérieurs, mais en tant que personnes d'une valeur infinie […]. Je m'adresse enfin à nous tous, Blancs et Noirs ensemble, pour que nous refermions le chapitre de notre passé et que nous militions ensemble pour ce pays magnifique et béni, nous, le peuple arc-en-ciel […]. »

Desmond Tutu, *Amnistier l'apartheid*, Paris, Seuil, 2004, p. 131.

Coloured En Afrique du Sud, individu d'origine mixte.

● Que signifie l'expression « nation arc-en-ciel » ?

Les différents visages d'une nation

Pour des raisons administratives, l'État sud-africain a réparti les membres de sa population en quatre groupes : les Noirs, les Blancs, les Métis et les Asiatiques.

Les Noirs

En 2007, l'Afrique du Sud comptait environ 38 millions d'habitants noirs, lesquels constituaient près de 80 % de la population du pays. Bien qu'ils soient majoritaires dans pratiquement toutes les provinces sud-africaines, les Noirs africains habitent surtout le Kwazulu-Natal, le Gauteng, le Cap-Est et le Limpopo.

Les Blancs

Les Blancs sont au nombre de 4,3 millions et représentent 9,1 % de la population totale du pays. Ils se divisent en deux principaux sous-groupes : les Afrikaners, d'ascendance hollandaise, et les anglophones, d'ascendance britannique. Le reste de la population blanche est principalement composé de Portugais, d'Allemands, de Français, de Juifs, de Grecs et d'immigrants d'Europe de l'Est (notamment de Lituanie).

Les Métis

Les Métis, ou Coloureds, forment 8,9 % de la population avec 4,2 millions de représentants. Ils sont très présents dans le Cap-Ouest et le Cap-Nord, et près de 1,4 million d'entre eux sont regroupés dans la ville du Cap. Certains groupes métis, comme les Métis malais, possèdent une identité et une culture particulières. Ces individus de confession musulmane sont issus d'unions entre d'anciens esclaves malais ou indonésiens et des Blancs.

Les Asiatiques

En 2001, les Asiatiques représentaient environ 2,5 % de la population totale avec près de 1,2 million de représentants. Certaines statistiques dénombrent jusqu'à environ 2 millions d'Asiatiques en Afrique du Sud. La majorité d'entre eux sont d'origine chinoise ou indienne. L'Afrique du Sud compte d'ailleurs la plus importante minorité d'origine indienne d'Afrique. Cette minorité descend des immigrants venus des Indes à l'époque où la colonie du Cap et les Indes appartenaient au même Empire britannique. Aujourd'hui, la majorité de la population d'origine indienne se concentre dans la province du Kwazulu-Natal. Quant à la population chinoise, elle descend des ouvriers qui, au début du XXe siècle, sont venus travailler dans les mines de diamants sud-africaines.

182 Le Cap-Ouest : une population métissée

La majorité des Métis ont des ascendants noirs africains (Zoulous, Xhosas, Sothos, etc.) et blancs (Britanniques ou Afrikaners).

183 Un mariage indien, en Afrique du Sud

Au début du XIXe siècle, l'abolition de l'esclavage dans l'Empire britannique entraîne un manque de main-d'œuvre sur les fermes et les plantations sud-africaines. Les esclaves y seront remplacés par des apprentis engagés partout dans l'Empire, notamment en Inde.

La démographie de la population sud-africaine

La population sud-africaine connaît aujourd'hui une forte croissance. En effet, le nombre d'habitants a presque triplé durant les cinquante dernières années. Cette croissance s'explique essentiellement par un fort taux d'accroissement naturel. De 1960 à 2005, le taux moyen de natalité a été de 32,6 pour mille. Le taux de fécondité est lui aussi assez élevé, avec environ 2,69 enfants par femme.

Cependant, depuis près de dix ans, la population croît moins rapidement en raison d'un taux élevé de mortalité. En effet, la mortalité infantile est de 60 pour mille et le taux de mortalité général, de 22 pour mille, et il est parfois plus élevé dans certaines communautés. Par exemple, en 2005, 63 % des décès avaient été comptabilisés au sein de la population noire.

Par ailleurs, l'espérance de vie est généralement courte (49 ans pour les hommes et 52 ans pour les femmes), ce qui démontre combien les conditions de vie peuvent être difficiles dans certains groupes de la population sud-africaine.

Pour contrer ce ralentissement de la croissance démographique, les mouvements migratoires ne suffisent pas. Entre 1993 et 2003, le nombre d'émigrants était supérieur à celui des immigrants. Les émigrants sont surtout des gens qualifiés qui rejoignent majoritairement des pays occidentaux dont la Grande-Bretagne (32 % des émigrés), l'Australie (14 %), les États-Unis (10 %), le Canada et la Nouvelle-Zélande. La plupart sont jeunes (ils ont de 25 à 35 ans) et font partie de la population active.

À l'inverse, 90 % des immigrants arrivent au pays sans avoir de travail. Leur nombre oscillait entre 20 000 et 50 000 dans les années 1970 à 1982, mais il s'est stabilisé autour de 10 000 depuis le milieu des années 1980. La plupart de ces immigrants ont de 20 à 45 ans et viennent essentiellement d'Afrique (16 % venaient du Nigeria en 2003, 9 % du Zimbabwe). Les autres immigrants sont originaires d'Europe (surtout de Grande-Bretagne) et d'Asie (Chine, Inde et Pakistan).

184 L'âge moyen de la population sud-africaine, en 2007

La population, dans son ensemble, est jeune : environ 33 % des Sud-Africains ont moins de 14 ans et seulement 8 % ont plus de 60 ans.

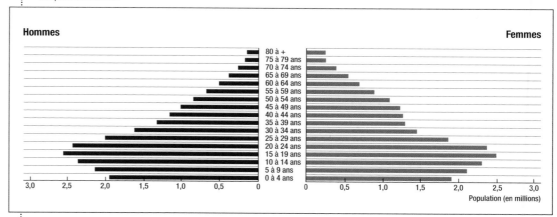

D'après U.S. CENSUS BUREAU [en ligne], 2007, réf. du 16 avril 2008.

- Dans quelles tranches d'âge la population est-elle la plus élevée ?
- Quelle est la tendance générale quant à l'âge de la population sud-africaine ?

Les défis en lien avec la diversité sociale

L'Afrique du Sud est une nation pluriculturelle où les identités s'expriment de différentes manières. Chacun des grands groupes recensés par le gouvernement possède sa propre culture et, parfois, des distinctions existent à l'intérieur d'un même groupe. Cette grande diversité sociale est à la fois une richesse et un défi à relever pour les Sud-Africains.

Des langues et des religions différentes

La pluriculturalité de la société sud-africaine se traduit par un nombre impressionnant de langues officielles et une grande variété de pratiques religieuses.

La Constitution sud-africaine reconnaît onze langues officielles. Le zoulou, parlé par la majorité des Noirs, est la langue la plus utilisée. Elle est suivie de près par le xhosa et l'afrikans, parlés à la fois par 80 % des Métis et par les Afrikaners. Seuls 8,2 % des Sud-Africains parlent anglais à la maison. Parmi eux se trouvent évidemment les Britanniques, mais aussi 20 % des Métis et la majorité des Indiens-Asiatiques. Néanmoins, l'anglais est la principale langue de communication entre les différentes communautés sud-africaines, même si le gouvernement d'Afrique du Sud fait des efforts afin de revitaliser l'usage des langues autochtones comme le khoï, le nama et le san.

En Afrique du Sud, l'État n'intervient pas en matière religieuse et chacun est libre de pratiquer la religion de son choix. Environ 80 % des Sud-Africains sont chrétiens et la majorité d'entre eux appartiennent à une église africaine indépendante, comme l'Église chrétienne de Zion (fréquentée par 11 % des Sud-Africains) ou l'Église apostolique (par 10 %). Les autres chrétiens sont protestants (Église afrikans) ou, dans une moindre proportion, membres de l'Église catholique romaine. On trouve aussi quelques musulmans (les Malais du Cap, par exemple) et quelques hindous issus de la minorité indienne du pays.

La diversité culturelle et la coexistence

Durement éprouvée par un demi-siècle de ségrégation, l'Afrique du Sud tente de se reconstruire dans sa diversité. Depuis le début des années 1990, la volonté de rapprochement entre les communautés est claire. D'ailleurs, la majorité des Sud-Africains ont constaté une amélioration des relations interraciales à la suite de l'abolition de l'apartheid en 1991, mais ce rapprochement, bien que réel, n'empêche pas le maintien de fortes disparités socioéconomiques entre les communautés et la persistance de certaines tensions.

CONCEPTS

Appartenance, identité, migration, pluriculturalité

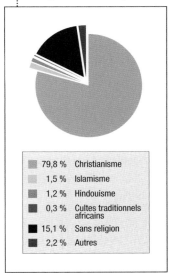

185 Les différentes pratiques religieuses en Afrique du Sud

79,8 %	Christianisme
1,5 %	Islamisme
1,2 %	Hindouisme
0,3 %	Cultes traditionnels africains
15,1 %	Sans religion
2,2 %	Autres

D'après *South African Government Informations* [en ligne], 2001, réf. du 16 avril 2008.

186 Le préambule de la Constitution de 1996

La Constitution de 1996 célèbre la diversité des populations d'Afrique du Sud et souhaite qu'elles travaillent toutes ensemble à la construction d'un nouveau pays.

« Nous, peuples d'Afrique du Sud, reconnaissons les injustices de notre passé, honorons ceux qui ont souffert pour que la justice et la paix règnent sur notre terre, respectons ceux qui ont travaillé à la construction et au développement de notre pays et croyons que l'Afrique du Sud appartient à tous ceux qui la peuplent, unis dans leur diversité. »

Barbara Cassin et autres, « Le genre humain », *Vérité, réconciliation, réparation* [en ligne], 2004, réf. du 16 avril 2008.

Quel défi l'Afrique du Sud doit-elle relever pour se reconstruire ?

La réconciliation

La Commission vérité et réconciliation, active de 1995 à 1998, a été créée dans le but de faciliter un rapprochement entre les différentes communautés sud-africaines et chargée d'enquêter sur les cas présumés de violations des droits de l'homme entre 1960 et 1994. La Commission s'intéressait particulièrement aux crimes liés à l'apartheid. Elle entendait les témoignages des accusés et des victimes, puis distinguait les actes de nature criminelle des actes de nature politique, pour lesquels une amnistie était accordée. En 1998, le rapport final de la commission a fait état de 21 000 victimes, dont 2400 ont témoigné en audiences publiques. Sur 7000 demandes d'amnisties reçues, la plupart ont été accordées, mais plusieurs cas sont toujours étudiés par la Commission. En donnant la parole à tous les citoyens touchés par l'apartheid, cette commission a permis de tourner la page sur un sombre chapitre de l'histoire sud-africaine et d'entamer un processus de guérison collective.

CNA Acronyme désignant le Congrès national africain, un parti politique chargé de la défense des droits de la majorité noire contre les abus de pouvoir de la minorité blanche en Afrique du Sud.

Nadine Gordimer et Nelson Mandela chantant l'hymne national de libération.

Portraits

Nadine Gordimer (1923-)

Sud-Africaine d'origine juive, Nadine Gordimer est née dans le milieu aisé des Blancs anglophones. Elle a publié de très nombreuses nouvelles et de nombreux romans dans lesquels elle a dénoncé la pratique de l'apartheid. Elle s'est également engagée dans le **CNA** et auprès de Nelson Mandela afin d'obtenir l'abolition du régime ségrégationniste. En 1991, elle a reçu le prix Nobel de littérature pour l'ensemble de son œuvre.

Miriam Makeba (1932-)

Cette célèbre chanteuse sud-africaine, surnommée Mama Afrika, a connu une enfance pauvre au sein de la communauté noire de Johannesburg. Après avoir lancé sa carrière en Afrique du Sud, elle s'est envolée vers les États-Unis en 1959, où elle a remporté un grand succès au début des années 1960. Elle s'est alors engagée dans la lutte contre la ségrégation et a témoigné en ce sens devant le Comité des Nations unies contre l'apartheid en 1963. Elle fut alors condamnée à l'exil par son pays natal et l'est restée pendant plus de 30 ans. Ce n'est qu'avec l'arrivée au pouvoir de Nelson Mandela qu'elle a pu rentrer en Afrique du Sud.

187 Les différents taux de pauvreté en Afrique du Sud, en 1998

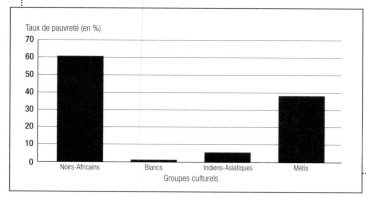

D'après SOUTH AFRICAN GOVERNMENT INFORMATION, *Poverty and Inequality Report (PIR)* [en ligne], 1998, réf. du 16 avril 2008.

Le maintien des disparités socioéconomiques

L'Afrique du Sud, depuis les débuts de la colonisation, a favorisé et maintenu des rapports de domination entre les groupes culturels qui la composent. La fin de l'apartheid n'a pas fait disparaître les disparités socioéconomiques héritées de l'histoire. Ainsi, encore aujourd'hui, la qualité des conditions de vie est souvent liée à l'appartenance culturelle.

Quels sont les groupes culturels les plus touchés par la pauvreté en Afrique du Sud?

Par exemple, 22 % des individus noirs de plus de 20 ans n'ont reçu aucune éducation et seulement 5,2 % ont l'équivalent d'un diplôme collégial. Par ailleurs, 36 % d'entre eux étaient au chômage en 2001, contre 22 % des Métis, 18,5 % des Asiatiques et seulement 6 % des Blancs. Même si globalement le nouveau régime a permis d'améliorer la situation, la vie demeure donc plus difficile pour les Noirs que pour les autres communautés culturelles.

Et maintenant CD 3 TIC

Les ravages du sida chez les Noirs

Le sida est un fléau sanitaire très important en Afrique du Sud. Depuis le début de l'épidémie, on estime que 1,8 million de personnes en sont mortes. En 2006, 5,4 millions de Sud-Africains étaient infectés, dont presque 300 000 enfants de moins de 14 ans. La maladie se répand plus rapidement dans les milieux défavorisés. Ainsi, les Noirs sont les plus atteints et on estime que le sida fait six à sept fois plus de victimes dans leur communauté. Les femmes et les enfants sont particulièrement touchés. Le taux de mortalité des enfants infectés est de plus de 45 pour mille. Environ 66 % d'entre eux ont été placés dans des foyers d'accueil à cause de la maladie. On estime que 1 100 000 enfants ont perdu leur mère, leur père ou leurs deux parents à cause du sida.

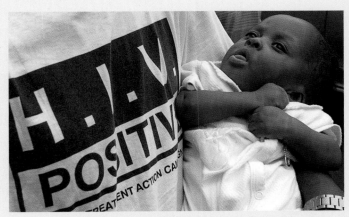

À Pretoria, une jeune mère et son bébé atteints du sida protestent pour obtenir des soins.

Les mouvements migratoires et naturels ont eu des effets sur la composition de la population sud-africaine. En plus de regrouper divers groupes culturels qui se sont installés sur le territoire au fil des siècles, l'Afrique du Sud a également dû composer avec les conséquences de la politique d'apartheid qui a divisé les populations au sein même du pays. Aujourd'hui, malgré le maintien de certaines disparités, les efforts de réconciliation incitent la population sud-africaine à redéfinir son identité et son appartenance à la nation.

Lieu de *mémoire*

Des tensions palpables autour de Pretoria

Depuis quatre ans, les tensions entre les communautés sud-africaines nourrissent une véritable bataille toponymique concernant le nom de la ville de Pretoria. Cette capitale administrative de l'Afrique du Sud tire son nom d'Andries Pretorius, un héros boer ayant remporté la bataille de Blood River contre les Zoulous en 1838. Durant l'apartheid, la ville et son nom furent le symbole de la puissance blanche. Puis, en 2003, le CNA, vainqueur des élections municipales, africanisa le nom de la ville en la rebaptisant Tshwane. L'opposition des habitants, en majorité Afrikaners, fut très vive. Cependant, la municipalité, ignorant les pétitions de la population locale, maintint sa décision. Aujourd'hui, le conflit est loin d'être réglé et la ville porte les deux noms. Officiellement, elle se nomme encore Pretoria, mais au niveau municipal, elle s'appelle Tshwane (renouant ainsi avec son passé préapartheid).

PISTES de comparaison CD 2

1. Comment la population sud-africaine est-elle répartie sur le territoire ?

2. Quels sont les groupes culturels qui composent la population sud-africaine et quelles sont leurs origines ?

3. Quels sont les défis en lien avec la diversité des groupes culturels qui composent la population sud-africaine ?

4. Vous êtes anthropologue et vous devez établir les similitudes et les différences entre la population du Québec et celle d'Afrique du Sud. Pour ce faire, dressez des tableaux et des diagrammes qui reflètent la composition de la population de ces deux sociétés. Dans un court texte, précisez ensuite en quoi ces populations sont diversifiées.

Le Brésil

Le Brésil est une république fédérale. Avec ses 8,5 millions de kilomètres carrés, ce pays couvre presque la moitié de l'Amérique latine. Il est le cinquième pays le plus vaste du monde et le plus grand pays d'Amérique du Sud. Le Brésil est aussi le cinquième pays le plus peuplé à l'échelle internationale. La population brésilienne, qui était essentiellement autochtone à l'origine, s'est modifiée au fil des mouvements migratoires et des vagues d'immigration. Aujourd'hui, elle présente une très grande diversité et est divisée par d'importantes disparités socioéconomiques.

Quels sont les effets des mouvements naturels et migratoires sur la composition de la population et l'occupation du territoire du Brésil ? CD 2

CONCEPTS

Migration, pluriculturalité

Le passé brésilien

Lorsque le navigateur portugais Pedro Álvares Cabral débarque sur les côtes brésiliennes, en 1500, déjà plus de 2,5 millions d'Autochtones peuplent le territoire du Brésil. Peu de temps après, les Portugais s'installent et colonisent le territoire. À la fin du XVIe siècle, ils y exploitent de nombreuses plantations de canne à sucre. Ce développement se fait aux dépens des premiers habitants, qui sont réduits en esclavage par les colonisateurs. En conséquence, le nombre d'Autochtones décline rapidement. En plus d'être pourchassés par les colons, les Autochtones sont décimés par des maladies venues d'Europe, comme la grippe, la rougeole et la variole, et leur communauté frôle la disparition. Pour remplacer cette main-d'œuvre, les Portugais décident de faire venir des esclaves d'Afrique. Ainsi, du XVIe siècle jusqu'à l'abolition de l'esclavage à la fin du XIXe siècle, quatre millions d'Africains sont amenés de force au Brésil. Bref, à cette époque, la société brésilienne est déjà pluriculturelle.

À partir du XIXe siècle et durant le XXe siècle, plusieurs vagues d'immigration renforcent ce caractère déjà hétérogène de la société brésilienne. En effet, durant cette période, des populations originaires de toute l'Europe (Portugais, Italiens, Allemands et Espagnols) et des immigrants venant du Japon et des pays arabes migrent vers le Brésil.

188 **Le Brésil***

Une grande partie du territoire brésilien est couverte par la forêt amazonienne, peu propice à l'installation humaine. En conséquence, il existe un clivage entre les zones urbaines et les zones rurales.

○ Quels éléments du territoire empêchent l'installation d'une population nombreuse au nord du Brésil ?

○ Où sont situées la majorité des grandes villes brésiliennes ?

* Pour situer le Brésil dans le monde, consultez l'Atlas géographique, à la page 321.

La population brésilienne aujourd'hui

En 2008, la population brésilienne s'élevait à plus de 195 millions de personnes.

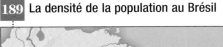
La densité de la population

Le Brésil est un État très peuplé, mais étant donné l'immensité de son territoire, la densité moyenne de sa population n'est pas très élevée (22 habitants au kilomètre carré). Toutefois, ce chiffre n'est pas représentatif des réalités régionales, où la densité de la population est très variable.

Dans le Nord, la densité est d'un peu moins de quatre habitants au kilomètre carré. Cette faible densité s'explique en partie par le fait que cette immense région équatoriale est couverte par la forêt tropicale et traversée par le fleuve Amazone. Étant donné que la densité de la végétation y freine le peuplement, on n'y trouve qu'environ 8% de la population totale du Brésil. À l'inverse, les régions côtières comme le Sud-Est sont particulièrement peuplées. La densité y est de 83 habitants au kilomètre carré et 43% de la population totale du pays s'y trouve, surtout en milieu urbain. En effet, le Sud-Est possède le plus haut taux d'urbanisation du pays et les deux plus grandes villes du Brésil, São Paulo et Rio de Janeiro, y sont situées.

Une population diversifiée

Les résultats des recensements mettent en évidence la grande diversité des identités et des groupes culturels au Brésil. La population y est divisée en plusieurs groupes : les Blancs, les Noirs, les Métis, les Asiatiques, les Autochtones et les autres groupes culturels.

Les Blancs

En 2000, les Blancs représentaient presque 50% de la population totale du Brésil. Ils sont arrivés au cours de deux grandes vagues migratoires. La première a commencé au XVIe siècle, avec la venue des colons portugais qui ont fondé la colonie du Brésil. En général, ces colonisateurs faisaient partie d'une élite qui s'installait au Brésil pour y prendre le pouvoir et s'y enrichir en profitant d'une main-d'œuvre facilement exploitable. La seconde vague, numériquement plus importante, date des XIXe et XXe siècles. À cette époque, plusieurs millions d'Européens gagnent le Brésil pour fuir la guerre ou pour des raisons économiques et parce qu'ils y étaient encouragés par le gouvernement brésilien. Parmi eux, les Allemands s'installent dans le sud du pays pour y travailler comme fermiers, alors que les Italiens, les Portugais et les Espagnols se dirigèrent vers les plantations de café du Sud-Est.

189 La densité de la population au Brésil

Où sont situées les plus grandes villes du Brésil ?

Légende

Densité de population (hab./km²)
- Plus de 100
- 25-100
- Moins de 25

190 La ville de São Paulo

Avec près de 11 millions d'habitants, São Paulo est la plus grande ville du Brésil, la deuxième étant Rio de Janeiro, qui compte environ 6 millions d'habitants.

Contrairement à ce que l'on prévoyait au début du XXᵉ siècle, les Autochtones (appelés «Indiens» dans la chanson) n'ont pas été entièrement assimilés et, depuis quelques années, ils se sont engagés dans un véritable processus de revendication identitaire. D'ailleurs, certains artistes, comme Jorge Ben, expriment cette volonté de reconnaissance.

«[…] les terres brésiliennes

Étaient habitées et aimées

Par plus de trois millions d'Indiens

Maîtres heureux

De la terre du Brésil

Anciennement, tous les jours étaient jours d'Indiens

Maintenant, ils n'ont que le 19 avril […]*»

*Le 19 avril est la journée nationale des Autochtones au Brésil.

Jorge Ben, *Curumim Chama Cunhatã Que Eu Vou Contar* (1981) [en ligne], 2007, réf. du 16 avril 2008.

● Quels ont été les effets de la colonisation européenne sur la population autochtone du Brésil?

Les Noirs

La plupart des Noirs brésiliens descendent des quatre millions d'esclaves provenant de divers pays d'Afrique et amenés au Brésil entre 1532 et 1888. En 2000, la population noire formait 6,2% de la population totale du Brésil. Actuellement, les deux tiers des communautés brésiliennes noires sont regroupés dans les États de l'Est, où l'esclavage était courant.

Les Autochtones

Au moment de l'arrivée des Européens, les populations autochtones du Brésil comprenaient entre 5 millions (estimation haute) et 2,5 millions d'individus (estimation conservatrice). Bien que leur nombre ait considérablement diminué à la suite de l'arrivée des Européens, les Autochtones du Brésil ont aujourd'hui un taux de natalité supérieur à celui du reste de la population brésilienne. De nos jours, la plupart d'entre eux sont réunis en petits groupes de moins de 1000 personnes, répartis en 200 communautés qui parlent 180 langues différentes. On les trouve essentiellement en Amazonie, où ils vivent sur des réserves dont la superficie totale représente 12,41% du territoire brésilien.

Lieu de *mémoire*

Les Xavantes

Les Xavantes sont un peuple autochtone brésilien originaire du Goiás dans le centre-ouest du Brésil. Au XIXᵉ siècle, refusant tout contact avec les Européens, ils décident de migrer vers le sud-ouest, dans l'actuel État du Mato Grosso. Ils y vivent dans l'isolement jusqu'à la fin du premier tiers du XXᵉ siècle. Ce n'est qu'à partir des années 1930 et 1940, alors que s'amorce la colonisation du Mato Grosso, que le gouvernement cherche à rétablir des liens avec eux. En 1941, la première tentative d'approche du Service de protection des Indiens (Autochtones) se solde par un échec, et les émissaires du gouvernement sont massacrés, mais cette résistance ne dure pas et, dans les années 1950, le territoire des Xavantes est progressivement occupé. Aujourd'hui, ces quelque 9600 Autochtones sont regroupés dans 70 villages et dans 8 réserves. Dans le but de défendre leurs terres, ils se sont organisés sur le plan politique et sont membres de la FUNAI, la Fondation nationale autochtone, chargée de la défense des droits autochtones.

Le 12 mai 2000, les Xavantes ont envahi les bureaux de la FUNAI afin de la contraindre à défendre leurs droits territoriaux.

● Pourquoi les Xavantes ressentent-ils le besoin de défendre leur terre?

Les Métis

L'histoire de la population brésilienne est faite de métissages entre les trois principaux groupes culturels que sont les Blancs, les Noirs et les Autochtones. Plusieurs groupes de Métis y sont aussi représentés, dont les Caboclos (Métis à la fois blancs et amérindiens), les Mulatos (Métis à la fois blancs et noirs) et les Cafuzos (Métis à la fois amérindiens et noirs). Au total, en 2000, les Métis représentaient près de 35 % de la population brésilienne.

Portrait

Joaquim Maria Machado de Assis (1839-1908)

Célèbre écrivain brésilien du XIXe siècle, Joaquim Maria Machado de Assis est né d'un père noir et ouvrier, descendant d'esclaves, et d'une mère portugaise, blanchisseuse. Élevé dans les milieux pauvres de Rio de Janeiro, il ne reçoit que peu d'éducation et apprend à écrire en autodidacte. Il publie ses premiers textes, des poèmes, à l'âge de 16 ans. Marié à une jeune fille d'origine portugaise et de milieu aisé, il obtient rapidement un poste de fonctionnaire qui lui permet d'écrire sans plus se soucier de problèmes financiers. En 1897, il fonde l'Académie brésilienne des Lettres, dont il devient président. Parmi ses œuvres marquantes, on peut citer *Mémoires posthumes de Braz Cubas* dans laquelle le narrateur, mort d'une pneumonie, regarde avec amusement sa vie passée.

Les Asiatiques

Nommés Amarelos (« jaunes » en portugais), les Brésiliens d'origine asiatique sont majoritairement issus de l'immigration japonaise. Aujourd'hui, le Brésil a la plus importante population japonaise hors Japon. En effet, à partir de 1908, de nombreux Japonais viennent travailler dans les plantations de café du Brésil. Ainsi, en 1912, plus de 92 % des immigrants d'origine japonaise cultivent le café. Par la suite, plusieurs deviennent de petits agriculteurs, principalement dans la région de São Paulo. Cependant, beaucoup choisissent de retourner au Japon au cours des années 1980, alors que l'économie brésilienne est en crise et qu'un besoin de main-d'œuvre se fait sentir au Japon. Aujourd'hui, le Japon compte près de 300 000 descendants de Japonais brésiliens.

Les autres populations

Le reste de la population, soit environ 0,7 %, est essentiellement formé d'immigrants d'origine arabe. Souvent de confession chrétienne, beaucoup d'entre eux sont venus au Brésil pour fuir les persécutions religieuses dont ils étaient victimes. C'est le cas, par exemple, des Syriens et des Libanais. D'autres ont quitté leur pays natal pour des raisons économiques. Vers la fin du XIXe siècle et à la suite de la Seconde Guerre mondiale, le Brésil a reçu un très grand nombre d'immigrants arabes. Il en a aussi reçu massivement au moment de la guerre civile au Liban, dans les années 1970. La plus grande partie de ces immigrants se sont installés à São Paulo. Les immigrants d'origine arabe et leurs descendants ont contribué à faire du Brésil d'aujourd'hui une société pluriculturelle très métissée.

192 Les Amarelos

La population brésilienne compte environ 800 000 descendants d'immigrants japonais. Ensemble, ils représentent 0,5 % du total de la population.

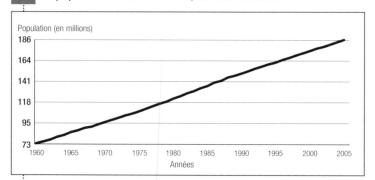

D'après UNIVERSITÉ DE SHERBROOKE, *Perspective monde* [en ligne], 2006, réf. du 16 avril 2008.

- Quel phénomène a le plus contribué à l'augmentation de la population brésilienne?

La démographie de la population brésilienne

Le Brésil est un État très peuplé dont la population a beaucoup augmenté depuis le début du XXᵉ siècle. Toutefois, à partir des années 1970, cette croissance a eu tendance à ralentir. En effet, dans les années 1950 et 1960, le taux de croissance annuel de la population se situait à environ 3%. Or, il n'est plus que de 0,98% en 2008. Malgré ce ralentissement de la croissance, la population continue tout de même à augmenter, principalement grâce à un taux relativement élevé d'accroissement naturel (soit 1,86 enfant par femme en 2008), à une baisse du taux de mortalité des enfants (qui était de 10 pour mille dans les années 1970 et de 6,22 pour mille en 2008) et à l'augmentation de l'espérance de vie, qui est passée en moyenne de 63 ans dans les années 1980 à 72,5 ans en 2008.

194 L'âge de la population brésilienne par sexe, en 2006

En 1960, les moins de 14 ans représentaient 43 % de la population brésilienne. Aujourd'hui, cette population est encore jeune, mais elle commence à vieillir : les moins de 14 ans ne comptaient plus que pour 24,9 % de la population en 2008.

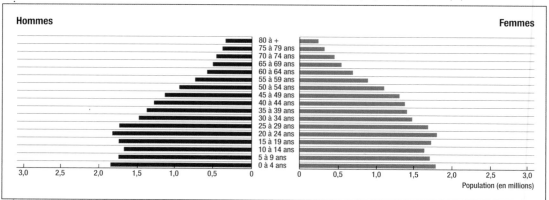

D'après INSTITUT DE GÉOGRAPHIE ET DE STATISTIQUES DU BRÉSIL [en ligne], 2006, réf. du 16 avril 2008.

- Dans quelles tranches d'âge la population est-elle la plus élevée?
- La population du Brésil est-elle vieillissante? Expliquez votre réponse.

Au Brésil, l'immigration n'est plus un facteur d'accroissement. En effet, depuis plus de 20 ans, le pays compte plus d'émigrants que d'immigrants. En fait, à partir des années 1980, un ralentissement économique a poussé plusieurs Brésiliens à chercher du travail à l'étranger. Ainsi, en 1990, plus de 1,8 million de Brésiliens vivaient en dehors de leur pays natal. La plupart sont installés aux États-Unis, au Japon, au Portugal, en Italie et au Paraguay.

Depuis 1990, 46,5% des immigrants qui arrivent au Brésil viennent essentiellement d'Amérique centrale et d'Amérique du Sud. Ils sont surtout originaires de Bolivie et du Pérou. Les autres immigrants viennent d'Europe (23%) et d'Asie, surtout de la Corée du Sud (15%). Ces immigrants s'installent majoritairement dans les grandes métropoles.

Les défis liés à la diversité sociale

CONCEPTS

Appartenance, identité, migration, pluriculturalité

La société brésilienne est une société métissée composée d'une mosaïque de peuples aux identités variées qui ont appris, au fil du temps, à vivre ensemble. Cette cohabitation pose tout de même certaines difficultés. En effet, depuis 1960, le rythme effréné de l'urbanisation a engendré beaucoup de problèmes de violence et de pauvreté. À cela s'ajoutent des disparités socioéconomiques qui créent des tensions entre les Blancs, privilégiés, et certaines autres communautés moins fortunées. Cependant, le métissage des populations est aussi source de richesse et la culture brésilienne réussit à amalgamer les traditions propres à chacune des communautés qui la composent.

Une urbanisation problématique

La majorité de la population brésilienne vit dans de grands centres urbains. En 2005, près de 84 % des Brésiliens étaient installés en ville. Cette urbanisation rapide s'est faite aux dépens des populations pauvres, qui ont été refoulées vers des zones d'habitation précaires, nommées favelas, en périphérie de quartiers mieux nantis. Ces favelas sont, en fait, les bidonvilles des grandes villes brésiliennes. Souvent construites illégalement, les maisons de ces quartiers défavorisés sont faites de matériaux de récupération, comme du bois et de la tôle. Les infrastructures primaires – eau courante et toilettes – y font souvent défaut, et les conditions d'hygiène y sont déplorables.

Les disparités sociales : le cas des Noirs et des Autochtones

Des disparités socioéconomiques importantes existent entre les différentes communautés brésiliennes. En général, les Blancs sont plus riches, mieux logés et plus éduqués. À l'inverse, la situation des Noirs et des Autochtones est précaire. Par exemple, en 1996, le taux de mortalité infantile des Blancs n'était que de 37,3 pour mille, alors qu'il était de 62,3 chez les Noirs et les Métis. Le taux d'analphabétisme suit la même tendance : alors que seulement 8 % des Blancs sont analphabètes, 18 % des Noirs le sont. Le gouvernement, conscient de ces disparités, essaie de remédier à la situation. En 2001, il met sur pied le Conseil national de la lutte contre la discrimination qui devient, en 2004, le Conseil national de la promotion de l'égalité raciale.

195 **Les favelas, bidonvilles du Brésil**

La violence est omniprésente dans les favelas. Plusieurs groupes criminels organisés profitent de ces quartiers aux ruelles étroites et difficiles à surveiller pour s'adonner à leurs activités illégales. Les problèmes de corruption au sein des forces policières n'améliorent en rien la situation.

- Quelles sont les conditions de vie dans les bidonvilles ?
- Quels sont les effets de l'urbanisation sur la population des grands centres urbains du Brésil ?
- Où sont situées les favelas ?

196 La Constitution de 1988

À l'égard des Autochtones (appelés « Indiens » dans ce texte), le Brésil a pris des mesures politiques d'importance dans les dernières décennies, comme en témoigne la Constitution de 1988.

« CHAPITRE VIII, DES INDIENS

Art. 231. Leur organisation sociale, coutumes, langues, croyances et traditions, ainsi que leurs droits originaires sur les terres qu'ils occupent traditionnellement sont reconnus aux Indiens ; il appartient à l'Union [les différents États fédérés] de démarquer ces dernières, de les protéger et de faire respecter tous leurs biens.

1. Les terres traditionnellement occupées par les Indiens sont celles qu'ils habitent de manière permanente, celles qu'ils utilisent pour leurs activités productives, celles qui sont indispensables à la préservation des ressources naturelles nécessaires à leur bien-être et celles qui sont nécessaires à leur reproduction physique et culturelle selon leurs usages, coutumes et traditions.

2. Les terres traditionnellement occupées par les Indiens sont destinées à être en leur possession permanente ; l'usufruit exclusif des richesses du sol, des cours d'eau et lacs qui s'y trouvent leur appartient. »

AMBASSADE DU BRÉSIL EN FRANCE, *Constitution de la République fédérative du Brésil* [en ligne],1988, réf. du 16 avril 2008.

● Quelle garantie la Constitution de 1988 offre-t-elle aux Autochtones ?

197 Une fillette danse la samba

Le vendredi soir précédant le carnaval de Rio est réservé aux enfants, qui sont invités à danser la samba au Sambodromo de la ville.

La culture brésilienne

La culture brésilienne est influencée par les traditions propres à chacune des communautés présentes au Brésil. Malgré les défis que peut représenter une telle diversité au quotidien, la culture brésilienne a su s'imposer comme une culture riche et métissée à laquelle la majorité s'identifie, ce qui créé un sentiment d'appartenance nationale. La musique et la danse qui animent les célèbres carnavals brésiliens sont de bons exemples d'une certaine « diversité apprivoisée ».

L'influence des cultures africaines

La samba et la capoeira illustrent bien l'influence des cultures africaines sur la culture brésilienne. La samba est l'une des danses brésiliennes les plus connues. Née dans les bidonvilles de Rio de Janeiro au début du XXᵉ siècle, elle est directement issue des danses et des traditions musicales importées à Rio par les travailleurs noirs. Cette danse rythmée, longtemps jugée violente et obscène, ne devint la danse officielle du carnaval de Rio qu'au cours des années 1930. De nos jours, les danseurs de samba rivalisent au cours du fameux carnaval de Rio qui sait mettre à profit la culture afro-brésilienne.

La capoeira, quant à elle, est une danse qui s'apparente à un art martial. À l'origine, elle était pratiquée par les esclaves noirs. Afin d'éviter qu'elle ne soit frappée d'un interdit par leur maître, ceux-ci la définissaient comme une simple danse rituelle. Progressivement tolérée dans les écoles de danse, puis reconnue officiellement au XXᵉ siècle, la capoeira s'est modifiée sous l'influence des arts martiaux asiatiques. Elle est aujourd'hui exécutée librement dans les rues du Brésil.

Lieu de *mémoire*

Le carnaval d'Olinda : une manifestation pluriculturelle

Le carnaval d'Olinda est l'un des plus célèbres carnavals du Brésil. Très populaire, il rassemble pendant quatre jours de nombreux spectateurs qui viennent admirer les *mamulengos*, les énormes marionnettes qui défilent dans les rues de la ville. Qu'ils soient Blancs, Métis, Asiatiques, Arabes ou autres, tous les visiteurs célèbrent ensemble le carnaval. La procession se fait au son frénétique du *frevo*, une musique extrêmement rythmée mélangeant des traditions musicales européennes et africaines.

La diversité des traditions culturelles qu'on y trouve et la foule hétérogène qu'il attire font du carnaval d'Olinda un véritable événement pluriculturel.

198 **La capoeira**

La capoeira est une danse où les pieds sont largement sollicités car, à l'origine, les esclaves noirs qui la dansaient avaient les mains enchaînées.

Les mouvements migratoires et naturels ont eu des effets sur la composition de la population brésilienne. Regroupant divers groupes culturels qui se sont installés sur le territoire au fil des siècles, le Brésil a su faire de cette diversité une richesse. Toutefois, certaines tensions et disparités existent encore au sein de la population brésilienne. Puisque la majorité de la population est rassemblée dans les grands centres urbains, les disparités entre les différents groupes culturels y sont plus visibles. Aujourd'hui, le métissage des traditions et des cultures, influencé par la composition de la population brésilienne, donne au pays une identité qui lui est propre.

PISTES de comparaison CD 2

1. Comment la population brésilienne est-elle répartie sur le territoire ?

2. Quels sont les groupes culturels qui composent la population brésilienne et quelles sont leurs origines ?

3. Quels sont les défis en lien avec la diversité des groupes culturels qui composent la population brésilienne ?

4. Vous êtes anthropologue et vous devez établir les similitudes et les différences entre la population du Québec et celle du Brésil. Pour ce faire, dressez des tableaux et des diagrammes qui reflètent la composition de la population de ces deux sociétés. Dans un court texte, précisez ensuite en quoi ces populations sont diversifiées.

La Belgique

État indépendant depuis 1830, le Royaume de Belgique est une monarchie constitutionnelle qui occupe un territoire d'un peu plus de 30 000 kilomètres carrés. Membre fondateur de l'Union européenne, ce pays se situe au cœur de l'un des pôles économiques et urbains les plus importants d'Europe de l'Ouest. Au 1er janvier 2007, la population belge était de 10,5 millions d'habitants, divisés en plusieurs communautés linguistiques et culturelles.

Aire linguistique Zone géographique définie en fonction de la langue qu'on y parle.

Quels sont les effets des mouvements naturels et migratoires sur la composition de la population et l'occupation du territoire de la Belgique ? **CD 2**

CONCEPT

Croissance

La brève histoire d'un royaume

En Belgique, la population est répartie dans différentes **aires linguistiques**. Les invasions successives du territoire belge par les puissances française et néerlandaise expliquent cette distribution. Plus récemment, l'industrialisation et la croissance des zones urbaines ont entraîné une réorganisation spatiale du peuplement : les grandes métropoles accueillent désormais la majorité des habitants et attirent la majorité des nouveaux immigrants.

199 La Belgique*

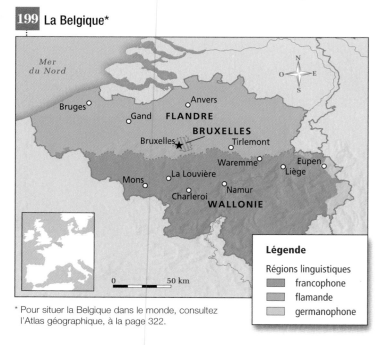

Légende

Régions linguistiques
- francophone
- flamande
- germanophone

* Pour situer la Belgique dans le monde, consultez l'Atlas géographique, à la page 322.

Depuis des siècles, la Belgique est le lieu de rencontre de deux grandes familles linguistiques. Au nord et à l'est se trouvent les langues germaniques, soit le néerlandais et l'allemand, à l'origine parlées par les Francs et plus tard par les occupants hollandais. Au sud, région historiquement occupée par les Français, se trouvent les langues romanes héritées du latin. Le 8 novembre 1962, afin de tenir compte de cet héritage, une frontière linguistique est instaurée. Deux régions unilingues sont alors créées : la région flamande, dont la langue officielle est le néerlandais, et la région wallonne, dont la langue officielle est le français. On crée aussi la région « bilingue » de Bruxelles-Capitale, où le néerlandais et le français sont toutes deux langues officielles. De plus, en 1970, afin de reconnaître le particularisme linguistique de la Belgique, le Parlement fédéral officialise l'existence de trois communautés culturelles, soit la communauté flamande, la communauté francophone et la communauté germanophone.

CONCEPTS

Croissance, migration, pluriculturalité

La population belge aujourd'hui

Depuis plusieurs années, la croissance de la population belge est assez faible, car l'accroissement naturel (la différence entre les naissances et les décès) est presque nul, voire négatif. Comme dans la plupart des autres pays industrialisés occidentaux, la population belge est vieille : 66,1 % des Belges ont de 15 à 64 ans et les personnes âgées représentent 17,4 % de la population, alors que les moins de 15 ans n'en représentent que 16,5 %.

200 La structure de la population du Royaume de Belgique au 1er janvier 2006

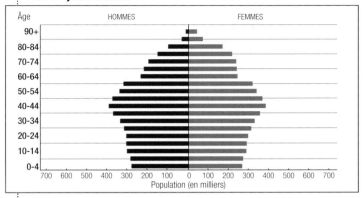

D'après DIRECTION GÉNÉRALE STATISTIQUE ET INFORMATION ÉCONOMIQUE, *Structure de la population du Royaume au 1er janvier* [en ligne], 2006, réf. du 16 avril 2008.

- Comparez cette pyramide des âges à celle du Québec. Que constatez-vous?

En plus d'un faible accroissement naturel, l'accroissement migratoire est, lui aussi, restreint. Après avoir été officiellement suspendue dans les années 1970, l'immigration a repris sur une base régulière depuis les années 1980. Entre 1990 et 2002, en moyenne 55 761 immigrants ont choisi de s'établir en Belgique. Cependant, le nombre total d'immigrants reste assez faible comparé au nombre total de Belges. Environ 9 % de la population belge est constituée d'immigrants.

La densité de la population

La Belgique est très densément peuplée. En 2005, la densité moyenne sur le territoire était de 345,9 habitants au kilomètre carré. Riche d'industries épargnées pendant la Seconde Guerre mondiale et redynamisées par la suite, la région flamande est très peuplée, avec environ 446 habitants au kilomètre carré. En Wallonie, dont les activités sidérurgiques et minières ont particulièrement souffert durant la seconde moitié du XXe siècle, la densité est donc plus faible, avec 201 habitants au kilomètre carré. Toutefois, à l'intérieur de cette même région, la densité varie et augmente dans l'axe industriel reliant Mons, La Louvière, Charleroi, Namur et Liège. Cette tendance de la population à se concentrer dans les villes est observable à l'échelle nationale. Ainsi, 53 % de la population totale se trouve dans 15 zones urbaines. Parmi elles, Bruxelles, la capitale, détient la plus haute densité du territoire, avec 6 238 habitants au kilomètre carré.

201 Le nombre d'immigrants étrangers admis en Belgique entre 1980 et 2002

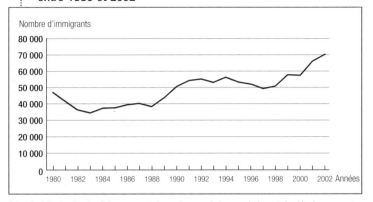

D'après Nicolas Perrin, Département des sciences de la population et du développement, Université catholique de Louvain. *L'immigration étrangère en Belgique de 1970 à 2003* [en ligne], réf. du 20 mai 2008.

202 La densité de la population en Belgique

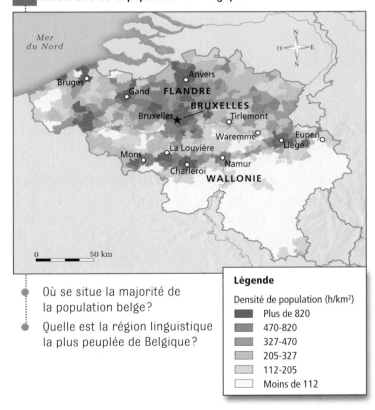

Légende

Densité de population (h/km²)
- Plus de 820
- 470-820
- 327-470
- 205-327
- 112-205
- Moins de 112

- Où se situe la majorité de la population belge?
- Quelle est la région linguistique la plus peuplée de Belgique?

Lieu de *mémoire*

Bruges, la « Venise du Nord »

La ville de Bruges, parcourue de nombreux canaux qui lui ont valu le surnom de « Venise du Nord », est l'une des plus importantes villes flamandes. Elle est située à environ 13 kilomètres de la côte de la mer du Nord. En 1134, un important raz-de-marée creuse un bras de mer, le Zwin, la reliant directement à la ville de Damme et à la mer du Nord. Ainsi, dès le Moyen Âge, Bruges devient l'un des plus importants centres maritimes du commerce européen. Dès lors, sa richesse se fonde essentiellement sur le commerce des draperies flamandes et sur les services bancaires. Des marchands venus du nord de l'Europe et de l'Angleterre, de même que de la France et de l'Italie, s'y rencontrent régulièrement jusqu'à la fin du XVᵉ siècle. Malheureusement, à cette époque, le commerce de la draperie décline et le Zwin s'ensable peu à peu. Bientôt, le commerce maritime se déplace vers Anvers. Au même moment, Bruges est déchirée par des querelles politiques qui la mènent au bord de la ruine. Ainsi, au milieu du XIXᵉ siècle, la ville devient l'une des plus pauvres de la Belgique. Depuis, Bruges a réussi à redresser son économie en misant sur le tourisme. Son patrimoine architectural et artistique en fait effectivement l'une des destinations privilégiées du pays.

Avec ses fenêtres à croisée de pierre, ses façades ornées de sculptures et ses pignons en gradins, l'architecture de Bruges est typique et appréciée des touristes.

Les trois communautés de Belgique

La Belgique est un pays pluriculturel où coexistent différentes communautés qui ont chacune un territoire ainsi qu'un bagage culturel et linguistique distinct.

La communauté flamande

Les Flamands, qui sont plus de six millions, vivent dans le nord du pays, en Flandre. Leur langue officielle est le néerlandais et leur capitale politique est Bruxelles, même s'ils ne sont qu'une minorité à y vivre. En effet, seulement 10 % des Bruxellois parlent le flamand et la majorité de la population flamande est établie en dehors de la capitale.

La communauté française de Belgique, ou communauté Wallonie-Bruxelles

203 Le carnaval de Binche
Ce carnaval est l'un des plus célèbres de Belgique. Il dure trois jours et culmine avec le Mardi gras.

Les Belges francophones sont environ quatre millions. Ils sont regroupés au sein de deux régions administratives : la région wallonne, dans le sud de la Belgique, et la région de Bruxelles-Capitale, au centre du pays. Ils représentent environ 40 % de la population belge et leur capitale est Namur.

La communauté germanophone de Belgique

Numériquement peu nombreux (environ 70 000 individus), les germanophones sont installés près de la frontière séparant la Belgique de l'Allemagne, dans les cantons de l'est du pays (Eupen et Sankt-Vith), cédés à la Belgique après la Première Guerre mondiale. Leur capitale est Eupen, siège du carnaval éponyme. Le carnaval d'Eupen s'ouvre le 11 du onzième mois de chaque année, le chiffre 11 étant le jour du fou dans la culture germanique. Le Prince Carnaval, entouré de sa cour, défile alors officiellement dans les rues et clôt la fête en remettant les clefs de la ville aux autorités municipales.

Lieu de *mémoire*

Bruxelles

À l'instar de nombreuses villes belges, Bruxelles est devenue un centre commercial prospère au Moyen Âge. À cette époque, on y trouve de nombreux artisans drapiers, des sculpteurs, des peintres et des dentellières. Soumise successivement à l'influence des ducs de Bourgogne, des Espagnols, entre autres sous Charles Quint, des Autrichiens et des Français, Bruxelles est finalement désignée capitale de la Belgique au moment où celle-ci proclame son indépendance, en 1830. Aujourd'hui, Bruxelles a un statut particulier puisqu'elle est quatre fois capitale : capitale de Belgique, capitale de la région Bruxelles-Capitale, capitale de la région flamande et, enfin, capitale européenne. Regroupant une majorité de francophones et une minorité de Flamands, elle est aussi la seule région bilingue de Belgique.

La population d'origine étrangère

Descendant des migrations anciennes venues, entre autres, d'Allemagne, des Pays-Bas et de la France, la population belge s'est aussi enrichie de migrations plus récentes en provenance notamment de l'Europe, de l'Afrique et de l'Asie. Les diverses origines de ces nouveaux arrivants ajoutent au caractère pluriculturel de la société belge contemporaine.

En 2007, la population belge d'origine étrangère s'élevait à un peu plus de 900 000 personnes. Ces individus sont originaires d'Europe dans une proportion d'environ 75 %. Ils sont concentrés dans la région de Bruxelles (25 % des Bruxellois parlent une langue autre que les langues officielles), dans les provinces d'Anvers et de Liège, ainsi que dans la province du Hainaut. Parmi eux, les Italiens (arrivés surtout après la Seconde Guerre mondiale) et les Français sont les groupes les plus importants. Les immigrés en provenance d'Afrique, surtout du Maroc et du Congo, qui, pour la plupart, sont arrivés au cours des années 1960 et 1970, sont aussi présents en grand nombre.

204 La communauté marocaine de Belgique

Les Marocains et les Turcs sont parmi les principaux immigrants d'origine non européenne en Belgique. Ils sont essentiellement regroupés à Bruxelles.

205 Les nationalités les plus représentées parmi les étrangers résidant en Belgique, en 2000

	Pourcentage
Italie	22,7 %
France	12,7 %
Maroc	12,4 %
Pays-Bas	10,3 %
Turquie	6,5 %
Espagne	5,0 %
Allemagne	4,0 %
Royaume-Uni	3,1 %
Portugal	3,0 %
Grèce	2,1 %
États-Unis	1,4 %
Congo (RD)	1,3 %
Autres	15,5 %

D'après DIRECTION GÉNÉRALE EMPLOI ET MARCHÉ DU TRAVAIL, *Effectifs, mouvements et marché du travail* [en ligne], 2001, réf. du 16 avril 2006.

Les défis liés à la diversité sociale

L'identité collective de la population belge s'est développée progressivement. Elle est organisée depuis 1830 autour d'une histoire, de lois, d'institutions et de valeurs communes. Malgré cela, la Belgique doit composer avec un pluralisme à la fois religieux, linguistique et culturel, conséquence du caractère hétérogène de sa population. Cette situation a souvent créé, et continue de créer, des tensions entre les communautés flamande et francophone.

CONCEPTS

Identité, appartenance, migration

Des différences religieuses et linguistiques

S'ils appartiennent à un même pays, les Belges et les immigrants de la Belgique parlent des langues différentes et pratiquent des religions variées. La Belgique s'est adaptée à cette diversité religieuse et l'on y distingue actuellement plusieurs religions officielles, dont la religion catholique romaine est la plus courante. Toutefois, on y recense également les religions protestante, orthodoxe, juive et anglicane. De plus, en 1976, en raison de l'arrivée d'une vague d'immigration en provenance de pays musulmans, la religion islamique y a été officiellement reconnue.

206 À la sortie d'une mosquée de Bruxelles

À elle seule, la ville de Bruxelles compte environ 64 mosquées. Aujourd'hui, l'islam est la deuxième religion la plus pratiquée au pays.

En Belgique, la question linguistique est également complexe, la langue étant un fondement important de l'identité et de la culture des individus. Aussi, la constitution belge reconnaît trois langues officielles : le néerlandais, langue officielle en Flandre (parlée par 57% à 60% de la population belge), le français, langue officielle en Wallonie (parlée par 40% à 43% de la population belge), et l'allemand, langue officielle de la communauté germanophone de Belgique (parlée par moins de 1% de la population belge). Dans l'agglomération bruxelloise, le néerlandais et le français sont toutes deux langues officielles. Dans le reste du pays, les services gouvernementaux et administratifs sont offerts dans la langue officielle de la région. Cela crée de nombreux problèmes. Par exemple, les noms de villes changent en fonction de la langue utilisée dans telle ou telle région. Ainsi, Tienen, ville flamande, est appelée Tirlemont en région wallonne et, à l'inverse, en région flamande, Waremme devient Borgworm et Liège devient Luik. Dans l'ensemble, peu de francophones parlent le néerlandais, alors que les Flamands sont nombreux à maîtriser le français. Tout cela complique la communication au niveau national.

207 Un pont d'enfants pour le bilinguisme

Plusieurs centaines de petites mains qui se serrent pour relier deux communautés. Le symbole est fort. [...] Munis d'une chaîne faite de papiers multicolores, les enfants (néerlandophones comme francophones) provenant de différentes maisons de jeunes de la région bruxelloise ont tenu à diminuer la distance séparant la Cocof (la Commission communautaire française, située sur la rive ouest du pont) de la VGC (Vlaamse Gemeenschapscommissie, sur la rive est), les deux organes subsidiant [finançant] ces maisons. Le message de cette initiative, appelée «NL + FR : Ça marche ! Dat werkt !», est le suivant : il faut favoriser le bilinguisme dans les maisons de jeunes. «Il y a un paradoxe fort à Bruxelles», explique Pierre Evrard [...], «les autorités plaident pour le bilinguisme, mais dans les faits, tout est mis en œuvre pour l'empêcher.» [...] «Les enfants ou jeunes sont pris en otage en étant obligés de choisir un régime linguistique.» An Van Damme du JES (Jeugd en Stad) abonde dans le même sens. «Plus que des projets néerlandophones ou francophones, il faut travailler ensemble sur des projets bruxellois bilingues. Il faut apprendre à mieux se connaître et à être moins divisés...»

MEULDERS, Raphaël. «Un pont d'enfants pour le bilinguisme», *La Libre Belgique* [en ligne], réf. du 16 avril 2008.

- En Belgique, quel problème le bilinguisme pose-t-il au quotidien ?
- Comment les Belges surmontent-ils ce problème ?

Les relations entre Flamands et Wallons

Depuis les années 1960, le redressement économique de la Flandre, qui est aujourd'hui plus prospère que la Wallonie, accentue les rivalités linguistiques en leur donnant une dimension politique et économique. La Flandre, qui ne compte que 6 % de chômeurs, contre 14 % en Wallonie, et qui réalise 70 % des exportations, contre 14,4 % pour la Wallonie, accepte de moins en moins de payer pour le sud plus pauvre. Ainsi, en 1995, le parti catholique flamand (actuel CVD) a déclaré qu'il n'accepterait plus que « la Belgique soit nourrie par la Flandre ». Aujourd'hui, les partis politiques communautaires flamands et wallons s'affrontent régulièrement et les compromis sont de plus en plus difficiles à trouver.

Les mouvements migratoires et naturels ont eu des effets sur la composition de la population belge, qui rassemble aujourd'hui divers groupes culturels. Si la langue parlée, le territoire, les valeurs et les institutions permettent à une société de se définir en tant que peuple et de développer son sentiment d'appartenance, la diversité des identités belges constitue un défi de taille pour la population, partagée entre l'appartenance à la Belgique et à ses institutions et l'appartenance à une communauté culturelle et linguistique.

curiosité

Le canular de la RTBF

Le 13 décembre 2006, la RTBF (Radio et télévision belge francophone) a montré l'importance de la question communautaire en diffusant, à une heure de grande écoute, un faux reportage annonçant que la Flandre faisait sécession et que le roi avait fui le pays. Cette séparation aurait divisé la Belgique en deux pays. Une véritable vague de panique a alors agité la Belgique (surtout à Bruxelles et en Wallonie), de nombreux téléspectateurs ayant cru à ce canular. Fortement critiquée, la chaîne publique a défendu son émission en insistant sur l'urgence d'un véritable débat national : elle voulait attirer l'attention sur le fossé identitaire et linguistique, mais aussi politique et économique qui se creuse entre les régions flamande et wallonne.

Portrait

Albert II, sixième roi des Belges (1934-)

Né en 1934, Albert II est devenu le sixième roi des Belges en 1993, à la suite du décès de son frère, le roi Baudouin. Régnant sur un État fédéral, dont il a signé la nouvelle constitution le 17 février 1994, Albert II se porte garant de l'unité belge. En ce sens, il reconnaît les identités propres à chacune des trois régions et des trois principales communautés belges et défend l'union nationale en dénonçant les volontés séparatistes.

208 Des journaux belges

Le bilinguisme belge se reflète aussi dans les publications disponibles à travers le pays. Ces journaux présentent le canular de la RTBF en décembre 2006.

PISTES de comparaison CD 2

1. Comment la population belge est-elle répartie sur le territoire ?

2. Quels sont les groupes culturels qui composent la population belge et quelles sont leurs origines ?

3. Quels sont les défis liés à la diversité des groupes culturels qui composent la population belge ?

4. Vous êtes anthropologue et vous devez établir les similitudes et les différences entre la population du Québec et celle de la Belgique. Pour ce faire, dressez des tableaux et des diagrammes qui reflètent la composition de la population de ces deux sociétés. Dans un court texte, précisez ensuite en quoi ces populations sont diversifiées.

Singapour

La République de Singapour est un État du Sud-Est asiatique situé à l'extrême sud de Malacca. Il est formé de l'île principale de Singapour et d'une soixantaine d'îlots. Très urbanisée, l'île de Singapour est aussi densément peuplée. Elle se classe, avec Monaco et le Vatican, parmi les trois États les plus densément peuplés du monde. Originellement malaise et chinoise, la population de l'île s'est transformée au gré des vagues d'immigration et elle est aujourd'hui très diversifiée.

> *Quels sont les effets des mouvements naturels et migratoires sur la composition de la population et l'occupation du territoire de Singapour ?* **CD 2**

CONCEPT

Pluriculturalité

Cité-État Territoire exclusivement contrôlé par une ville souveraine.

Le passé de Singapour

Au XIVe siècle, l'île de Singapour est habitée par des Malais et des Chinois, qui y pratiquent la pêche et s'adonnent à la piraterie. Soumise à différentes puissances coloniales au cours du XVIe siècle, Singapour est prise en 1819 par sir Thomas Stamford Raffles, un administrateur colonial britannique. À partir de l'île, Raffles renforce le contrôle britannique sur le commerce maritime dans la région. Il fonde également la ville de Singapour, qui devient un pôle économique important, attirant plusieurs immigrants. Ainsi, Singapour, qui comptait un millier de Malais et de nombreux Chinois à l'arrivée de Raffles, se transforme rapidement en une société pluriculturelle. Les Chinois, les Indiens, les Arabes et les colons britanniques s'installent peu à peu sur l'île. En 1824, elle compte déjà 11 000 habitants et devient une colonie britannique en 1867. Grâce à sa situation maritime exceptionnelle, Singapour est aujourd'hui l'un des premiers ports du monde et la deuxième plus importante place financière d'Asie.

209 Singapour*

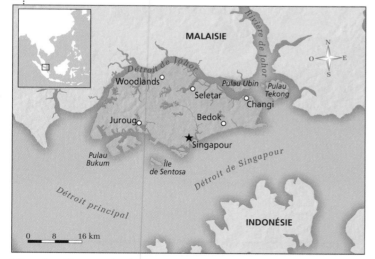

* Pour situer Singapour dans le monde, consultez l'Atlas géographique, à la page 323.

210 L'hôtel Raffles à Singapour

Ce luxueux hôtel a été nommé en l'honneur du fondateur de la **cité-État** de Singapour. Cet immeuble a été classé monument historique en 1987.

La population de Singapour aujourd'hui

Singapour est actuellement très peuplée et urbanisée. Sa densité de population est aussi très élevée.

La densité de la population

La population de Singapour est d'environ 4,5 millions d'habitants, rassemblés sur une très petite superficie. En 2006, la densité de la population était de 6 369 habitants au kilomètre carré. Afin de maximiser l'espace habité, les Singapouriens n'hésitent pas à multiplier les gratte-ciels et à déplacer des individus. La moindre parcelle de terre est mise en valeur et le manque d'espace pousse le gouvernement à empiéter toujours un peu plus sur la mer. Ainsi, au fil du temps, le territoire de Singapour s'agrandit. Malgré cette expansion du territoire, la densité de la population de Singapour ne cesse d'augmenter.

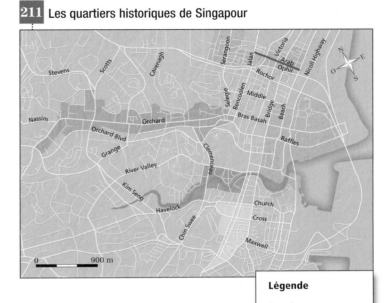

211 Les quartiers historiques de Singapour

Légende

Quartier
- Chinatown
- Clarke Quay
- Orchard Road
- Marina Bay
- Little India
- — Arab Street

Une société pluriculturelle

Grâce à sa situation géographique particulière, Singapour a longtemps été un important lieu de rencontre entre les marchands de diverses origines. Au moment de l'arrivée des Britanniques, sa population était essentiellement chinoise et malaise. Cependant, elle s'est progressivement transformée au gré des mouvements naturels et migratoires. L'arrivée massive de nouveaux immigrants, surtout au XIXᵉ siècle, a contribué à la croissance de la population de Singapour. Aujourd'hui, quatre principales communautés composent cette population : les Chinois, les Malais, les Indiens et les autres minorités.

Les Chinois

Les Chinois forment le groupe culturel le plus important de l'île. Ils représentent 75,2 % de la population totale, soit 2,7 millions d'individus. Ils ont été attirés très tôt par la vocation portuaire et commerciale de Singapour, surtout au moment où celle-ci connaissait une certaine prospérité sous l'administration des Britanniques. À l'origine, les Chinois se sont installés dans le sud de Singapour, dans le quartier de Chinatown. Numériquement majoritaires, les Chinois représentent une part importante de la population active et occupent un vaste éventail d'emplois.

212 La population de Singapour et le territoire, de 1996 à 2006

Année	Population (en milliers)	Superficie de l'île et des îlots (km²)	Densité de population (h/km²)
1996	3 670,7	647,5	5 669
2001	4 138,0	682,3	6 065
2002	4 176,0	685,4	6 093
2003	4 186,1	697,1	6 005
2004	4 238,3	699,0	6 063
2005	4 341,8	699,4	6 208
2006	4 483,9	704,0	6 369

D'après SINGAPOUR DEPARTMENT OF STATISTICS, *Yearbook of Statistics of Singapour* [en ligne], 2007, réf. du 16 avril 2008.

● Comment expliquer l'augmentation de la superficie de l'île de Singapour ?

Le village malais

Singapour possède un quartier historique malais, communément appelé « le village malais » ou Kampong Glam. En malais, ce nom signifie « village de l'eucalyptus ». Avant l'arrivée des Britanniques, Kampong Glam était le lieu de rassemblement de l'aristocratie malaise. Cependant, au moment où les Malais arrivèrent massivement au pays, au XIXᵉ siècle, le quartier devint plus populaire. En 1822, quand sir Thomas Stanford Raffles décida d'organiser le développement urbain de l'île, Kampong Glam devint le lieu de résidence privilégié des Malais et des Arabes. Aujourd'hui, le quartier conserve son identité malaise et musulmane : on y trouve, en particulier, la fameuse mosquée du Sultan.

Portrait

Sellapan Ramanathan (1924-)

Plus communément appelé S. R. Nathan, Sellapan Ramanathan est président de la République de Singapour. D'origine indienne, il est né à Singapour en 1924. Après des études interrompues par la Seconde Guerre mondiale, il entreprend une carrière de fonctionnaire. Il gravit les échelons professionnels jusqu'à devenir ambassadeur de Singapour aux États-Unis durant les années 1990. De retour dans son pays, il devient président en 1999, puis est réélu en 2005.

Les Malais

Les Malais sont considérés comme les premiers habitants de Singapour, bien que plusieurs d'entre eux ne se soient installés dans l'île qu'au cours du XIXᵉ siècle, attirés par sa croissance économique. Ces Malais venaient de la péninsule de Malacca, des îles Riau et de Sumatra. Aujourd'hui, ils représentent environ 13,6 % de la population totale, soit environ 490 500 individus. Dans l'ensemble, la communauté malaise est plus pauvre que les autres communautés et ses membres occupent souvent des emplois qui ne permettent pas de s'élever dans l'échelle sociale.

Les Indiens

Les Indiens représentent 8,8 % de la population totale de Singapour, soit environ 260 000 individus. C'est l'une des plus grosses communautés indiennes hors de l'Inde. Les premiers Indiens sont arrivés à Singapour au début du XIXᵉ siècle. Certains faisaient partie du contingent militaire accompagnant Raffles à son arrivée sur l'île ; d'autres étaient des forçats utilisés par les Britanniques dans la construction des infrastructures nécessaires à l'installation de la colonie. Par la suite, d'autres Indiens s'installèrent et travaillèrent comme débardeurs ou ouvriers de la construction. Ils se rassemblèrent dans les quartiers de Little India, aujourd'hui encore peuplés de petits marchands indiens et pakistanais.

Les minorités

Singapour compte également une multitude de groupes culturels minoritaires. En 2006, ils représentaient environ 2,4 % de la population totale, soit près de 85 500 individus. Parmi eux, on trouve des gens d'Europe et d'Asie, principalement d'ascendance britannique, hollandaise, portugaise et arménienne, ainsi que les Arabes, surtout des Yéménites, qui occupent une place importante dans le commerce depuis le XIXᵉ siècle.

Les mouvements de la population

Depuis le XXᵉ siècle, la population de Singapour a connu une assez forte augmentation. En 1901, elle était de 227 600 habitants, puis elle est passée à presque 1,5 million en 1957 et à plus de 3 millions en 1990. Toutefois, cette croissance a connu quelques ralentissements dans les dernières décennies. En effet, le taux d'accroissement naturel, qui était de 33,4 pour mille en 1950, a chuté successivement à 10,5 pour mille en 1996 et à 5,8 pour mille en 2006.

Ce ralentissement est dû, en partie, à une diminution progressive du nombre de naissances : le taux de natalité est passé de 15 pour mille en 1996 à 10 pour mille en 2006, et le nombre de naissances par femme est passé de 1,66 à 1,26. La diminution du nombre de naissances entraîne un vieillissement de la population. Ainsi, les 15-29 ans, qui représentaient 23 % de la population en 1996, ne constituaient plus que 20 % de la population en 2006. Cette situation s'explique aussi par l'effet des politiques particulières instaurées par le gouvernement afin de freiner la natalité. En effet, à partir des années 1960, dans le but de contrôler la croissance démographique et de maintenir une certaine densité de population, le gouvernement a encouragé les mesures contraceptives et a pénalisé les familles nombreuses. Toutefois, face à la menace du vieillissement progressif de la population, l'État tente, depuis les années 1980, de favoriser les naissances en adoptant des mesures fiscales avantageuses pour les parents et en offrant des congés de maternité.

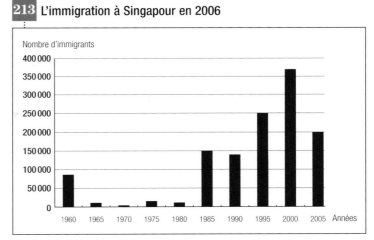

213 L'immigration à Singapour en 2006

D'après UNIVERSITÉ DE SHERBROOKE. *Perspective monde* [en ligne], 2006, réf. du 16 avril 2008.

Malgré ces mesures, Singapour mise sur l'immigration pour attirer une main-d'œuvre qualifiée. En ce sens, vers la fin des années 1960, le gouvernement avait choisi de limiter l'immigration et n'ouvrait ses frontières qu'aux immigrants dont les compétences pouvaient contribuer au développement économique de l'île. Toutefois, à partir des années 1980, Singapour a assoupli ses politiques d'immigration et davantage d'immigrants peu qualifiés sont dorénavant acceptés. La plupart sont originaires des Philippines, de la Malaisie, de la Thaïlande, du Sri Lanka ou de l'Inde. Pour leur part, les travailleurs hautement qualifiés viennent du Japon, de l'Europe, de l'Amérique du Nord ou de l'Australie.

Créole Langue qui incorpore des éléments linguistiques propres à différentes communautés.

Les défis liés à la diversité sociale

La diversité des groupes culturels de Singapour fait partie des traits distinctifs du pays. Cependant, la coexistence entre ces différents groupes présente certains défis au quotidien.

La diversité linguistique et religieuse

Bien que le malais soit reconnu comme langue nationale, il y a quatre langues officielles à Singapour : le malais, le mandarin, le tamoul et l'anglais. Puisque les Chinois sont majoritaires, le mandarin est la principale langue d'enseignement et les divers dialectes chinois sont les plus couramment parlés à la maison. En 2005, environ 36 % de la population utilisait cette langue. Viennent ensuite l'anglais (28,1 %), le malais (13,2 %) et le tamoul (3,2 %).

Depuis les années 1990, l'utilisation de l'anglais et du mandarin a augmenté. Cela est notamment dû au fait que les autorités gouvernementales encouragent l'usage du mandarin, qu'elles privilégient à tout autre dialecte chinois. Le gouvernement recommande également l'usage de l'anglais comme langue officielle d'enseignement. Les Singapouriens parlent donc à la fois leur langue maternelle et l'anglais. D'ailleurs, l'anglais est la seule langue commune à toutes les communautés.

CONCEPTS

Appartenance, croissance, identité, migration

curiosité

Le *singlish*

L'anglais parlé à Singapour n'est pas l'anglais de Grande-Bretagne. Le *singlish* est une sorte de **créole** qui mélange l'anglais à des éléments linguistiques chinois, indiens et malais. Les autorités singapouriennes tentent d'en ralentir l'usage et de privilégier l'utilisation de l'anglais traditionnel. En Malaisie, le *manglish* est un phénomène similaire au *singlish*.

Ghettoïsation Fait de transformer un lieu en ghetto, c'est-à-dire en un milieu où une communauté vit dans l'isolement.

Si plusieurs langues officielles ont cours à Singapour, différentes religions du monde y sont aussi représentées. D'ailleurs, de nombreux immeubles du paysage urbain reflètent cette diversité religieuse. Les églises catholiques et protestantes, les temples bouddhistes, taoïstes et hindous ainsi que les mosquées s'y mêlent aux gratte-ciels.

214 Les différentes religions de Singapour, en 2000

Religions	Pourcentage de la population pratiquante
Christianisme	14,6
Bouddhisme	42,5
Taoïsme	8,5
Islam	14,9
Hindouisme	4,0
Autres religions	0,6
Athéisme	14,8

D'après STATISTICS SINGAPORE, *The Gateway to Singapore Official Statistics* [en ligne], 2000, réf. du 16 avril 2008.

Des disparités sociales au pays du miracle économique

Historiquement, la colonisation britannique n'a pas favorisé les échanges entre les communautés de Singapour. Les immigrants étaient en effet encouragés à s'installer dans des quartiers distincts, en fonction de leur appartenance culturelle.

Actuellement, en dépit des efforts du gouvernement pour éviter la **ghettoïsation**, les différents groupes culturels ont tendance à revendiquer de plus en plus le respect de leur identité. Deux facteurs ont renforcé cette affirmation culturelle : la croissance économique des années 1980 et la promotion du mandarin par le gouvernement.

215 Le temple du bonheur suprême

Le temple Thian Hock Keng est le plus ancien temple hokkien de Singapour. Construit par des immigrants chinois de langue hokkien, ce temple bouddhiste taoïste a été classé monument historique en 1973.

216 La fête nationale de Singapour

Cette fête a lieu le 9 août de chaque année et commémore le jour de l'indépendance de Singapour, en 1965. Elle témoigne du brassage de cultures qui se manifeste aussi dans les mariages ou les fêtes organisées par chaque groupe culturel.

Les conséquences sociales de la prospérité de Singapour dans les années 1980

Dans les années 1980, Singapour connaît une forte croissance économique et affiche l'un des PIB les plus élevés du monde. Le secteur bancaire, le commerce et le secteur secondaire (navigation, chantiers navals, raffinage du pétrole, etc.) contribuent à son essor. L'île est aujourd'hui un port d'importance mondiale, mais ce succès a aussi son revers, car tous les groupes culturels ne bénéficient pas également de cette prospérité. Par exemple, lorsqu'on compare les revenus moyens des Chinois et des Malais, il apparaît clairement que les premiers sont plus fortunés que les seconds.

« Parlez mandarin »

En 1965, le gouvernement a adopté une politique multiraciale. Celle-ci visait la promotion de l'anglais et le développement d'une identité singapourienne au sein de laquelle la place spécifique des Malais serait reconnue. Ainsi, à partir de 1979, le gouvernement et les élites chinoises ont cherché à promouvoir l'apprentissage du mandarin et à limiter l'usage des dialectes chinois afin de rapprocher les différentes sous-communautés chinoises; en outre, la pratique du mandarin offrait des avantages sur le plan économique, car elle facilitait les échanges avec la Chine. Toutefois, cette politique de promotion, qui s'est prolongée dans les années 1990, a attisé la colère des minorités et a eu des effets négatifs sur les relations entre ces communautés et la majorité chinoise. Les Malais, les Indiens et les autres minorités ont perçu la campagne « Parlez mandarin » comme un manque de respect à l'égard de leur culture et de leur langue. Ces groupes ont exprimé leur crainte d'être mis à l'écart du développement économique de Singapour à cause de critères discriminatoires favorisant l'embauche d'individus parlant le mandarin. Le gouvernement a dû rassurer la population en expliquant que ce programme ne concernait que les Chinois et que l'utilisation de la langue anglaise devait maintenir l'unité nationale.

217 Le revenu moyen des ménages par groupe culturel, en dollars de Singapour, en 2000

Groupe culturel	Revenu mensuel moyen par ménage (SGD$)
Total	4 943
Chinois	5 219
Malais	3 148
Indiens	4 556
Autres	7 250

D'après STATISTICS SINGAPORE, *The Gateway to Singapore Official Statistics* [en ligne], 2000, réf. du 16 avril 2008.

218 La campagne « Parlez mandarin »

« L'objectif de la population chinoise devrait être de former un seul peuple avec une même langue, une même culture, un passé et un avenir commun. Une telle communauté chinoise serait "tricotée serrée". C'est en étant tolérant et ouvert envers les autres communautés et leur culture, en étant capable de communiquer en anglais avec elles et en travaillant avec elles à la construction du futur que Singapour grandira pour devenir une nation. »

Discours de Goh Chok Tong lors de la campagne « Parlez mandarin » [en ligne], 1991, réf. du 25 février 2008.

Quel défi particulier doit relever la communauté chinoise de Singapour?

Les mouvements migratoires et naturels ont eu des effets sur la composition de la population de Singapour. Regroupant divers groupes culturels qui se sont installés sur le territoire au fil des siècles, Singapour a su s'adapter à cette diversité. Toutefois, certaines tensions et disparités existent encore. Puisque la majorité chinoise s'impose au point de vue linguistique et économique, les minorités se sentent parfois bafouées. Aujourd'hui, la population de l'île de Singapour tente de développer sa propre identité en incluant l'ensemble des groupes culturels qui la composent.

PISTES de comparaison CD 2

1. Comment la population de Singapour est-elle répartie sur le territoire?
2. Quels sont les groupes culturels qui composent de la population de Singapour et quelles sont leurs origines?
3. Quels sont les défis liés à la diversité des groupes culturels qui composent la population de Singapour?
4. Vous êtes anthropologue et vous devez établir les similitudes et les différences entre la population du Québec et celle de Singapour. Pour ce faire, dressez des tableaux et des diagrammes qui reflètent la composition de la population de ces deux sociétés. Dans un court texte, précisez ensuite en quoi ces populations sont diversifiées.

OPTION PROJET

Faites appel au contenu du chapitre pour réaliser l'un des projets suivants.

Projet 1 `CD 1 · CD 2 · CD 3` `TIC`

Un jeu d'occupation

Vous travaillez dans l'industrie des jeux vidéo et vous devez concevoir un jeu de rôle sur l'occupation et la colonisation de l'Amérique du Nord. Vous devez soumettre votre concept à l'équipe de production qui devra réaliser le jeu.

Les étapes à suivre

1. Faites un résumé des principales étapes du peuplement de l'Amérique du Nord, de l'arrivée des premiers occupants jusqu'à nos jours :
   - La présence des principales nations autochtones sur le territoire vers 1500 ;
   - Les premières tentatives de colonisation européenne ;
   - Les vagues d'immigration au cours du régime français et du régime britannique, et la répartition de cette population sur le territoire ;
   - La répartition de la population à la suite de la création du Dominion du Canada en 1867 ;
   - Les principales vagues d'immigration au cours du XXᵉ siècle et la répartition de ces immigrants sur le territoire ;
   - La composition de la population actuelle et sa répartition sur le territoire.

2. Établissez la liste des ressources du territoire que les personnages de votre jeu pourront utiliser pour subvenir à leurs besoins.

3. Établissez la liste des infrastructures dont vos personnages auront besoin pour organiser le territoire et l'occuper (ponts, routes, hôpitaux, écoles, etc.).

4. Quels seront les défis auxquels les personnages de votre jeu devront faire face au fil du temps (accès aux cours d'eau, partage des ressources, urbanisation, etc.) ?

5. Comment la population du territoire composera-t-elle avec la diversité des cultures ? Y aura-t-il des sources de tension entre les différents groupes culturels ?

6. Quelles sont les mesures qui seront mises en place pour permettre à la population de faire face à ces différences et favoriser la conciliation ?

7. Présentez votre projet à l'équipe de production et répondez à leurs questions.

Projet 2 `CD 1 · CD 2 · CD 3` `TIC`

Pour une intégration réussie

Vous êtes ministre de l'Immigration et des Communautés culturelles. La composition culturelle de la province se transforme et vous devez adapter la politique de votre gouvernement en matière d'immigration.

Vous devez établir une politique sur l'accueil et l'intégration des nouveaux immigrants et la présenter à l'Assemblée nationale.

Les étapes à suivre

1. Comme vous êtes nouvellement ministre, informez-vous sur la composition de la population québécoise actuelle.

2. Faites l'historique des politiques en matière d'immigration et d'intégration qui ont déjà été en vigueur au pays et dans la province :
   - Quelles politiques en matière d'immigration ont été mises en place par le gouvernement fédéral depuis 1867 ?
   - Quelles sont les responsabilités du Québec en matière d'immigration depuis 1867 ?
   - Quelles politiques en matière d'immigration ont été mises en place par le gouvernement du Québec au cours du XXe siècle ?
   - Quelles sont les principales vagues d'immigration qui ont mené à la composition de la société québécoise au cours du XXe siècle ?
   - Quels ont été les effets de ces mouvements migratoires dans la société québécoise au cours du XXe siècle ?
   - Quelles sont les positions récentes du gouvernement du Québec en matière d'accueil et d'intégration des nouveaux immigrants ?

3. Précisez vos positions en matière d'accueil et d'intégration des nouveaux immigrants :
   - Formulez votre propre définition du concept d'intégration.
   - Expliquez brièvement les défis actuels liés à l'intégration des immigrants dans la société.
   - Décrivez les mesures que votre gouvernement veut mettre en place pour aider les immigrants à s'intégrer et à développer un sentiment d'appartenance envers leur société d'accueil.
   - Dressez la liste des institutions qui peuvent offrir ces services.
   - Donnez des exemples concrets d'intégration.

4. Rédigez votre politique.

5. Présentez votre politique à l'Assemblée nationale.

SYNTHÈSE DU CHAPITRE

La population des premiers occupants (vers 1500)

Des premières migrations à l'occupation du territoire vers 1500

- Les premières traces d'occupation en sol québécois remonteraient à environ 12 000 ans.
- L'occupation du territoire s'effectue par vagues de **migration** et s'échelonne sur plusieurs milliers d'années.
- Les modes de vie des Autochtones sont associés aux territoires qu'ils occupent.
- La concentration de la population est plus importante chez les semi-sédentaires, qui se regroupent dans des villages.
- Les échanges commerciaux favorisent les contacts entre certaines nations autochtones. Des conflits surviennent parfois, surtout dans la vallée du Saint-Laurent.

Le passage des premiers Européens

- Après les Scandinaves au xe siècle, des Européens explorent le territoire et convoitent ses ressources à partir du xve siècle.
- En 1534, Jacques Cartier prend possession du territoire au nom de la France. En 1540, les Français tentent de mettre en place une colonie de peuplement, sans succès.

La population sous le régime français (1608-1760)

L'occupation du territoire

- La colonisation s'amorce véritablement au xviie siècle dans la vallée du Saint-Laurent avec les fondations de Québec (1608), Trois-Rivières (1634) et Montréal (1642).
- La population se concentre en majorité dans ces trois villes. Des îlots de peuplement se forment aussi dans les seigneuries sur les rives du Saint-Laurent et de ses affluents.
- Au cours des xviie et xviiie siècles, la colonie compte plus d'hommes que de femmes.
- Les voyages d'exploration contribuent à l'expansion du territoire.

Une faible évolution démographique

- Au cours du xviie siècle, la population augmente lentement en raison de la faiblesse de l'immigration.

- Le commerce des fourrures, la principale activité économique de la colonie, ne nécessite pas une population nombreuse.
- La rigueur du climat et les récits sur les atrocités des guerres iroquoises n'incitent pas les Français à émigrer en Nouvelle-France.
- En 1663, le roi Louis XIV prend le contrôle direct de la colonie. L'administration royale met en place des politiques pour favoriser la **croissance** de la population.
- L'accroissement naturel de la population d'origine européenne compense la faiblesse de l'immigration.
- La colonie empiète sur le territoire des Amérindiens dont la population est aussi affectée par un choc microbien.

Cohabiter en Nouvelle-France

- La hiérarchie sociale au Canada est constituée de trois ordres : la noblesse, le clergé et le tiers état. La majorité de la population fait partie du tiers état. On y retrouve aussi des esclaves et les Amérindiens.
- Les contacts entre les Européens et les Amérindiens amènent ces deux groupes à s'adapter. Leur mode de vie et leur **identité** se transforment.

La population sous le régime britannique (1760-1867)

Le peuplement de la *Province of Quebec* et les tensions sociales jusqu'en 1815

- Après la Conquête de 1760, la population canadienne connaît toujours un fort taux d'accroissement naturel.
- La population amérindienne stagne.
- Les autorités veulent attirer des colons britanniques dans la colonie. À partir de 1775, des loyalistes s'y établissent.
- L'immigration anglophone et l'accroissement naturel entraînent l'expansion du territoire occupé vers l'intérieur des terres.
- Le système des cantons est mis en place.
- Des tensions naissent entre les Canadiens et les colons britanniques.
- Certains Britanniques ont une attitude conciliante envers les Canadiens. D'autres réclament l'application des lois et des institutions britanniques.

Le peuplement du territoire québécois, de 1815 à 1867

- À partir de 1815, les immigrants britanniques sont de plus en plus nombreux.

- La **croissance** démographique entraîne la surpopulation des terres de la vallée du Saint-Laurent.
- Une partie de la population se déplace vers les centres industriels de la Nouvelle-Angleterre, vers des régions de colonisation ou vers les centres urbains.
- Les canaux et les réseaux ferroviaires facilitent les mouvements migratoires.

L'organisation sociale sous le régime britannique

- Les tensions entre les groupes culturels culminent avec les rébellions de 1837-1838 et la publication du rapport Durham.
- La bourgeoisie d'affaires anglophone est très influente.
- La bourgeoisie libérale s'illustre pour défendre, entre autres, l'intérêt des Canadiens.
- Au cours du XIXᵉ siècle, une politique d'assimilation des Autochtones est mise en place.

La population durant la période contemporaine (de 1867 à nos jours)

La Confédération et les politiques d'immigration, de 1867 à 1885

- Dans l'AANB, les compétences en matière d'immigration sont partagées entre les gouvernements fédéral et provinciaux.
- La Politique nationale (1879) encourage l'immigration.
- À partir de 1869, les Autochtones et les Métis des Prairies voient leurs terres envahies par des colons. Ils s'engagent dans des rébellions.
- Les Autochtones doivent vivre dans des réserves et la Loi sur les Indiens de 1876 leur attribue un statut équivalent à celui d'une personne mineure.

L'industrialisation, l'urbanisation et les mouvements migratoires, de 1885 à 1930

- Lors de la deuxième phase d'industrialisation (1896-1929), les ouvriers se rassemblent dans les villes, ce qui crée un phénomène d'urbanisation. Dans les quartiers ouvriers, la mortalité infantile est élevée et les épidémies font des ravages.
- Des agriculteurs et des chômeurs émigrent vers les États-Unis. Pour freiner cette émigration, le gouvernement du Québec et le clergé proposent le développement de régions de colonisation.

- Au début du XXᵉ siècle, des vagues d'immigration contribuent à la diversification de la population. Le gouvernement adopte des politiques d'immigration restrictives.
- Pendant la Première Guerre mondiale, l'immigration chute.

Les transformations démographiques, de 1930 à 1980

- Pendant la Seconde Guerre mondiale, le Canada ferme ses frontières à l'immigration.
- Après la guerre, le baby-boom fait baisser l'âge moyen de la population du Québec.
- Le taux de natalité retombe dans les années 1960 et les mentalités changent par rapport au mariage.
- À partir des années 1950, le gouvernement du Canada instaure des politiques d'immigration qui tiennent compte des besoins du pays. Dans les années 1960-1970, des critères d'admission reconnaissent les valeurs individuelles des immigrants. Le pays accueille des réfugiés. L'origine des immigrants se diversifie.
- Dans les années 1950-1960, le Québec négocie des ententes avec le gouvernement fédéral afin d'intervenir dans le processus de sélection des immigrants. Le ministère de l'Immigration du Québec est créé en 1968. Le Québec privilégie les immigrants qui parlent français afin de préserver l'**identité** de la population.
- Dans les années 1950, des programmes de colonisation privilégient le développement de régions ressources.
- Le processus d'urbanisation s'accélère. Les villes et les banlieues réduisent les terres agricoles. Certaines régions sont dépeuplées à partir des années 1960.

La population du Québec depuis 1980 : des défis renouvelés

- Le Québec connaît un vieillissement de sa population et une chute du taux de natalité. Le gouvernement instaure des mesures de soutien aux familles.
- Les Autochtones connaissent une **croissance** démographique.
- Depuis les années 1980, l'immigration, qui pallie en partie la chute du taux de natalité, transforme le visage de la société québécoise.
- La **pluriculturalité** de la société québécoise incite le gouvernement à faciliter l'intégration des nouveaux arrivants aux valeurs et institutions du Québec, tout en renforçant leur **appartenance** à la société québécoise.

Aujourd'hui, la composition de la population d'autres sociétés comme l'Afrique du Sud, le Brésil, la Belgique et Singapour est diversifiée.

ACTIVITÉS DE SYNTHÈSE

1 **Des vagues migratoires** CD 2

Pour chacune des périodes historiques du chapitre :

a) Réalisez un repère temporel sur lequel vous situerez les principales vagues migratoires qui ont contribué à peupler le Québec ;

b) Décrivez en quelques lignes les causes et les effets de ces vagues migratoires sur la formation de la population et l'occupation du territoire.

2 **D'une origine à l'autre** CD 2

Imaginez que vous êtes un immigrant qui décide de venir s'établir au Canada au début du XXᵉ siècle.

a) Afin de bien définir votre personnage, précisez tout d'abord d'où vous venez et pourquoi vous avez décidé d'immigrer.

b) Écrivez une lettre à votre famille pour lui donner des nouvelles de votre voyage et de votre établissement au Canada. Précisez dans votre lettre :
– Quelles ont été les conditions de voyage entre votre pays d'origine et le Canada ?
– Comment avez-vous été accueilli lors de votre arrivée au pays ?
– Où avez-vous décidé de vous établir ? Pourquoi ?
– Dans quel domaine d'emploi œuvrez-vous ? Pourquoi avez-vous choisi ce domaine ?
– Comment la communauté culturelle dont vous faites partie s'est-elle formée ?
– Comptez-vous rester au Canada ? Quelles sont vos perspectives d'avenir ?
– Vous sentez-vous intégré dans la société ? Avez-vous un sentiment d'appartenance envers votre nouvelle communauté ?

3 **Des concepts démographiques** CD 1 • CD 3

a) Donnez une définition des concepts suivants :
– taux de natalité ;
– taux de mortalité ;
– immigration ;
– émigration.

b) Précisez en quoi chacun de ces concepts a un impact sur la croissance ou le déclin d'une population.

c) Donnez un exemple d'application de chacun de ces concepts dans la société québécoise actuelle.

4 **Une société pluriculturelle** CD 3

Répondez en quelques lignes aux questions suivantes :

a) Comment définiriez-vous votre identité au sein de la société québécoise ?

b) Vous sentez-vous respecté et représenté au sein de la société québécoise ? Pourquoi ?

c) Nourrissez-vous un sentiment d'appartenance à la société québécoise ? Pourquoi ?

d) Selon vous, en quoi la société québécoise est-elle pluriculturelle ?

5 **Urbain ou rural ?** `CD 1 • CD 2`

Examinez le graphique ci-contre et répondez aux questions suivantes :

a) Quel était le pourcentage de la population urbaine en 1851 ? en 1931 ?

b) À partir de quelle date la population urbaine a-t-elle dépassé la population rurale ?

c) Expliquez dans vos propres mots le concept d'urbanisation.

d) Quel phénomène historique accélère l'urbanisation ?

e) Aujourd'hui, quelle est la proportion de la population québécoise qui vit dans les villes ? Quels sont les effets de la répartition de la population sur le territoire ?

Le pourcentage de la population urbaine et rurale, de 1851 à 1931

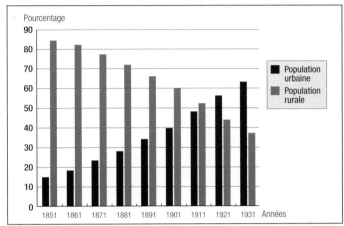

D'après STATISTIQUE CANADA, *Recensements du Canada, 1851-2001* [en ligne], 2005, réf. du 22 mai 2008.

6 **Et les premiers occupants ?** `CD 2`

En quoi les événements suivants ont-ils eu des effets sur le mode de vie des Autochtones et leur occupation du territoire ?

a) L'arrivée des premiers Européens en Amérique du Nord ;

b) L'établissement de la traite des fourrures ;

c) Le développement du commerce du bois ;

d) La création du Dominion du Canada ;

e) Le développement ou l'exploitation des ressources naturelles du nord du Québec.

7 **Les différents modes d'occupation** `CD 1 • CD 2`

Examinez la carte ci-contre et répondez aux questions suivantes :

a) Nommez les modes d'occupation du territoire illustrés sur cette carte.

b) Quelle est la différence entre ces deux modes d'occupation du territoire ?

c) À quelles périodes chronologiques présentées dans le chapitre est rattaché chacun de ces modes d'occupation ?

d) Existe-t-il encore aujourd'hui des traces de ces modes d'occupation sur le territoire du Québec ? Donnez des exemples.

La division des terres dans les Basses-Laurentides, vers 1852

D'après Serge Laurin, *Histoire des Laurentides*, Institut québécois de recherche sur la culture, 1989, p. 89.

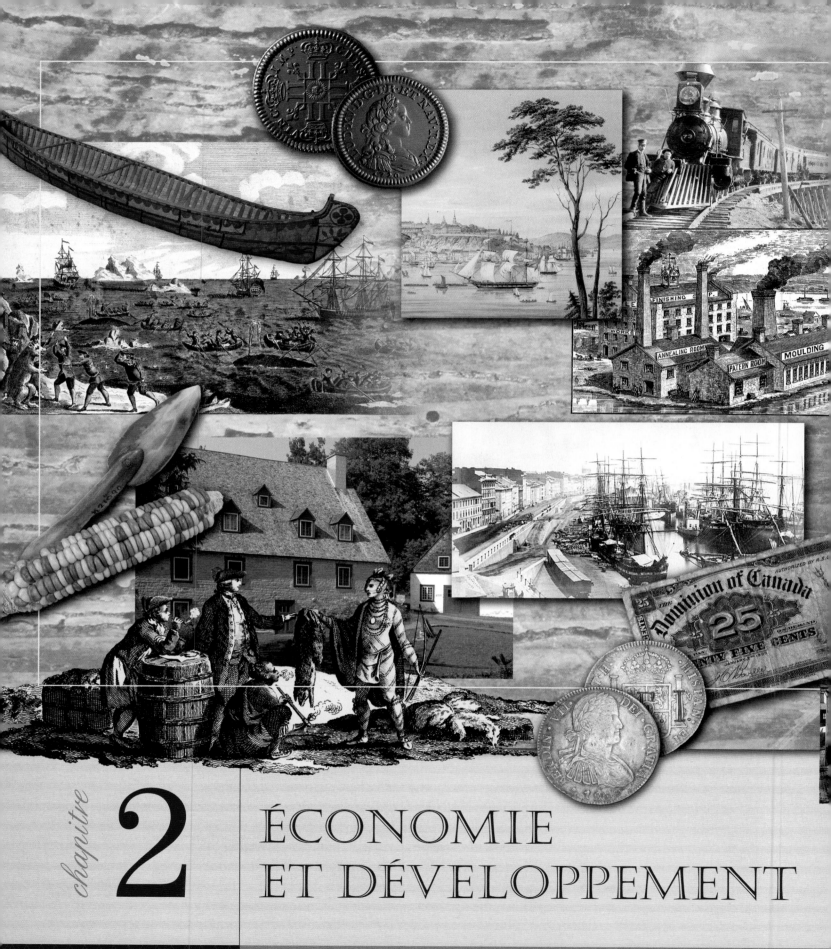

2 | ÉCONOMIE ET DÉVELOPPEMENT

Du XVIᵉ au XXIᵉ siècle

CONCEPTS

CONCEPT CENTRAL
▶ **Économie**

CONCEPTS PARTICULIERS
▶ Capital
▶ Consommation
▶ Disparité
▶ Distribution
▶ Production

CONCEPTS COMMUNS
▶ Enjeu, société, territoire

AUJOURD'HUI : TOUR D'HORIZON

L'économie et le développement du Québec

Le Québec est une société industrialisée. Sa croissance économique est fondée principalement sur les exportations dont la majorité est dirigée vers les États-Unis, son principal partenaire économique. Le Québec est aussi intégré dans un vaste réseau économique mondial. D'ailleurs, le développement des infrastructures de transport et des technologies de communication accélère les échanges entre les pays. Dans ce contexte de mondialisation, le Québec doit donc s'adapter aux réalités de la concurrence internationale afin d'assurer son développement économique.

Quelles sont les principales caractéristiques de l'économie du Québec ?

Le Québec et le monde

PIB Abréviation de « produit intérieur brut ». Le PIB correspond à la valeur de l'ensemble des biens et services produits en une année par un pays ou une province. Il permet de mesurer le développement économique global d'un pays ou d'une province.

Pour s'adapter à la mondialisation des marchés, le Québec mise sur le développement d'une économie du savoir et de nouveaux secteurs industriels spécialisés. Cette spécialisation est rendue possible grâce à la formation de la main-d'œuvre et aux nombreux investissements liés à la recherche et au développement. Les industries de pointe du Québec sont orientées vers le développement de produits hautement spécialisés, comme l'aéronautique ainsi que les technologies de l'information et des communications. Ces produits sont principalement destinés à l'exportation. Le pourcentage du **PIB** consacré aux exportations permet d'en comprendre l'importance.

Par ailleurs, le Québec ne produit pas tout ce qu'il consomme. Il doit importer de nombreux biens de consommation ainsi que des matières essentielles à la transformation des ressources. Le Québec est donc dépendant des échanges qu'il effectue sur les marchés mondiaux pour assurer son développement économique.

1 Les exportations du Québec, en 1988 et en 2006

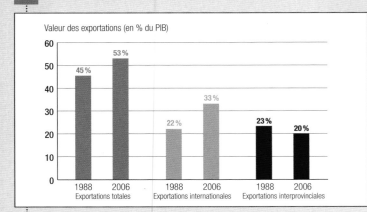

Valeur des exportations (en % du PIB)

QUÉBEC, MINISTÈRE DES FINANCES, *Profil économique et financier du Québec* [en ligne], 2007, p. 12, réf. du 18 mars 2008.

● Quel changement l'économie du Québec connaît-elle entre 1988 et 2006 ?

2 Les principaux produits importés au Québec, en 2006

Principaux produits importés	Pourcentage par rapport à l'ensemble des importations
Combustibles, minéraux, matières bitumineuses, huiles, cires minérales	22,7 %
Automobiles, tracteurs, cycles, autres véhicules terrestres	13,4 %
Réacteurs nucléaires, chaudières, machines, appareillages et engins mécaniques	10,8 %
Machines, appareils et matériel électrique ou électronique	9,6 %
Produits pharmaceutiques	3,3 %
Matériel de navigation aérienne ou spatiale	2,8 %
Produits chimiques	2,4 %

INSTITUT DE LA STATISTIQUE DU QUÉBEC, *Profil économique du Québec* [en ligne], avril 2007, réf. du 13 février 2008.

● Quel type de produits le Québec importe-t-il le plus ? Pourquoi ?

Une économie de marché

Les nombreux échanges qui caractérisent l'économie québécoise fonctionnent selon les principes de l'économie de marché. Ce type d'organisation économique consiste à coordonner la production et la **distribution** des biens et des services selon la loi de l'**offre** et de la **demande**. Elle vise à satisfaire les besoins de la population en tenant compte des ressources disponibles. Dans une économie de marché, les entreprises et les individus qui possèdent le capital et les moyens de production offrent des biens ou des services sur le marché pour en tirer des profits. Le marché est un intermédiaire important entre le producteur et le consommateur, puisqu'il détermine le prix des biens et services qui seront échangés.

3 Le fonctionnement d'une économie de marché

Dans une économie de marché, les individus ou les entreprises privées cherchent à maximiser leurs profits. Ces profits sont ensuite redistribués parmi ceux qui ont participé à la production. Toutefois, ce système ne tient pas compte de la population qui ne peut pas contribuer à la production, les personnes inaptes au travail par exemple. L'économie de marché engendre donc des inégalités. Pour contrer ce problème, la plupart des sociétés industrialisées adoptent des mécanismes qui permettent de redistribuer les profits plus équitablement au sein de la société. Ainsi, au Québec, l'économie de marché est en partie régulée par les interventions de l'État, notamment par les taxes et les impôts : c'est ce qu'on appelle une « économie mixte ».

Les secteurs de l'économie

Les produits issus du **secteur primaire** représentent, en valeur, la majorité des exportations du Québec. Toutefois, l'économie de la province repose surtout sur le **secteur tertiaire**. Le **secteur secondaire** connaît quant à lui d'importantes perturbations depuis quelques années, à cause principalement de la mondialisation de l'économie.

4 La répartition des secteurs économiques selon le PIB, en 2005

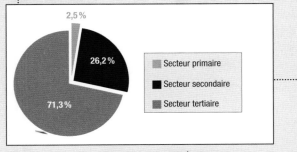

2,5 %
26,2 %
71,3 %

- Secteur primaire
- Secteur secondaire
- Secteur tertiaire

Comment expliquer que le secteur tertiaire est le secteur plus important au Québec ?

D'après INSTITUT DE LA STATISTIQUE DU QUÉBEC, *Le Québec chiffres en main* [en ligne], 2007, p. 38 à 42, réf. du 13 février 2008.

Économie
Ensemble des activités de production, de distribution et de consommation des ressources transformées en biens et en services, selon les besoins de la population.

Distribution Répartition des ressources ou des produits selon un territoire ou un marché donné. La distribution assure le lien entre le producteur et le consommateur.

Offre Quantité de produits que les producteurs désirent vendre sur le marché et le prix que les consommateurs sont prêts à payer pour les acquérir.

Demande Quantité de produits demandée par les consommateurs et le prix auquel les producteurs sont prêts à les vendre sur le marché.

Secteur primaire Division de l'économie axée sur l'exploitation des ressources naturelles (agriculture, forêts, mines, etc.).

Secteur secondaire Division de l'économie axée sur de la transformation des matières premières (industries, construction, etc.)

Secteur tertiaire Division de l'économie qui regroupe l'ensemble des activités (commerce, finance, éducation, santé, etc.) destinées à fournir des services.

Les ressources naturelles

Le Québec produit des biens et offre des services selon les ressources disponibles sur le territoire et les besoins des consommateurs. Il est particulièrement riche en ressources naturelles, dont le cuivre et le zinc, et énergétiques, par exemple l'hydroélectricité. L'exploitation de ces ressources et leur exportation constituent donc une importante source de revenus pour la province. Le Québec œuvre également dans la transformation des matières premières en produits finis. C'est le cas dans les domaines de l'agroalimentaire, des pâtes et papiers ou encore de la transformation des produits du bois et des métaux.

Les principaux pôles économiques

L'activité économique du Québec est répartie selon les ressources du territoire et la main-d'œuvre disponible. Des villes comme Montréal, Gatineau, Québec et Trois-Rivières sont des centres économiques importants parce qu'elles offrent la majorité des services et qu'elles abritent la majorité des industries de transformation. Ainsi, ces centres urbains exercent une force d'attraction sur les entreprises. Ils attirent également une grande partie de la population de la province en raison des nombreuses possibilités d'emploi qu'on y trouve et des réseaux de transport développés, mais aussi parce que la plupart de ces villes sont situées à proximité du plus grand marché d'exportation québécois : les États-Unis. L'activité économique a donc une influence importante sur l'organisation du territoire et de la société.

5 **Les mines, une ressource du Québec**

Un mineur à la mine d'or Meston en Abitibi. En 2006, la valeur de la production minière du Québec s'élevait à près de 4,8 milliards de dollars.

6 **Le taux de chômage par région administrative, en 2007**

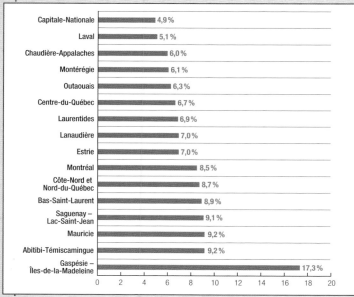

Capitale-Nationale	4,9 %
Laval	5,1 %
Chaudière-Appalaches	6,0 %
Montérégie	6,1 %
Outaouais	6,3 %
Centre-du-Québec	6,7 %
Laurentides	6,9 %
Lanaudière	7,0 %
Estrie	7,0 %
Montréal	8,5 %
Côte-Nord et Nord-du-Québec	8,7 %
Bas-Saint-Laurent	8,9 %
Saguenay – Lac-Saint-Jean	9,1 %
Mauricie	9,2 %
Abitibi-Témiscamingue	9,2 %
Gaspésie – Îles-de-la-Madeleine	17,3 %

INSTITUT DE LA STATISTIQUE DU QUÉBEC, *État du marché du travail au Québec : le point en 2007* [en ligne], p. 28, réf. du 13 février 2008.

● Quelles régions ont le taux de chômage le plus bas ? Pourquoi, selon vous ?

7 **Montréal, une métropole**

Montréal est souvent qualifiée de métropole du Québec. Elle compte pratiquement la moitié de la population et des entreprises du Québec. Avec ses quatre universités, elle constitue une capitale du savoir.

Des économies régionales

Même si les centres urbains constituent des pôles d'attraction, chacune des régions du Québec possède des forces économiques qui contribuent à la diversité du développement de l'ensemble de la province.

La Gaspésie, les Îles-de-la-Madeleine, le Bas-Saint-Laurent, le Saguenay–Lac-Saint-Jean, l'Abitibi-Témiscamingue, la Côte-Nord et le Nord-du-Québec représentent à elles seules près de 89,1 % de la superficie du territoire. L'activité économique de ces **régions périphériques** s'appuie principalement sur l'exploitation des ressources naturelles. Grâce à ces régions ressources, certains secteurs industriels sont très performants. Par exemple, les régions de la Côte-Nord, du Nord-du-Québec et de l'Abitibi-Témiscamingue produisent environ 75 % de la valeur totale de la production minière du Québec.

Dans plusieurs régions du Québec, l'activité économique est basée sur le développement d'une industrie dominante. Lorsque cette industrie connaît un déclin ou qu'elle doit affronter la concurrence d'un autre pays, les entreprises locales et la population risquent alors de subir un recul économique. C'est le cas notamment de l'industrie du bois d'œuvre et de la pêche dans différentes régions du Québec. Il existe donc des disparités entre les régions en fonction de leur niveau de développement économique.

Région périphérique
Région éloignée des grands centres urbains et des marchés importants. L'économie de ces régions dépend souvent de l'exploitation des ressources naturelles de leur territoire.

---

8 | **Les principales activités économiques des régions administratives du Québec**

Le Québec est divisé en 17 régions administratives où se déroulent différentes activités économiques, qui sont notamment liées à l'exploitation des ressources qui s'y trouvent.

Région administrative	Activités économiques
Capitale-Nationale	Fonction publique, services commerciaux et finance, tourisme
Laval	Secteur manufacturier, fonction publique, services commerciaux et finance
Chaudière-Appalaches	Agriculture, production laitière, bois d'œuvre, extraction minière
Montérégie	Agriculture, production laitière, hydroélectricité, extraction minière, secteur manufacturier, tourisme
Outaouais	Fonction publique, agriculture, exploitation forestière, secteur manufacturier
Laurentides	Exploitation forestière, production laitière, tourisme
Lanaudière	Production laitière, bois d'œuvre, tourisme
Estrie	Tourisme, production laitière, exploitation forestière, extraction minière
Montréal	Fonction publique, services commerciaux et finance, secteur manufacturier, tourisme
Côte-Nord	Pêche, exploitation forestière, hydroélectricité, extraction minière, aluminium
Nord-du-Québec	Extraction minière, hydroélectricité, chasse et pêche
Bas-Saint-Laurent	Pêche, agriculture, exploitation forestière, pâtes et papiers, tourisme
Saguenay – Lac-Saint-Jean	Exploitation forestière, aluminium, agriculture, production laitière
Mauricie	Hydroélectricité, bois d'œuvre, pâtes et papiers, agriculture, production laitière, secteur manufacturier
Abitibi-Témiscamingue	Exploitation forestière, extraction minière, tourisme
Gaspésie – Îles-de-la-Madeleine	Pêche, exploitation forestière, extraction minière, tourisme
Centre-du-Québec	Agriculture, secteur manufacturier, recyclage

Comparez les activités économiques de chacune des régions à leur taux de chômage (document 6). Quelle conclusion pouvez-vous en tirer ?

---

9 | **La protection d'une économie régionale**

À Saint-Michel-des-Saints, dans Lanaudière, près de la moitié de la population a participé à une manifestation en février 2007. Les manifestants réclamaient la réouverture des deux usines de bois de la compagnie Louisiana-Pacific.

PISTES d'interrogation CD 1 • CD 3

1. Comment décririez-vous l'économie québécoise ?
2. Quelles sont les principales activités économiques du Québec ? de votre région ?
3. Quels sont les enjeux liés au développement économique des régions du Québec ?

1 L'ÉCONOMIE ET LE DÉVELOPPEMENT DU QUÉBEC

◆━◆ Du XVIᵉ au XXIᵉ siècle ━◆━◆

L'économie est constituée d'un ensemble d'activités liées à la production, à la distribution et à la consommation de ressources par une collectivité. Les premières activités économiques sur le territoire du Québec remontent à l'arrivée des premiers occupants. Ils exploitent les ressources environnantes afin d'assurer leur subsistance et établissent peu à peu des réseaux d'échanges. Les différentes collectivités qui viennent plus tard s'installer sur le territoire mettent sur pied d'autres réseaux d'échanges, qui favorisent le développement de diverses activités économiques répondant à leurs besoins. Dans un premier temps, ces réseaux prolongent ceux des Amérindiens. Par la suite, la multiplication des échanges, la transformation des ressources, l'augmentation de la capacité de production ainsi que la mise sur pied d'infrastructures destinées à assurer la distribution de produits manufacturés contribuent à l'établissement d'un système économique qui perdure encore aujourd'hui. Ce système, qu'on appelle «économie de marché», s'appuie essentiellement sur la consommation de biens et de services. Il constitue un des fondements de l'organisation et de la croissance de la société québécoise.

1500   1600   1700

LES PREMIERS OCCUPANTS   LE RÉGIME FRANÇAIS

1608
Fondation de Québec

L'agriculture chez les Iroquoiens

La traite des fourrures

La chasse à la baleine

Le port et la ville de Louisbourg

Question de départ CD 2

Quels sont les effets de l'activité économique sur l'organisation de la société et du territoire du Québec depuis 1500 ?

Questionnement et hypothèses

- Consultez les documents qui se trouvent sur ces deux pages ou dans les pages suivantes.

- Formulez d'autres questions à partir de celle qui est énoncée ci-dessus afin de vous aider à interpréter la réalité sociale décrite dans ce chapitre.

- Émettez une hypothèse pour répondre à la question de départ.

OPTION PROJET

Vous pouvez lire dès maintenant, aux pages 262 et 263, la présentation des projets.

Projet 1 CD 1 • CD 2 • CD 3
Le sens des affaires

Projet 2 CD 1 • CD 2 • CD 3
Des Québécois au travail

1800   **1900**   **2000**

LE RÉGIME BRITANNIQUE   LA PÉRIODE CONTEMPORAINE

1760   **1867**

Capitulation de Montréal   Acte de l'Amérique du Nord britannique

Le transport du bois

L'usine E.B. Eddy à Hull

Des femmes et des enfants dans une usine, à la fin du XIXe siècle

Des employés dans le domaine du multimédia, aujourd'hui

L'économie des premiers occupants

— Vers 1500 —

Subsistance Ensemble des activités accomplies par un groupe pour combler ses besoins essentiels et assurer sa survie.

Des populations autochtones sont installées en Amérique du Nord depuis des milliers d'années, soit bien avant que les Européens ne s'intéressent à ce continent. Ayant su s'adapter au climat du territoire qu'ils occupent, les premiers occupants exploitent les ressources dont ils disposent afin d'assurer leur subsistance. Ces communautés autochtones ne sont toutefois pas autosuffisantes et dépendent en partie des échanges de biens faites entre elles. Au fil du temps, de nombreux réseaux d'échanges sont mis en place sur tout le territoire. À la fin du XVe siècle, l'arrivée de pêcheurs et d'explorateurs européens sur le nouveau continent contribue à l'intégration de l'Amérique du Nord dans le système économique européen et engendre des conséquences majeures à long terme sur le territoire et l'organisation des sociétés autochtones qui y sont déjà établies.

> *Quels sont les effets des activités économiques des Autochtones sur l'organisation de leur société et l'occupation du territoire ?* CD 2

1608

| −1000 | −500 | Début de l'ère chrétienne | 500 | 1000 | 1500 |

LES PREMIERS OCCUPANTS

v. −1000
Des autochtones nomades sont établis dans la zone subarctique et dans la zone continentale humide

v. 900 à v. 1000
Les Iroquoiens sont sédentarisés dans la zone continentale humide

v. 1000
Les ancêtres des Inuits, les Thuléens, sont établis dans la zone arctique

Des Scandinaves sont présents sur les côtes de Terre-Neuve

1492
Christophe Colomb atteint l'Amérique

1497
Jean Cabot atteint Terre-Neuve et longe la côte de l'Amérique du Nord

1524
Giovanni da Verrazano atteint la côte atlantique de l'Amérique du Nord

1534
Jacques Cartier fait ériger une croix à Gaspé

1600
Le premier poste de traite permanent est établi à Tadoussac

Occupation du territoire et subsistance

Vers 1500, plusieurs populations autochtones occupent le territoire du Québec. Les spécialistes divisent souvent ces populations selon le territoire où elles se sont installées et selon la langue qu'elles parlent. Le territoire actuel du Québec est alors occupé par trois grandes familles linguistiques autochtones : algonquienne, iroquoienne et esquimaude-aléoute (inuite).

Ces familles linguistiques habitent un espace géographique dont les caractéristiques (climat, faune, flore, etc.) ont une incidence sur leur mode de vie. Les outils et le savoir-faire de ces différents groupes sont par conséquent adaptés à leur environnement. Ils utilisent les **ressources** qui sont à leur disposition pour construire leurs habitations, se nourrir, se vêtir, se soigner, etc. Le territoire sur lequel ils sont installés détermine donc le type de **production** nécessaire à la subsistance et à l'évolution de leur communauté.

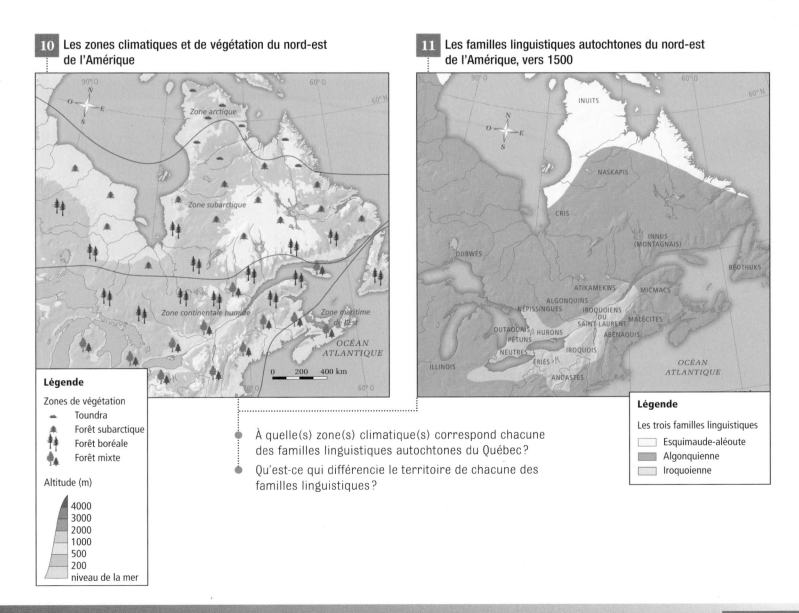

10 Les zones climatiques et de végétation du nord-est de l'Amérique

Légende

Zones de végétation
- Toundra
- Forêt subarctique
- Forêt boréale
- Forêt mixte

Altitude (m)
- 4000
- 3000
- 2000
- 1000
- 500
- 200
- niveau de la mer

11 Les familles linguistiques autochtones du nord-est de l'Amérique, vers 1500

Légende

Les trois familles linguistiques
- Esquimaude-aléoute
- Algonquienne
- Iroquoienne

- À quelle(s) zone(s) climatique(s) correspond chacune des familles linguistiques autochtones du Québec?
- Qu'est-ce qui différencie le territoire de chacune des familles linguistiques?

12 Des activités hivernales

Pendant l'hiver, le gel des cours d'eau contraint les Algonquiens à chercher d'autres types de nourriture. Divisés en petites bandes pour ne pas épuiser les ressources essentielles à leur survie, ils se déplacent sur un vaste territoire à l'intérieur des terres et chassent le gros gibier. Les Algonquiens chassent surtout l'orignal quand la neige est suffisamment abondante pour ralentir ses déplacements.

Richard Levinge, *Chasseurs autochtones traversant une forêt lors d'une tempête de neige et traînant avec eux un orignal abattu*, 1838.

13 Des activités estivales

Du printemps à l'automne, les Algonquiens se rassemblent près des principaux cours d'eau pour pêcher ou chasser. Ils pratiquent également la cueillette de petits fruits, de noix, de sève et de racines.

Theodor de Bry ou Matthaeus Merianus, *De Terra nuper inuenta*, 1634.

- De quoi se nourrit ce groupe autochtone ?
- Quels moyens de transport utilise-t-il ?

Les Algonquiens

Une grande partie des Algonquiens du territoire sont installés dans la zone qui correspond au climat subarctique. L'essentiel de leur économie repose sur l'exploitation des ressources qu'ils tirent de la chasse, de la pêche et de la cueillette. Pour se nourrir, les Algonquiens chassent le gros gibier (caribou, orignal, etc.), le petit gibier (porc-épic, lièvre, etc.) ainsi que certains oiseaux (huart, oie, gélinotte, etc.). Certains animaux, tels le castor, la martre, le renard, le rat musqué, l'ours et le loup, leur procurent également la fourrure dont ils ont besoin pour se vêtir. L'alimentation des Algonquiens inclut aussi des produits de la pêche (saumon, omble, grand brochet, etc.).

Comme la disponibilité des ressources varie selon le cycle des saisons, les Algonquiens doivent rester en mouvement pour se procurer ces ressources : ils sont donc un peuple de nomades.

14 La division du travail chez les Algonquiens

Sexe	Activités
Femmes	<ul><li>cueillette</li><li>chasse au petit gibier et pêche</li><li>cuisine, boucherie, entretien de l'habitation</li><li>artisanat (couture, vannerie, travail de l'écorce, etc.)</li><li>soins et éducation des enfants</li></ul>
Hommes	<ul><li>pêche et chasse</li><li>abattage des arbres, construction, travail du bois</li><li>commerce</li><li>guerre</li></ul>

15 Une technique de chasse

Les chasseurs se servent d'appelants pour attirer et capturer des oiseaux. Cet appelant, fait de brindilles de mélèze nouées par des bouts de ficelle, représente probablement une bernache. La technique utilisée ici remonte sans doute à la période qui a précédé les premiers contacts avec les Européens.

Un appelant.

- Comment cet objet aide-t-il les Algonquiens à se procurer une des ressources dont ils ont besoin ?

Les Iroquoiens

Le territoire occupé par les Iroquoiens est situé en grande partie dans la zone climatique continentale humide. Même si la chasse, la pêche et la cueillette sont des activités importantes dans l'économie iroquoienne, le climat plus doux et la richesse du sol des basses terres du Saint-Laurent rendent également possible la pratique de l'agriculture. Héritiers d'un savoir transmis de peuple en peuple depuis les régions subtropicales d'Amérique centrale, les communautés iroquoiennes adoptent tour à tour la culture du maïs entre l'an **1000 av. J.-C.** et l'an **900 ap. J.-C.**, selon la localisation de leur territoire. Cette pratique influence grandement leur mode de vie puisqu'elle les amène à demeurer plus longtemps sur un même territoire, ce qui contribue à leur sédentarisation. On voit ainsi apparaître des villages de maisons longues et une structure sociale plus complexe. En outre, la pratique de l'agriculture a des effets importants sur l'organisation du territoire, puisque les Iroquoiens défrichent des étendues sauvages, en recourant notamment à la technique du **brûlis**. Lorsque les sols du territoire qu'ils exploitent s'épuisent, les Iroquoiens les abandonnent et s'en vont poursuivre leurs activités sur une autre partie du territoire.

Brûlis Pratique agricole qui consiste à brûler la végétation d'une partie d'un territoire afin de préparer le sol à la culture.

Les hommes iroquoiens participent aux tâches agricoles en défrichant le terrain à coups de hachette, en retirant les souches et en préparant, à l'aide de houes de bois, les monticules destinés à accueillir les semences. Ce sont toutefois surtout les femmes qui pratiquent l'agriculture : elles ensemencent le sol à l'aide de bâtons à fouir, assurent le suivi des plantations et participent à la récolte. Par ailleurs, comme les hommes consacrent l'essentiel de leur temps à la chasse, les femmes, qui veillent aux travaux des champs, jouent un rôle important dans la gestion de la maisonnée et du village.

16 La division du travail chez les Iroquoiens

Sexe	Activités
Femmes	• agriculture (semailles, récoltes, etc.) • cueillette • chasse au petit gibier et pêche • cuisine, boucherie, entretien de l'habitation • artisanat (couture, poterie, vannerie, etc.) • soins et éducation des enfants
Hommes	• défrichage • construction (structure des maisons, palissade) • pêche et chasse saisonnières • artisanat (armes, outils, etc.) • commerce • guerre et relations diplomatiques

17 Les trois sœurs

Les Iroquoiens pratiquent la culture combinée du maïs, du haricot et de la courge, qu'ils appellent « les trois sœurs ». Le plant de maïs qui pousse au milieu d'un monticule sert de tuteur aux haricots alors que les courges, qui rampent autour du maïs et des haricots, évitent la propagation des mauvaises herbes et retiennent l'humidité au sol. Le maïs représente la base de l'alimentation iroquoienne. Plusieurs variétés de maïs ont d'ailleurs été retrouvées sur différents sites archéologiques.

Francis Back, *Les trois sœurs*, 2006.

Comment la culture du maïs influence-t-elle le mode de vie des Iroquoiens ?

18 Un outil quotidien

Les femmes iroquoiennes procèdent aussi à la transformation des grains en farine à l'aide d'une meule constituée de grosses pierres. Les grains de maïs sont broyés, séchés et entreposés dans des pots de terre cuite pour les conserver. La farine de maïs est utilisée dans la confection de pains et de divers plats, telle la sagamité, une bouillie de maïs à laquelle on ajoute du poisson, de la viande, des haricots ou de la courge.

Meule à main, précontact

Les Inuits

Les Autochtones qui sont installés dans la zone climatique arctique sont soumis à des conditions extrêmes. Pour se nourrir, se vêtir et confectionner les objets dont ils ont besoin pour survivre, les Inuits chassent et pêchent. Ces activités les obligent à se déplacer continuellement pour aller là où se trouvent les ressources : les Inuits sont donc nomades. À proximité de la mer, ils chassent surtout les mammifères marins comme la baleine, le phoque, le morse et le béluga. À l'intérieur des terres, ils chassent principalement le caribou, dont la viande constitue une part importante de leur alimentation.

Comme les ressources sont peu abondantes, les Inuits tirent le meilleur parti de celles dont ils disposent. Par exemple, en plus de se nourrir de la viande de caribou, ils utilisent également la peau de cet animal pour se vêtir et confectionner les toiles des tentes pour la saison estivale. Ils recyclent aussi les os pour en faire des objets usuels (aiguilles, outils, etc.). Les Inuits transforment également la graisse des mammifères marins en huile, qu'ils utilisent notamment pour s'éclairer et se chauffer.

19 **Les moyens de transport inuits**

Pour se déplacer et chasser, les Inuits se servent de moyens de transport adaptés à leur environnement. Sur l'eau, ils utilisent le kayak et l'oumiak, construits à partir d'une structure en bois qu'ils recouvrent de peaux de phoques imperméables. Sur la neige, les Inuits se déplacent en traîneau, dont les patins sont faits d'os ou d'ivoire.

F. Wiebman, *Esquimaux*, 1577.

20 **Le harpon à tête détachable**

Le harpon à tête détachable est efficace pour la chasse. Une fois que la tête du harpon a pénétré la chair de l'animal, le chasseur fait pivoter celle-ci à 90 degrés, empêchant ainsi la prise de s'enfuir. Cette arme a permis d'améliorer les techniques de chasse et, par conséquent, les conditions de subsistance des Inuits.

Tête de harpon, 1000-1700.

21 **La division du travail chez les Inuits**

Sexe	Activités
Femmes	• cueillette • chasse au petit gibier et pêche • cuisine, boucherie, entretien de l'habitation • couture • soins et éducation des enfants
Hommes	• chasse et pêche • construction • fabrications des armes, outils et moyens de transport

PISTES d'interprétation CD 2

1. Quelles sont les trois principales familles linguistiques autochtones sur le territoire actuel du Québec ?

2. Quelles sont les principales caractéristiques de ces familles linguistiques (régions habitées, mode de vie, principales ressources exploitées, principaux produits fabriqués) ?

Question bilan

3. Quels sont les effets des activités de subsistance des Autochtones sur le territoire qu'ils occupent ?

Les réseaux d'échanges

Puisque les conditions climatiques et les types de végétation diffèrent d'une région à l'autre, chacune des familles linguistiques autochtones doit s'adapter à son milieu particulier et se développer en exploitant les ressources de son environnement. Toutefois, ces ressources sont réparties de manière inégale entre les zones climatiques (ou les zones de végétation). Les différents peuples autochtones dépendent donc les uns des autres pour se procurer certaines ressources qu'ils ne peuvent trouver sur leur territoire ou encore des biens qu'ils ne peuvent produire eux-mêmes.

Vers 1500, les différentes communautés autochtones nomades et sédentaires pratiquent le troc, c'est-à-dire qu'elles échangent des marchandises. Ainsi, les Iroquoiens échangent leurs surplus agricoles contre des peaux de caribou, des fourrures ou des surplus de viande accumulés par les chasseurs algonquiens. De plus, de véritables réseaux d'échanges, dont certains existent depuis des milliers d'années, permettent aux Autochtones d'Amérique du Nord d'avoir accès à des ressources et des produits introuvables dans leur environnement. Les biens échangés empruntent les trajets traditionnels que suivent les Autochtones lors de leurs déplacements et parcourent souvent de très grandes distances. Ainsi, les Autochtones qui vivent dans les basses terres du Saint-Laurent peuvent se procurer des coquillages ayant voyagé depuis le golfe du Mexique, la côte atlantique ou les provinces maritimes actuelles, de même que du cuivre provenant du nord du lac Supérieur, ou encore des projectiles faits avec des matériaux du Labrador.

22 Un outil d'obsidienne

Parmi les ressources échangées, l'obsidienne, une pierre noire, est probablement une des plus précieuses, parce qu'elle permet de créer des outils plus tranchants.

Article de troc en obsidienne, v. - 2000.

23 Les principaux sentiers d'échanges autochtones, vers 1500

Les Autochtones mettent sur pied des routes commerciales qui leur permettent d'échanger des biens avec d'autres nations dans des régions éloignées.

Légende

- ○ Origine de la ressource
- → Ambre
- → Coquillage
- → Argent ou galène
- → Cuivre
- → Obsidienne
- → Silice
- → Fer

D'après *Atlas historique du Canada*, vol. 1, planche 14, Presses de l'Université de Montréal, 1987.

● Vers 1500, quelles ressources les Autochtones installés sur le territoire actuel du Québec peuvent-ils obtenir par les réseaux d'échanges?

La signification des échanges

Vers 1500, les nombreux échanges effectués entre les différentes nations autochtones servent essentiellement à combler mutuellement leurs besoins. Les Autochtones n'ont alors aucune volonté d'accumuler des richesses et de faire du profit. Ils préfèrent mettre en commun leurs biens et leurs ressources. De plus, en faisant preuve de générosité au moment des échanges, ils montrent leur prestige. En effet, à l'utilité du troc sur le plan économique s'ajoute une signification politique et culturelle importante. Les échanges sont considérés comme essentiels aux liens diplomatiques qu'entretiennent les différentes nations. Ils servent notamment à payer des tributs en temps de guerre, à officialiser des rencontres entre dignitaires et à faciliter les négociations de paix.

24 Une arme en cuivre

Des recherches archéologiques effectuées dans les basses terres du Saint-Laurent ont permis de mettre au jour des matériaux qui ne se trouvaient pas à l'origine dans la région. Grâce aux échanges, les Autochtones des basses terres du Saint-Laurent se procuraient le cuivre de la région du lac Supérieur, nécessaire à la fabrication d'objets comme des couteaux, des hameçons, des aiguilles, des bracelets ou des pendentifs.

Pointe de projectile ou couteau, v. −3000.

25 Un collier de coquillages

Les coquillages proviennent principalement de la côte atlantique. Très prisés, ils servent entre autres à décorer des vêtements cérémoniels. Les coquillages ont une grande valeur en raison de la place qu'ils occupent dans l'établissement de réseaux commerciaux, mais aussi lors des cérémonies, à caractère diplomatique ou autres.

Collier iroquois, pré-contact.

26 Les échanges autochtones

Au tout début du régime français, le père Gabriel Lalemant, un missionnaire Jésuite, décrit les activités commerciales de certains Amérindiens et leurs effets sur leur mode de vie.

« Il semble qu'ils ont autant de domiciles que l'année a de saisons. Au printemps, une partie d'entre eux restent pour la pêche, là où ils considèrent qu'elle sera meilleure ; une partie s'en va pour commercer avec les tribus rassemblées sur la rive de la mer du Nord ou mer de glace […] En été, ils se rassemblent tous […] au bord d'un grand lac […] Vers le milieu de l'automne, ils commencent à s'approcher de nos Hurons, sur les terres desquels ils ont l'habitude de passer l'hiver ; mais avant de les atteindre, ils attrapent autant de poissons que possible, qu'ils font sécher. C'est la monnaie d'échange avec laquelle ils achètent leur principal stock de maïs, bien qu'ils se soient procuré toutes sortes d'autres marchandises… Ils cultivent un petit terrain près de leur abris d'été ; mais c'est plus pour le plaisir, et parce qu'ils peuvent avoir des aliments frais à manger, que pour leur subsistance. »

Écrits du père Lalemant, 1614.

- Quelle est la famille linguistique à laquelle le père Lalemant fait référence dans ce texte ?
- Quels sont les indices qui vous ont permis de reconnaître la famille linguistique ?
- Avec qui les nations de cette famille font-elles du commerce ou des échanges ?
- Quels sont les principaux produits échangés ?

PISTES d'interprétation CD 2

1. Qu'est-ce qui pousse les différents peuples autochtones à établir un réseau commercial ?
2. Quels sont les types de produits échangés ?
3. Quelle est la signification des échanges pour les différents peuples autochtones ?

Question bilan

4. Quels sont les effets de la mise sur pied de réseaux d'échanges sur l'organisation des territoires et des sociétés autochtones ?

Les premiers contacts

Vers 1500, plusieurs communautés amérindiennes s'installent pour l'été à l'embouchure des rivières ou sur les rives du Saint-Laurent. Faciles d'accès, ces endroits leur permettent de pêcher et d'échanger des biens et des ressources avec d'autres communautés. C'est également sur les rives du Saint-Laurent qu'ils ont leurs premiers contacts avec des Européens.

Les explorations européennes

Au cours du Xᵉ siècle, des Scandinaves parcourent déjà les côtes nordiques de l'Amérique à la recherche d'une terre d'asile. **Au XVᵉ siècle**, plusieurs États européens sont désireux de trouver des métaux précieux et de commercer avec l'Orient sans avoir à passer par les intermédiaires génois, vénitiens ou turcs. Ils financent donc des expéditions afin de trouver un passage vers l'Asie, en passant notamment par l'océan Atlantique. Christophe Colomb, financé par l'Espagne, atteint ainsi l'Amérique en **1492**. Les navigateurs européens commencent alors à explorer ce territoire jusque-là inconnu des Européens. Jean Cabot, un Italien voyageant pour le compte de l'Angleterre, atteint Terre-Neuve et les côtes de l'Amérique du Nord en **1497**. En **1501**, les frères Corte Real, envoyés par le Portugal, auraient atteint les côtes du Labrador et de Terre-Neuve. Un autre explorateur italien, Giovanni da Verrazano, commandité par la France, explore en **1524** les côtes de l'Amérique du Nord entre la Floride et Terre-Neuve. Ces explorateurs remarquent que les eaux de la côte Est de l'Amérique du Nord regorgent de poissons. À cette époque, la demande en Europe pour ce type de ressource est très forte, et les pêcheurs s'empressent donc de venir l'exploiter.

27 Le poisson pour les jours maigres

Aux XVᵉ et XVIᵉ siècles, la majorité des Européens sont catholiques, et ils respectent les périodes de jeûne et les jours maigres prescrits par l'Église. Pendant les jours maigres, les croyants ne doivent pas consommer de viande, mais ils ont le droit de manger du poisson. Dans certaines régions d'Europe, il peut y avoir plus de cent jours maigres par année. Le poisson devient donc rapidement une ressource très convoitée.

Joachim Beuckelaer, *Le Marché aux poissons*, 1568.

28 Un outil de navigation

L'astrolabe nautique, mis au point au XVᵉ siècle, est une version simplifiée de celui qu'utilisent les astronomes. Il donne aux navigateurs la latitude du navire. Pour les premiers explorateurs, cet instrument facilite grandement la navigation.

Astrolabe nautique, XVᵉ siècle.

Les pêcheries

Au cours du XVIᵉ siècle, plusieurs bateaux de pêche espagnols, portugais, basques, bretons, anglais, français et néerlandais parcourent les côtes de l'Amérique du Nord à la recherche notamment de morues et de baleines. Les **Basques** et les **Bretons** sont parmi les premiers Européens à venir régulièrement pêcher et chasser la baleine sur les côtes de Terre-Neuve, du Labrador, puis dans le golfe du Saint-Laurent. Chaque été, ils aménagent des campements temporaires sur les rivages et y font sécher le poisson qu'ils ramènent ensuite en Europe. Vers la fin du XVIᵉ siècle, des Basques ont l'habitude de séjourner l'été dans la vallée du Saint-Laurent.

Pour conserver la morue, les marins pratiquent deux techniques : la pêche verte et la pêche sèche. La morue verte (fraîche) est conservée dans le sel, alors que l'autre est séchée. Pour faire sécher la morue, les pêcheurs érigent sur les rivages des structures de bois sur lesquelles ils disposent le poisson, qui sèche alors sous l'action combinée du soleil et du vent. Le poisson peut ensuite se conserver pendant plusieurs mois. Comme les pêcheurs européens qui pratiquent la pêche sèche doivent nécessairement débarquer sur les côtes, ils ont la possibilité d'entrer en contact avec les populations autochtones qui occupent le territoire.

Basque Habitant de la région appelée « pays basque », située à la frontière de la France et de l'Espagne, en bordure de l'océan Atlantique.

Breton Habitant du duché de Bretagne, situé au nord-ouest de la France, sur la côte atlantique.

29 La chasse à la baleine
La chasse à la baleine est très rentable à l'époque, tant pour les Autochtones que pour les pêcheurs européens. La graisse de baleine est fondue dans des fours pour en extraire l'huile dont les Européens se servent comme lubrifiant, pour fabriquer du savon, des cosmétiques, de la peinture, etc. Ils utilisent aussi l'huile de baleine comme combustible pour se chauffer et s'éclairer.

Anonyme, *Baleines, comment les pêcher et les tuer*, 1790.

Lieu de *mémoire*

Red Bay

Red Bay, un lieu historique national situé sur la côte sud du Labrador, témoigne de l'importance de l'industrie de la pêche pour les Européens au cours du XVIᵉ siècle. Les fouilles archéologiques qui y ont été menées ont révélé la présence de plus d'une vingtaine de stations de baleiniers basques à cet endroit. Les archéologues ont aussi découvert des vestiges de fours en pierres dont les Basques se servaient pour transformer la graisse de baleine en huile, qu'ils exportaient ensuite vers l'Europe. Ils ont également mis au jour les traces d'un cimetière de pêcheurs. Des fouilles sous-marines ont de plus conduit à la découverte de plusieurs embarcations basques très bien conservées.

Chalupa basque, XVIᵉ siècle.

La présence accrue des Européens sur le territoire nord-américain multiplie leurs contacts avec les Autochtones. Ils mettent à profit les nombreux réseaux d'échanges autochtones pour établir des liens commerciaux. Des objets de fabrication européenne (outils de métal, perles, miroirs, verroterie, tissus, etc.) sont peu à peu introduits dans les communautés autochtones. Les Amérindiens attribuent de la valeur à ces nouveaux objets qu'ils considèrent comme utiles, et ils les font donc circuler à travers leurs propres réseaux d'échanges. En contrepartie, les pêcheurs européens obtiennent surtout des fourrures, un produit qu'ils peuvent écouler facilement sur le marché européen et qui représente donc pour eux une seconde source de profit. Dans la mesure où chaque partie y trouve son profit, les Autochtones et les Européens entretiennent en général des rapports harmonieux. Cependant, s'ils n'établissent pas de relations commerciales, leurs rapports peuvent être plus tendus.

curiosité

Des mots basques

À leur arrivée sur le continent au XVIIᵉ siècle, certains marchands français ont rencontré des Amérindiens qui utilisaient des mots basques. Par exemple, ils utilisaient le mot *oregnac*, pour désigner l'élan du Canada et de l'Alaska. Le mot *oregnac* serait d'ailleurs à l'origine du mot orignal que nous utilisons aujourd'hui.

30 | La pêche à la morue

Au XVIIIᵉ siècle, alors que la pêche à la morue constitue toujours une activité économique importante pour les Européens, un mémoire décrit la façon dont les Européens conservaient la morue pour répondre aux habitudes de consommation des marchés auxquels elle était destinée.

« La pesche des molues se fait en deux manières, l'une avec des vaisseaux sur les bancs de Terre Neuve au large des costes de Canada, l'autre à terre et sur les bords de la mer, par la première on salle dans les vaisseaux les molues comme on les tire de mer, ce qu'on apelle les poissons verds, qui n'est autre chose que la molue blanche dont il se fait une si grande consommation à Paris, par la seconde on fait sécher les molues sur les costes de la mer après les avoir sallées et c'est ce qu'on apelle le poisson sec ou vulgairement merluche, qui se debite par tout le monde et dont on ne fait presq'aucun usage à Paris, faute d'en connoitre le merite [...] »

Anonyme, *Mémoire à Monseigneur le comte de Pontchartrain sur l'establissement d'une colonie dans l'isle du Cap Breton*, 30 novembre 1706.

- Quelle technique de conservation de la morue nécessite l'installation d'infrastructures sur le territoire de l'Amérique du Nord?
- Quelle technique de conservation est, selon l'auteur, la plus prisée à Paris à cette époque?

31 | La rade de l'Isle Percée

Ce plan de l'anse de l'île Percée, qui date de 1686, montre l'emplacement d'habitations de pêcheurs, probablement au même endroit que les installations saisonnières du XVIᵉ siècle.

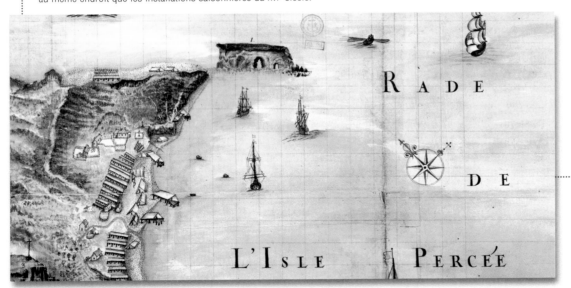

Anonyme, *Rade de l'Isle Percée*, 1686.

- Qu'est-ce qui pousse les Européens à s'établir dans des régions côtières?
- Comment ces installations favorisent-elles les contacts entre les Autochtones et les Européens?

L'Amérique dans le système économique européen

Le potentiel économique de l'Amérique du Nord alimente les visées **expansionnistes** et **colonialistes** des États européens. Des **capitaux** considérables sont alors investis pour y envoyer des bateaux et prendre possession de territoires aux dépens des Autochtones qui les occupent.

Les voyages de Jacques Cartier

Afin d'officialiser la présence de l'État français en Amérique du Nord, le roi François Ier confie au navigateur Jacques Cartier la mission de prendre possession du territoire et d'y trouver des richesses. Lors de son premier voyage, en **1534**, Cartier explore le Saint-Laurent. S'arrêtant sur la péninsule gaspésienne, il prend officiellement possession du territoire au nom du roi de France. Même s'il revient en Amérique l'année suivante, puis en 1541, Cartier ne réussit pas à trouver des ressources qui ont une valeur marchande pour les Européens, tels des métaux précieux. De plus, les relations entre les Européens et les Iroquoiens deviennent plus tendues. Les tentatives de colonisation sont donc abandonnées.

Expansionnisme Politique d'expansion territoriale et commerciale d'un État sur un territoire étranger.

Colonialisme Politique de domination d'un territoire par un autre État étranger.

Capital Ensemble des éléments (biens ou argent) qu'une personne ou une entreprise peut investir dans le but d'en tirer un profit.

32 **Quelques échanges entre des Français et des Amérindiens**

Après plusieurs voyages d'exploration, Cartier constate que les richesses qu'il croyait avoir trouvées en Nouvelle-France ont peu de valeur.

Samuel C. Hawkett, *Conférence entre Jacques Cartier et les Sauvages de Stadaconé, 6 mai 1536*, 1859.

33 **La rencontre entre l'équipage de Jacques Cartier et des Amérindiens, en 1534**

Au cours de ses trois voyages, Jacques Cartier rencontre plusieurs communautés amérindiennes.

« Et incontinent [aussitôt] qu'ils nous aperçurent, se mirent à fuir, nous faisant signe qu'ils étaient venus pour trafiquer avec nous ; et nous montrèrent des peaux de peu de valeur, de quoi ils s'accoutrent. Nous leur fîmes pareillement signe que nous ne leur voulions nul mal et descendîmes deux hommes à terre pour aller à eux leur porter des couteaux et autres ferrements et un chapeau rouge pour donner à leur capitaine [...] et demenèrent une grande et merveilleuse joie d'avoir et recouvrer des dits ferrements et autres choses, dansant et faisant plusieurs cérémonies. »

Jacques Cartier, *Récit de voyage*, 1534.

● Quel accueil les Amérindiens font-ils à Cartier et à son équipage ?

Un premier poste de traite

À la fin du XVIe siècle, les Français constatent que les peaux de castor que les pêcheurs échangent avec les Autochtones ont beaucoup de valeur en Europe. Le commerce des fourrures se présente alors pour les négociants français comme une nouvelle façon de s'enrichir. L'État français permet donc à des commerçants et des **armateurs** d'investir d'importantes sommes afin d'édifier un réseau de postes de traite des fourrures dans sa colonie du Canada. Une vive concurrence s'installe alors entre les négociants qui demandent à l'État qu'un **monopole** leur soit octroyé.

À cette époque, l'emplacement de Tadoussac, à l'embouchure du Saguenay sur le territoire des Montagnais (Innus), constitue déjà un carrefour du réseau d'échanges autochtones. Pour les Français, Tadoussac se révèle un site stratégique pour accéder aux réseaux d'échanges amérindiens, qui s'étendent loin à l'intérieur des terres. Cette situation commerciale avantageuse incite Pierre de Chauvin, sieur de Tonnetuit, à y établir un premier poste de traite permanent en **1600**. Peu à peu, la traite des fourrures devient un marché lucratif, notamment grâce à une alliance politique, commerciale et militaire avec les Montagnais.

Armateur Propriétaire d'un ou de plusieurs navires exploités à des fins commerciales.

Monopole Exploitation exclusive d'une ressource ou d'un marché par un individu ou une compagnie.

À travers le temps

Le fleuve Saint-Laurent

Au XVIᵉ siècle, le fleuve Saint-Laurent constitue une importante voie commerciale en Amérique du Nord et un axe de développement économique du Québec. Pour les Autochtones, les rives du Saint-Laurent servent souvent de points de rencontre où se déroulent de nombreux échanges. Par la suite, le fleuve permet aux premiers pêcheurs et explorateurs européens d'accéder à l'intérieur des terres et il favorise les échanges commerciaux entre l'Amérique et l'Europe. Il est aussi au cœur du développement de la colonie de la Nouvelle-France, car la population s'installe sur ses côtes. Pendant le XVIIIᵉ siècle, cette importante voie d'eau devient un axe de transport majeur, indissociable du développement du commerce en Amérique du Nord. Au cours du XIXᵉ et du XXᵉ siècle, le territoire industriel du Québec se développe à partir des rives du Saint-Laurent, et la plupart des grandes industries s'installent à proximité. Encore aujourd'hui, la majorité de la population québécoise vit aux abords du fleuve.

Une carte exécutée en 1597.

Le transport maritime, aujourd'hui.

Les répercussions des premiers contacts

En exploitant les ressources de leur territoire et en mettant sur pied des réseaux d'échange étendus, les Autochtones créent les premières économies nord-américaines. Les contacts avec les Européens ont cependant de lourdes conséquences pour les Autochtones. Première-ment, le commerce avec les Européens et l'affluence des objets de fabrication européenne dans leurs réseaux d'échanges enrichit et privilégie certaines nations au détriment d'autres nations, ce qui crée un déséquilibre politique. L'enjeu que constituent le contrôle et la diffusion des produits européens sur le territoire fait naître ou intensifie des rivalités qui auraient contribué à des guerres entre nations. Par ailleurs, les Autochtones sont victimes de maladies contagieuses transmises par les Européens. Malgré la diminution de leur population, les Autochtones demeureront toutefois pendant longtemps des acteurs majeurs de l'histoire nord-américaine.

PISTES d'interprétation CD 2

1. Quelles sont les raisons qui ont poussé les Européens à venir explorer les côtes de l'Amérique du Nord?

2. Quels sont les produits échangés entre les Européens et les Amérindiens?

3. Comment les contacts entre les Européens et les Amérindiens ont-ils contribué au développement du système économique européen?

Question bilan

4. Quels sont les effets du développement des activités d'échanges entre les Européens et les Autochtones sur l'organisation des sociétés et du territoire autochtones?

Portrait

Pierre de Chauvin, sieur de Tonnetuit (? - 1603)

Pierre de Chauvin, sieur de Tonnetuit, est capitaine dans la marine française. Issu d'une riche famille de marchands protestante, il s'intéresse à la traite des fourrures. Il obtient du roi Henri IV une charge qui lui permet d'acquérir le monopole de la traite des fourrures en Nouvelle-France. Chauvin promet d'installer quelques colons dans la région de Tadoussac. Il investit donc des fonds afin d'y envoyer des bateaux et d'y construire des postes de traite. Puis, il construit un premier poste permanent à Tadoussac, plaque tournante du commerce avec les Au-tochtones. Cependant, ses entreprises de colonisa-tion échouent, en raison notamment de la difficulté qu'éprouvent les Européens à s'adapter à l'hiver rigoureux et de la concurrence pour l'obtention de monopoles.

● Pourquoi Chauvin choisit-il de s'installer à Tadoussac?

L'économie sous le régime français

1608-1760

Au cours du XVIe siècle, les rencontres entre les Autochtones et les Européens se multiplient en raison des activités de pêche de ces derniers sur les côtes de l'Amérique du Nord. Puis, les Français et les Amérindiens découvrent qu'une autre ressource, la fourrure, procure des avantages à chaque groupe. C'est le commerce des fourrures qui va amener les Français à s'établir sur le territoire de façon permanente à partir de 1608. C'est aussi ce qui va encourager différents groupes d'Amérindiens à accepter leur présence. Par l'entremise des compagnies, notamment, les Français développent donc ce commerce qui contribue à l'expansion de leur empire colonial en Amérique du Nord. Pendant le régime français, le commerce des fourrures devient un des principaux moteurs de l'économie et l'une des bases de l'alliance franco-amérindienne.

En 1663, l'État français décide d'administrer lui-même le territoire. À la fin du XVIIe siècle et pendant le XVIIIe siècle, la métropole adopte des mesures visant à accroître la population et à diversifier l'économie de la colonie. L'État français veut entre autres créer un marché local en Nouvelle-France afin d'y écouler ses produits finis et d'améliorer l'exploitation des ressources de la colonie. Dans le but de répondre à leurs besoins, les habitants développent d'autres activités économiques telles l'agriculture et les entreprises artisanales.

Quels sont les effets des activités économiques sur la société et le territoire en Nouvelle-France ? CD 2

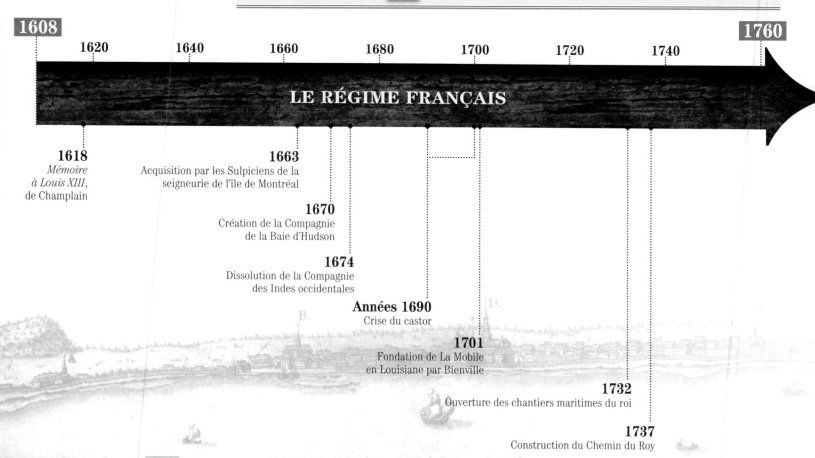

1608 — **1620** — **1640** — **1660** — **1680** — **1700** — **1720** — **1740** — **1760**

LE RÉGIME FRANÇAIS

1618
Mémoire à Louis XIII, de Champlain

1663
Acquisition par les Sulpiciens de la seigneurie de l'île de Montréal

1670
Création de la Compagnie de la Baie d'Hudson

1674
Dissolution de la Compagnie des Indes occidentales

Années 1690
Crise du castor

1701
Fondation de La Mobile en Louisiane par Bienville

1732
Ouverture des chantiers maritimes du roi

1737
Construction du Chemin du Roy

Le développement économique : moteur de la colonisation

CONCEPTS

Capital, production

Après avoir pris symboliquement possession du territoire en 1534, les Français abandonnent leurs tentatives de colonisation faute d'avoir établi des relations harmonieuses avec les Iroquoiens. Vers la fin du XVIᵉ siècle, attirés par le commerce des fourrures, les Français forment une alliance avec différents groupes d'Amérindiens. Peu à peu, ils explorent la voie navigable du Saint-Laurent, qui les conduit vers l'intérieur des terres. Ils y découvrent des ressources susceptibles de les enrichir.

Le mercantilisme

Au cours des **XVIᵉ et XVIIᵉ siècles**, les grandes puissances européennes fondent le développement de leur économie sur le **mercantilisme**. Elles rivalisent donc afin de construire des empires coloniaux qui vont leur permettre de s'enrichir.

Mercantilisme Théorie économique qui fonde la prospérité d'une nation sur l'accumulation d'or et d'argent.

Selon la théorie du mercantilisme, les États colonisateurs doivent exporter le plus de produits possible afin de s'enrichir grâce aux profits engendrés par leurs exportations. Ainsi, les métropoles comptent sur leurs colonies pour acquérir les matières premières nécessaires à la production de biens manufacturés qu'elles peuvent ensuite revendre à d'autres États. Les colonies approvisionnent donc les manufactures de la métropole, en plus de constituer un marché pour la revente des produits finis.

Une colonie-comptoir

C'est dans cette optique mercantiliste que la France s'intéresse à la Nouvelle-France et à ses richesses. En effet, le développement de la colonie est d'abord basé sur l'exploitation de ses ressources et sur le commerce qui s'y rattache. À la **fin du XVIᵉ siècle**, de plus en plus d'armateurs, de négociants, de marchands et d'explorateurs s'intéressent au commerce des fourrures. Avec le soutien de l'État, ils organisent des expéditions dans le but d'explorer le territoire des Amérindiens et d'établir des relations commerciales avec eux. Après quelques années de vive concurrence entre les marchands, le roi décide de mettre de l'ordre dans ce commerce. Il accorde des monopoles commerciaux à des individus qui s'engagent, en retour, à protéger les droits de la France sur le territoire.

C'est ainsi qu'en **1600**, Pierre de Tonnetuit de Chauvin, le détenteur du monopole de traite, érige un premier poste de fourrures à Tadoussac. En 1604, un autre établissement est mis sur pied en Acadie, à l'embouchure de la rivière Sainte-Croix, cette fois par Pierre Du Gua de Monts, nouveau détenteur du monopole. Après un hiver dévastateur, ce dernier déménage le poste à Port-Royal (dans l'actuelle Nouvelle-Écosse). Les tentatives de Du Gua de Monts s'avèrent infructueuses. Il faut attendre **1608** pour que Samuel de Champlain (le lieutenant de Du Gua de Monts) fonde l'établissement de Québec et y installe un poste de traite permanent.

34 Les débuts de l'Acadie : la région de Port-Royal

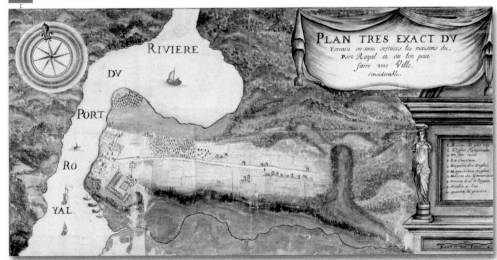

Anonyme, *Plan très exact du terrain où sont situées les maisons du Port Royal et où on peut faire une ville considérable*, 1686.

Samuel de Champlain a pour mission d'explorer les rives du fleuve Saint-Laurent et de prendre contact avec les Amérindiens, leurs partenaires commerciaux. Il doit aussi procéder au recensement des richesses du territoire. C'est ce qui l'amène, en **1618**, à écrire un mémoire au roi Louis XIII, dans lequel il décrit le potentiel économique de la Nouvelle-France.

35 Mémoire de Champlain à Louis XIII

Dans son mémoire à Louis XIII, Champlain fait état des ressources disponibles sur le territoire de la Nouvelle-France.

Le roi se rendra maître et seigneur d'une terre de près de dix-huit cents lieues de long, arrosée des plus beaux fleuves du monde et des plus grands lacs en plus grande quantité, et les plus fertiles et abondantes en toute sorte de poissons qui se peuvent trouver, comme aussi des plus grandes prairies, campagnes, forêts remplies la plupart de noyers, et coteaux très agréables où il se trouve grande quantité de vignes sauvages, lesquelles apportent le grain autant ou plus gros que les nôtres, toutes cultivées qu'elles sont.

Samuel de Champlain, *Mémoire à Louis XIII*, 1618.

- Quelles sont les ressources que Champlain estime exploitables?
- Selon vous, existe-t-il d'importantes différences entre les ressources disponibles en Nouvelle-France et celles qui sont disponibles en France?

Colonie-comptoir Poste mis sur pied sur un territoire dans le but d'en exploiter les ressources.

Malheureusement, la plupart des ressources du territoire sont disponibles en Europe, et les distances à parcourir pour les acheminer vers la métropole font gonfler les coûts d'exploitation. De plus, la population d'origine française n'est pas assez nombreuse pour en exploiter les ressources. En effet, Québec compte à peine 20 colons au milieu des années 1620. Enfin, le danger d'attaques iroquoises n'incite pas les gens à s'installer sur le territoire. Le Canada n'est alors qu'une **colonie-comptoir**.

36 Les Amérindiens et la fourrure

En ce qui concerne la production de la fourrure, les Amérindiens font l'essentiel du travail : chasse, préparation des peaux et transport.

Cornelius Krieghoff, *Trappeur huron de Lorette*, vers 1855.

Le système des compagnies

De **1601 à 1627**, les monopoles se succèdent, mais seulement une petite poignée de Français s'établissent dans la colonie. En effet, les détenteurs de monopoles considèrent qu'il n'est pas rentable d'investir dans un projet de peuplement, puisqu'il suffit de quelques employés pour gérer les entrepôts et expédier les fourrures vers la métropole.

Devant cette situation, l'État impose l'obligation de peupler la vallée du Saint-Laurent au détenteur du monopole du commerce des fourrures. En **1627**, la Compagnie des Cent-Associés (aussi connue sous le nom de Compagnie de la Nouvelle-France) voit le jour. Elle réunit une centaine d'actionnaires français qui investissent un capital de départ. Chaque actionnaire doit recevoir une part des profits engendrés par le commerce des fourrures. En échange, la Compagnie doit peupler et gérer le territoire. Détentrice du monopole, la Compagnie est seule, en théorie, à pouvoir commercer avec les Amérindiens et revendre les produits échangés en Europe.

En **1627**, la France et l'Angleterre entrent en guerre. Une flotte anglaise intercepte les premiers bateaux envoyés vers la Nouvelle-France, qui transportent près de 400 colons et des vivres pour la colonie. La Compagnie essuie de lourdes pertes financières et est incapable de respecter ses engagements.

37 Le monopole du commerce des pelleteries

Le gouverneur de la Nouvelle-France, monsieur de Montmagny, adopte des mesures dans le but de faire respecter le monopole de la Compagnie des Cent-Associés. Il précise que toutes les peaux destinées à la traite seront obligatoirement acheminées au magasin de la Compagnie.

« Nous Charles Huault de Montmagny, Chevalier de l'Ordre de St-Jehan de Hierusalem, lieutenant pour sa Majesté en toute l'estendue du fleuve St-Laurents de la Nouvelle-France.

Sur ce qu'il nous auroit esté représenté par le Sr Olivier Le Tardif commis général de la traitte, que plusieurs personnes destournoient et faisoient embarquer quantité de Castors sans en advertir les commis du Magazin dont s'ensuit un notable intérest pour messieurs de la Compagnie de la Nouvelle-France, [...]. Faisons expresses défences à toutes personnes de quelque condition qu'elles soient de porter doresnavant et faire porter aucuns Castors et autres pelleteries de traitte en bas de la Coste de Quebec sans la permission du directeur Sr Olivier Le Tardif ou de ses soubs commis, soubs peine aux contrevenants de confiscation des dits Castors. »

Charles Huault de Montmagny, *Lettre du 19 juillet 1640.*

Note : Le texte a été reproduit conformément à l'orthographe en usage au XVIIe siècle.

- Quelle activité illégale le Sieur Le Tardif dénonce-t-il ?
- Comment le gouverneur règle-t-il le problème ?
- Pourquoi, selon vous, le gouverneur intervient-il ?

En **1645**, la Compagnie cède son monopole à la Communauté des Habitants, qui comprend cette fois une majorité d'actionnaires de Québec. En échange, la Communauté remet mille livres de peaux de castors par année à la Compagnie des Cent-Associés. En principe, tous les habitants de la colonie peuvent désormais participer à la traite des fourrures par l'entremise de la Communauté. Dans les faits, un petit nombre de personnes retire la majorité des gains. Par ailleurs, les principaux partenaires financiers des Français, les Hurons, sont dispersés, chassés par les Iroquois. Cette situation perturbe sérieusement le réseau de traite.

En 1661, Louis XIV débute son règne personnel. Deux ans plus tard, il ordonne la création d'une administration royale dans la colonie. Il dissout la Compagnie des Cent-Associés, mettant ainsi fin au monopole de la Communauté des Habitants. Afin de maîtriser les activités économiques de la Nouvelle-France et d'affirmer ses revendications territoriales sur l'Amérique du Nord, Louis XIV met sur pied des compagnies qui lui sont redevables : des entreprises d'État. C'est le cas de la Compagnie des Indes occidentales, fondée en **1664**, à qui le roi cède la responsabilité des possessions françaises en Afrique et en Amérique. Mais le monopole de la Compagnie des Indes occidentales n'est que de courte durée. Chargée de peupler le Canada, elle s'intéresse beaucoup plus au commerce dans les Antilles françaises. Elle est dissoute en 1674.

38 Les armoiries de la Compagnie des Indes occidentales

En 1665, la Compagnie des Indes occidentales possède un capital évalué à près de quatre millions de livres et une flotte d'environ 50 vaisseaux.

PISTES d'interprétation CD 2

1. Selon la théorie du mercantilisme, quel est le rôle des colonies dans l'économie de la France ?
2. Qu'est-ce qui motive la France à établir des postes de traite en Nouvelle-France ?
3. Qu'est-ce qu'une colonie-comptoir ?
4. Pourquoi le peuplement de la Nouvelle-France se développe-t-il lentement ?
5. Comment fonctionne le système des compagnies ?

Question bilan

6. Quels sont les effets du commerce des fourrures sur la colonie ?

L'expansion du territoire

Pendant une grande partie du **XVIIe siècle**, l'expansion du territoire colonial français en Amérique du Nord dépend largement du commerce des fourrures. Les alliances avec les Autochtones, qui habitent le territoire, permettent aux Français de découvrir l'immense réseau hydrographique qui s'y trouve. Ils peuvent alors explorer l'intérieur des terres.

39 L'expansion territoriale française en Amérique, entre 1663 et 1755

À partir de 1663, les Français organisent de nombreuses expéditions d'exploration à travers l'Amérique du Nord. En 1755, leurs postes et leurs forts forment un réseau qui couvre une bonne partie de l'intérieur du continent. Dans ce vaste territoire peuplé surtout d'Amérindiens, des colons français s'installent sur le territoire exploré.

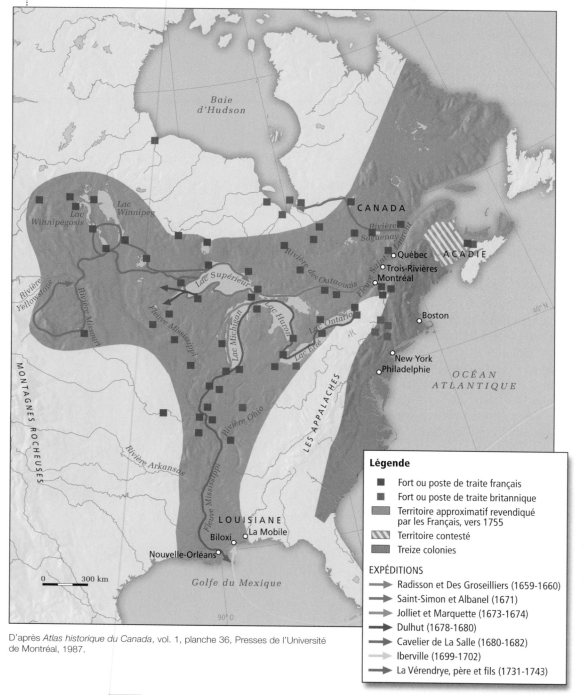

Légende

■ Fort ou poste de traite français
■ Fort ou poste de traite britannique
▨ Territoire approximatif revendiqué par les Français, vers 1755
▨ Territoire contesté
■ Treize colonies

EXPÉDITIONS
→ Radisson et Des Groseilliers (1659-1660)
→ Saint-Simon et Albanel (1671)
→ Jolliet et Marquette (1673-1674)
→ Dulhut (1678-1680)
→ Cavelier de La Salle (1680-1682)
→ Iberville (1699-1702)
→ La Vérendrye, père et fils (1731-1743)

D'après *Atlas historique du Canada*, vol. 1, planche 36, Presses de l'Université de Montréal, 1987.

Le commerce et les explorations

Au cours du XVIIe siècle, les Français lancent de nombreuses expéditions de découvertes autour des Grands Lacs et plus au sud, le long du fleuve Mississippi et de la rivière Ohio. Ils édifient des postes de traite et des forts sur les rives des principaux cours d'eau. Ces établissements servent de magasins, de lieux d'échanges et de bases militaires. Certains administrateurs, comme l'intendant Jean Talon, favorisent cette expansion. Ils voient une façon d'assurer la domination française sur le commerce des fourrures dans ces régions, et à contenir l'expansion des Treize colonies britanniques. L'extension du territoire vers l'ouest, le nord et le sud sert donc le commerce entre les Français et les Amérindiens et les ambitions de la France sur le continent. Les explorations de Louis Jolliet et de Jacques Marquette sur le fleuve Mississippi, en 1673, se révèlent particulièrement importantes, puisqu'elles vont mener à la création d'une nouvelle colonie française : la Louisiane.

Dans les **années 1680**, René-Robert Cavelier de La Salle atteint le golfe du Mexique. Il prend symboliquement possession du bassin du fleuve Mississippi, qu'il nomme « Louisiane » en l'honneur du roi Louis XIV. Fondé sur l'actuelle ville de Biloxi, le premier établissement français de la Louisiane est érigé en 1699. La nouvelle colonie se développe lentement, grâce à une agriculture de plantation (tabac, indigo…) qui fait appel à une main-d'oeuvre d'esclaves d'origine africaine. Avec sa petite population d'origine française, concentrée ici et là en territoire amérindien, la Louisiane étend la zone d'influence française sur le continent.

Des alliances et des rivalités

Le commerce des fourrures repose sur la collaboration entre les Français et les Autochtones qui s'échangent des marchandises et des fourrures, mais aussi des informations et une aide militaire. Pour les Français, les Amérindiens sont des partenaires indispensables. C'est la raison pour laquelle, dès l'établissement des postes de traite de Tadoussac (1600) et de Québec (1608), François Gravé du Pont ainsi que Champlain s'empressent de conclure des alliances avec les Algonquiens, dont les Montagnais, puis avec les Hurons. Les Autochtones distribuent les produits français par leurs réseaux d'échanges et acheminent les fourrures vers les postes de traite que les Français érigent peu à peu le long des cours d'eau.

40 **Des alliances entre les Français et les Hurons**

En 1609, les Français concluent une alliance avec les Hurons, qui vont faire du commerce aux postes de traite de la vallée du Saint-Laurent pendant près de 40 ans.

Claude Joseph Sauthier, *Carte de la partie inhabitée du Canada* [détail], 1777.

41 **La destruction de la Huronie durant l'hiver 1649-1650**

La présence européenne intensifie un conflit ancien entre les Confédérations huronne et iroquoise. Dans les années 1640, les Cinq nations iroquoises détruisent la Huronie en se servant d'armes à feu obtenues des Néerlandais.

Joseph Légaré, *Le massacre des Hurons par les Iroquois*, 1828.

Les Français ont toutefois des rivaux en Amérique du Nord. Depuis le **début du XVIIᵉ siècle**, les Néerlandais et les Anglais ont fondé des colonies sur la côte est de l'Amérique du Nord. Les rivaux des Français fournissent armes et marchandises à la Confédération iroquoise qui vise la destruction des Hurons, alliés des Français. Affaiblis par les maladies et divisés, les Hurons sont décimés entre **1648 et 1650**. Des Algonquiens continuent de fournir des fourrures aux Français, mais ils se heurtent aussi aux Iroquois. À la faveur d'une période de paix avec les Iroquois (1667-début 1680), des commerçants français, qu'on appellera « coureurs de bois », se rendront alors dans la région des Grands Lacs, à la recherche de fourrures bon marché.

Un territoire convoité : la baie d'Hudson

Au **milieu du XVIIᵉ siècle**, les territoires situés au nord-ouest des Grands Lacs demeurent inexplorés par les Européens. En 1659, Médard Chouart Des Groseilliers (un coureur de bois) et son beau-frère, Pierre-Esprit Radisson, décident de se rendre dans cette région pour commercer avec les Autochtones, dont ils connaissent bien les langues et les coutumes. Ils se rendent sur les rives du lac Supérieur. Les deux explorateurs rapportent des connaissances détaillées de ces territoires et des fourrures de qualité, mais ils ne réussissent toutefois pas à convaincre les autorités françaises de financer une expédition commerciale vers la baie d'Hudson. Ils décident donc d'offrir leurs services à la couronne anglaise, qui finance une expédition maritime dans la baie d'Hudson en 1668. Radisson et Des Groseilliers sont donc à l'origine de la création de la *Hudson's Bay Company* (Compagnie de la Baie d'Hudson, CBH).

Les Français, qui jusque-là étaient pratiquement les seuls à pratiquer la traite des fourrures avec les nations de l'intérieur de l'Amérique du Nord, doivent maintenant composer avec les Anglais. Au cours du **XVIIIᵉ siècle**, les deux États vont se livrer une vive concurrence sur le continent nord-américain.

PISTES
d'interprétation CD 2

1. Quels territoires les Français explorent-ils aux XVIIᵉ et XVIIIᵉ siècles ? Quelles sont leurs motivations ?

2. Qui sont les principaux alliés des Français en Nouvelle-France ? leurs principaux rivaux ?

3. Quelles sont les conséquences de la mise sur pied de la CBH sur le commerce des fourrures en Amérique du Nord ?

Question bilan

4. Quels sont les effets du commerce des fourrures sur le territoire de la Nouvelle-France ?

Lieu de *mémoire*

La Compagnie de la Baie d'Hudson

En 1670, le roi d'Angleterre octroie une charte qui va donner lieu à la création de la Compagnie de la Baie d'Hudson. Il cède le monopole du commerce des fourrures dans la région qui borde la baie d'Hudson et la baie James à des commerçants anglais. Il concède aussi à la CBH l'immense territoire amérindien qu'est le bassin de la baie. La Compagnie installe des postes de traite sur les rives de la baie d'Hudson et de la baie James, qui vont attirer une clientèle amérindienne, principalement crie. Le commerce français s'en ressent. Cette rivalité aura des répercussions sur le plan militaire. Après plusieurs conflits, le traité d'Utrecht, signé en 1713, reconnaît les droits de la Grande-Bretagne sur la baie d'Hudson, fixant ainsi la présence britannique dans le nord du continent. La CBH est encore aujourd'hui en activité et elle détient une part de marché importante dans la vente de marchandises au Canada.

Frances Anne Hopkins, *Voyageurs franchissant une cascade en canot*, 1869.

Des activités économiques liées aux ressources

La Nouvelle-France est d'abord et avant tout un comptoir commercial pour la métropole française, qui s'y approvisionne en matières premières. Les Français s'intéressent donc à l'Amérique du Nord principalement pour ses ressources : les pêcheries et les fourrures.

Les pêcheries

Pendant toute la période du régime français, la pêche constitue une activité économique essentielle pour les pays colonisateurs. Le poisson fournit en effet une protéine animale indispensable à la population européenne croissante. Les huiles de baleine et de phoque représentent aussi une part non négligeable des exportations destinées au marché européen.

La pêche constitue aussi une importante ressource économique. Ce sont principalement les marchands de la métropole qui profitent de cette ressource. Ils établissent des comptoirs de pêche temporaires sur les côtes de Terre-Neuve, du Labrador et sur les rives du Saint-Laurent. Ce type d'installations a cependant peu d'effets sur l'organisation du territoire. Avec le temps, la pêche sera aussi pratiquée à partir d'établissements permanents importants, comme Louisbourg, ou encore dans des postes de pêche de moindre envergure, comme Pabos, en Gaspésie. Certains marchands locaux établissent des postes de pêche, par exemple le long des côtes de la Gaspésie. Afin d'approvisionner les colons, ils obtiennent des **concessions** sur les meilleurs sites de pêche du Bas-Saint-Laurent, de Gaspé et du Labrador. Les activités de pêche favorisent aussi le développement de chantiers navals.

42 Le bol du Canada

Cette porcelaine européenne illustre l'importance que les Européens accordent aux pêcheries et aux fourrures du Canada.

Porcelaine, vers 1723.

Concession Contrat par lequel un individu ou une compagnie se voit accorder l'exclusivité de l'exploitation d'une ressource sur un territoire appartenant à l'État.

Lieu de *mémoire*

Le bourg de Pabos

À l'époque du régime français, plusieurs emplacements reconnus pour la richesse de leurs ressources en pêcheries sont mis à profit et servent de comptoirs commerciaux. La mise en place de structures commerciales sur le territoire incite des colons à s'installer dans les régions exploitées. C'est le cas de Pabos, qui servait à l'origine de lieu de rassemblement saisonnier pour des pêcheurs européens, et qui va devenir un des plus importants villages de pêche permanents sur la côte gaspésienne. La seigneurie de Pabos, concédée à la famille Lefebvre de Bellefeuille au XVIIIᵉ siècle, est située à l'embouchure de deux rivières, dans un havre naturel. Sa situation géographique avantageuse incite près de 200 personnes à s'y installer en permanence. Elles y vivront presque exclusivement de la pêche. Pabos abrite aujourd'hui un centre d'interprétation historique et un site archéologique important.

Anonyme, *Partie orientale du Canada avec la Nouvelle-Angleterre, l'Acadie et la Terre-Neuve* [détail], 1776.

Les fourrures

Bien que la pêche constitue un domaine rentable, c'est le commerce des fourrures qui favorise l'établissement permanent des Français en Nouvelle-France. Au XVIIᵉ siècle, la France continue d'exploiter ses pêcheries nord-américaines. Toutefois, la valeur de ses importations en fourrures est en hausse. Elles répondent en effet à une demande de plus en plus forte en Europe.

D'abord dirigée par des compagnies privées, la traite des fourrures attire rapidement l'attention de l'État. Dès le **début du XVIIᵉ siècle**, il octroie des monopoles à des marchands ou à des compagnies. Toutefois, après l'instauration du gouvernement royal, en **1663**, tous les habitants de la colonie peuvent participer à la traite des fourrures. Cette situation entraîne une forte concurrence entre les négociants et de nombreux coureurs de bois se rendent loin à l'intérieur des terres pour y faire la traite.

Devant cette situation, en **1681**, le ministre français de la Marine instaure le système des congés (ou permis de traite). Le gouverneur et l'intendant de la colonie accordent un maximum de 25 congés par année. Seuls ceux qui obtiennent ces congés, les voyageurs, peuvent pratiquer la traite. Les autres se retrouvent dans l'illégalité.

Les autorités espèrent ainsi limiter le nombre de jeunes hommes qui s'adonnent à la traite et réduire la quantité de fourrures sur le marché.

43 Le canot de voyageurs

Les voyageurs sont engagés par des commerçants pour faire le transport des marchandises et des fourrures. Pour se déplacer à l'intérieur des terres, les voyageurs utilisent des canots qui peuvent supporter une plus grande charge. Cela a pour avantage de réduire les coûts de transport.

44 Les chapeaux en feutre de castor

Les nobles et les officiers français arborent d'élégants chapeaux faits d'un feutre chaud et imperméable, fabriqué à partir des poils du castor.

Frances Anne Hopkins, *Des canots dans le brouillard, lac Supérieur*, 1869.

Anonyme, *Des officiers français*, vers 1690.

Malgré les mesures adoptées par les autorités françaises dans les années 1680, les fourrures s'empilent, pourrissent et sont rongées par la vermine. Le marché français, incapable d'absorber toute la production, réagit en baissant les prix. Les négociants de la colonie perdent alors beaucoup d'argent : c'est la crise du castor.

L'État français réagit à la crise en décidant, en **1697**, de réduire le territoire d'exploitation et de fermer la plupart des forts et postes de traite. Cette politique est décriée par plusieurs commerçants et fonctionnaires de la colonie. Selon eux, il faut conserver les postes et les forts afin d'entretenir les relations avec les Autochtones et de contrer la présence britannique autour de la baie d'Hudson. Le commerce des fourrures, qui constituait une source de profit, devient un enjeu politique et stratégique.

Après 1715, l'économie de la colonie se redresse quelque peu, car l'État réglemente le commerce de façon plus efficace. Cette reprise coïncide avec le rétablissement du marché du castor et la diversification des peaux exportées. En effet, la demande pour les peaux de martre, de loutre et de lynx, par exemple, connaît une hausse.

45 Les exportations annuelles de peaux de castors, entre 1675 et 1699

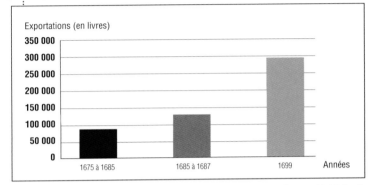

D'après Dale Miquelon, *New France 1701-1744: A Supplement to Europe*, McClelland and Stewart, 1987, p. 58.

46 Des administrateurs inquiets

Cinquante ans après la crise du castor, le prix de celui-ci suscite encore des inquiétudes.

« La diminution du prix des castors sera une occasion aux sauvages alliés des Français de porter leurs castors aux Anglais par l'avantage qu'ils y trouveront, d'établir par conséquent un commerce et des liaisons plus fréquentes avec les Anglais dont les suites deviendront infailliblement très dangereuses pour la Colonie. »

Lettre de Jonquière et Bigot à Maurepas, *Observations sur les réponses fournies par les Compagnies des Indes*, 1er octobre 1749.

- Quelles sont les conséquences de la diminution du prix des peaux de castor pour les Français ? pour les Britanniques ?
- Aujourd'hui, connaissez-vous des produits ou des matières premières qui suscitent la convoitise de plusieurs États ? Donnez des exemples.

PISTES d'interprétation CD 2

1. Quelles sont les principales activités économiques liées aux ressources en Nouvelle-France ?
2. Pourquoi la pêche constitue-t-elle une activité essentielle pour la métropole ?
3. Pourquoi la fourrure prend-elle de la valeur en Europe ?
4. Pourquoi l'État français instaure-t-il le système de congés au XVIIe siècle ?
5. Qu'est-ce que la crise du castor ?

Question bilan

6. Quels sont les effets de la surproduction de fourrures sur l'économie et le développement de la colonie ?

curiosité

Le gouverneur contrevient aux ordres

Louis de Buade de Frontenac, gouverneur de la Nouvelle-France de 1672 à 1682, puis de 1689 à 1698, fait ériger des postes et des forts en dehors des limites des colonies françaises en Amérique parce qu'il est intéressé par la traite. En 1673, sur les rives du lac Ontario, il fait ériger le fort Frontenac, puis le fort Niagara, en 1676. En agissant de la sorte, Frontenac contrevient aux ordres et se met à dos plusieurs fonctionnaires. Finalement, Frontenac aura l'appui du Ministre parce que ces forts seront des plus utiles sur le plan stratégique.

Des activités économiques diversifiées

Même si la fourrure demeure un des principaux produits exportés à l'époque de la Nouvelle-France, des efforts sont accomplis en vue de diversifier l'économie de la colonie. C'est ainsi que l'agriculture, la construction navale, les forges, le commerce et les activités artisanales vont émerger.

L'agriculture

Comme le nombre de colons est plutôt faible au début de la colonisation de la Nouvelle-France, l'agriculture demeure longtemps une activité de subsistance. À la **fin du XVIIe siècle**, les surplus produits par les paysans permettent toutefois d'alimenter les villes et ils contribuent aux exportations canadiennes. Après l'instauration du gouvernement royal, en 1663, de nombreux militaires sont envoyés dans la colonie pour contrer la menace que constituent les attaques iroquoises. À la longue, des soldats décident de s'établir dans la colonie où ils vont contribuer à la production agricole. De plus, à la fin du XVIIe siècle, la population augmente sensiblement. De **1663 à 1763**, elle passe de 3400 à 74 000 habitants, grâce à l'arrivée dans la colonie des filles du Roy, des soldats et des engagés.

Les agriculteurs de la Nouvelle-France cultivent principalement le blé, qui représente plus des deux tiers de tout le grain récolté dans la colonie. Ils produisent également de l'avoine, des pois, des fèves, des carottes, du chou, du maïs, des oignons, des courges ainsi que certains fruits, comme les pommes et les poires.

L'agriculture est l'activité économique qui occupe le plus grand nombre de personnes. Les terres sont organisées conformément au régime seigneurial. La majorité des terres concédées sont situées le long du Saint-Laurent, où s'installent la plupart des colons, qui ont alors accès au fleuve, la principale voie de communication.

Hectare Unité de mesure agraire qui équivaut à 10 000 mètres carrés.

Arpent Ancienne mesure agraire qui valait environ 3400 mètres carrés au Canada.

---

47 **La vie quotidienne des colons en Nouvelle-France**

Il faut environ cinq ans à une famille de colons pour défricher trois **hectares** de forêt et construire une habitation en bois. Il faudra encore cinq ans, en moyenne, avant que la terre produise suffisamment pour que la famille subvienne à ses besoins.

Cornelius Krieghoff, *Défrichement en bordure de la rivière Saint-Maurice*, 1860.

---

48 **L'agriculture et l'élevage en Nouvelle-France**

Au cours des XVIIe et XVIIIe siècles, la croissance démographique du Canada s'accompagne d'une augmentation de la superficie des terres cultivées. La multiplication du nombre d'animaux de ferme montre que les colons s'adonnent également à l'élevage.

	1695	1734	1784
Population	13 639	37 716	113 012
Terres cultivées (en **arpents**)	28 110	163 111	1 569 818
Terres en pâturage (en arpents)	3 595	17 657	n.d.
Animaux de ferme			
Chevaux	580	5 056	30 146
Bovins	9 181	33 179	98 951
Moutons	918	19 815	84 696
Porcs	5 333	23 646	70 465

ARCHIVES NATIONALES DU CANADA, *Recensements du Canada, 1695, 1734, 1784.*

- Quel est le lien entre l'augmentation de la population et l'expansion des terres cultivées ?
- Quels sont les animaux privilégiés pour l'élevage ?

Dès son arrivée en Nouvelle-France, en **1665**, l'intendant Jean Talon incite les habitants à diversifier leur production agricole. Il augmente également le nombre de seigneuries, et, par le fait même, la superficie de terres à cultiver. Il distribue des métiers à tisser dans quelques habitations afin que les colons puissent fabriquer de la toile, et encourage la culture du lin et du chanvre dans le but de réduire les importations. Des habitants vont produire du chanvre, mais jamais à grande échelle car le marché local est restreint.

49 Le rôle économique de la colonie

En 1704, le ministre de la Marine, Jérôme de Pontchartrain, envoie au gouverneur de la Nouvelle-France des directives visant à limiter la production de toiles de chanvre en Nouvelle-France. Le chanvre constitue alors une des plantes les plus utilisées dans la fabrication de fils, de ficelles, de tissus et de papiers. En dépit de ces directives, des tisserands exercent leur métier au Canada.

« Sa Majesté est bien aise d'apprendre que la culture des chanvres ait eu le succès qu'on avait espéré, mais elle doit leur expliquer que son intention n'a jamais été qu'on fit des toiles en Canada pour pouvoir se passer de celles de France. Ainsi, elle ne leur fera point envoyer des tisserands. Elle a seulement prétendu que les habitants enverraient ces chanvres en France pour y être vendus soit à sa majesté pour le service de ses vaisseaux soit aux particuliers afin de se passer par ce moyen de ceux des étrangers. Et en général ils doivent observer que tout ce qui vous pourrait faire concurrence avec les manufactures du royaume de sorte qu'on puisse s'il se peut se passer des matières des étrangers [autres États européens]. »

Mémoire du roi à MM. de Vaudreuil et de Beauharnois, 10 juin 1704, Versailles.

- Quelles sont les intentions de la France quant à la culture du chanvre en Nouvelle-France?
- Pourquoi Jérôme de Pontchartrain veut-il limiter la production de toile?
- Quel devrait être, selon Pontchartrain, l'objectif principal de la colonie?

La « mise en marché » des produits agricoles se fait généralement par l'entremise de marchands. Ceux-ci cherchent à vendre diverses marchandises (tissus, vêtements, boissons alcoolisées) aux paysans en échange de produits agricoles, surtout du blé. En outre, tous les chefs de famille doivent payer des redevances au seigneur et au curé. Ils doivent ainsi mettre du blé et d'autres grains de côté en vue des semences de l'année suivante. Les marchands sont concentrés dans les villes jusqu'au XVIIIe siècle, soit jusqu'au moment où un groupe de marchands ruraux émerge. Les surplus agricoles amassés par les marchands alimentent les citadins, les pêcheurs et, au **XVIIIe siècle**, d'autres colonies françaises (Louisbourg, les Antilles). Peu de surplus sont envoyés en France.

Le développement de l'agriculture donne lieu à la mise en place de certaines infrastructures agricoles, tels les moulins à farine, qui sont souvent construits par les seigneurs sur leur seigneurie. En plus d'être indispensables à la population (le pain constitue alors la base de l'alimentation), l'apparition des moulins stimule la demande pour certains métiers, notamment celui de meunier.

50 L'agriculture en Louisiane

En Louisiane, l'agriculture de plantation ne constitue pas une agriculture de subsistance. Les produits des récoltes sont principalement exportés vers la métropole.

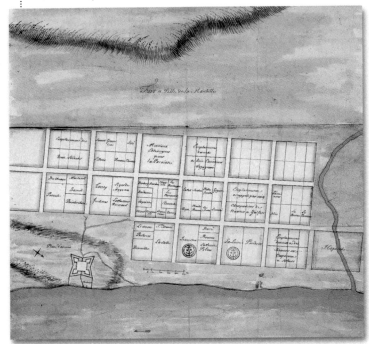

Anonyme, *Le plan de La Mobile*, vers 1715.

51 Le port de Québec

Le port de Québec, capitale de la Nouvelle-France, est un endroit privilégié pour assurer l'importation des produits finis et l'exportation des ressources naturelles de la colonie vers la métropole.

Alain Manesson Mallet, *Québec*, 1683.

● Quels types d'activités sont illustrées dans cette œuvre?

● Aujourd'hui, les ports sont-ils des endroits de commerce privilégiés? Expliquez votre réponse.

La construction navale et les forges

Afin de diversifier l'économie de sa colonie, l'État français encourage et subventionne deux secteurs industriels au cours du XVIIIe siècle: la construction navale et les forges. En **1732**, Maurepas, ministre de la Marine, autorise l'intendant Gilles Hocquart à mettre sur pied un chantier naval royal sur la rivière Saint-Charles. Le chantier doit produire des navires destinés à la Marine française et au transport des marchandises vers les Antilles françaises. En **1738**, un autre chantier naval est établi à Québec. Ce dernier se consacre principalement à la construction de navires de guerre. L'industrie navale entraîne à son tour la création d'industries liées à l'équipement des bateaux, comme la fabrication de goudron, de cordages, de tonneaux, etc.

Déjà entamée au cours du XVIIe siècle, la prospection minière est également encouragée par l'État. La présence de minerai de fer dans la région de Trois-Rivières est à l'origine de la mise sur pied des forges du Saint-Maurice, en exploitation de **1738 à 1883**. Les besoins des habitants de la colonie, dont le nombre ne cesse de croître, augmentent aussi proportionnellement. En plus des pièces destinées aux navires de la Marine, les forges du Saint-Maurice fabriquent donc aussi des poêles à bois, des marmites, des socles pour les charrues ainsi que d'autres instruments aratoires.

La colonie ne compte pas d'autres entreprises de cette taille, à cette époque marquée par la production artisanale. Les marchands importants investissent donc leurs capitaux dans le commerce intérieur ou extérieur, source de rendements plus satisfaisants.

52 Les forges du Saint-Maurice

Les forges du Saint-Maurice emploient de nombreux ouvriers et artisans qui s'établissent à proximité de leur lieu de travail, contribuant ainsi au développement de la région de Trois-Rivières.

Milicent Mary Chaplin, *Les vieilles forges du Saint-Maurice, Canada-Est*, vers 1841.

Le commerce et les activités artisanales

À partir du **XVIIᵉ siècle**, des artisans s'installent d'abord dans les villes. À mesure que la population augmente, un marché rural prend naissance, approvisionné en partie par des artisans qui s'installent peu à peu dans les campagnes. Ils combinent souvent le métier d'artisan à celui de cultivateur. Dans les villes, la gamme de métiers s'élargit. On trouve désormais des perruquiers, des orfèvres et des tonneliers par exemple.

Au **XVIIIᵉ siècle**, des marchands commencent à s'installer dans les campagnes. Leurs magasins offrent une variété de produits importés d'Europe. Les produits agricoles que les marchands reçoivent en guise de paiement sont acheminés vers les villes et, parfois, vers les marchés extérieurs.

Quant aux grands marchands et importateurs, en partie des métropolitains installés durant plusieurs années dans la colonie, ils vivent dans les villes. Ils se spécialisent dans le commerce des fourrures ainsi que dans les échanges entre les colonies et la métropole. Ce sont eux qui investissent les capitaux nécessaires à l'organisation des grands voyages de commerce et, parfois, d'exploration.

Portrait

Marie-Anne Barbel (1704-1793)

Issue d'une riche famille de commerçants de Québec, Marie-Anne Barbel va devenir à son tour marchande et entrepreneure. Comme beaucoup de femmes de marchands, c'est elle qui tient les livres de comptes du commerce de son mari. À la suite du décès de ce dernier, en 1745, elle s'occupe de l'ensemble des activités commerciales et ne tarde pas à s'illustrer dans le domaine des affaires. Marie-Anne Barbel gère un magasin sur la place Royale à Québec et administre une entreprise de chasse aux phoques sur les côtes du Labrador, avec deux des associés de son défunt mari. À partir de 1746, elle tente également de diversifier ses activités économiques en exploitant une poterie.

 53 La monnaie de carte

À la fin du XVIIᵉ siècle, la colonie manque d'argent comptant. Or, même si beaucoup de transactions se font à crédit, les dettes contractées à l'achat de marchandises étant remboursées en fourrures ou en produits agricoles, la colonie a besoin d'argent sonnant pour payer les coûts de son administration. L'intendant Jacques de Meulles a alors l'idée de remplacer la monnaie par des cartes à jouer. Une valeur monétaire est inscrite sur les cartes, qui peuvent être échangées contre des pièces de monnaie dès que celles-ci sont disponibles.

Henri Beau, reproduction d'un jeu d'époque.

Lieu de *mémoire*

Le Chemin du Roy

C'est au XVIIIᵉ siècle que s'ouvre enfin le premier chemin officiel du Canada. Jusqu'alors, à part quelques sentiers ou chemins menant aux églises, aux moulins ou aux quais, le réseau routier se résume à peu de choses. Le Chemin du Roy, qui relie Québec et Montréal le long du fleuve Saint-Laurent, est inauguré en 1737. Il rendra possible, à la longue, la mise en place des premiers transports publics et d'un réseau postal qui relient les villes et les campagnes. Le réseau est jalonné de relais tenus par les maîtres de poste, qui supervisent le transport d'un relais à l'autre. Le Chemin du Roy est aujourd'hui une route touristique qui parcourt les régions de Québec, de la Mauricie et de Lanaudière.

Le moulin de la Chevrotière situé sur le Chemin du Roy.

Consommation Utilisation (après achat) de biens et services dans le but de satisfaire un besoin.

Suivant les principes du mercantilisme, les habitants de la colonie doivent importer de la métropole la majorité de leurs produits de **consommation** et ils ne peuvent pas commercer avec d'autres empires. Ainsi, le Canada échange ses ressources avec les colonies françaises des Antilles, tout en continuant de fournir la métropole en matières premières en échange de produits manufacturés. La majorité de ces échanges se font lors de voyages entre la France et la Nouvelle-France ou entre celle-ci et les Antilles. Certains marchands métropolitains organisent toutefois des voyages entre les deux destinations coloniales avant de rentrer en France : c'est le commerce triangulaire.

54 **Les exportations de Québec, en 1736**

	Vers la France	Vers l'Île royale (Louisbourg)	Vers les Antilles françaises
Valeur totale (en livres)	954 000	23 900	97 400
Pourcentage du commerce global	81 %	11 %	8 %
Poisson et autres	6 %	–	19 %
Nourriture	–	99 %	71 %
Fourrures	32 %	–	–
Castor	43 %	–	–
Autres peaux et cuirs	19 %	–	–
Bois d'œuvre	–	–	10 %

D'après *Atlas historique du Canada*, vol. 1, planche 48, Presses de l'Université de Montréal, 1987.

- Quelle est la destination de la majorité des produits exportés ?
- Quels sont les principaux produits envoyés vers la France ? Vers Louisbourg et les Antilles françaises ?
- Qu'est-ce qui différencie les exportations vers la métropole des exportations vers les autres colonies françaises ?
- Aujourd'hui quelle est la destination de la majorité des produits exportés par le Québec ?

55 **Les échanges intercoloniaux et le commerce triangulaire, aux XVIIᵉ et XVIIIᵉ siècles**

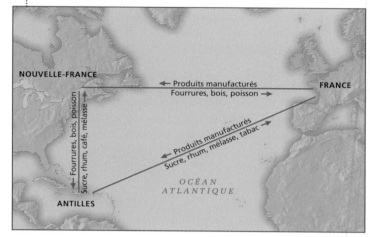

56 **Louisbourg**

À partir de 1719, les Français dressent d'importantes fortifications à Louisbourg. La forteresse de Louisbourg devient un centre de commerce grâce à son port, libre de glaces à l'année, et à sa situation stratégique sur l'océan Atlantique. Son port accueille en moyenne plus de 150 navires par année, ce qui en fait le port de mer le plus achalandé de la Nouvelle-France. Louisbourg se révèle aussi un marché important pour l'écoulement des surplus. Le port devient bientôt une plaque tournante du commerce intercolonial, puisque c'est à Louisbourg que sont embarqués la plupart des surplus à destination des Antilles françaises. Louisbourg pratique aussi des activités commerciales illégales avec la Nouvelle-Angleterre.

Lewis Parker, *Vue du port et de la ville de Louisbourg en 1744.*

- Quelles activités économiques sont illustrées dans cette œuvre ?

La balance commerciale de la colonie est presque toujours déficitaire, car les importations dépassent les exportations. Cette situation peut perdurer grâce aux dépenses de l'État français, notamment pour l'entretien des troupes coloniales. Ces dépenses permettent de combler le déficit de la colonie.

De plus, les rivalités franco-britanniques qui sévissent en Europe et en Amérique finissent par nuire à l'économie de la Nouvelle-France, dont le territoire étendu est coûteux à défendre.

Cette situation explique en partie le désintérêt de la France pour sa colonie et contribue à la défaite des Français à l'issue des guerres que se livrent les deux empires. À la suite de la conquête de la Nouvelle-France par les Britanniques, en **1760**, la colonie est intégrée dans un nouveau système commercial.

---

57 Une colonie qui coûte cher

À partir des années 1740, la métropole se plaint de plus en plus de la hausse des dépenses militaires dans sa colonie. En 1753, le ministre de la Marine, Antoine Louis Rouillé, écrit au gouverneur de la Nouvelle-France, le marquis Duquesne, pour l'enjoindre de réduire les dépenses de la colonie.

« S. M. [Sa Majesté] est… d'autant plus decisivement resolüe a ne pas sacrifier plus longtemps des fonds si considerables pour le Canada qu'Elle est très persuadée qu'il ne tient qu'a vous d'en rendre l'administration moins coûteuse, et qu'il vous sera aisé d'y parvenir lorsque vous voudrez travailler efficacement de concert à supprimer les depenses inutiles et a mettre de l'œconomie dans celles qui sont necessaires. »

Lettre de Rouillé à Duquesne, 30 juin 1753.

Note : Le texte a été reproduit conformément à l'orthographe en usage au XVIIIe siècle.

● Que demande la métropole au gouverneur de sa colonie ? Pourquoi ?

Et maintenant CD 3 TIC

La mondialisation de l'économie n'est pas un concept nouveau. Déjà, à partir du XVIe siècle, la mise sur pied de colonies par les États européens établit les bases d'un réseau économique qui s'étend sur plusieurs continents. La différence entre les échanges coloniaux d'alors et la mondialisation telle que nous la connaissons aujourd'hui tient surtout à la rapidité et à la facilité avec laquelle ces échanges se font, grâce entre autres aux technologies de l'information et des communications.

● Quel est, selon vous, l'impact de la mondialisation de l'économie sur le développement de la société et du territoire québécois ?

PISTES d'interprétation CD 2

1. Qu'est-ce qui contribue à l'augmentation de la production agricole entre le XVIIe et le XVIIIe siècle ?

2. Quel est le rôle des marchands dans la colonie ?

3. Quels sont les principaux secteurs industriels subventionnés par l'État français au cours du XVIIIe siècle ?

4. Dans quel domaine les grands commerçants des villes se spécialisent-ils ?

5. En quoi consiste le commerce triangulaire ?

Question bilan

6. Quels sont les effets de la diversification des activités économiques sur l'organisation de la société et du territoire en Nouvelle-France ?

L'économie sous le régime britannique

1760-1867

À la suite de la guerre de la Conquête et de la signature du traité de Paris de 1763, les Britanniques prennent possession des anciennes colonies françaises d'Amérique du Nord. Les politiques économiques de la nouvelle métropole, qui demeurent pendant plusieurs décennies fondées sur le mercantilisme, influencent le développement économique des colonies en les intégrant dans le marché de l'Empire britannique. Sous l'effet de ces politiques et des besoins du marché impérial, les secteurs liés à l'exploitation des ressources naturelles du territoire demeurent la base des activités marchandes dans l'économie coloniale, tandis que l'agriculture continue d'accaparer une forte proportion de la main-d'œuvre et d'encadrer la vie de la majorité des familles. La production agricole connaît d'abord une croissance et, plus tard au XIXe siècle, certaines transformations. Vers le milieu du XIXe siècle, l'adoption d'une politique de libre-échangisme par la métropole ainsi que l'amorce d'un processus d'industrialisation en Amérique du Nord poussent les colonies à s'adapter aux fluctuations et à la concurrence des marchés internationaux. À mesure qu'elles acquièrent de l'autonomie, les colonies sont peu à peu intégrées au sein d'un espace économique nord-américain.

Quels sont les effets des activités économiques sous le régime britannique sur l'organisation de la société et du territoire ? CD 2

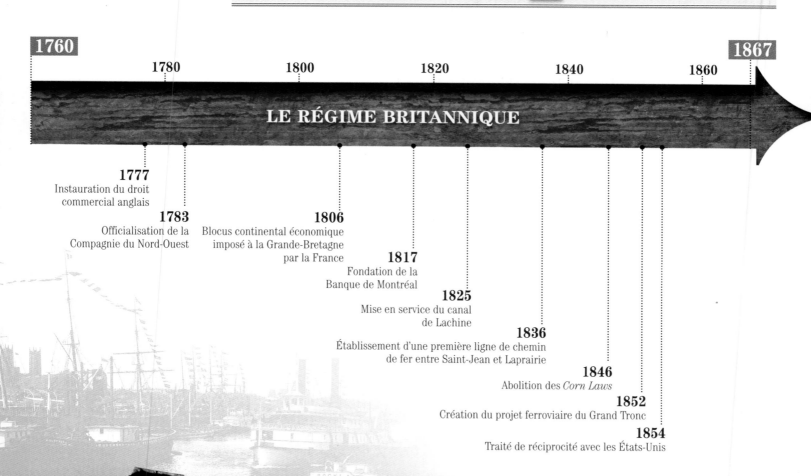

1760 | 1780 | 1800 | 1820 | 1840 | 1860 | **1867**

LE RÉGIME BRITANNIQUE

1777
Instauration du droit commercial anglais

1783
Officialisation de la Compagnie du Nord-Ouest

1806
Blocus continental économique imposé à la Grande-Bretagne par la France

1817
Fondation de la Banque de Montréal

1825
Mise en service du canal de Lachine

1836
Établissement d'une première ligne de chemin de fer entre Saint-Jean et Laprairie

1846
Abolition des *Corn Laws*

1852
Création du projet ferroviaire du Grand Tronc

1854
Traité de réciprocité avec les États-Unis

De nouveaux partenaires commerciaux

En **1763**, la Proclamation royale redéfinit les frontières de la colonie en créant la *Province of Quebec*. Cette nouvelle constitution a des effets immédiats sur l'organisation politique et juridique de la colonie, mais provoque peu de changements à court terme sur la vie et les activités économiques des habitants.

La politique mercantiliste de la Grande-Bretagne

Après la Conquête, la colonie ne connaît pas de changements draconiens de son économie. De plus, la politique économique coloniale de la Grande-Bretagne demeure pendant plusieurs décennies similaire au mercantilisme en vigueur sous le régime français. La métropole britannique exerce un contrôle sur le commerce extérieur de ses colonies. Ces dernières constituent d'abord des sources d'approvisionnement en matières premières et en denrées.

Jusqu'au milieu du XIXᵉ siècle, la Grande-Bretagne maintient donc une politique de **protectionnisme** qui privilégie l'achat des ressources au sein de l'Empire. Par exemple, une série de lois adoptées en 1815, les *Corn Laws*, assurent des **tarifs préférentiels** sur le marché britannique aux marchands de grain des colonies.

L'adoption de tarifs préférentiels sur le blé, puis sur le bois, est liée à cette conception mercantiliste des rapports économiques qu'entretient la métropole avec ses colonies. Autour des années 1840, cette politique sera profondément modifiée par l'adoption de mesures économiques plus libérales, dont l'abolition des tarifs préférentiels sur les produits coloniaux.

CONCEPTS

Capital, production

Protectionnisme Politique économique qu'un État ou un gouvernement met en place afin de protéger l'économie d'un pays ou d'un empire contre la concurrence étrangère.

Tarifs préférentiels Frais de douanes moins élevés imposés sur les produits importés des colonies.

58 Le port de Dartmouth, en Grande-Bretagne, au début du XIXᵉ siècle

Entres autres mesures mercantilistes, la Grande-Bretagne décide, au début du XIXᵉ siècle, de prolonger les *Navigation Acts* adoptées au XVIIᵉ siècle. Cette série de lois interdit l'accès des ports et des cours d'eau britanniques aux bateaux étrangers afin d'empêcher le commerce avec des pays extérieurs à l'Empire.

Richard Hume, *Dartmouth, Devon*, début du XIXᵉ siècle.

En quoi les *Navigation Acts* favorisent-elles l'économie de la colonie?

Les marchands et les commerçants britanniques

À partir de **1760**, lorsque les Britanniques s'installent dans la colonie, la plupart des administrateurs et de nombreux commerçants français décident de retourner en France. Mais la majorité de ceux qui sont établis en Nouvelle-France depuis des générations s'adaptent aux changements et à ces nouveaux partenaires économiques. Les commerçants locaux font dorénavant affaire avec des marchands britanniques, ou avec leurs intermédiaires installés dans la colonie.

De nouveaux entrepreneurs britanniques font ainsi du commerce dans la colonie sans nécessairement y habiter. La plupart de ces riches marchands se spécialisent dans l'exportation de matières premières vers la métropole et dans l'importation de produits finis. Certains de ces marchands bénéficient de contrats lucratifs pour ravitailler les nombreuses troupes britanniques installées dans les colonies britanniques d'Amérique du Nord. Ces riches marchands s'associent habituellement à des agents locaux qui ont pour tâche de promouvoir leurs intérêts sur place.

Même si les marchands canadiens demeurent majoritaires au sein de la colonie, les Britanniques renforcent peu à peu leur emprise sur l'économie coloniale. Une nouvelle bourgeoisie d'affaires émerge et forme ce qu'il est convenu d'appeler le *British Party*, un groupe de pression qui demande que soient mises en place des lois et des institutions britanniques. Ce groupe s'oppose à la politique de compromis des gouverneurs Murray et Carleton à l'égard des Canadiens, notamment au maintien du droit civil français, qui s'applique au commerce. Il réclame donc l'instauration du droit commercial britannique. En **1777**, des instructions venues de Londres permettent aux Britanniques d'introduire certaines règles du droit anglais (common law) dans les causes entendues dans la colonie en lien avec le commerce.

59 Les loyalistes

À la suite de la déclaration d'Indépendance américaine en 1776, de nombreux loyalistes viennent s'installer dans la province de Québec, notamment dans la région de Sorel. Parmi eux se trouvent quelques marchands qui possèdent des liens avec la métropole et d'importants capitaux. Ils connaissent bien les marchés américain et britannique et se joignent rapidement à l'élite commerciale.

James Peachey, *Vue de Sorel depuis l'Ouest*, vers 1784.

PISTES d'interprétation CD 2

1. Quelle est la politique économique appliquée dans la colonie après la Conquête?
2. En quoi les *Navigation Acts* et les *Corn Laws* sont-elles des mesures protectionnistes?
3. Quelle influence les marchands britanniques ont-ils au sein de la colonie?

Question bilan

4. Quel effet l'activité économique des marchands britanniques a-t-elle sur la société de la colonie?

L'apogée et le déclin du commerce des fourrures

La traite des fourrures demeure une activité économique importante après la Conquête. La nouvelle bourgeoisie marchande d'origine britannique, déjà très active dans le commerce transatlantique, participe de plus en plus au commerce des pelleteries. Sous le régime britannique, ceux qui le désirent peuvent prendre part au commerce des fourrures. Toutefois, ce sont les Canadiens qui travaillent sur le terrain, car ils connaissent le territoire et possèdent l'expertise nécessaire pour faire la traite avec les Autochtones.

CONCEPT

Production

La concurrence entre deux grandes compagnies de traite

En **1763**, la Proclamation royale définit les frontières de la province de Québec. Dans le cadre de cette nouvelle constitution, les terres qui entourent les Grands Lacs, de même que celles qui s'étendent plus au sud, jusqu'au Mississippi, sont réservées aux Autochtones. Seuls ceux qui reçoivent l'autorisation de la Couronne britannique peuvent s'y rendre pour aller chercher des fourrures auprès des Autochtones.

En **1774**, lorsque le Parlement britannique adopte l'Acte de Québec, le territoire de la province de Québec s'agrandit et couvre toute la région entourant les Grands Lacs. Saisissant l'occasion d'exploiter ce territoire de traite convoité, de nouvelles entreprises, dirigées par des marchands britanniques de Montréal, entreprennent l'expansion du territoire de traite vers le Nord-Ouest. En 1779, pour faire face à la concurrence qui tend à s'intensifier, quelques négociants montréalais décident de former la *North West Company* (Compagnie du Nord-Ouest ou CNO), qui devient un partenariat durable en **1783**. Cette compagnie, qui regroupe des marchands anglais, écossais et canadiens, vise principalement à freiner la progression de la Compagnie de la Baie d'Hudson (CBH) sur le territoire. Cette dernière, fondée en **1670** et établie sur les terres qui bordent la baie d'Hudson, riposte aux nouveaux marchands montréalais en ouvrant de plus en plus de postes de traite à l'intérieur des terres, ce qui augmente la production de fourrures.

60 Les postes de traite de la CBH et de la CNO en 1821

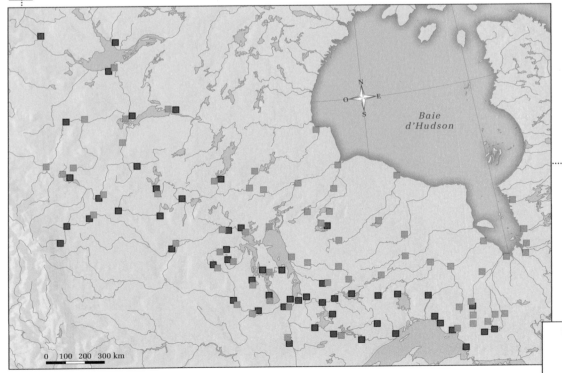

> • Quels sont les territoires les plus convoités par la Compagnie de la Baie d'Hudson et la Compagnie du Nord-Ouest?
>
> • Qu'est-ce qui, sur cette carte, montre qu'il existe une rivalité entre la Compagnie de la Baie d'Hudson et la Compagnie du Nord-Ouest?

Légende

Postes de traite

■ Compagnie de la Baie d'Hudson
■ Compagnie du Nord-Ouest

D'après *Atlas historique du Canada*, vol. 1, planche 62, Presses de l'Université de Montréal, 1987.

61 L'emblème de la Compagnie du Nord-Ouest

La CNO regroupe des hommes d'affaires qui mettent leurs ressources en commun pour réduire la concurrence qu'ils se livrent entre eux et empêcher la CBH de dominer le commerce des fourrures dans les territoires situés à l'ouest des Grands Lacs.

• Quels sont les symboles de cet emblème en lien avec le commerce des fourrures?

L'expansion de la traite vers le Nord-Ouest a aussi des répercussions sur le recrutement et sur la spécialisation de la main-d'œuvre. L'accroissement du nombre de postes dans l'Ouest requiert en effet davantage d'hivernants mieux rémunérés et prêts à demeurer une ou plusieurs années dans ces territoires lointains. Par ailleurs, les voyages entre les centres urbains et les principaux points de commerce sont aussi plus nombreux et les salaires varient selon l'expérience des engagés et leur rôle dans l'expédition.

Les rivalités entre les deux compagnies profitent d'abord à la Compagnie du Nord-Ouest, qui dispose du personnel et du matériel nécessaires à la traite à l'intérieur des terres. Elle domine donc le commerce autour des Grands Lacs, mais pas sur la terre de Rupert, où est installée la CBH. Au début du XIXe siècle, désirant contrer l'avance de la CNO, la CBH permet au comte de Selkirk d'établir une colonie sur les rives de la rivière Rouge, bloquant ainsi l'accès aux territoires convoités par la CNO et habités par les Métis. De petites guerres ont lieu entre les deux compagnies, jusqu'à ce que le gouvernement de la métropole décide d'intervenir en exigeant que celles-ci règlent leurs différends.

La fusion des compagnies

En **1821**, les deux compagnies sont poussées par le gouvernement britannique à fusionner sous la bannière de la Compagnie de la Baie d'Hudson. Toutefois, le commerce des fourrures est déjà sur son déclin. En effet, la fourrure est de moins en moins en demande en Europe. De plus, l'essor du commerce du bois réduit les territoires de chasse. Enfin, la fusion des deux compagnies rivales a également des effets négatifs sur les rapports entre les traiteurs et les Autochtones, qui deviennent désormais dépendants d'un seul acheteur de fourrures et d'un seul fournisseur de produits.

62 Une concurrence féroce

La Compagnie du Nord-Ouest et la Compagnie de la Baie d'Hudson érigeaient souvent des forts l'un en face de l'autre.

Peter Rindisbacher, *Vue des forts des deux compagnies construits dans la prairie plate à Pembina, sur la rivière Rouge, et surpris par les Indiens à la tombée de la nuit, le 25 mai 1822*, 1822.

PISTES d'interprétation CD 2

1. Pourquoi des marchands montréalais fondent-ils la Compagnie du Nord-Ouest?

2. Quel territoire est convoité par ceux qui pratiquent la traite des fourrures à la fin du XVIIIe siècle et au début du XIXe siècle?

3. Pourquoi la CNO prend-elle de l'avance sur la CBH au début du XIXe siècle?

4. Qu'est-ce qui explique le déclin du commerce des fourrures dans la première moitié du XIXe siècle?

Question bilan

5. Quels sont les effets des activités commerciales sur le territoire à la fin du XVIIIe siècle?

L'exploitation des ressources forestières

CONCEPTS

Capital, production

Au **tournant du XIXe siècle**, une autre ressource naturelle prend de plus en plus d'importance parmi les exportations que les colonies britanniques d'Amérique du Nord destinent à la métropole : le bois. Plusieurs facteurs peuvent expliquer cette croissance.

Premièrement, en **1806**, la Grande-Bretagne est engagée dans une guerre contre la France. Afin d'empêcher les Britanniques de s'approvisionner sur le continent européen, l'empereur français Napoléon impose un blocus continental, poussant ainsi la Grande-Bretagne à chercher une nouvelle source d'approvisionnement pour les produits forestiers. La Grande-Bretagne se tourne rapidement vers ses colonies d'Amérique du Nord pour s'approvisionner en bois.

Deuxièmement, le commerce du bois est en plein essor au Canada grâce aux tarifs préférentiels dont bénéficient les marchands sur les marchés britanniques. Ces derniers profitent de cette politique mercantiliste de la Grande-Bretagne pour mettre en place les infrastructures nécessaires à l'industrie du bois.

Enfin, les besoins commerciaux et militaires de la métropole incitent celle-ci à ériger de nouveaux chantiers maritimes. La croissance du transport maritime entraîne aussi une importation de plus en plus grande de bois servant à la construction de tonneaux. En plus de répondre aux besoins de l'industrie navale et du transport, le bois permet de produire la **potasse** et la **perlasse**, destinées à l'industrie textile britannique qui connaît, dans le contexte de l'industrialisation, une importante croissance.

Potasse Produit issu de la transformation de la cendre du bois brûlé et utilisé comme agent de blanchiment.

Perlasse Sous-produit de la potasse utilisé dans l'industrie textile comme agent de blanchiment.

Anonyme, *Le Cap Diamant et le dépôt de bois à l'Anse-aux-Foulons, Québec,* milieu du XIXe siècle.

63 L'importance du commerce du bois

Joseph Bouchette, arpenteur général du Bas-Canada, décrit le type d'exportations que la colonie destine à l'étranger.

« Les principales exportations du Canada consistent en vaisseaux neufs, en bois de construction de chêne et de pin, en sapins […] en pelleterie, en froment, en farine, en biscuits, en maïs, en légumes, en provisions salées, en poissons, en quelques autres différents articles […]. Dans cette énumération, les articles de première importance pour l'Angleterre sont les produits des forêts […]. Depuis 1806, le commerce des colonies en bois de construction mais surtout du Canada, s'est accru à un point extraordinaire […]. Que l'on examine les états d'exportation de 1806 à 1810, et l'on verra bientôt que pendant ces quatre années, ils se sont accrus d'environ 100 000 à près de 375 000 tonneaux […] dont près de la moitié était de Québec seul. […] »

Joseph Bouchette, arpenteur général du Bas-Canada, 1815.

- Quel est le principal produit exporté vers la Grande-Bretagne ?
- Quelle ville profite le plus de ce commerce ?

64 Le commerce du bois à Québec, au XIXe siècle

Au début du XIXe siècle, la majorité des exportations de bois transitent par le port de Québec. Québec devient ainsi un centre financier qui abrite plusieurs grands chantiers maritimes.

L'industrie du bois d'œuvre

Bois d'œuvre Pièces de bois sciées destinées à la construction.

L'industrie du **bois d'œuvre** regroupe à cette époque une série d'activités qui consistent à préparer les ressources forestières pour l'exportation. Le commerce du bois fait rapidement apparaître plusieurs activités économiques secondaires reliées à sa transformation, telles l'exploitation de scieries, la construction navale et la construction immobilière. Ces nouvelles activités fournissent du travail à un important bassin de main-d'œuvre. L'essor de l'exploitation forestière permet de développer le secteur secondaire dans la colonie.

L'industrie du bois d'œuvre profite à de nombreuses personnes. C'est le cas de certains seigneurs, qui réalisent qu'ils peuvent tirer des revenus de l'exploitation des forêts situées sur le territoire de leur seigneurie. Plusieurs seigneurs investissent aussi dans la construction de scieries. De plus, des agriculteurs dont les terres n'assurent pas un rendement suffisant peuvent compter sur l'exploitation des ressources forestières pour obtenir un revenu additionnel et ainsi augmenter leur niveau de vie. D'ailleurs, ce mode de vie basé sur des activités agroforestières deviendra assez répandu sur le territoire du Québec, et ce, jusqu'au XXe siècle.

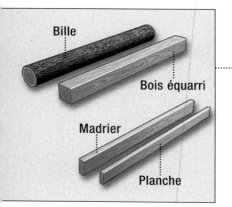

65 **Les principaux produits du bois**

Au début, le bois est exporté sous forme de bois équarri en Grande-Bretagne. Puis, de nouvelles techniques de sciage, mises au point au cours du XIXe siècle, en facilite la transformation en planches et en madriers.

66 **Les exportations de bois équarri à partir du port de Québec, de 1808 à 1842**

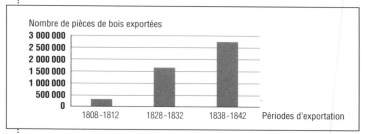

Nombre de pièces de bois exportées

Périodes d'exportation	Nombre de pièces
1808-1812	~250 000
1828-1832	~1 600 000
1838-1842	~2 700 000

D'après Fernand Ouellet, *Le Bas-Canada, 1791-1840: Changements structuraux et crise*, 2e éd., Presses de l'Université d'Ottawa, 1980, p. 197.

● Quels facteurs expliquent cette hausse des exportations de bois au début du XIXe siècle?

67 **Le transport du bois**

Le transport par voie d'eau est un des principaux moyens utilisés pour acheminer le bois vers les ports. Le flottage des billes de bois sur les rivières nécessite la création de nouveaux types d'emplois, dont celui des draveurs, qui sont chargés de diriger le bois de flottage jusqu'aux principaux affluents.

Alice Mary Fulford, *Glissoire à bois et radeau, à Bytown, Canada-Ouest*, vers 1851.

● Quel effet cette activité économique a-t-elle sur le territoire de la colonie?

Et maintenant

L'industrie du bois d'œuvre CD 3 TIC

L'exploitation forestière et l'industrie du bois d'œuvre sont au cœur du développement économique de certaines régions du Québec. Depuis quelques années, l'industrie du bois éprouve cependant des difficultés au Québec. Certaines entreprises qui utilisent le bois s'approvisionnent dans d'autres pays, par exemple la Chine, dont les coûts d'exploitation et de main-d'œuvre plus bas permettent d'offrir de meilleurs prix. Cette situation a de graves conséquences dans les régions dont le développement économique repose sur l'exploitation des ressources forestières.

● Selon vous, quel est l'impact de la mondialisation sur le développement économique des régions du Québec?

La colonisation de nouvelles régions

Au **milieu du XIXᵉ siècle**, le commerce du bois a un effet important sur le développement du territoire puisqu'il entraîne la colonisation de nouvelles régions. Les régions de l'Outaouais, de la Mauricie et du Saguenay offrent un attrait important: elles sont traversées par d'importants cours d'eau, indispensables au transport du bois et à l'alimentation des scieries en **énergie hydraulique**. De plus, la coupe du bois permet d'accélérer le défrichement des terres, ce qui encourage la colonisation. On voit donc bientôt apparaître dans ces régions des collectivités organisées autour de cette industrie.

Ces nouvelles économies agroforestières sont souvent dirigées par des entrepreneurs qui viennent s'installer dans la région et fournissent les capitaux nécessaires au développement de l'industrie forestière. Ils investissent aussi dans la mise en place de plusieurs infrastructures, utiles à la fois pour les colons et pour l'industrie, comme des routes, des moulins, du matériel de construction, des puits, etc.

Énergie hydraulique
Énergie obtenue grâce à la force ou au mouvement de l'eau. Au cours du XIXᵉ siècle, les scieries, les meules, les machines à vapeur, etc., fonctionnent grâce à cette énergie.

Portrait

William Price (1789-1867)

William Price arrive à Québec en 1810, envoyé par un négociant britannique pour travailler dans sa succursale canadienne. Il acquiert rapidement de l'expérience dans l'exportation du bois et établit plusieurs relations d'affaires avec les fournisseurs locaux. Il fonde bientôt sa propre compagnie : la *William Price and Company*.

Profitant des tarifs préférentiels offerts par le marché britannique pour les importations de bois, Price voit ses affaires fructifier. Il fait construire et achète des scieries. Il traite aussi avec de petits entrepreneurs locaux dont il devient le principal fournisseur de produits importés. Il leur prête également des capitaux pour qu'ils développent leurs entreprises, et profite souvent de son rôle de prêteur-banquier pour racheter ces entreprises locales et en

développer de nouvelles. Entre 1838 et 1842, il fait construire plusieurs scieries au Saguenay. L'affluence des colons dans cette nouvelle région crée un véritable mouvement de colonisation. Le monopole qu'il a érigé au Saguenay fait de lui un homme influent dans la colonie. Il lègue ses entreprises à ses fils et petits-fils. Ceux-ci vont contribuer au développement du secteur des pâtes et papiers au cours des XIXᵉ et XXᵉ siècles.

Bois exporté par William Price de 1816 à 1825 (en unités)

Année	Pin	Chêne	Madriers	Mâture	Douves	Navires
1816	121	413	20 251	1 529	25 975	10
1817	175	9	26 157	530	27 833	4
1818	2 690	273	29 592	725	72 153	13
1819	727	40	38 569	135	28 194	8
1820	969	763	29 901	191	41 375	10
1821	2 766	460	53 400	81	252 742	21
1822	2 668	328	36 557	289	199 482	18
1823	2 117	298	82 628	82	148 152	19
1824	2 379	428	76 557	36	158 145	16
1825	5 009	1 877	77 443	177	179 406	36

Louise Dechêne, *William Price 1810-1850*, Thèse de Licence ès Lettres (histoire), Université Laval, avril 1964, p. 39.

« Le travail du marchand commence et finit avec l'arrivée et le départ du navire. Quant à moi, il me faut : trouver des éclaireurs intelligents […], construire des chemins, canaliser les rivières, endiguer les lacs ; engager des gérants, des entrepreneurs et leur fournir des hommes ; acheter leurs maisons, leur bête de trait, le foin, l'avoine, les provisions ; me procurer des goélettes ; négocier avec les commissaires de la Couronne ; ménager les influences locales […]. »

Lettre de William Price à James Dowie, 20 février 1845.

- Comment William Price s'y prend-il pour assurer sa mainmise sur le commerce du bois dans cette région ?
- Quelles sont les infrastructures nécessaires à la bonne marche du commerce du bois ?
- Quelles sont les effets du commerce du bois sur le territoire et sur la société ?

Lieu de *mémoire*

La Chasse-galerie

La légende de la Chasse-galerie est probablement l'une des plus connues du Québec. Elle raconte l'histoire d'un groupe de bûcherons réunis dans un camp qui, le soir du jour de l'An, décident de faire un pacte avec le diable pour aller retrouver leurs familles à bord d'un canot volant. Ce récit illustre particulièrement bien la situation des travailleurs saisonniers agroforestiers qui quittent leur ferme pendant l'hiver pour aller travailler dans des camps de bûcherons. En 1891, Honoré Beaugrand publie dans le journal *La Patrie* une version de cette légende, illustrée par l'artiste Henri Julien. Ce dernier, reconnu pour ses représentations de la vie quotidienne des habitants canadiens-français, reprend en 1906 le thème de la Chasse-galerie dans un de ses tableaux les plus célèbres.

Henri Julien, *La Chasse-galerie*, 1906.

---

68 La transformation d'un mode de vie lié à l'industrie forestière

Le commerce du bois apporte la prospérité et permet de développer le territoire et la société de la colonie. Cependant, plusieurs communautés amérindiennes voient leur mode de vie complètement transformé, conséquence de l'exploitation des forêts dans lesquelles elles vivent.

« Nous étions riches autrefois, rien ne nous manquait : les forêts étaient peuplées d'animaux de toute espèce dont nous vendions les dépouilles bien cher à l'avide marchand ; cela nous donnait le moyen de suffire à nos besoins et à ceux de nos enfants. Mais il n'en est plus ainsi maintenant. Les Blancs s'établissent de tous côtés sur nos terres ; et où l'on ne cultive pas, les gens de chantiers sont là pour détruire et faire fuir les animaux qui restent dans le petit espace de terre que l'on ne nous a pas encore ravi. Nos familles sont sans moyens de subsistance et nous ne savons où chercher de quoi vivre. [...] »

Pétition présentée au Conseil législatif du Canada-Uni par les Algonquins et les Népissingues, 1845.

- Selon ce document, comment les activités économiques menacent-elles le mode de vie des Amérindiens sous le régime britannique ?

69 La vie dans un camp de bûcherons

Ce document présente les conditions de travail dans un chantier de bois.

« Une amende de 5 s. par jours chômés, maladie, etc. Les provisions qui seront données pour les chantiers seront du pain, des biscuits, du lard, du poisson et des pois. J'espère que tout le monde sera content de cette nourriture. Je n'ai promis rien de plus. Tout homme qui désobéira aux ordres ou ne donnera pas satisfaction sera congédié immédiatement et il n'aura pas un seul sou de ses gages, vu qu'il aura manqué de remplir les conditions de son engagement. [...] Le temps du travail sera du petit jour le matin jusqu'à la nuit. »

Lettre de McCleod à Damas Boulanger, 3 décembre 1846.

- Comment qualifiez-vous les conditions de travail des bûcherons ?
- Les conditions des travailleurs forestiers de l'époque seraient-elles acceptables aujourd'hui ? Expliquez votre réponse.

PISTES d'interprétation CD 2

1. Quels facteurs expliquent l'essor de l'industrie forestière et du commerce du bois ?
2. Comment l'industrie du bois d'œuvre contribue-t-elle au développement du secteur secondaire dans la colonie ?
3. En quoi consiste le mode de vie basé sur des activités agroforestières ?
4. Quelles sont les nouvelles régions de colonisation qui voient le jour grâce au développement de l'industrie forestière ?

Question bilan

5. Quels sont les effets de l'essor de l'industrie forestière sur le développement du territoire du Québec ?

Les transformations dans le monde agricole

Au **début du XIXe siècle**, l'agriculture constitue toujours la principale occupation de la population de la colonie. L'exploitation familiale est l'unité de base de la production agricole. L'un des objectifs des familles paysannes est de répondre à leurs principaux besoins, ce qui ne les empêche pas de produire des surplus qu'ils vendent au marché afin d'améliorer leur niveau de vie.

En adoptant les *Corn Laws* au début du XIXe siècle, la Grande-Bretagne accorde des tarifs préférentiels sur le blé provenant de l'Empire, ce qui stimule la production agricole au sein des colonies. Par ailleurs, l'étendue des terres cultivées ne cesse de s'accroître, en raison notamment de l'utilisation de nouveaux outils agricoles plus performants, de l'ouverture de nouvelles régions de colonisation et de l'arrivée massive d'immigrants d'origine britannique. Les activités agricoles doivent s'adapter aux besoins de ces nouveaux marchés et sont appelées à se diversifier.

Un nouveau système de distribution des terres

Sous le régime britannique, le système de distribution des terres est en partie réorganisé. L'organisation seigneuriale est maintenue dans les espaces déjà concédés à l'époque de la Nouvelle-France. Par contre, peu de nouvelles seigneuries sont concédées. Même si quelques-uns des nouveaux immigrants britanniques acquièrent des seigneuries, le régime britannique met en place un nouveau mode de distribution des terres qui n'ont pas encore été concédées par l'État: le canton. Comme les seigneuries occupent déjà la plupart des terres qui bordent les principaux cours d'eau, l'emplacement des cantons, à l'intérieur des terres, est moins avantageux. Cette situation amène les autorités coloniales à ouvrir de nouvelles routes dans la colonie.

CONCEPTS

Distribution, production

70 La division des terres en seigneuries et cantons, en 1880

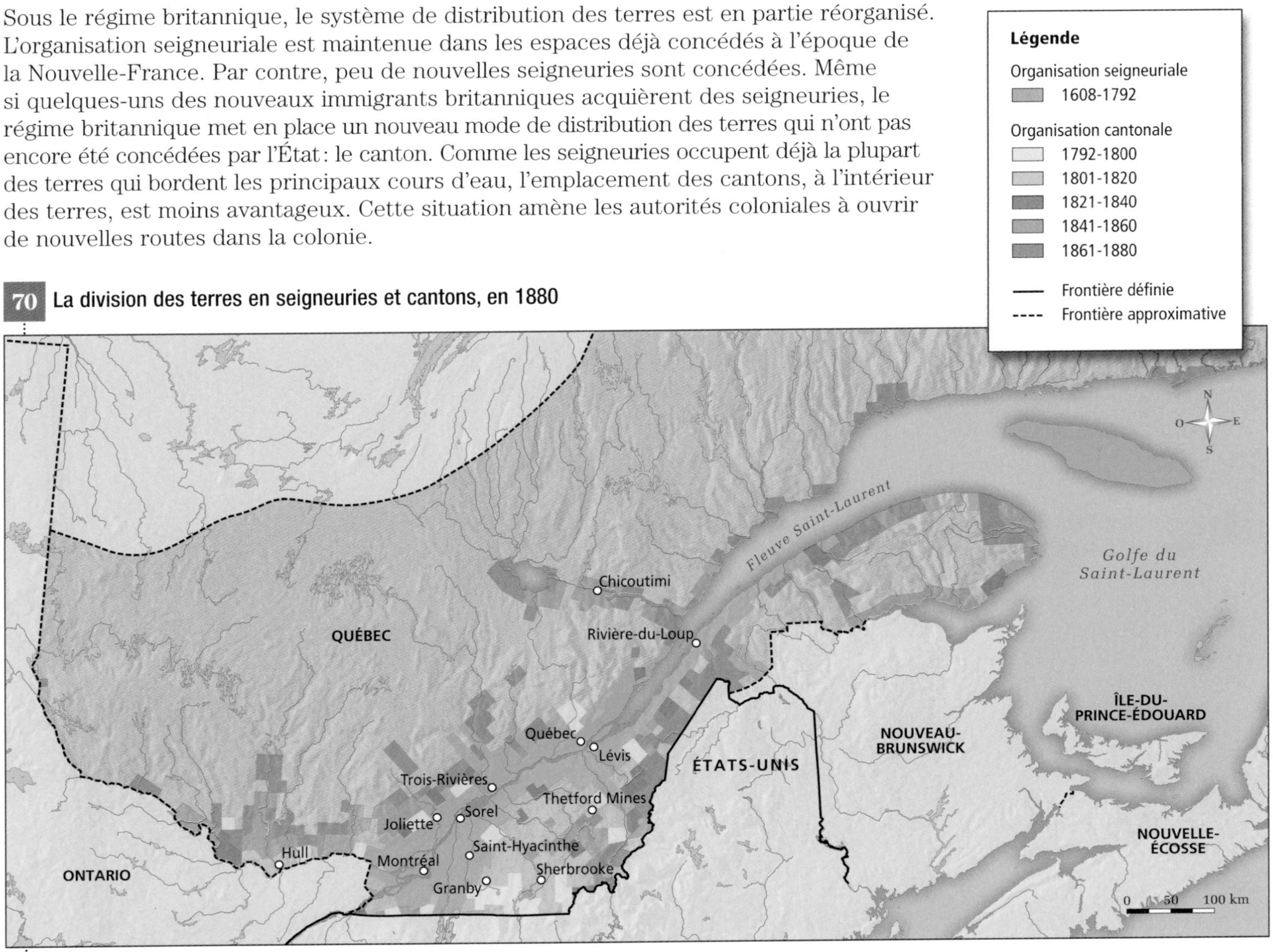

Légende

Organisation seigneuriale
- 1608-1792

Organisation cantonale
- 1792-1800
- 1801-1820
- 1821-1840
- 1841-1860
- 1861-1880

— Frontière définie

---- Frontière approximative

D'après Maurice Saint-Yves, *Atlas de géographie historique du Canada*, Les Éditions françaises, 1982, p. 57.

● Quel est l'avantage de l'emplacement des seigneuries par rapport à celui de la plupart des cantons?

La diversification de la production agricole

Dans les **décennies de 1830 et 1840**, la production agricole du Bas-Canada, qui se concentre principalement sur la culture du blé, connaît d'importantes transformations. Au cours de cette période, les récoltes de blé sont beaucoup moins abondantes. Certains événements (mauvaises récoltes, conditions climatiques défavorables) obligent même le Bas-Canada, normalement exportateur de blé, à en importer. Devant cette situation, et afin également de s'adapter à de nouveaux marchés et aux besoins d'une population croissante, les agriculteurs entreprennent de diversifier leurs cultures. Ils sèment davantage d'avoine, d'orge et de sarrasin, développent la culture de la pomme de terre et de plusieurs variétés de légumes, s'adonnent à l'élevage et accordent progressivement plus d'importance à la production laitière. Cette dernière deviendra d'ailleurs le principal secteur agricole du Québec à la fin du XIXᵉ siècle.

71 Le nombre d'animaux de ferme au Québec, en 1851 et en 1861

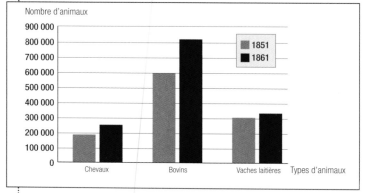

D'après Maurice Saint-Yves, *Atlas de géographie historique du Canada*, Les Éditions françaises, 1982, p. 72.

72 Les types de cultures et les superficies de terres cultivées pour chacun, en 1851 et en 1861

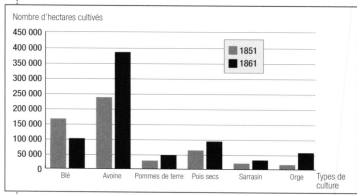

D'après Maurice Saint-Yves, *Atlas de géographie historique du Canada*, Les Éditions françaises, 1982, p. 72.

● Quels types de production agricole sont en hausse entre 1851 et 1861 ?

● Quel est l'effet de la production agricole sur le territoire ?

73 Le développement de la production laitière

L'augmentation du nombre de vaches laitières à partir du milieu du XIXᵉ siècle montre l'essor du secteur de la production laitière. Après 1870, les agriculteurs privilégieront de plus en plus ce type de production puisqu'elle nécessite de moins grandes superficies de terre, elle permet une main-d'œuvre réduite, elle est moins exposée aux variations climatiques et elle permet d'offrir aux marchés une plus grande diversité de produits (lait, beurre, fromage, crème, etc.).

Philip John Bainbrigge, *Vue de Québec, à partir de la résidence de l'ingénieur en chef*, 1841.

● Quels sont les effets du développement de la production laitière sur le territoire et la société ?

La distribution des produits agricoles dans les villages et les marchés

Au cours du XIXe siècle, les produits agricoles sont non seulement exportés vers la métropole ou d'autres colonies britanniques, mais ils sont aussi distribués au sein de la colonie. La variété de produits disponibles parvient à satisfaire les besoins courants des paroisses, villages et marchés urbains. Les échanges entre les villes et les campagnes ne cessent de se multiplier et nécessitent bientôt la mise en place d'infrastructures de transport tels des routes, des ponts, des bateaux, etc. Les commerçants et les artisans des paroisses et villages servent de fournisseurs aux marchands des grandes villes. Des marchés locaux et régionaux se mettent en place, et deviennent par la même occasion des lieux de rencontres et d'échanges entre les régions rurales et les villes.

74 La distribution des surplus agricoles sous le régime britannique

VILLAGES, PAROISSES, RÉGIONS RURALES		VILLES DE LA COLONIE		EXTÉRIEUR DE LA COLONIE
• Artisans • Marchés locaux • Marchés régionaux	Distribution des surplus →	• Négociants et exportateurs • Marchés urbains	Distribution des surplus →	• Métropole • Autres colonies britanniques • Autres destinations commerciales (États-Unis)

● Quelle est la provenance de la majorité des produits qui sont distribués sur les marchés locaux, régionaux, urbains et extérieurs?

● Qui sont les intermédiaires entre les différents marchés?

Jean-Étienne-Achille Génot, «Les figures familières du marché», *L'Opinion publique*, 8 avril 1875.

75 **Les figures familières du marché**

Par cette illustration parue dans le journal *L'opinion publique*, l'illustrateur a voulu représenter les différents acteurs d'un marché dans la seconde moitié du XIXe siècle. On y reconnaît de gauche à droite et de haut en bas: un négociant forain, des habitants avec une charge de pommes de terre, une vieille mendiante, un journalier qui enlève la neige, une marchande de paniers et d'atocas, un marchand de volailles, une ménagère qui revient du marché, un marchand de porcs, deux journaliers qui se réchauffent en battant la semelle.

PISTES d'interprétation **CD 2**

1. Quel mode de division des terres a été privilégié dans le développement de nouvelles régions?

2. Pourquoi les agriculteurs diversifient-ils leur production au milieu du XIXe siècle?

3. Pourquoi la production laitière connaît-elle un essor au cours du XIXe siècle?

4. Comment la production agricole est-elle distribuée au sein de l'Empire britannique?

Question bilan

5. Quels sont les effets de l'activité agricole sur le territoire et la société de la colonie au milieu du XIXe siècle?

L'adoption du libre-échangisme

Tout au long de la **première moitié du XIXe siècle**, certains partisans du libre-échangisme exercent des pressions sur le Parlement britannique pour qu'il mette fin aux pratiques commerciales protectionnistes. En **1846**, les *Corn Laws*, qui assuraient des tarifs préférentiels aux marchands de grain des colonies sur le marché britannique, sont abolies. En **1849**, les *Navigation Acts* sont également supprimées : tous les navires marchands, quel que soit leur pays d'origine, ont désormais accès aux ports britanniques.

L'abandon de ces politiques protectionnistes liées à la conception mercantiliste de l'Empire britannique entraîne plusieurs conséquences au sein des colonies britanniques d'Amérique du Nord, dont l'économie dépend en bonne partie des exportations vers le marché britannique. Elles doivent dorénavant affronter la concurrence internationale et trouver des solutions afin d'assurer leur prospérité économique. L'abolition des tarifs préférentiels pousse donc les colonies à diversifier leur marché et à chercher de nouveaux partenaires commerciaux. À la même époque, les États-Unis d'Amérique connaissent une forte croissance et constituent un nouveau marché potentiel pour les produits canadiens. Pour faciliter le commerce avec les États-Unis, les colonies signent un traité de réciprocité en **1854**. Par ce traité, les deux partenaires peuvent s'échanger des matières premières ou des produits de première transformation (farine, bois scié) sans avoir à payer des droits de douane. Le traité de réciprocité profite aux agriculteurs canadiens, qui vont pouvoir diversifier davantage leurs productions agricoles. Il donne lieu également à une augmentation des investissements de capitaux américains dans la colonie. Ce traité prend toutefois fin en **1866**.

Le libéralisme économique

En 1776, Adam Smith, un philosophe et économiste écossais, publie ses *Recherches sur la nature et les causes de la richesse des Nations*. Il insiste sur le fait que la prospérité d'un État ne repose pas tant sur l'accumulation de richesses que sur sa capacité à produire des biens de consommation. Ses idées sont à la base du libéralisme économique. Selon cette théorie, l'État ne devrait pas intervenir dans l'économie, sauf pour soutenir les industries, par exemple en construisant les infrastructures nécessaires au transport des biens produits. Le libéralisme économique implique donc de laisser les entrepreneurs libres de réagir à la loi de l'offre et de la demande du marché.

Pour ce faire, il est essentiel d'éliminer les mesures protectionnistes et d'exposer les marchés à la concurrence internationale. Ainsi, seuls les secteurs économiques nécessaires et compétitifs seraient amenés à se développer. Le livre d'Adam Smith, dont la publication coïncide avec le début de la Révolution américaine, dénonce fortement le système colonial. Les idées libérales influencent les politiciens britanniques lorsqu'ils décident d'abandonner, dans les années 1840, les tarifs préférentiels sur le blé et sur le bois des colonies.

- Selon vous, pourquoi Smith dénonce-t-il le système colonial?
- En quoi le libéralisme est-il différent du mercantilisme?

Adam Smith (1723-1790)

76 Une scierie près de Thurso, dans l'Outaouais, vers 1865

Au milieu du XIXe siècle, les Américains font construire des scieries directement dans les régions ressources, comme l'Outaouais et la Mauricie.

- Quels effets la construction de scieries a-t-elle sur le territoire de la colonie?

77 Le traité de réciprocité

En 1854, les colonies britanniques d'Amérique du Nord et les États-Unis concluent un accord de réciprocité dans le but de faciliter les échanges et de développer de nouveaux liens commerciaux.

« Article 3 : Il est convenu que les produits énumérés dans la liste ci-jointe, étant les produits de la croissance et de la production des colonies britanniques déjà mentionnées ou des États-Unis, seront acceptés dans chaque pays exempts de droits :

Grain, farine […] animaux de toutes sortes, viandes fraîches, fumées, salées, ouate, semences et légumes, fruits séchés et non séchés, poissons de toutes sortes, produits de poisson et toute créature vivant dans l'eau, volailles et œufs, cuirs, fourrures, peaux ou queues non travaillés, sonte ou marbre à l'état brut ou non travaillé, ardoise, beurre, fromage, suif, saindoux, cornes, engrais, minerais de métal de toutes sortes, charbon, brai, goudron, térébenthine, cendres, bois ou bois coupé de toutes sortes, rond, abattu, scié, non manufacturé, en entier ou en partie, bois à brûler, plantes, arbrisseaux et arbres, pelleteries et laine, huile de poisson, riz, maïs brossé et écorce, gypse moulu ou non moulu, bardanes ou meubles coupés, travaillés ou non travaillés, colorants, lin, chanvre, filasse, non manufacturés, tabac non manufacturé, chiffons. […] »

BIBLIOTHÈQUE ET ARCHIVES CANADA, «Le traité de réciprocité (1854)», *La Confédération canadienne* [en ligne], 2 mai 2005, réf. du 4 mars 2008.

● Quels types de produits peuvent être échangés sans être taxés ?

78 Les exportations totales du Canada vers les États-Unis, en 1854 et en 1866

Exportations (en millions de dollars)

D'après Kenneth Norrie, Douglas Owram et J.C. Herbert Emery, *A History of the Canadian Economy*, Thomson/Nelson, 2008, p 151.

● Selon vous, comment le traité de réciprocité a-t-il contribué à l'essor économique du Canada ?

79 Le port de Montréal, en 1866

La majeure partie des matières premières des colonies est exportée vers la métropole, mais grâce au traité de réciprocité de 1854, de plus en plus de marchandises sont exportées vers les États-Unis. À partir du milieu du XIXe siècle, le port de Montréal est au cœur des activités commerciales de la colonie.

Samuel McLaughlin, *Le port de Montréal*, 1866.

● La situation géographique du port de Montréal a-t-elle un rôle à jouer dans son développement rapide à la fin du XVIIIe et au cours du XIXe siècle ? Expliquez votre réponse.

PISTES d'interprétation CD 2

1. Pourquoi les politiques protectionnistes sont-elles remises en question dans la première moitié du XIXe siècle ?

2. Quelles sont les conséquences de l'abandon des politiques protectionnistes dans la colonie ?

3. En quoi consiste le traité de réciprocité avec les États-Unis ?

Question bilan

4. Quels sont les effets du traité de réciprocité sur le développement économique de la colonie ?

Créancier Personne à qui une somme d'argent est due.

Numéraire Argent, pièces, billets ou toute monnaie ayant cours légal.

Les banques et les institutions financières

À la fin du XVIIIe siècle et au cours du XIXe siècle, les opérations commerciales se multiplient dans les colonies. Les commerçants et les marchands s'occupent entre autres d'évaluer la valeur de certaines transactions et de prêter de l'argent à leurs intermédiaires et à leurs clients. La plupart des marchands jouent donc aussi un rôle de **créancier**. L'accès au capital prend dès lors une importance nouvelle. C'est dans ce contexte que la colonie voit apparaître ses premières institutions financières.

Environ une demi-douzaine de devises circulent dans les colonies britanniques d'Amérique du Nord, dont plusieurs monnaies d'or et d'argent provenant de divers pays, notamment de l'Espagne. Désireux de faciliter les opérations financières, les principaux marchands cherchent à limiter la variété des **numéraires**. Ces marchands comprennent aussi que, en réunissant leurs capitaux, ils pourront mieux les faire fructifier. C'est dans ce but qu'est fondée la Banque de Montréal, en **1817**. Les banques canadiennes deviennent par la suite le lieu où s'effectuent la plupart des opérations de change et des emprunts d'argent. En 1853, les colonies décident d'adopter le système décimal sur lequel est basé le dollar américain, ce qui va permettre d'uniformiser la valeur des billets émis par les différentes banques.

Grâce à la présence des banques, les entrepreneurs peuvent faire fructifier leurs capitaux et les réinvestir dans de nouvelles industries. Par leurs investissements, les entrepreneurs concentrent les capitaux nécessaires à la production industrielle : c'est la naissance du capitalisme industriel dans la colonie. Le capitalisme industriel entraîne l'émergence de nouveaux rapports sociaux entre ceux qui possèdent les moyens de production et ceux qui constituent la force de travail.

80 **La Banque de Montréal, en 1858**

Fondée en 1817, la Banque de Montréal inaugure en 1847 son siège social, sur la rue Saint-Jacques. Les actionnaires de la banque proviennent d'origines diverses : 135 sont établis à Montréal (la plupart sont anglophones), 120 sont Américains et 31 sont d'une autre origine.

- Qu'est-ce qui montre la puissance économique de la Banque de Montréal ?
- En plus du Canada, de quel pays vient la majorité des capitaux investis dans la Banque de Montréal par les actionnaires ?
- Pourquoi ce pays a-t-il un intérêt croissant à investir dans la colonie ?

81 **La fondation de quelques banques au Canada**

La fondation de la Banque de Montréal entraîne le développement de tout un réseau bancaire dans les colonies britanniques d'Amérique du Nord.

Année de fondation	Nom de la banque
1817	Banque de Montréal
1818	Banque de Québec
1823	Banque de Halifax
1835	Banque du Peuple
1836	Bank of British North America
1853	Banque Molson
1860	Banque Nationale

82 Le chemin de fer près du village de Bic dans le Bas-Saint-Laurent, vers 1875

Les banques jouent également un rôle dans le financement des travaux de canalisation et la construction des premiers réseaux ferroviaires.

À travers le temps

La monnaie

Bien avant que les Européens ne colonisent l'Amérique du Nord, les Autochtones avaient un système économique bien organisé et utilisaient comme monnaie d'échange certains objets de valeur, tels les coquillages. De la même façon, à l'époque de la Nouvelle-France, la valeur qu'attribuent les négociants français à la peau de castor va transformer au besoin celle-ci en monnaie d'échange. Toutefois, diverses pièces de monnaies métalliques circulent sur le territoire. La monnaie française est alors utilisée, même si le dollar espagnol (piastre) et d'autres pièces étrangères sont aussi en circulation dans la colonie dès le XVIIe siècle. Plus les transactions commerciales se multiplient, plus les besoins en numéraires se font sentir. Lorsque la colonie vient à manquer de numéraires, l'intendant a parfois recours à la monnaie de carte ou aux lettres de change.

Sous le régime britannique, la livre sterling est introduite dans les colonies. Toutefois, une multitude d'autres numéraires y ont également cours, qu'il s'agisse de lettres de change, de bons ou de monnaie sonnante. Le dollar américain, très répandu, remplace bientôt le dollar espagnol. En 1817, la Banque de Montréal émet les premiers billets de banque privés canadiens. À la suite de la Confédération, en 1867, le gouvernement du Dominion a la responsabilité de gérer les lois relatives aux banques et à la monnaie. Cependant, la Banque du Canada est créée beaucoup plus tard, soit en 1934, au moment de la Grande Crise. La Banque du Canada émet des billets de banque en coupures de 1, 2, 5, 10, 20, 25, 50, 100, 500 et 1000$, en anglais et en français. Les banques privées continuent toutefois d'émettre leurs propres billets jusqu'en 1945.

Encore aujourd'hui, la Banque du Canada est responsable de la politique monétaire, des billets de banque, du système financier et de la gestion financière du Canada, en plus d'être la seule organisation émettrice de billets de banque au pays.

Un billet de 25 cents de 1900

Une pièce de 20 sols de 1720

Une pièce de 5 shillings de 1813

La piastre

Sous le régime français comme sous le régime britannique, la monnaie est constituée de pièces métalliques de diverses origines, dont l'une des plus fréquemment utilisées est la piastre espagnole. La valeur de cette piastre espagnole a d'ailleurs servi de référence au XIXe siècle lors de la création du dollar américain, puis du dollar canadien. Cela explique sans doute l'utilisation populaire du mot «piastre» pour désigner le dollar au Québec.

PISTES d'interprétation CD 2

1. Quel rôle occupaient les marchands avant la mise sur pied des diverses institutions financières?

2. Dans quel but la Banque de Montréal est-elle fondée en 1817?

Question bilan

3. Quels sont les effets de l'arrivée des banques dans l'économie de la colonie?

La première phase d'industrialisation

À partir de la **seconde moitié du XIXᵉ siècle**, l'économie coloniale connaît une période de croissance. L'industrialisation, qui suit son cours en Grande-Bretagne depuis le XVIIIᵉ siècle, accélère grandement le développement économique de la colonie. L'apparition de nouveaux outils et de nouvelles techniques a un impact considérable sur le rythme de production. La concentration de ces nouvelles machines et d'une importante main-d'œuvre dans un même endroit va entraîner la mise sur pied de grandes usines.

Les investissements des hommes d'affaires canadiens, britanniques et américains favorisent l'accumulation des capitaux nécessaires au développement colonial. Les élites marchandes, qui contrôlent les principales institutions financières et occupent souvent des postes au sein du gouvernement, profitent des capitaux mis à leur disposition pour développer leurs activités industrielles.

Deux types d'activités manufacturières ont cours dans les colonies. Le premier se définit principalement par une production artisanale, qui emploie une main-d'œuvre peu abondante (ferblantiers, chaudronniers, tonneliers, etc.) et dont les produits sont destinés aux marchés locaux. L'autre type d'activités implique la transformation de ressources pour la fabrication de biens ou de denrées qui pourront éventuellement être exportés. Par exemple, des céréales entrent dans la préparation du whisky ou de la bière, ou bien sont transformées en farine ; le bois est utilisé pour faire de la potasse ou transformé en planches et en madriers dans les scieries. Au cours de cette première phase d'industrialisation, les manufactures remplacent peu à peu les ateliers artisanaux et la mécanisation augmente la productivité des entreprises.

83 Une machine à vapeur, en 1855

Cette machine à vapeur, nommée «Comet», a été dessinée par John Robertson vers 1812, en Grande-Bretagne. La machine à vapeur sera exploitée dans toutes sortes de domaines, en particulier ceux des transports (bateau à vapeur, locomotive) et des industries (principalement celle du textile).

84 La meunerie Mount Royal à Montréal, en 1868

Le secteur de l'alimentation est en croissance dans la deuxième moitié du XIXᵉ siècle. Avec la construction de grandes meuneries, comme la meunerie Mount Royal, le long du canal de Lachine, Montréal devient bientôt un important centre industriel.

85 La production industrielle au Québec au cours de la première phase d'industrialisation

Domaine de production	Main-d'œuvre	Exemples d'activités
Alimentation, chaussures, cuir, textile, tabac	Abondante, peu spécialisée, peu payée	Raffinage du sucre, conserves, meunerie, tannerie, filage, etc.
Fer et acier	Abondante, plus spécialisée	Fabrication de machines à vapeur, de locomotives, de rails, de clous, de chaudières, etc.
Bois	Abondante, diversifiée	Sciage, fabrication d'allumettes ou de meubles, construction navale, etc.

Un nouveau réseau de transport

L'industrialisation de la colonie fait augmenter rapidement la production des marchandises. Pour faciliter leur transport et réduire ainsi les coûts de production et de distribution, le gouvernement des colonies de même que certains entrepreneurs investissent dans la construction de nouveaux réseaux de transport.

Les canaux

Afin de transporter des marchandises par voie d'eau vers l'intérieur des terres, un premier canal est achevé à Montréal en **1825** : le canal de Lachine. Au cours du XIXe siècle, une série de chantiers de construction de canaux, financés par des taxes et des emprunts publics, vise à permettre la navigation directe entre Montréal et Detroit, aux États-Unis, en passant par les Grands Lacs.

Lieu de *mémoire*

Le canal de Lachine

Déjà, à l'époque de la Nouvelle-France, les Français estiment qu'un réseau de canaux entre Montréal et Lachine faciliterait la navigation vers les pays d'en haut et apporterait de l'eau aux moulins installés sur les rives de l'île de Montréal. Le projet est toutefois abandonné en raison des fréquentes attaques iroquoises et du manque de capitaux. Au début du XIXe siècle, les marchands, qui veulent faire de Montréal une plaque tournante du commerce entre l'Atlantique et l'intérieur des terres, estiment nécessaire de construire un canal afin de contourner les rapides situés entre Montréal et Lachine. Les premiers travaux débutent donc en 1821 et le canal est mis en service en 1825. Le canal sera élargi à plusieurs reprises jusqu'à la fin du XIXe siècle, conséquence de l'essor rapide du trafic commercial. Attirées par l'activité industrielle et le potentiel hydraulique du canal de Lachine, plusieurs entreprises décident de s'installer à ses abords, formant ainsi un important noyau industriel dans la ville de Montréal.

L'entrée du canal de Lachine, vers 1890.

Les réseaux ferroviaires

La construction de réseaux ferroviaires est un des aspects fondamentaux de la première phase d'industrialisation dans les colonies britanniques. Les voies ferrées contribuent à l'industrialisation des colonies en assurant la distribution des marchandises plus efficacement, même en hiver, ce qui permet la création de nouveaux marchés. En plus de faciliter le transport des marchandises, le réseau ferroviaire stimule le développement de l'industrie de la métallurgie, axée principalement sur la fabrication de matériel ferroviaire. Au cours du XIXe siècle, la présence d'un réseau ferroviaire a également des répercussions sur l'expansion coloniale et urbaine. En effet, les villes reliées par des lignes de chemin de fer deviennent des centres d'échanges commerciaux où se multiplient des usines qui attirent une main-d'œuvre abondante.

86 La construction ferroviaire

La Compagnie ferroviaire du Saint-Laurent et de l'Atlantique lance un appel d'offres afin d'entreprendre la construction d'une voie ferrée dans la région de Sherbrooke.

« Des soumissions seront reçues au bureau des sous-signés, au village de St-Hyacinthe, Canada est, jusqu'à samedi, le vingt-cinquième jour de janvier 1851, pour ouvrir le chemin, arracher les souches et faire le nivellement, maçonnerie, pontage, etc., de 25 à 30 milles du chemin de fer du St-Laurent et de l'Atlantique partant du village de Richmond jusqu'à Sherbrooke ou au-delà. [...] Cette ligne nécessitera des ouvrages considérables, traversant pour la plus grande partie un pays défriché et habité, et dont l'approche sur tous les points est rendu facile par de bons chemins. Les entrepreneurs expérimentés et avec des moyens trouveront cet avis digne de leur attention. [...] »

La Minerve, jeudi 2 janvier 1851, p. 3.

- À qui s'adresse cet appel d'offres ?
- Qui l'a fait publier ?
- Quel est l'effet du développement ferroviaire sur les terres de la région concernée ?

La première ligne de chemin de fer canadienne, la *Champlain and St-Lawrence Railroad*, inaugurée en **1836**, relie Saint-Jean et Laprairie. À cette époque, les lignes ferroviaires servent surtout de complément au réseau fluvial, déjà bien établi. Les gens d'affaires qui financent le projet veulent faciliter les déplacements entre Montréal et New York en reliant par un chemin de fer le Saint-Laurent et le lac Champlain. Un autre important projet ferroviaire est lancé au Canada dans les années 1850. Le Grand Tronc (*Great Trunk Railway*), constitué en **1852**, a pour objectif de faire de Montréal la plaque tournante du réseau ferroviaire canadien en reliant la ville à la région des Grands Lacs et au port de Portland, aux États-Unis. Le projet du Grand Tronc se concrétise grâce à la construction, à l'achat et à la rénovation de plusieurs lignes ferroviaires. Au lendemain de la Confédération en 1867, la construction ferroviaire, soutenue par l'État, prend de l'ampleur. Le chemin de fer est désormais indissociable du développement économique et territorial du Dominion.

87 Les principaux réseaux ferroviaires et canaux, vers 1860

Légende
- Canada-Uni
- Autre possession britannique
- Canal
- Chemin de fer
- Frontière définie
- Frontière approximative

Comment les réseaux ferroviaires et les canaux permettent-ils le développement économique et territorial de la colonie ?

D'après Maurice Saint-Yves, *Atlas de géographie historique du Canada*, Les Éditions françaises, 1982, p. 53, Jacques Paul Couturier, *L'expérience canadienne, des origines à nos jours*, Beauchemin, 2002, p. 159.

PISTES d'interprétation CD 2

1. Quelles sont les principales caractéristiques de la première phase d'industrialisation au Canada ?

2. Quel est le rôle des élites marchandes dans le processus d'industrialisation du Canada ?

3. Comment le réseau de transport contribue-t-il au phénomène d'industrialisation ?

L'urbanisation

Dans la **seconde moitié du XIXᵉ siècle**, la construction ferroviaire, de même que le regroupement des activités de transformation près des cours d'eau, favorise la croissance de certains centres industriels. Ceux-ci deviennent également des centres commerciaux importants puisqu'ils rassemblent la majorité des grandes institutions financières. Grâce à la présence d'institutions politiques et financières ainsi qu'à la disponibilité des capitaux et de la main-d'œuvre, les villes attirent des entreprises manufacturières qui se consacrent à la transformation, en particulier dans les secteurs de l'alimentation, du textile et du cuir. De plus en plus de gens s'installent près de ces lieux de travail, ce qui contribue au phénomène d'urbanisation.

Par ailleurs, les villages connaissent aussi une importante croissance : les nouveaux réseaux commerciaux de même que la construction de nouvelles lignes ferroviaires favorisent leur multiplication.

L'industrialisation, et l'urbanisation qui en découle, ont des effets sur l'organisation de la société et du territoire québécois. Des quartiers ouvriers sont créés à proximité des usines, et les conditions de vie y sont souvent difficiles. Les disparités entre les revenus et les conditions de vie des entrepreneurs et ceux de la majorité des ouvriers sont considérables. La plupart des habitations ouvrières, souvent en bois, n'ont ni eau courante, ni électricité, ni toilettes. D'ailleurs, les mauvaises conditions de travail des employés non qualifiés vont pousser les ouvriers à se regrouper afin de revendiquer l'amélioration de leur situation.

88 La population de la ville de Montréal en 1816, 1851 et 1881

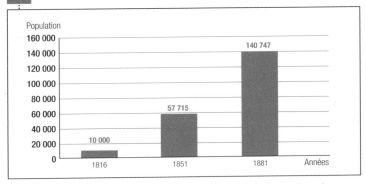

D'après John A. Dickinson et Brian Young, *Brève histoire socio-économique du Québec*, Septentrion, 1995, p. 175.

89 La population de la ville de Québec, de 1805 à 1901

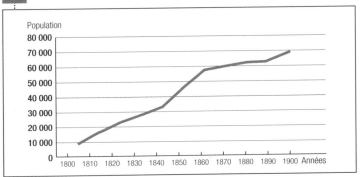

D'après Serge Courville et Robert Garon, *Atlas historique du Québec : Québec - ville et capitale*, Presses de l'Université Laval, 2001, p. 172.

● Pourquoi les centres urbains attirent-ils la population au cours du XIXᵉ siècle ?

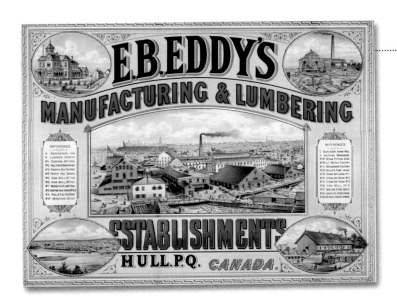

90 L'usine E.B. Eddy's, à Hull

Certains centres urbains et industriels régionaux se développent grâce à l'installation d'entreprises qui exploitent les matières premières directement à la source. C'est le cas notamment des villes de Trois-Rivières, Sherbrooke et Hull, dont le développement s'appuie sur les ressources hydrauliques et la transformation des produits forestiers.

PISTES d'interprétation CD 2

1. Qu'est-ce qui favorise le processus d'urbanisation au Canada dans la seconde moitié du XIXᵉ siècle ?

2. Quelles sont les conséquences de l'industrialisation et de l'urbanisation sur la population des principaux centres industriels du Québec ?

Question bilan

3. Quels sont les effets du processus d'industrialisation sur l'organisation du territoire et de la société au cours du XIXᵉ siècle ?

L'économie durant la période contemporaine

Depuis 1867

Le Dominion du Canada voit le jour lors de la Confédération des colonies britanniques d'Amérique du Nord, en 1867. L'industrialisation du nouveau pays et l'expansion vers les terres de l'Ouest rendent alors possible le développement d'un vaste ensemble économique.

Au Québec, à partir des années 1880, plusieurs secteurs industriels liés à l'exploitation des ressources naturelles voient leur production s'intensifier grâce à l'arrivée d'une nouvelle source d'énergie : l'hydroélectricité. Le domaine des mines ainsi que celui des pâtes et papiers connaissent une expansion rapide en raison de l'investissement massif de capitaux étrangers, surtout américains, dans l'économie. Dans les campagnes, l'industrie laitière se développe. Dans les années 1930, la Grande Crise incite les gouvernements à intervenir de plus en plus dans l'économie. Cette tendance se poursuit dans les années 1960 lors de la Révolution tranquille au Québec, lorsque le gouvernement s'engage dans la voie du nationalisme économique. Toutefois, les fluctuations économiques, causées par plusieurs événements internationaux, poussent la population à se questionner sur le rôle de l'État dans l'économie. De plus, depuis les années 1980, le Québec doit s'adapter à un nouveau contexte économique marqué par la libéralisation des échanges et la mondialisation.

Quels sont les effets des activités économiques sur la société et le territoire du Québec depuis 1867? **CD 2**

1867 · 1875 · 1900 · 1925 · 1950 · 1975 · 2000

LA PÉRIODE CONTEMPORAINE

1879
Entrée en vigueur de la Politique nationale

1886-1889
Commission royale d'enquête sur les relations entre le capital et le travail

1900
Fondation de la première caisse populaire

1929-1939
Grande Crise

1934
Création de la Banque du Canada

1936
Création de l'Office du crédit agricole

1962
Proposition de nationaliser l'hydroélectricité au Québec

1965
Création de la Caisse de dépôt et placement du Québec

1968
Inauguration du barrage Daniel-Johnson et de la centrale Manic-5 sur la Côte-Nord

1975
Convention de la Baie-James et du Nord québécois

1985
Fermeture de la ville de Gagnon sur la Côte-Nord

1994
Accord de libre-échange nord-américain (ALENA)

Les facteurs économiques liés à la Confédération

En **1867**, les colonies britanniques d'Amérique du Nord s'unissent pour former une confédération. Quatre facteurs liés à l'économie vont amener ces colonies à s'unir pour former le Dominion du Canada.

- Au **milieu du XIXᵉ siècle**, la Grande-Bretagne abandonne ses politiques protectionnistes et adopte le libre-échangisme. Les colonies auront à développer des liens commerciaux entre elles afin d'affronter la concurrence internationale.

- La première phase d'industrialisation, amorcée dans les **années 1850**, renforce les liens économiques entre les colonies, car elles ont maintenant accès à un vaste réseau de transport.

- Dans les **années 1860**, les États-Unis convoitent les terres situées à l'ouest du Canada-Uni. Cette menace d'expansion incite les colonies à consolider leurs liens commerciaux.

- En **1866**, les États-Unis abandonnent le traité de réciprocité signé en 1854. Ce traité permettait au Canada-Uni d'échanger des matières premières sans avoir à payer de droits de douane. Les colonies britanniques voient dans cette décision une raison de plus de développer un marché commun.

91 La cession de la Terre de Rupert

En 1870, la Compagnie de la Baie d'Hudson cède la Terre de Rupert au Dominion en échange d'une compensation financière. Le Dominion empêche ainsi les États-Unis de s'approprier les terres inhabitées situées entre l'Ontario et la Colombie-Britannique.

«[…] Sa Majesté est habilitée à déclarer, par décret en conseil […], l'adhésion de la Terre de Rupert au Dominion du Canada réalisée à la date qui y est mentionnée. Dès lors, le Parlement est habilité à adopter pour ce territoire les lois et ordonnances, et à y mettre en place les institutions, tribunaux et personnels, nécessaires au maintien de la paix et de l'ordre dans ses limites ainsi qu'au bon gouvernement des sujets de Sa Majesté et des autres personnes qui y résident.»

«Article 5 de la loi de 1868 sur la Terre de Rupert», *Ministère de la Justice Canada* [en ligne], 31 juillet 1868, réf. du 15 octobre 2007.

Qui cède la Terre de Rupert au Dominion?

La situation économique du Dominion

Au sein du Dominion, chaque palier de gouvernement peut exercer ses compétences en matière d'économie. Cependant, certaines de ces compétences sont partagées, notamment l'exploitation des ressources naturelles et des matières premières. Ce partage sera donc au cœur de nombreux débats entre les différents paliers de gouvernement, puisque l'économie du Dominion dépend de l'exploitation des ressources naturelles telles les forêts, la pêche et les mines, ainsi que l'agriculture.

92 Quelques compétences des différents paliers de gouvernement

Compétence fédérale	Compétence provinciale	Compétence partagée
• Monnaie et banques • Réglementation des échanges, du commerce et des exportations	• Développement économique • Attribution de licences commerciales et incorporation des compagnies • Administration et ventes des terres publiques • Taxe directe à des fins provinciales	• Exploitation et exportation des ressources naturelles et des matières premières • Agriculture • Immigration

93 Le Dominion et son réseau ferroviaire, au début du XXᵉ siècle

Légende

- ▢ Province canadienne
- ▢ Territoire
- ▢ Colonie britannique
- ── Frontière définie
- ┄┄ Frontière approximative

Chemins de fer
- ┅┅┅ Le Canadien Pacifique
- ┅┅┅ Le Grand-Tronc
- ┅┅┅ L'Intercolonial

● Quel est le lien entre le développement du réseau ferroviaire et le développement du Dominion?

Les institutions politiques et économiques mises en place en 1867 favorisent la concentration des capitaux qui vont assurer le financement de la construction d'un réseau ferroviaire. Le chemin de fer devient rapidement la pierre angulaire du développement économique du Dominion. Reliant les provinces, il permet de peupler de nouvelles terres et de consolider la présence canadienne aux abords de la frontière américaine. Le réseau ferroviaire permet également d'élargir le marché intérieur du Dominion en assurant un transport plus efficace des marchandises en provenance des centres industriels et en facilitant la distribution des produits.

Malgré la volonté du gouvernement de stimuler le marché canadien, une crise économique éclate en **1873**. Les prix des matières premières s'effondrent et les exportations diminuent. Après les élections de 1878, le premier ministre conservateur John A. Macdonald tente de redresser la situation en proposant une politique de développement industriel: la Politique nationale.

PISTES d'interprétation CD 2

1. Quels facteurs économiques mènent à la Confédération?
2. Quelles compétences en matière économique feront l'objet de débats?
3. Quel est le rôle du réseau ferroviaire dans le développement économique du Dominion?

Question bilan

4. Quels sont les effets de la formation du Dominion sur le développement économique du pays?

La Politique nationale

La Politique nationale entre en vigueur en **1879**. Elle s'articule autour de trois grands objectifs :

- Protéger l'industrie canadienne naissante au moyen d'une politique tarifaire protectionniste. Celle-ci se traduit par l'augmentation des droits de douane sur la plupart des produits fabriqués à l'étranger ;

- Encourager l'expansion du réseau ferroviaire afin de relier les provinces et de multiplier ainsi les échanges ;

- Mettre en place des mesures destinées à accroître l'immigration afin de favoriser le peuplement des terres de l'Ouest, d'augmenter le bassin de main-d'œuvre et de créer un nouveau marché de consommateurs.

Une politique tarifaire protectionniste

À cette époque, le marché canadien est envahi par des marchandises en provenance des États-Unis. Plusieurs manufacturiers canadiens sont incapables de concurrencer le marché américain. Ils exercent des pressions sur le gouvernement afin que celui-ci impose des droits de douane sur les produits étrangers. L'instauration de ces droits de douane va inciter les Canadiens à se procurer des produits locaux. La nouvelle réglementation vise aussi à accélérer le développement des industries canadiennes. Les effets positifs de cette politique ne se feront toutefois sentir qu'à partir du milieu des **années 1890**. Cette période sera marquée par l'implantation de nouvelles industries et la création de milliers d'emplois.

L'expansion du réseau ferroviaire

L'expansion du réseau ferroviaire est essentielle à l'atteinte des deux autres objectifs de la Politique nationale, car le chemin de fer permet notamment :

- de relier les provinces entre elles ;

- de transporter les matières premières de leurs lieux d'extraction vers les centres industriels, ce qui accélère l'industrialisation ;

- de faciliter l'accès des nouveaux immigrants aux zones de colonisation ;

- de favoriser la distribution des produits manufacturés à travers le pays ;

- de développer des secteurs industriels prometteurs, comme le matériel de transport ainsi que le fer et l'acier.

94 John A. Macdonald et la concurrence américaine

À la veille des élections de 1891, John A. Macdonald tente de justifier les bienfaits de la Politique nationale dans un manifeste adressé aux électeurs.

« À cette époque [1878], le commerce était inactif, l'industrie languissante, et les Canadiens, exposés à une concurrence ruineuse, étaient menacés de se voir bientôt réduits à n'être plus que des scieurs de bois et des porteurs d'eau pour la grande nation située au sud de notre pays. Nous avons alors résolu de mettre fin à ce déplorable état de choses, convaincus que le Canada, avec ses ressources agricoles, avec ses pêcheries, ses forêts et ses mines, sources inépuisables de richesses, méritait un meilleur sort que celui qui l'attendait comme marché à sacrifice pour les États-Unis. Nous avons donc dit aux Américains : "Nous voulons bien faire du commerce avec vous à des conditions égales ; nous sommes désireux d'avoir un traité de réciprocité équitable, mais nous ne consentirons pas à vous ouvrir nos marchés aussi longtemps que vous tiendrez les vôtres fermés." »

Manifeste de John A. Macdonald aux électeurs, 1891.

- Quel est le plus important concurrent économique du Dominion ?

- Selon Macdonald, quelles sont les principales ressources économiques du Dominion ?

Jean-Baptiste Côté, *Les progrès de la vie économique canadienne*, vers 1875.

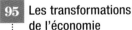

95 Les transformations de l'économie

- Quelles activités économiques l'artiste a-t-il voulu illustrer ?

Lorsque Macdonald prend le pouvoir en 1878, il fait de l'achèvement de la ligne du Canadien Pacifique une priorité. Le gouvernement canadien verse de nombreuses subventions aux compagnies chargées de développer ce réseau ferroviaire. Malgré les obstacles qui ralentissent sa construction (pénurie de main-d'œuvre, terrain accidenté, conflits avec les communautés autochtones et métisses), le Canadien Pacifique (*Canadian Pacific Railway* – CPR) est achevé en **1885** et devient indispensable à la colonisation des terres de l'Ouest.

À la fin des **années 1860**, le Québec se lance, lui aussi, dans la construction d'une série de tronçons de voies de chemin de fer. Cela permet, dans les décennies suivantes, l'ouverture de nouvelles régions à la colonisation, comme les Laurentides, le Saguenay, la Beauce, les Cantons de l'Est et la Gaspésie, en plus de faciliter l'accès aux ressources naturelles de la province.

96 Une voiture-salon du Canadien Pacifique, en 1886

Peu de gens avaient les moyens de s'offrir un billet en première classe à bord du Canadien Pacifique. La majorité des voyageurs s'entassaient sur des banquettes de bois.

97 Le réseau ferroviaire du Québec, à la fin du XIXᵉ siècle

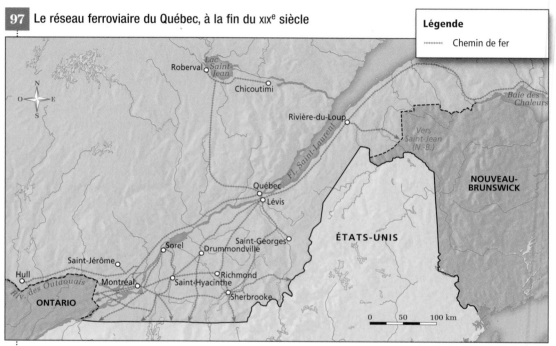

Légende
······· Chemin de fer

- Quelles régions se développent grâce à la construction de nouvelles lignes ferroviaires ?
- Quels sont les points de jonction entre la majorité des lignes de chemin de fer ?

Et maintenant CD 3 TIC

Le développement régional

L'activité économique a souvent joué un rôle moteur dans l'émergence de certaines régions du Québec. C'est encore le cas aujourd'hui. En effet, dans la région de la Côte-Nord, des compagnies minières désirant augmenter leur production, développent des infrastructures de transport, modernisent les installations industrielles, emploient plus de main-d'œuvre, etc.

- Quels sont les effets des activités économiques sur le développement des régions du Québec ?

L'augmentation de la population par la colonisation des terres de l'Ouest

Déjà, en **1872**, la Loi sur les terres fédérales met des terres arables à la disposition des immigrants qui partent s'établir dans les terres de l'Ouest. Il faut toutefois que ces immigrants remplissent certaines conditions. Ils doivent, par exemple, avoir atteint l'âge de 21 ans, payer des frais de 10 $ et occuper la terre pendant au moins 3 ans. En encourageant la colonisation de ces terres, la Politique nationale structure les efforts du gouvernement fédéral en matière d'immigration. Pour encourager la venue d'immigrants (surtout britanniques), le gouvernement de Macdonald organise des campagnes de promotion du Canada à l'étranger. Il espère ainsi augmenter la main-d'œuvre et constituer un nouveau marché pour les produits manufacturés au pays. Cependant, malgré ces efforts, la population du pays croît lentement. Il faudra attendre le **tournant du XXᵉ siècle** pour que, sous le gouvernement libéral de Wilfrid Laurier, le Canada connaisse plusieurs vagues d'immigration successives qui viendront pourvoir à ses besoins en main-d'œuvre.

98 Un groupe d'immigrants européens, vers 1911

L'expansion du réseau ferroviaire permet aux immigrants de s'installer dans les terres de l'Ouest. La colonisation de ces terres favorise le développement économique du Canada.

Portrait

Hugh Allan
(1810-1882)

Homme d'affaires montréalais d'origine écossaise, Hugh Allan est le principal promoteur du projet de développement du Canadien Pacifique. Allan investit d'abord dans le transport transatlantique entre Montréal et la Grande-Bretagne. Il s'intéresse aussi aux communications et devient président de la *Montreal Telegraph Co.* en 1852. Allan est aussi propriétaire de nombreuses entreprises dans différents domaines : charbon, textile, chaussure, fer, acier, tabac et papier. En raison de sa position privilégiée parmi l'élite britannique du milieu des affaires, Allan peut tisser des liens avec les principaux dirigeants du Dominion, ce qui va lui permettre d'obtenir d'importants contrats de construction ferroviaire au cours des années 1860 à 1880. Grâce à ses nombreux investissements, Allan parvient à bâtir un empire commercial et industriel colossal.

PISTES d'interprétation `CD 2`

1. Quels sont les principaux objectifs de la Politique nationale ?

2. Comment l'application de politiques tarifaires protectionnistes permet-elle le développement des industries canadiennes ?

3. Pourquoi le développement du réseau ferroviaire contribue-t-il à la colonisation des terres de l'Ouest ?

4. Quel effet le développement du réseau ferroviaire a-t-il sur le territoire du Québec ?

Question bilan

5. Quels sont les effets du développement économique sur le Dominion du Canada à partir de 1867 ?

Une deuxième phase d'industrialisation

Les industries canadiennes, appuyées par la politique tarifaire protectionniste mise en place dans le cadre de la Politique nationale, connaissent une deuxième phase d'industrialisation au tournant du xxᵉ siècle. Cette deuxième phase, qui s'étend de **1900 à 1929** environ, se caractérise principalement par l'essor de secteurs industriels qui se développent grâce à de nouvelles sources d'énergie: l'hydroélectricité et le pétrole.

99 **La valeur de la production manufacturière en dollars, de 1861 à 1901**

Certains domaines de la production manufacturière se stabilisent alors que d'autres émergent ou encore intensifient leur production au début de la deuxième phase d'industrialisation.

Domaine	1861	1871	1881	1891	1901
Alimentation	3 830 307	18 650 000	22 440 000	34 700 000	33 099 000
Caoutchouc	–	–	–	–	39 000
Textile	788 316	1 340 000	2 400 000	4 300 000	12 352 000
Vêtement	28 000	5 850 000	10 040 000	13 600 000	16 542 000
Bois	4 155 693	11 690 000	12 790 000	18 500 000	16 340 000
Pâtes et papiers	268 200	540 000	1 342 000	2 300 000	6 461 000
Fer et acier	1 472 680	3 130 000	4 220 000	7 600 000	12 842 000
Équipements de transport	648 041	2 910 000	3 600 000	9 900 000	8 058 000
Appareils électriques	47 300	–	–	400 000	1 815 000
Pétrole et charbon	–	–	–	–	245 000
Produits chimiques	130 600	–	–	–	4 138 000

D'après Jean Hamelin et Yves Roby, *Histoire économique du Québec 1851-1896*, Fides, 1971, p. 267.

- Quels domaines connaissent une croissance importante?
- Quels domaines sont relativement stables?
- Quels domaines sont en déclin, de 1891 à 1901?
- Quels domaines sont en émergence au début de la deuxième phase d'industrialisation?

Plusieurs facteurs contribuent au développement des entreprises canadiennes et québécoises. Leur réussite dépend entre autres de leur capacité à concurrencer les entreprises américaines ou britanniques. Pour être plus compétitives, elles doivent donc abaisser leurs coûts de production. Pour ce faire, les entreprises cherchent à s'implanter à proximité des sources d'énergie. Le développement ferroviaire, à la fin du xixᵉ siècle, contribue aussi à limiter les coûts de production, car le chemin de fer facilite l'accès aux ressources et accélère la distribution des produits manufacturés.

Les conditions propices à l'industrialisation

Trois conditions vont permettre au Dominion d'accumuler des capitaux et d'assurer ainsi sa croissance économique lors de la deuxième phase d'industrialisation.

Le blé comme richesse

Au **tournant du xxᵉ siècle**, la culture du blé dans l'Ouest connaît un essor qui aide le Canada à se sortir de la crise économique. Plusieurs facteurs sont à l'origine de ce regain: l'accès à des moyens de transport moins coûteux, la disponibilité de terres fertiles et l'accroissement du bassin de population, conséquence de l'immigration. Le blé devient rapidement le produit d'exportation par excellence, comme le bois et la fourrure l'avaient été auparavant. L'augmentation de la culture du blé et des prix du grain entraîne le développement des régions industrielles de l'Est du Canada. Montréal, par exemple, connaît une croissance importante puisqu'elle sert de plaque tournante entre les terres fertiles de l'Ouest et les marchés extérieurs, notamment les États-Unis.

Les investissements étrangers

Au **début du XXᵉ siècle**, les gouvernements cherchent à soutenir le développement industriel en attirant les investisseurs étrangers, surtout britanniques et américains. Ceux qui choisissent d'investir dans le secteur des ressources naturelles bénéficient de privilèges. L'apport de capitaux étrangers entraîne la modernisation des infrastructures industrielles et la création d'emplois.

100 Les investissements étrangers, de 1910 à 1930

Ce sont surtout les Américains qui, en quête de ressources naturelles nécessaires à l'expansion de leurs industries, investissent massivement dans les mines, les pâtes et papiers, l'hydroélectricité, etc.

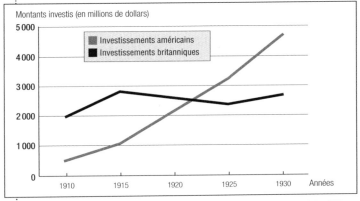

D'après STATISTIQUE CANADA, *Statistiques historiques du Canada*, 2ᵉ éd., 1983.

● Quelle puissance étrangère investit le plus dans le Dominion du Canada en 1910? en 1930?

La Première Guerre mondiale

De **1914 à 1918**, les puissances européennes, dont la Grande-Bretagne, s'affrontent dans une guerre mondiale. La participation du Canada à l'effort de guerre stimule l'économie puisque le pays devient un des plus importants fournisseurs des troupes alliées. Les subventions accordées par le gouvernement fédéral aux entreprises pendant la guerre contribuent au développement des domaines des mines, du fer et de l'acier, du vêtement, etc. Le monde agricole profite lui aussi de la guerre puisque la demande pour le blé et le porc, destinés principalement aux soldats, augmente rapidement. Par exemple, le prix moyen du porc, qui est de 6,62 ¢ la livre en 1911, grimpe à près de 20 ¢ la livre au prix du marché de gros en 1919.

La production de guerre entraîne la modernisation des usines, qui doivent répondre à une demande accrue. Une industrie de consommation s'installe et assure la prospérité du Dominion.

● Qu'est-ce qui explique la hausse de la demande chez les consommateurs dès la fin du XIXᵉ siècle?

101 Le port de Montréal

De nombreux navires s'alignent le long des quais alors qu'un élévateur à grain s'impose dans le paysage montréalais au début du XXᵉ siècle.

Adrien Hébert, *Le port de Montréal*, 1924.

● Quels éléments de l'iconographie prouvent que Montréal s'industrialise au début du XXᵉ siècle?

● Quel rôle le port de Montréal joue-t-il dans l'industrialisation du Québec?

102 La vente par correspondance

Dès la fin du XIXᵉ siècle, plusieurs grands magasins offrent des services de vente par correspondance, tant pour les consommateurs des grandes villes que pour ceux des régions rurales.

PISTES d'interprétation CD 2

1. Quelles sont les caractéristiques de la deuxième phase d'industrialisation?

2. Quelles sont les conditions propices au développement de la deuxième phase d'industrialisation?

3. En quoi la Première Guerre mondiale contribue-t-elle à l'industrialisation du Québec?

L'hydroélectricité et le développement industriel

Au cours de la deuxième phase d'industrialisation, une nouvelle source d'énergie, l'hydro-électricité, entraîne l'émergence de secteurs industriels. Avec ses nombreux cours d'eau, le Québec est un endroit idéal pour développer l'hydroélectricité, qui peut ensuite être acheminée vers les centres urbains, où les usines sont concentrées.

103 Les principaux domaines en croissance

Domaine	Type de production
Pâtes et papiers	Papier journal, carton, etc.
Mines	Fer, acier, aluminium, etc.
Produits chimiques	Teintures, agents de conservation, etc.
Pétrole	Automobiles, matières plastiques, etc.

Pourquoi, selon vous, ces domaines de l'économie connaissent-ils une croissance au cours de la deuxième phase d'industrialisation?

Les pâtes et papiers

La grande quantité de bois nécessaire à la production de la pâte et la demande des États-Unis pour le papier journal expliquent la croissance de cette industrie lors de la deuxième phase d'industrialisation. Dès le **début du XXᵉ siècle**, le Canada fournit plus de 80 % de la consommation nord-américaine dans ce domaine, et le Québec se classe au premier rang. Comme les pulperies sont des industries énergivores, elles s'établissent là où elles peuvent ériger leurs propres installations hydroélectriques, par exemple sur les rives des rivières Saint-Maurice et Saguenay.

104 Les pâtes et papiers au Québec, de 1908 à 1928

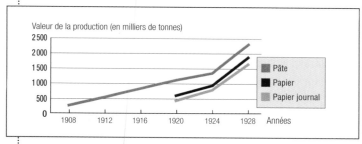

Valeur de la production (en milliers de tonnes)

- Pâte
- Papier
- Papier journal

D'après STATISTIQUE CANADA, *Statistiques forestières du Canada* [en ligne], réf. du 26 avril 2008.

Qu'est-ce qui explique la croissance de l'industrie des pâtes et papiers au début du XXᵉ siècle?

Lieu de *mémoire*

La rivière Saint-Maurice

Au Québec, la vallée qui entoure la rivière Saint-Maurice est un site de choix pour les industries. Au XIXᵉ siècle, le transport du bois par flottage favorise le développement industriel de la région. À partir de 1898, un groupe d'hommes d'affaires montréalais et américains met sur pied la *Shawinigan Water and Power Company*, qui détient le monopole de l'exploitation hydroélectrique de la rivière Saint-Maurice. Au début du XXᵉ siècle, et ce, jusqu'en 1963, la *Shawinigan* constitue le plus important fournisseur d'énergie au Canada. L'électricité produite entraîne d'ailleurs l'implantation de plusieurs fonderies d'aluminium et usines de pâtes et papiers dans la région de la Mauricie, ce qui permet d'exploiter le territoire et de développer les villes de la région.

Cette carte postale de la *Shawinigan Water and Power Company* date du début du XXᵉ siècle.

Les mines

Pendant la deuxième phase d'industrialisation, le domaine des mines est en pleine croissance. Les ressources minières de la province attirent de nombreux investisseurs étrangers qui n'hésitent pas à venir installer leurs usines au Québec. Le zinc, le cuivre, le nickel, l'or, l'amiante et le cobalt sont parmi les métaux les plus exploités.

De son côté, la production d'aluminium, fait à partir de la bauxite, exige énormément d'électricité. En raison de l'abondance des cours d'eau sur son territoire, le Québec voit s'ériger plusieurs alumineries au début du siècle. Souvent allié à d'autres métaux, l'aluminium est utilisé dans les matériaux de transport et de construction, les composants électriques, etc. La *Northern Aluminum Company*, une filiale de l'*Aluminum Company of America*, s'installe à Shawinigan en 1902. Elle adoptera officiellement le nom d'Alcan en 1945.

Les domaines du fer et de l'acier sont eux aussi en pleine expansion, notamment à cause de la hausse de la production d'équipement de transport. Ce secteur répond également à la demande croissante de la population pour différents appareils d'usage courant, telles les machines à coudre, les caisses enregistreuses et les machines à écrire. Le fer et l'acier permettent aussi l'émergence de l'industrie de l'automobile. Cette industrie va transformer le monde des transports et le territoire de la province, qui sera doté de nouvelles infrastructures routières.

L'électricité en ville

Dans les villes, l'électricité alimente, entre autres, les réseaux de tramways. Les transports urbains deviennent plus accessibles alors que leurs coûts diminuent. Les gens n'ont donc plus à habiter à proximité de leur lieu de travail. Les villes empiètent peu à peu sur les terres agricoles environnantes. L'électricité offre également un plus grand confort aux citadins aisés, qui peuvent se procurer des lampes, des fours, des aspirateurs, des réfrigérateurs ainsi que d'autres appareils dont l'usage commence à se répandre à partir des **années 1920**.

105 La valeur de la production minérale au Québec, de 1887 à 1928

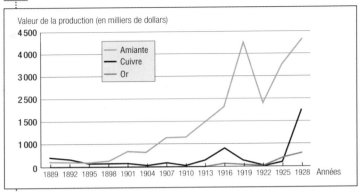

D'après Maurice Saint-Yves, *Atlas de géographie historique du Canada*, Les Éditions françaises, 1982, p. 77.

● Quel minerai prend le plus de valeur au tournant du xxᵉ siècle ?

106 Les usines Angus, vers 1930

En raison de la croissance dans la production d'équipements de transport, la compagnie Canadien Pacifique installe ses ateliers à Montréal dès 1904. Les usines Angus comptent alors 76 édifices et plus de 80 kilomètres de voies ferrées.

107 Un tramway à Montréal, en 1906

À Montréal, la compagnie *Montreal Light, Heat and Power*, qui domine le marché de l'électricité dès 1903, fournit de l'électricité au réseau de tramways.

Le développement de l'industrie laitière

Disparité Inégalité ou situation de déséquilibre entre deux états.

Au **début du XXᵉ siècle**, l'agriculture demeure une des principales activités économiques du Québec. Malgré la part grandissante de la production manufacturière, le monde agricole, qui continue de regrouper la majorité de la population, connaît des progrès significatifs. L'agriculture de subsistance, à laquelle s'adonnent encore de nombreux agriculteurs dans les régions de colonisation comme le Saguenay ou l'Outaouais, tend à perdre du terrain devant une production plus spécialisée.

Les cultivateurs utilisent alors des instruments agricoles plus efficaces, ce qui leur permet d'augmenter leur production. De plus, ils s'intègrent peu à peu aux circuits commerciaux. Un réseau de transport élaboré relie maintenant les producteurs aux consommateurs. Les agriculteurs tentent ainsi de satisfaire à la demande des marchés britannique et américain pour les produits laitiers et les animaux de boucherie, entre autres.

La production laitière est le domaine de l'agriculture qui connaît la plus grande avancée après 1880. En plus du lait, les agriculteurs produisent du beurre, du fromage et de la crème. En 1890, plus de 80 % de la production de fromage est destinée à l'exportation, tandis que le beurre est principalement vendu sur le marché local. Pour soutenir la croissance de l'industrie laitière, le gouvernement encourage la fondation d'écoles spécialisées à Saint-Denis dans le comté de Kamouraska, à Saint-Hyacinthe et dans la région de la Beauce.

Portrait

Alphonse Desjardins (1854-1920)

Pour prospérer, les agriculteurs doivent pouvoir compter sur un réseau de transport bien organisé et avoir accès au crédit afin d'investir dans la modernisation de leurs installations. Les caisses populaires, implantées par Alphonse Desjardins, proposent le regroupement des industries régionales en coopératives d'épargne et de crédit qui mettent toutes les ressources en commun et répartissent les profits également entre les membres. Ces coopératives, qui accumulent des capitaux en milieu rural, peuvent ainsi fournir les fonds nécessaires au développement des économies régionales. Peu à peu, les caisses populaires Desjardins se multiplient. Au cours des années 1930, plus de 300 établissements sont ainsi créés.

Les conditions de travail

La deuxième phase d'industrialisation a des répercussions non seulement sur l'organisation du territoire, mais aussi sur la population. Les secteurs en croissance nécessitent toujours plus de main-d'œuvre. Les ouvriers convergent vers les villes où de véritables quartiers ouvriers font leur apparition. Les conditions de vie et de travail des ouvriers, surtout parmi les ouvriers non spécialisés, sont déplorables. Les salaires sont bas et les journées de travail, très longues. De plus, les ouvriers malades ou victimes d'un accident sont souvent congédiés et remplacés aussitôt par d'autres. Entre 1904 et 1914, 131 accidents de travail mortels sont déclarés dans les manufactures de la ville de Québec.

En **1885**, l'Acte des manufactures, sanctionné par le gouvernement du Québec, prévoit des dispositions destinées à protéger la santé et la sécurité des ouvriers. La loi fixe aussi l'âge minimum du travail dans les manufactures à 12 ans pour les garçons et à 14 ans pour les filles. Elle force également les employeurs à limiter les heures de travail : 72,5 heures par semaine pour les hommes et 60, pour les femmes. Cette première loi industrielle ne prévoit toutefois aucun congé payé.

108 **Une maison bourgeoise de Montréal, en 1896**

Cette demeure de riches bourgeois témoigne des **disparités** entre les ouvriers, qui vivent dans des logements souvent vétustes, et les entrepreneurs, qui habitent d'opulentes demeures.

En **1886**, le gouvernement fédéral met sur pied la Commission royale d'enquête sur les relations entre le capital et le travail. Lorsqu'elle publie son rapport, en **1889**, la Commission recommande des améliorations qui s'avèrent toutefois difficiles à appliquer.

Malgré ces premières législations, les ouvriers sont souvent démunis devant la pression exercée par les employeurs. À la fin du XIXe siècle, cette situation va conduire à la création d'organisations ouvrières. Au Québec, à cette époque, les Chevaliers du travail et les syndicats affiliés à la Fédération américaine du travail sont les organisations les plus influentes. Toutefois, afin de contrer l'influence des syndicats étrangers, l'Église catholique décide, en **1921**, d'appuyer la fondation de la Confédération des travailleurs catholiques du Canada (CTCC), l'ancêtre de la Confédération des syndicats nationaux (CSN).

Toutefois, les organisations ouvrières parviennent difficilement à faire entendre leurs revendications. Elles ont du mal à faire reconnaître leur statut légal auprès des autorités et beaucoup d'employeurs refusent de considérer les représentants syndicaux comme des interlocuteurs valables.

110 Le journal intime d'un cordonnier de Québec, en 1901

Un ouvrier de la chaussure de Québec décrit les conditions de travail dans une manufacture de l'époque.

« Nous étions rendus à un tel degré d'exploitation que nous aurions risqué notre vie pour nous unir. À la Dominion Shoe, par exemple, les plus gros salaires des tailleurs de cuir étaient de cinq piastres par semaine, et il y avait dans la même manufacture des machinistes à deux piastres et demie. Pour comble d'exploitation, si un ouvrier venait s'offrir à un bas prix, sans aucune considération d'âge, d'expérience, de famille, le patron changeait. "Mais pourquoi agir ainsi ? disait un ouvrier au patron. J'ai six enfants, et j'ai peine à vivre. Pour l'amour de Dieu, n'agissez pas ainsi. – Dehors, répondit le patron, c'est de l'argent qu'il nous faut." Alors l'ouvrier, les larmes aux yeux, et la peine dans le cœur, fut obligé de chercher ailleurs meilleure fortune. »

Journal intime d'un cordonnier de Québec, 1901.

● Quelles raisons, évoquées dans ce document, poussent les ouvriers à s'associer en organisations ouvrières ?

109 Une main-d'œuvre à bon marché, en 1891

Les femmes et les enfants représentent pour les employeurs un bassin d'employés à bon marché. En 1879, environ 25 % des garçons de Montréal âgés de 11 à 14 ans travaillent. Quant aux femmes, elles représentent 33 % de la main-d'œuvre montréalaise. Par ailleurs, il existe une grande disparité entre le salaire des femmes et celui des hommes.

PISTES d'interprétation CD 2

1. Quels sont les principaux secteurs industriels en croissance lors de la deuxième phase d'industrialisation ?

2. Quel rôle joue l'électricité au cours de la deuxième phase d'industrialisation ?

3. Quel domaine de l'industrie agricole connaît la plus forte croissance après 1880 ?

4. Qu'est-ce qui pousse les travailleurs à former des organisations ouvrières ?

Question bilan

5. Quels sont les effets de la deuxième phase d'industrialisation sur la société et le territoire ?

La Grande Crise des années 1930

L'électricité et le développement de la production industrielle contribuent grandement à la croissance économique du Québec au **tournant du XXᵉ siècle**. Toutefois, la fin des années 1920 est marquée par le début d'une grave crise. Celle-ci va forcer les gouvernements à revoir leur rôle en matière d'économie.

111 Les investissements étrangers au Canada, de 1900 à 1930

La part des investissements américains dans l'économie canadienne place le Canada en situation de dépendance à l'égard des fluctuations du marché américain.

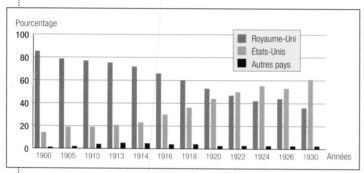

D'après Malcolm Charles Urquhart et Kenneth Arthur H. Buckley, *Historical Statistics of Canada*, Macmillan, 1965, p. 169.

- Quelle est la tendance des investissements américains au Canada, de 1900 à 1930? des investissements britanniques?
- D'après les données du graphique, quelles seront les répercussions d'une crise aux États-Unis sur l'économie du Canada?

Récession Ralentissement des activités économiques qui se mesure par une baisse de l'emploi et du PIB.

Les mécanismes de la crise

Pendant les **années 1920**, les économies canadienne et québécoise connaissent une période de prospérité. L'Europe, durement affectée par la Première Guerre mondiale, investit dans la reconstruction et recommence à s'approvisionner sur différents marchés. Elle injecte ainsi des fonds dans l'économie mondiale, ce qui a pour effet d'accroître la production industrielle ainsi que le pouvoir d'achat des consommateurs. Toutefois, ce nouveau pouvoir d'achat ne suffit pas à absorber la totalité de ce qui est produit, et les surplus s'accumulent dans les entrepôts. Pour tenter de corriger la situation, les entreprises ralentissent la cadence et procèdent à des mises à pied, ce qui a pour conséquence d'abaisser la valeur des entreprises en Bourse. Il s'ensuit un climat d'insécurité du côté des investisseurs, qui cessent alors de confier leurs capitaux aux banques. Privées de capitaux, celles-ci font faillite. Cette suite d'événements culmine avec le krach boursier de **1929**, lorsque les valeurs de la Bourse de New York s'effondrent. Le krach a donc pour origine un problème de surproduction.

La chute des valeurs boursières marque le début d'une grave crise économique, non seulement aux États-Unis, mais dans le reste du monde. La **récession** frappe durement l'économie canadienne, qui s'appuie principalement sur les exportations vers les États-Unis.

Lieu de *mémoire*

La Bourse de Montréal

Dès 1849, une association de marchands de Montréal se réunit au *Exchange Coffee House* à Montréal pour y effectuer des transactions. La Bourse de Montréal n'est toutefois fondée officiellement qu'en 1874. La Bourse est alors un lieu d'échanges où les négociants achètent ou vendent des actions, c'est-à-dire des parts de l'actif d'une entreprise. Cet actif est constitué de l'ensemble de biens matériels ou immatériels d'une entreprise. Ainsi, une entreprise à la recherche de capitaux pour financer son développement peut s'inscrire à la Bourse afin que des investisseurs lui prêtent de l'argent en échange d'actions de cette entreprise. Les investisseurs peuvent ensuite choisir de revendre leurs actions lorsque leur valeur est en hausse et ainsi en tirer un bénéfice. La Bourse de Montréal, la première au Canada, connaît une forte croissance après la Première Guerre mondiale. Près de 3 millions d'actions y sont échangées en 1920. Mais, en 1929, elle subit les contrecoups de l'effondrement de la Bourse de New York. La journée du krach, 382 520 actions sont négociées à la Bourse de Montréal. Cela reflète la panique des investisseurs à l'idée que leurs actions puissent perdre toute leur valeur.

En 1903, la Bourse de Montréal est située sur la rue Saint-François-Xavier, dans le Vieux-Montréal. En 1965, elle emménage quelques rues plus loin, dans la tour de la Bourse, qui domine le Square Victoria.

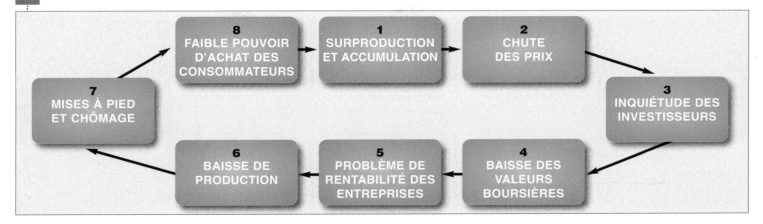

Les effets de ce krach boursier se font sentir pendant près d'une décennie. Entre **1929 et 1933**, les exportations canadiennes diminuent de 50 %. Au plus fort de la Grande Crise, en 1933, plus du quart de la population active du Canada se retrouve sans emploi. Les municipalités, qui sont chargées de pourvoir aux besoins des plus pauvres, sont au bord de la faillite et demandent l'aide des gouvernements.

L'intervention de l'État

Lorsque le gouvernement fédéral décide de réagir, il instaure une politique commerciale protectionniste. Le gouvernement vise ainsi à encourager le développement du marché intérieur et à faire obstacle à la concurrence internationale. Cette mesure ne réussit toutefois qu'à empirer la situation, puisqu'elle fait baisser la demande extérieure pour les produits canadiens et réduit le nombre de transactions commerciales. Cela a pour effet de ralentir la production industrielle.

Devant l'ampleur de la crise, certains remettent en cause le capitalisme, au cours des **années 1930**. Pour eux, le capitalisme est synonyme de graves problèmes sociaux, puisqu'il accentue les disparités entre les classes sociales : du côté des nantis se trouvent les propriétaires des grandes entreprises, détenteurs des moyens de production, et, de l'autre côté, les ouvriers, qui constituent la force de travail. De plus, selon certains économistes, la libre concurrence et la **spéculation** entraînent des fluctuations considérables, c'est-à-dire des épisodes incontrôlés de croissance et de **dépression**.

113 À l'aide !
Pendant la Grande Crise, la population remet en question le rôle de l'État dans l'économie.

John Collins, « Besoin de secours », *The Gazette*, vers 1939.

- Que représente le personnage qui crie « À l'aide » ?
- Qui pourrait l'aider ?

Dépression En économie, cycle caractérisé par une baisse de production, des prix et des profits et par une hausse du chômage.

Spéculation Opération financière qui consiste à tirer profit des fluctuations économiques.

Pour diminuer l'impact des fluctuations économiques et réduire les disparités dénoncées par les critiques du capitalisme, les gouvernements mettent graduellement en place des mesures sociales et économiques. Ces mesures visent à soutenir l'économie et à soulager ceux qui sont les plus durement touchés par la crise.

114 Des mesures sociales et économiques

Dans les années 1930, les gouvernements fédéral et provincial mettent en place des mesures sociales et économiques dans le but de venir en aide aux plus démunis.

Années	Gouvernement		Mesures
	fédéral	provincial (Québec)	
1927	X		• Loi sur les pensions de vieillesse (le gouvernement Duplessis choisit de ne pas participer au programme de pensions de vieillesse.)
1930	X		• Loi d'aide aux chômeurs
	X	X	• Mise en place de la politique des Grands Travaux (travaux publics)
	X		• Allocation aux anciens combattants
1930-1933	X	X	• Commission des assurances sociales
1932	X	X	• Programme de secours directs partagé avec les municipalités
1934	X		• Création de la Banque du Canada
1936		X	• Office du crédit agricole (prêts à faible taux d'intérêt pour les fermiers victimes de la crise)
	X	X	• Adhésion du Québec au régime de pensions de vieillesse du fédéral
1937		X	• Assistance aux mères nécessiteuses
	X		• Pension aux personnes aveugles de plus de 40 ans

- Quel palier de gouvernement finance les différents programmes sociaux et économiques?
- Aujourd'hui, qu'advient-il de ce type de mesures sociales et économiques?

Portrait

John Maynard Keynes (1883-1946)

La gravité de la crise des années 1930 pousse certains économistes, dont John Maynard Keynes, à s'intéresser aux fluctuations économiques. Selon lui, l'État devrait intervenir dans l'économie pour prévenir les crises. Le gouvernement fédéral s'est inspiré de Keynes lorsqu'il a mis en place ses différentes mesures sociales et économiques après la crise.

Roger Eliot Fry, *Portrait de John Maynard Keynes*, début du XXᵉ siècle.

« Il est d'une importance vitale d'attribuer à des organes centraux certains pouvoirs de direction aujourd'hui confiés pour la plupart à l'initiative privée […]. En ce qui concerne la propension à consommer, l'État sera conduit à exercer sur elle une action directrice par sa politique fiscale, par la détermination du taux de l'intérêt, et peut-être aussi par d'autres moyens. […] Aussi pensons-nous qu'une assez large socialisation* de l'investissement s'avérera le seul moyen d'assurer approximativement le plein emploi, ce qui ne veut pas dire qu'il faille exclure les compromis et les formules de toutes sortes qui permettent à l'État de coopérer avec l'initiative privée. […] Les mesures indispensables de socialisation peuvent d'ailleurs être appliquées d'une façon graduelle et sans bouleverser les traditions générales de la société. »

John Maynard Keynes, *Théorie générale de l'emploi, de l'intérêt et de la demande*, Payot, 1942.

*Dans ce contexte, le terme signifie « mesures d'intervention ».

- Selon Keynes, qui possède la plus grande part du pouvoir économique?
- Quelle solution Keynes met-il de l'avant?
- Selon Keynes, comment l'État peut-il intervenir dans l'économie?

Même si les interventions des différents paliers de gouvernement sont relativement limitées, l'idée que l'État doit intervenir pour restreindre les fluctuations économiques gagne de plus en plus d'adeptes. Certains économistes vont jusqu'à dire que, même en période de prospérité, l'État devrait adopter des mesures afin d'éviter les fluctuations.

115 Riche pendant la Crise

Porté au pouvoir en 1930, le premier ministre du Canada, Richard Bedford Bennett, dirige le pays pendant les pires années de la Grande Crise. Il est loin cependant d'être représentatif de la population. Ses investissements dans les domaines du pétrole, du bois et de la cimenterie font de lui un homme très prospère. Son revenu annuel en 1930 est de 262 176 $, une somme colossale à l'époque.

Le premier ministre R.B. Bennett en habit de bal, vers 1930-1935.

116 Le défrichage, en 1935

Au milieu des années 1930, Duplessis et l'Église catholique mettent sur pied un programme de colonisation afin de contrer la pauvreté. De nombreuses personnes quittent alors les villes pour s'installer sur des terres qu'ils doivent défricher avant de pouvoir les cultiver.

- À votre avis, comment la colonisation peut-elle aider les plus démunis à se sortir de la pauvreté?
- À partir de cette photo, comment décririez-vous les conditions de vie des colons?

PISTES d'interprétation CD 2

1. Quel est l'effet du krach boursier de New York sur l'économie canadienne?
2. Expliquez dans vos mots les mécanismes d'une crise économique.
3. Comment les gouvernements réagissent-ils à la crise économique?
4. Pourquoi le capitalisme est-il remis en cause à l'époque de la Grande Crise?
5. Comment les gouvernements comptent-ils restreindre les fluctuations économiques?

Question bilan

6. Quels sont les effets de la crise sur la société et le territoire québécois?

L'impact de la Seconde Guerre mondiale

La crise économique qui suit le krach boursier s'estompe rapidement à la suite de l'entrée du Canada en guerre, le 10 septembre **1939**. Les Alliés comptent alors sur les industries canadiennes, situées loin du conflit européen, pour leur fournir des denrées et du matériel militaire. La demande pour des produits manufacturés canadiens s'intensifie et stimule la production de guerre. Cette reprise va transformer l'économie et la société d'après-guerre.

117 Les obligations de la Victoire

Au cours de la Seconde Guerre mondiale, le gouvernement organise de nombreuses campagnes publicitaires dans le but d'encourager la population à contribuer à ce programme d'épargne.

Gordon Odell, *Qu'ils ne leur touchent pas*, Musée canadien de la guerre, 1941.

● Selon vous, quelle est l'intention de l'affiche?

La production de guerre

Dans sa volonté de contribuer à l'effort de guerre, le gouvernement fédéral adopte, dès **1940**, la Loi sur la mobilisation des ressources nationales, qui lui permet de réquisitionner toutes les ressources disponibles. Cette loi autorise le gouvernement à intervenir dans plusieurs domaines de l'économie. Il crée notamment le ministère des Munitions et Approvisionnements, chargé de gérer la production de munitions pour le Canada et les troupes alliées. Il réglemente l'approvisionnement de certains produits nécessaires à la production de guerre et il augmente les taxes. De plus, le gouvernement fédéral instaure les obligations de la Victoire. En contribuant à ce programme, les consommateurs font fructifier leurs économies tout en prêtant de l'argent au gouvernement, qui l'investit dans l'effort de guerre.

118 La main-d'œuvre féminine

Pendant la Seconde Guerre mondiale, les industries fonctionnent à plein régime, et la main-d'œuvre féminine est appelée en renfort pour occuper les postes laissés vacants par les hommes qui participent à la guerre. Des femmes travaillent dans des usines de munitions, entre autres à celle de Saint-Paul l'Ermite (aujourd'hui Repentigny), située à l'est de Montréal.

119 Les femmes sur le marché du travail, au Canada

● Quel effet la Seconde Guerre mondiale a-t-elle eu sur la main-d'œuvre du Québec?

● D'après ces données, quelle est la situation de l'emploi des femmes dans les années d'après-guerre? Expliquez votre réponse.

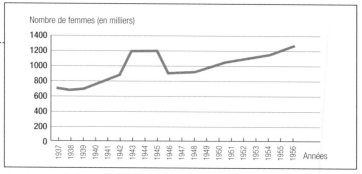

Nombre de femmes (en milliers)

D'après Kenneth Norrie, Douglas Owram et J.C. Herbert Emery, *A History of the Canadian Economy*, Thompson/Nelson, 2008, p. 355.

La mobilisation générale de l'industrie manufacturière entraîne une croissance de presque tous les secteurs industriels et relance l'emploi. Au Québec, cet essor se manifeste notamment dans le textile, l'alimentation, le fer et l'acier ainsi que dans l'extraction et la transformation des ressources naturelles.

120 L'industrie manufacturière au Québec, de 1939 à 1959

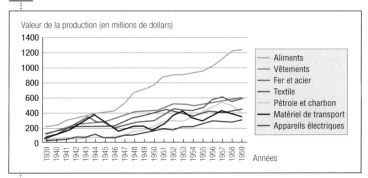

Valeur de la production (en millions de dollars)

Légende :
- Aliments
- Vêtements
- Fer et acier
- Textile
- Pétrole et charbon
- Matériel de transport
- Appareils électriques

D'après Marc Vallières, *Les industries manufacturières du Québec, 1900-1959* (mémoire de maîtrise), Université Laval, 1973, p. 125-139.

- Quels secteurs manufacturiers connaissent la croissance la plus importante ?
- En excluant le textile, l'alimentation, le fer, l'acier et les ressources naturelles, quels secteurs sont en croissance entre 1939 et 1959 ?

121 L'industrie de guerre, en 1942

Près de 3500 ouvriers se consacrent exclusivement à la construction de chars d'assaut dans les usines Angus, à Montréal, pendant la Seconde Guerre mondiale.

Lieu de *mémoire*

Bombardier

C'est en 1926 que Joseph-Armand Bombardier, inventeur et entrepreneur québécois, ouvre un garage à Valcourt, dans la région des Cantons-de-l'Est. Travaillant sur des prototypes de véhicules capables de circuler sur la neige, il met au point en 1937 un modèle de véhicule à chenilles. Cette « autoneige » est d'autant plus appréciée qu'elle est adaptée aux dures réalités du climat québécois. Grâce à ce nouveau type de véhicule, il est possible de se rendre dans des endroits difficiles d'accès en hiver. Devant le succès de son autoneige, appelée « B7 », l'inventeur fonde en 1941 la société, L'Auto-Neige Bombardier Limitée. Pendant la Seconde Guerre mondiale, les installations de Joseph-Armand Bombardier servent à la production de guerre et fabriquent principalement des véhicules militaires chenillés.

La première autoneige de Bombardier.

La guerre terminée, Joseph-Armand Bombardier retourne à la production d'autoneiges. Dans les années 1950 et 1960, il diversifie sa production en misant sur des véhicules tout-terrain et en créant des filiales spécialisées dans la fabrication de pièces. Après la mort de son fondateur, l'entreprise continue de prendre de l'expansion et s'oriente vers la construction de matériel ferroviaire et l'industrie aéronautique. Bombardier inc. est aujourd'hui un chef de file mondial dans l'aéronautique et le transport.

122 Quelques mesures sociales du gouvernement fédéral, de 1940 à 1945

Année	Mesure
1940	Programme d'assurance-chômage
1944	Programme d'allocations familiales
1945	Programme d'allocations pour la réhabilitation des vétérans

123 Une ferme laitière, en 1949

Malgré la prospérité du Québec d'après-guerre, des disparités profondes subsistent entre la population des villes et celle des campagnes. En 1945, le gouvernement Duplessis instaure un programme d'électrification rurale qui aura pour effet de réduire cet écart.

- Quels sont les effets de l'électrification rurale sur le niveau de vie des agriculteurs? sur le développement du territoire agricole?

124 La répartition de la main-d'œuvre masculine et féminine au Canada, en 1951

- Quels groupes font partie du secteur tertiaire?
- Dans quel secteur les femmes sont-elles en majorité?

L'essor de la production industrielle pendant la guerre entraîne une nouvelle période de prospérité. Le taux de chômage est en baisse et le niveau de vie de la population augmente. Au Québec, **entre 1939 et 1945**, la moyenne des salaires hebdomadaires passe de 21,26 $ à 30,88 $.

Craignant que la fin de la production de guerre ne provoque une crise économique semblable à celle des années 1930, le gouvernement fédéral décide d'agir. Par exemple, il subventionne des programmes dans le but d'aider les industries à s'ajuster à un rythme de production normal en temps de paix. Il met aussi en place des mesures sociales afin de redistribuer à l'ensemble de la population une partie des bénéfices liés à la production de guerre.

Les années d'après-guerre

La prospérité économique se poursuit après la Seconde Guerre mondiale. De **1945 à 1960**, la population participe à un vaste mouvement de production et de consommation. Le secteur tertiaire se développe et emploie de plus en plus de main-d'œuvre. La hausse du pouvoir d'achat, favorisée par la création de programmes sociaux, entraîne une amélioration du niveau de vie pour l'ensemble de la population. Enfin, la demande mondiale pour les matières premières stimule les activités liées à l'exploitation des ressources naturelles du Québec.

La croissance du secteur tertiaire

Pendant les années d'après-guerre, l'implantation de mesures sociales pousse les gouvernements à mettre en place de nouvelles infrastructures publiques et administratives. Le nombre de fonctionnaires, qui font partie du secteur tertiaire, augmente alors rapidement. La formation et la spécialisation des travailleurs pendant les années de guerre contribuent aussi à l'accroissement de la main-d'œuvre du secteur tertiaire, qui se développe plus rapidement que tous les autres. Par exemple, ce secteur représente près de 51 % du PIB de la province de Québec, en 1946, comparé à près de 55 %, en 1960.

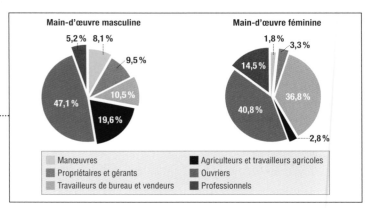

STATISTIQUE CANADA, *Statistiques historiques du Canada*, 2e éd., 1983.

La consommation de masse

Pendant la Guerre, certains ouvriers plus spécialisés se sont syndiqués, ce qui a entraîné une amélioration de leurs conditions de travail. **Après 1945**, les employés du secteur tertiaire, de plus en plus nombreux, se syndiquent également en grand nombre. Ils peuvent désormais profiter de plusieurs avantages sociaux, par exemple :

- une à deux semaines de vacances payées par année ;
- la semaine de travail de 40 heures ;
- le paiement des heures de travail supplémentaires ;
- un programme d'assurance-maladie ;
- la possibilité de cotiser à une caisse de retraite.

Ces avantages sociaux, jumelés aux économies accumulées grâce aux obligations de la Victoire, augmentent le pouvoir d'achat des Québécois alors qu'émerge une société de consommation. Les médias de masse, qui occupent une place grandissante dans la vie des Québécois, diffusent de nombreuses publicités qui incitent la population à consommer. Cette période de consommation stimule le commerce et amène les institutions financières à offrir du crédit aux consommateurs, qui doivent ensuite rembourser les prêts consentis, en y ajoutant l'intérêt.

 126 Camping au Parc national du Mont-Tremblant, vers 1960

L'industrie du tourisme se développe dans plusieurs régions du Québec. Symbole de prospérité, l'automobile permet aux citadins de s'évader de la ville. Des lieux de villégiature se développent autour des grands centres urbains, par exemple la région des Laurentides, ce qui va transformer le territoire.

L'ouverture de territoires ressources

Les États-Unis importent en grandes quantités des ressources naturelles du Québec. Par ailleurs, la guerre froide qui oppose les pays du bloc de l'Est aux États-Unis, entre autres, pousse ces derniers à développer leur arsenal militaire. Le fer, l'aluminium, le bois (pour les pâtes et papiers) et l'amiante comptent parmi les ressources les plus convoitées. De grandes compagnies américaines investissent dans la construction d'entreprises dans les régions où se trouvent les ressources, développant parfois de nouvelles villes minières. C'est le cas de Port-Cartier, Schefferville et Gagnon, au Nouveau-Québec. La production minière est en progression constante. Entre **1945 et 1960**, sa valeur passe de 91,5 millions à 446,6 millions de dollars. L'économie du Québec dans les années 1950 est donc fortement dépendante des relations commerciales que la province entretient avec les États-Unis.

125 La publicité

Les familles québécoises sont encouragées à la consommation, comme en témoigne cette publicité d'automobile parue dans le journal *Le Canada-Français* du 17 février 1955. D'ailleurs, 1 Québécois sur 22 possède une voiture en 1945, comparativement à 1 sur 4 en 1970. L'automobile devient le produit de consommation le plus en demande.

Une publicité parue dans le journal *Le Canada-Français*, 17 février 1955.

127 Les exportations et les importations du Canada

Années	Exportations vers les États-Unis	Importations des États-Unis
1930	42,8 %	68,8 %
1940	41,1 %	66,1 %
1950	53,6 %	67,1 %
1960	55,7 %	67,2 %
1970	65,4 %	68,0 %
1980	66,0 %	70,1 %
1990	75,4 %	68,7 %
2000	86,1 %	73,5 %

STATISTIQUE CANADA, *Annuaire du Canada*, 1930-2000.

● Pourquoi le Canada est-il dépendant de ses relations commerciales avec les États-Unis ?

128 Le développement minier, vers la fin des années 1950

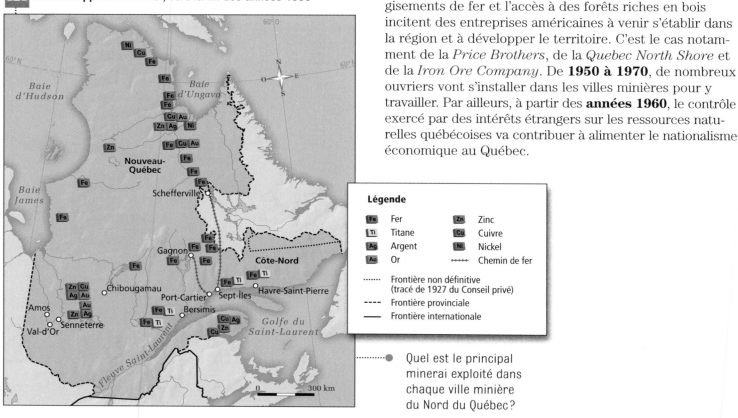

Dans la région de la Côte-Nord, la mise en valeur des gisements de fer et l'accès à des forêts riches en bois incitent des entreprises américaines à venir s'établir dans la région et à développer le territoire. C'est le cas notamment de la *Price Brothers*, de la *Quebec North Shore* et de la *Iron Ore Company*. De **1950 à 1970**, de nombreux ouvriers vont s'installer dans les villes minières pour y travailler. Par ailleurs, à partir des **années 1960**, le contrôle exercé par des intérêts étrangers sur les ressources naturelles québécoises va contribuer à alimenter le nationalisme économique au Québec.

Légende

Fe	Fer	Zn	Zinc
Ti	Titane	Cu	Cuivre
Ag	Argent	Ni	Nickel
Au	Or	+++++	Chemin de fer

.... Frontière non définitive (tracé de 1927 du Conseil privé)
- - - - Frontière provinciale
——— Frontière internationale

● Quel est le principal minerai exploité dans chaque ville minière du Nord du Québec?

129 Fer et titane

Lorsque l'industrie minière prend son essor dans le nord du Québec, elle modifie le territoire et transforme la vie des habitants. Originaire de la Côte-Nord, l'auteur, compositeur et interprète Gilles Vigneault décrit dans sa chanson *Fer et titane* comment il perçoit les effets du développement minier sur la Côte-Nord.

« Fer et titane
Sous les savanes
Du nickel et du cuivre
Et tout ce qui doit suivre
Capital et métal
Les milliards et les parts
Nous avons la jeunesse
Et les bras pour bâtir […]

Des machines et des outils
Qui viennent de tous les pays
Cinq rivières détournées
Les barrages sont commencés
Les chemins de fer de trois cent milles
De Knob Lake jusqu'aux Sept-îles
Corroyeurs et hauts fourneaux
Dynamites et dynamos
Faut creuser, couper, casser […]

Pas l'temps d'sauver les sapins
Les tracteurs vont passer demain
Des animaux vont périr
On a plus l'temps de s'attendrir
L'avion, le train, l'auto
Les collèges, les hôpitaux
Et de nouvelles maisons
Le progrès seul a raison
À la place d'un village
Une ville et sa banlieue
Dix religions, vingt langages […] »

Gilles Vigneault, *Gilles Vigneault*, vol. 3, Columbia, 1964.

● Selon Gilles Vigneault, quels sont les effets de l'industrie minière sur le territoire de la Côte-Nord? sur la population?
● Les paroles de cette chanson sont-elles toujours d'actualité? Expliquez votre réponse.

Lieu de *mémoire*

La voie maritime du Saint-Laurent

La voie maritime du Saint-Laurent est un immense réseau navigable qui relie l'intérieur du continent à l'océan Atlantique, en passant par les Grands Lacs et le fleuve Saint-Laurent. L'inauguration du canal de Lachine, en 1825, constitue le point de départ des travaux de prolongement de la voie maritime du Saint-Laurent, inaugurée officiellement en 1959. Avec son vaste réseau d'écluses, de barrages et de canaux, elle facilite le transport de quantité de marchandises, non seulement d'une province à l'autre, mais également entre le Canada et les États-Unis. Cette immense voie d'eau s'étire sur environ 3700 km. Elle compte plus de 13 écluses du côté canadien et 6 du côté américain, de même que 6 réseaux de canaux, parmi lesquels le canal Welland (en Ontario), qui relie le lac Ontario au lac Érié. Les écluses permettent à des navires de fort tonnage de s'élever à plus de 180 mètres au-dessus du niveau de la mer pour atteindre l'intérieur du continent. La voie maritime du Saint-Laurent est considérée comme une des plus grandes routes maritimes du monde.

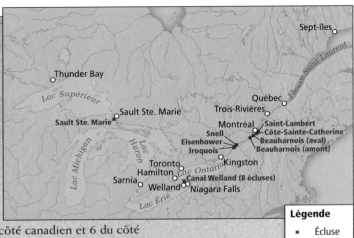

Légende
- Écluse

Et maintenant CD 3 TIC

La fermeture d'une ville

La ville de Gagnon, située sur la Côte-Nord, a été fondée en 1960 pour exploiter une importante source de minerai de fer découvert dans la région. La ville, dont la prospérité économique dépendait entièrement des activités de la compagnie *Cartier Mining* (aujourd'hui Québec-Cartier), a été fermée en 1985, et ses bâtiments ont été détruits.

- Existe-t-il, de nos jours, des villes ou régions du Québec dépendantes de l'exploitation d'une seule ressource? Nommez-en une.

- Comment réagissent les communautés devant une telle situation?

La ville de Gagnon, en 1984

PISTES d'interprétation CD 2

1. Pourquoi la Seconde Guerre mondiale a-t-elle mis fin à la Grande Crise?

2. Quels ont été les effets de l'activité économique de la Seconde Guerre mondiale sur la main-d'œuvre québécoise?

3. Quels secteurs de l'industrie ont connu un essor au cours de la Seconde Guerre mondiale?

4. Comment le gouvernement fédéral prévoit-il le retour à une économie de paix à la suite de la guerre?

5. Quel secteur économique voit sa main-d'œuvre augmenter dans les années d'après-guerre?

6. Quels sont effets de la consommation de masse sur la société québécoise?

7. Quels sont les effets de l'exploitation des ressources naturelles sur le territoire du Québec dans les années d'après-guerre?

Question bilan

8. Quels sont les effets des activités économiques des années 1929 à 1960 sur la société et le territoire du Québec?

Les investissements publics dans les années 1960 et 1970

Depuis la Grande Crise, les gouvernements sont intervenus de plus en plus dans l'économie. Ils ont mis sur pied des programmes sociaux et tenté de stabiliser les fluctuations économiques. Au cours des **années 1960**, le Québec connaît d'importantes transformations sur les plans politique, social, culturel et économique : c'est l'époque de la Révolution tranquille. Pour répondre entre autres à la demande accrue de services entraînée par le baby-boom, l'État prend alors en charge la gestion de certains programmes sociaux, dont l'éducation et la santé, et devient ainsi un État providence. Il investit aussi des sommes considérables dans la construction de nouvelles institutions et infrastructures publiques. Ce faisant, le gouvernement injecte des fonds dans l'économie et rehausse le pouvoir d'achat des consommateurs, tout en créant des emplois.

130 La construction de l'autoroute 30, en 1975

Au cours des années 1960 et 1970, l'État entreprend d'immenses travaux de construction qui transforment le paysage de la province. Dans les régions de Montréal et de Québec, l'étalement urbain fait disparaître de riches terres agricoles.

131 Les dépenses du gouvernement du Québec, de 1945 à 1981

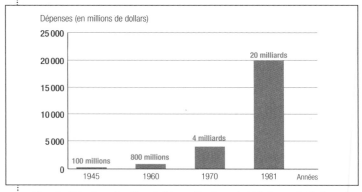

Dépenses (en millions de dollars)

- 1945 : 100 millions
- 1960 : 800 millions
- 1970 : 4 milliards
- 1981 : 20 milliards

D'après Gilles Laporte et Luc Lefebvre, *Fondements historiques du Québec*, 2e éd., Chenelière/McGraw-Hill, 1999 p. 207.

● Pourquoi les dépenses du gouvernement du Québec connaissent-elles une forte hausse entre 1945 et 1981 ?

● Comment la construction des autoroutes contribue-t-elle à l'étalement urbain ?

● En quoi la construction d'infrastructures publiques, telles les autoroutes, traduit-elle la volonté de l'État de soutenir l'économie de la province ?

Le nationalisme économique

Dans les **décennies 1960 et 1970**, les Québécois prennent peu à peu conscience de la domination des entreprises étrangères sur l'économie de leur province. Pour contrer ce que plusieurs qualifient à l'époque d'« impérialisme américain », les Québécois francophones cherchent à prendre le contrôle de leur économie, notamment en ce qui a trait à la gestion des ressources et des grandes industries. Le premier secteur visé par ce nouveau **nationalisme économique** est celui des ressources naturelles. En 1962, le gouvernement du Québec rachète la majorité des compagnies d'électricité privées et les intègre à Hydro-Québec afin de nationaliser la production et la distribution d'électricité. Puisque les besoins en électricité augmentent sans cesse, Hydro-Québec joue rapidement un rôle important dans le développement économique de la province.

Nationalisme économique
Politique interventionniste dont le but est de renforcer la mainmise d'un État sur son économie.

132 **La construction du barrage Daniel-Johnson, en 1967**

Dans les années 1960, le gouvernement du Québec décide de démarrer des projets hydroélectriques dans la région de la Côte-Nord où, depuis la Seconde Guerre mondiale, des entreprises exploitent déjà des gisements de fer. Des travailleurs provenant des quatre coins de la province participent à la construction de ces projets. Le complexe Manicouagan-Outardes regroupe l'aménagement hydroélectrique Manic-5 et le barrage Daniel-Johnson, inauguré en 1968.

● Quels sont les effets de la construction de ces projets hydroélectriques sur le territoire et la population des régions concernées?

Dans le but de gérer le développement des ressources naturelles du territoire et d'encourager les investisseurs et les entrepreneurs francophones à faire prospérer leurs affaires, le gouvernement québécois fonde plusieurs sociétés d'État, telle la Société générale de financement (SGF), qui voit le jour en **1962**. La SGF a pour mandat de stimuler l'économie du Québec en finançant les entreprises qui cherchent à se développer et à se moderniser. Quant à la Caisse de dépôt et placement, créée en **1965**, elle est responsable de la gestion des fonds de plusieurs sociétés d'État. Son rôle consiste à faire fructifier ces fonds et à réinjecter les profits ainsi engendrés dans l'économie de la province. L'ensemble des investissements publics effectués au cours des années 1960 et 1970 entraîne une période de prospérité pour la population du Québec, dont le niveau de vie s'améliore.

133 **La création de sociétés d'État, de 1962 à 1969**

Année	Société d'État
1962	Société générale de financement (SGF)
1964	Sidérurgie du Québec
1965	Société québécoise d'exploration minière (SOQUEM)
1965	Caisse de dépôt et placement du Québec
1967	Société d'habitation du Québec
1969	Société de récupération, d'exploitation et de développement forestier (Rexfor)
1969	Société québécoise d'initiatives pétrolières (SOQUIP)

● Quels sont les principaux secteurs pris en charge par l'État au cours des années 1960?

Lieu de *mémoire*

La Jamésie

Au début des années 1970, le gouvernement du Québec lance de vastes chantiers de construction, entre autres celui qu'il nomme le « projet du siècle ». En 1971, le premier ministre du Québec, Robert Bourassa, annonce en effet la construction du nouveau complexe hydroélectrique de La Grande, aux abords de la baie James, dans la région de la Jamésie. Le potentiel hydroélectrique des rivières de la Jamésie stimule le développement de la région. Cependant, ce développement se fait parfois au détriment des populations qui y sont établies. C'est le cas des communautés crie et inuite de cette région, qui organisent dans les années 1970 un mouvement de protestation contre les politiques des gouvernements du Québec et du Canada. Après de longues négociations, les parties finissent par s'entendre et signent en 1975 la Convention de la Baie-James et du Nord québécois. Cette entente prévoit de respecter les droits de pêche et de chasse de ces communautés sur le territoire et leur accorde des compensations financières d'environ 234 millions de dollars. En 2002, une nouvelle entente, la Paix des Braves, sera également conclue pour favoriser le développement de l'économie de la région tout en encourageant la participation des entreprises cries dans les projets d'exploitation du territoire.

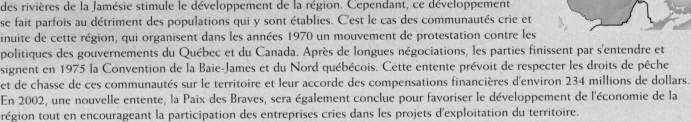

Jamésie

134 La construction de l'édifice Marie-Guyart, à Québec, en 1970

À la fin des années 1960, le visage de la ville de Québec est transformé lorsque le gouvernement du Québec décide de détruire une partie des quartiers résidentiels qui entourent la colline parlementaire pour y construire des édifices destinés à accueillir les nouveaux fonctionnaires.

136 L'Université du Québec à Rimouski, en 1970

Afin d'offrir à la population la possibilité de poursuivre des études universitaires en région, le gouvernement du Québec met sur pied le réseau de l'Université du Québec, en ouvrant des établissements à Rimouski, Chicoutimi, Trois-Rivières, Hull et Rouyn-Noranda.

Une nouvelle élite francophone

La mise en place de programmes sociaux, la construction d'infrastructures publiques et la création de plusieurs sociétés d'État favorisent l'émergence d'une nouvelle élite québécoise francophone dont l'influence ne tarde pas à se faire sentir dans le développement économique de la province. Cette nouvelle élite est particulièrement active dans la fonction publique, les milieux syndicaux, les sociétés d'État et le monde des affaires. L'expertise québécoise, notamment en ingénierie, devient même un bien exportable. En effet, dans les années 1960 et 1970, le Québec s'ouvre sur le monde et cherche à créer des liens économiques avec d'autres pays que les États-Unis. L'exposition universelle de **1967** offre à des entreprises québécoises l'occasion de démontrer leur savoir-faire, acquis entre autres lors de la construction des grands barrages. Certaines entreprises visent alors un développement d'envergure internationale, telles Bombardier, Lavalin, SNC et quelques autres.

De plus, le déplacement graduel du centre économique du pays de Montréal vers Toronto, à la suite de la Seconde Guerre mondiale, laisse la place à une nouvelle classe d'affaires francophone au Québec. Par exemple, la proportion de francophones propriétaires d'entreprises passe de 47 % en 1961 à environ 55 % en 1978. Au cours de la même période, le pourcentage des entreprises anglophones passe de 39 % à 31 %, alors que celui des entreprises étrangères demeure stable.

135 Le syndicalisme et le développement économique

Les syndicalistes occupent une place prépondérante au sein de la nouvelle élite francophone du Québec dans les années 1960 et 1970. Ils essaient notamment de faire valoir la contribution des travailleurs québécois au développement économique de la province. D'ailleurs, de nombreux politiciens québécois sont issus du milieu syndical.

« Il faudrait faire, un jour, un grand exposé de ce que le mouvement syndical a réalisé pour l'homme, [...] comment il a éliminé le travail des enfants dans les mines et les usines, comment il a protégé les femmes et les familles, quelles pressions il a exercées sur les propriétaires de capitaux et comment il les a ainsi acculés non seulement à donner aux travailleurs de meilleures conditions, mais également à moderniser leurs entreprises, ce qui a considérablement contribué au développement économique. [...] »

Marcel Pépin, « Positions », CSN, 1968.

● Selon l'auteur de ce document, comment les syndicats ont-ils contribué à l'amélioration des conditions de vie des travailleurs ?

● De quelle façon les syndicalistes ont-ils contribué au développement de la province ?

Des transformations dans le monde de l'éducation et du travail

Au cours des **années 1960**, à la suite des recommandations du rapport Parent, l'État se dote d'un ministère de l'Éducation et procède à une refonte complète des programmes scolaires. Dans le but de rendre l'éducation accessible à tous les Québécois, il met sur pied un réseau d'écoles secondaires publiques, organise le réseau des cégeps et subventionne certaines universités. En misant sur l'éducation et la formation, l'État espère contribuer à l'amélioration du statut socio-économique des Québécois et à la formation d'une main-d'œuvre qui réponde aux transformations du monde du travail.

Durant les **années 1960 et 1970**, le secteur tertiaire poursuit sa progression, dépassant les secteurs primaire et secondaire. Les nouvelles infrastructures et institutions publiques créées par l'État – et qui font monter en flèche le nombre de fonctionnaires – sont en partie responsables de cette augmentation. Pendant ce temps, un recul s'amorce dans certains domaines du secteur secondaire, entre autres dans le domaine manufacturier, où il se crée de moins en moins d'emplois. Certaines industries manufacturières traditionnelles, comme le textile et l'alimentation, réussissent à se maintenir, même si leurs bénéfices reculent. Par contre, la valeur de la production de nouvelles industries de pointe, comme l'électronique, les métaux lourds ou l'aéronautique, connaît une croissance.

Le développement économique des régions

Le développement économique qui caractérise le Québec des années 1960 ne favorise pas de façon égale toutes les régions du territoire. Les pôles économiques que sont les grands centres urbains attirent une grande partie des travailleurs, au détriment de certaines régions qui se développent plus lentement. Le gouvernement tente alors de réduire ces disparités en intervenant davantage dans le développement économique régional.

Dans cette optique, le gouvernement libéral de Jean Lesage met en place, en **1961**, le Conseil d'orientation économique du Québec. Par la suite, le Bureau d'aménagement de l'Est du Québec (BAEQ), créé en **1963**, procède à une vaste consultation dans le Bas-Saint-Laurent afin d'élaborer un plan de développement régional. Mais seulement quelques-unes des propositions du BAEQ se concrétisent. D'autres, comme la fermeture de villages, proposées dans le but de relocaliser la population et l'activité économique vers les centres plus habités, font naître des mouvements de contestation populaire. À la fin des années 1970, le problème des disparités régionales persiste.

137 La construction de la station Jarry du métro de Montréal, en 1964

Entre 1961 et 1976, les investissements publics dans le domaine de la construction entraînent d'importantes retombées économiques dans la province. En plus de faire construire des établissements publics comme des écoles, des hôpitaux et des édifices administratifs, l'État investit dans le transport public et finance entre autres le développement du réseau routier et la construction du métro de Montréal.

● Qui assure les coûts de construction des réseaux de transport public?

138 Le village de Kamouraska dans le Bas-Saint-Laurent

Une tendance générale à la décentralisation pousse le gouvernement à ériger des Conseils régionaux de développement (CRD) dans toutes les régions administratives. Ces conseils comptent sur l'implication des citoyens pour assurer le développement de leur propre région.

PISTES d'interprétation CD 2

1. Qu'est-ce que l'État providence?

2. Comment se manifeste le nationalisme économique dans les années 1960 et 1970? Donnez un exemple.

3. Comment se forme la nouvelle élite francophone québécoise au cours des années 1960 et 1970?

4. Quelles sont les particularités du monde du travail au Québec au cours des années 1960 et 1970?

Question bilan

5. Quels sont les effets de l'intervention économique de l'État sur la société et le territoire québécois au cours des années 1960 et 1970?

Récessions et reprises depuis les années 1980

Au cours des années 1960, la société québécoise vit des changements sans précédent qui vont permettre à l'État de mieux contrôler et orienter l'économie de la province et d'améliorer les conditions de vie et de travail. Mais au cours des années 1970, d'importantes fluctuations économiques mettent un frein à cette prospérité. En **1973**, puis en **1979**, l'Organisation des pays exportateurs de pétrole (OPEP) décide de restreindre la production de pétrole et d'en hausser les prix, provoquant un ralentissement de l'économie dans le monde occidental. La hausse des coûts de transport qui s'ensuit s'accompagne d'une augmentation générale des prix des marchandises. Dans les **décennies 1980 et 1990**, une autre série de fluctuations vient perturber l'économie mondiale. La société et l'État québécois doivent alors s'adapter à un nouveau contexte économique marqué par l'élargissement des réseaux commerciaux.

139 Les fluctuations économiques, depuis les années 1970

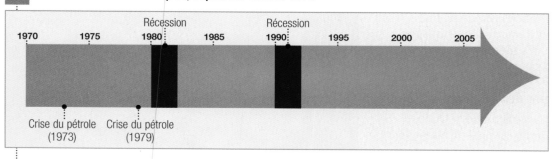

- Quelle est la répercussion de la hausse des prix du pétrole sur l'économie ?
- Selon vous, les périodes qui suivent les récessions sont-elles nécessairement des périodes de prospérité ?

Et maintenant CD 3 TIC

Les prix du pétrole

Au Québec, dans les années 1970, l'augmentation des prix du pétrole a eu des effets considérables sur l'économie et la société. Depuis, on assiste à des flambées des prix du pétrole en raison de facteurs comme l'instabilité géopolitique (changements politiques au Venezuela, guerre en Iraq), les catastrophes naturelles (ouragans dans le golfe du Mexique) et l'augmentation de la demande en pétrole brut par les industries et les consommateurs, particulièrement en Inde et en Chine. Par exemple, de 2001 à 2006, le prix du pétrole est passé de 15,95 \$US le baril à 77 \$US.

- Quels sont les effets de l'augmentation des prix du pétrole sur la société ?
- Selon vous, le développement économique dépend-il des industries pétrolières ? Expliquez votre réponse.
- Existe-t-il d'autres sources d'énergie qui pourraient remplacer le pétrole ?

Une plateforme pétrolière dans le Golfe du Mexique.

Inflation Phénomène économique qui se caractérise par une hausse générale des prix.

Stagflation Terme formé par la contraction des mots « stagnation » et « inflation ». Ce mot désigne un phénomène économique qui se caractérise par la présence simultanée de chômage et d'inflation.

Inflation, chômage et stagflation

Les **années 1980 et 1990** sont marquées par de fortes fluctuations économiques. Les taux d'**inflation** montent rapidement, alors que le PIB connaît une baisse importante. Une hausse des prix signifie souvent une perte du pouvoir d'achat pour les consommateurs. Lorsque la demande baisse, les entreprises sont parfois forcées de réduire leur production, et donc de faire des mises à pied. Cette situation précaire entraîne une augmentation du taux de chômage.

La hausse simultanée des prix à la consommation et du taux de chômage donne naissance au phénomène de **stagflation**, qui persiste au cours des années 1980 et 1990. La stagflation se traduit par une diminution des revenus et du pouvoir d'achat des consommateurs.

La réaction des gouvernements aux fluctuations économiques

Dans un contexte de récession économique, le financement des programmes sociaux contribue à la création d'un déficit. Forcés d'emprunter pour rembourser les intérêts de ce déficit, les gouvernements s'endettent davantage, ce qui freine le développement économique. Dans les **décennies 1980 et 1990**, afin de régler ce problème, les gouvernements fédéral et provinciaux mettent de l'avant des politiques qui visent à restreindre leurs dépenses. Cette tendance s'amorce en **1984**, sous le gouvernement du Parti conservateur de Brian Mulroney à Ottawa. S'inspirant des modes de gestion de l'entreprise privée, celui-ci adopte des mesures visant à rendre l'État plus performant tout en réduisant ses coûts de gestion. Pour ce faire, il diminue le nombre d'employés de la fonction publique et réduit le financement de certains services gouvernementaux. De plus, il entreprend la **privatisation** de certaines entreprises publiques. C'est le cas par exemple de la pétrolière Petro-Canada, partiellement privatisée en 1991, et de l'entreprise ferroviaire Canadien National, privatisée en 1995.

> **Privatisation** Action de transférer au secteur privé ce qui était auparavant la propriété de l'État.

Le Québec connaît des problèmes similaires. Par exemple, entre 1989 et 1995, le gouvernement du Québec voit sa dette passer de 27,9 % à 42,7 % du PIB. Lorsque Lucien Bouchard devient premier ministre du Québec, en **1996**, il s'attaque au problème de la dette en ciblant un « déficit zéro ». Entre autres mesures, il entreprend une réforme des services de santé. La stratégie qu'il propose, appelée le « virage ambulatoire », vise à réduire les coûts de gestion et à désengorger les urgences des hôpitaux en dirigeant une bonne partie de la clientèle vers des services de santé communautaires, comme les CLSC. Ces choix remettent en question certains principes de l'État providence et l'intervention de l'État dans l'économie.

140 **Un viaduc écroulé**

Le 30 septembre 2006, le viaduc de la Concorde à Laval s'écroule, faisant cinq morts et plusieurs blessés. Cet événement soulève de nombreuses questions en ce qui regarde le financement des services publics et les politiques des gouvernements en cette matière.

141 **Le pourcentage des familles à faible revenu selon les provinces, en 1998**

Les compressions effectuées par les gouvernements dans les années 1980 et 1990 touchent durement les familles à faible revenu. Les restrictions budgétaires ne font alors qu'accentuer les disparités déjà présentes dans la société.

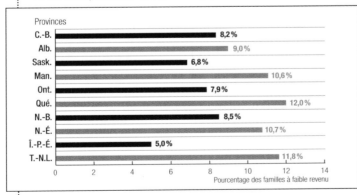

Provinces

Province	Pourcentage
C.-B.	8,2 %
Alb.	9,0 %
Sask.	6,8 %
Man.	10,6 %
Ont.	7,9 %
Qué.	12,0 %
N.-B.	8,5 %
N.-É.	10,7 %
Î.-P.-É.	5,0 %
T.-N.L.	11,8 %

Pourcentage des familles à faible revenu

STATISTIQUE CANADA, *Trousse de sciences familiales* [en ligne], 5 mai 2006, réf. du 3 avril 2008.

● Quelle province compte le plus de familles à faible revenu ?

● Selon vous, quel est le lien entre l'intervention de l'État dans l'économie et le pourcentage des familles à faible revenu ?

PISTES d'interprétation CD 2

1. Quels événements entraînent d'importantes fluctuations économiques au cours des années 1980 et 1990 ?

2. Qu'est-ce que l'inflation ?

3. Pourquoi les réductions dans les dépenses publiques créent-elles des disparités dans la société québécoise ?

4. Pourquoi les gouvernements procèdent-ils à des compressions dans les programmes sociaux à partir des années 1980 ?

Le libre-échangisme

En réaction aux récessions et reprises dans les années 1980, certains économistes affirment que le marché canadien n'est pas assez grand et compétitif pour soutenir une véritable croissance économique. Afin d'élargir les marchés, le gouvernement canadien désire multiplier les échanges avec les États-Unis, son principal partenaire économique. En **1986**, le gouvernement conservateur de Brian Mulroney engage des négociations en vue de ratifier un traité de libre-échange entre les deux pays. Dans la population, les avis sont partagés. Certains perçoivent cet accord comme une menace à la souveraineté politique du pays et craignent les pertes d'emplois qui pourraient résulter d'une concurrence accrue. D'autres considèrent qu'un libre accès à l'immense marché américain permettrait d'augmenter les exportations, et donc de stimuler le développement économique du pays.

Finalement, le 1er janvier **1989**, l'Accord de libre-échange (ALE) entre en vigueur, abolissant presque tous les tarifs douaniers entre le Canada et les États-Unis pendant 10 ans. L'accord est toutefois renégocié avant cette échéance pour inclure le Mexique, qui accepte de participer à l'Accord de librè-échange nord-américain (ALENA), entré en vigueur le 1er janvier **1994**. L'ALENA crée la plus grande zone de libre-échange au monde, qui fait le poids face à l'Union européenne (UE) et les pays du continent asiatique.

À la suite de l'adoption de l'ALENA, les exportations de la province augmentent considérablement, notamment dans les secteurs liés aux nouvelles technologies, aux télécommunications et à l'aéronautique.

142 **La part des importations et exportations canadiennes vers ou en provenance des États-Unis, au XXᵉ siècle**

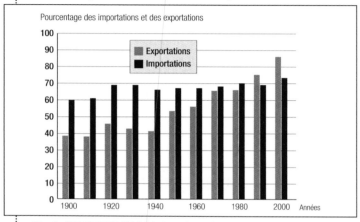

Pourcentage des importations et des exportations

D'après STATISTIQUE CANADA, *Annuaire du Canada 1900-2000*.

- Selon ce graphique, quels sont les effets des accords de libre-échange au Canada?
- Selon ces données, diriez-vous que le libre-échangisme a été bénéfique jusqu'en 2000 pour le Canada? pour les États-Unis? Expliquez votre réponse.

143 **L'industrie du bois d'œuvre à Saguenay**

En 1996, le Canada et les États-Unis ratifient un accord dans le but de faciliter le commerce du bois entre eux. Mais, en 2001, les États-Unis décident d'imposer une taxe supplémentaire sur le bois canadien afin d'encourager l'industrie forestière américaine face à la concurrence canadienne. Ces mesures protectionnistes américaines réduisent les profits de l'industrie forestière du Québec.

144 **Un sondage sur les effets des accords de libre-échange**

Presque 20 ans après la signature de l'Accord de libre-échange canado-américain, la population canadienne se prononce sur les effets du libre-échangisme.

« Les Canadiens et les Américains sont enthousiastes par rapport à l'accord de libre-échange conclu il y a près de vingt ans entre leurs pays, et étendu depuis au Mexique, indique un sondage rendu public lundi. Une majorité d'entre eux [...] croient que la situation de leurs pays serait aujourd'hui économiquement moins avantageuse sans le libre-échange [...]. Seulement un quart des Canadiens et 19 % des Américains pensent le contraire. [...] À plus de 70 %, Canadiens et Américains estiment aussi que l'accord contribue à la compétitivité mondiale de leurs pays et qu'il assure la prospérité future de l'Amérique du Nord. [...] »

« L'accord de libre-échange est bénéfique, dit un sondage », *La Presse Affaires* [en ligne], 1 octobre 2007, réf. du 18 mars 2008.

- Pourquoi les participants à ce sondage considèrent-ils les accords de libre-échange conclus en Amérique du Nord comme bénéfiques?

La mondialisation des économies

La libéralisation des échanges, qui s'amorce dans les années 1980, s'amplifie au cours des décennies qui suivent. Le développement de l'informatique et des communications augmente la mobilité des produits et des informations. Alors que le libre-échange accroît le nombre de transactions commerciales et financières en Amérique du Nord, la mondialisation de l'économie ouvre le marché québécois à la concurrence mondiale.

Dans cette réalité économique en constante transformation, la libre circulation des ressources et des capitaux permet aux entrepreneurs d'accéder à des marchés plus vastes et de rejoindre un plus grand nombre de consommateurs. D'un côté, la mondialisation des échanges assure la croissance de certaines industries et l'approvisionnement des consommateurs. D'un autre côté, elle peut avoir des effets néfastes sur l'économie, notamment en ce qui regarde l'emploi dans certains secteurs. Par exemple, des entrepreneurs québécois tirent avantage de la **délocalisation industrielle** en déménageant leurs activités ou en répartissant leurs activités entre le Québec et des pays où les coûts de production sont moins élevés, mais cela entraîne souvent des pertes d'emploi dans la province. En vue de contrer les problèmes que ces situations engendrent, l'État peut intervenir pour soutenir le développement économique dans un contexte de mondialisation. Il peut, par exemple:

- encourager la spécialisation des entreprises et de la main-d'œuvre dans le but d'assurer l'intégration du Québec dans l'économie mondiale;
- mettre en place des mesures d'aide pour que les travailleurs qui perdent leur emploi à cause des effets de la concurrence mondiale puissent se recycler dans des domaines de l'économie auxquels ils peuvent contribuer.

Délocalisation industrielle
Changement d'implantation géographique des activités d'une entreprise, notamment pour réduire les coûts de production.

145 L'entreprise de jeux vidéo Ubisoft, à Montréal
La mondialisation amène le Québec à développer des domaines d'expertise, tels l'aéronautique, l'industrie pharmaceutique ou le multimédia. Ces industries comptent sur le financement dans les domaines de l'éducation et de la recherche pour se développer.

146 Les principaux partenaires commerciaux du Québec, en 2005

Exportations		Importations	
Pays	Valeur	Pays	Valeur
États-Unis	57 469,8 M$	États-Unis	25 104,5 M$
Royaume-Uni	1 471,4 M$	Chine	5 932,9 M$
Japon	1 178,5 M$	Royaume-Uni	5 278,0 M$
France	992,2 M$	Algérie	4 157,2 M$
Allemagne	877,1 M$	Norvège	3 232,4 M$
Principaux produits exportés vers ces partenaires	Valeur	Principaux produits importés de ces partenaires	Valeur
Avions entiers avec moteur	6 907,3 M$	Pétrole brut	12 931,5 M$
Aluminium et alliages	5 888,5 M$	Automobiles et châssis	6 620,0 M$
Autre équipement et matériel de télécommunication	3 894,7 M$	Ordinateurs	2 955,6 M$
Papier journal	3 236,7 M$	Tubes électroniques et semi-conducteurs	2 745,8 M$
Autre matériel et outils	2 207,3 M$	Autres équipements et matériels de télécommunication	2 428,6 M$

D'après INSTITUT DE LA STATISTIQUE DU QUÉBEC, *Le Québec chiffres en main*, 2007, p. 35.

- Vers quel pays est destinée la majorité des exportations québécoises?
- Comment la spécialisation de l'économie québécoise contribue-t-elle au développement économique de la province?

PISTES d'interprétation CD 2

1. Dans les années 1980 et 1990, quelle solution le gouvernement canadien adopte-t-il afin d'élargir le marché canadien et le rendre plus compétitif?

2. En quoi consiste le libre-échangisme?

3. Qu'est-ce que la mondialisation de l'économie?

4. Comment l'économie québécoise s'adapte-t-elle au phénomène de la mondialisation?

147 Des emplois précaires

Les domaines de la vente au détail et de la restauration emploient une majorité de main-d'œuvre féminine.

Le marché de l'emploi

À partir des années 1950, le Québec est entré peu à peu dans une économie qualifiée de « postindustrielle ». Dans la décennie 1980, cette tendance s'accentue : le développement économique repose désormais principalement sur le secteur tertiaire, sur la croissance des domaines liés à la recherche et au développement, ainsi que sur la libéralisation des échanges. Le marché de l'emploi s'en trouve considérablement transformé.

La croissance du secteur tertiaire

Amorcée depuis quelques décennies, l'augmentation de la part du secteur tertiaire dans l'emploi et dans la création de richesse s'accélère **à partir des années 1980**. Grâce aux progrès technologiques, la productivité générale est en croissance constante et le développement économique s'oriente de plus en plus vers des domaines spécialisés. Parmi les nouveaux emplois du secteur tertiaire, plusieurs requièrent un niveau plus élevé de scolarité et de qualification, ce qui entraîne une amélioration générale des conditions de vie. Toutefois, les emplois de ce secteur n'offrent pas tous les mêmes avantages. En effet, le secteur des services regroupe non seulement des professionnels et des fonctionnaires, mais aussi une grande partie de travailleurs qui n'ont pas de sécurité d'emploi, notamment dans les domaines de la restauration et de la vente au détail.

Le développement du secteur des services contribue aussi à accentuer les disparités régionales au Québec. Puisque plusieurs services sont offerts principalement aux endroits où la population est la plus nombreuse, certaines régions se trouvent défavorisées.

Le recul des secteurs primaire et secondaire

Les nouvelles technologies et le développement d'une machinerie plus performante font diminuer considérablement les besoins en ressources humaines dans les secteurs primaire et secondaire. Dans le secteur primaire, la main-d'œuvre agricole connaît une forte baisse. De 1996 à 2001, le nombre d'exploitants agricoles du Québec diminue de 10,8 %. Cette baisse est encore plus marquée chez les jeunes exploitants de moins de 35 ans, dont le nombre chute de 39,5 % pendant cette période. Par contre, la taille des exploitations augmente sans cesse, et par conséquent leur capacité de production.

Le nombre d'emplois dans le secteur secondaire subit aussi une diminution depuis les années 1980. La modernisation des industries s'accompagne souvent d'une réduction de personnel. De plus, plusieurs domaines enregistrent une baisse de production depuis les dernières décennies, comme l'industrie du vêtement ou des produits textiles. Ces domaines sont particulièrement affectés par la libéralisation des échanges et la concurrence mondiale, qui entraînent entre autres le phénomène de la délocalisation industrielle.

148 Une mégaporcherie

Même si elles garantissent une production supérieure, les grandes exploitations agricoles sont souvent associées à une baisse du nombre d'exploitants, notamment chez les jeunes qui peuvent difficilement obtenir le financement nécessaire à la mise sur pied de ce type d'entreprises. De plus, ces grands centres d'élevages soulèvent parfois des inquiétudes dans la population quant à leur impact sur l'environnement.

149 L'importance des secteurs de l'économie québécoise, de 1971 à 1995

Année	Primaire	Secondaire	Tertiaire
1971	6,4 %	31,7 %	61,9 %
1976	5,0 %	29,9 %	65,1 %
1981	4,6 %	26,3 %	69,1 %
1986	4,4 %	24,6 %	71,0 %
1995	3,5 %	23,0 %	73,5 %

D'après John A. Dickinson et Brian Young, *Brève histoire socio-économique du Québec*, Septentrion, 1995, p. 322. DÉVELOPPEMENT ÉCONOMIQUE, INNOVATION ET EXPORTATION QUÉBEC, *La tertiarisation de l'économie du Québec*, novembre 1996, p. 6.

- Entre 1971 et 1995, quel secteur voit sa valeur diminuer le plus ? Pourquoi ?
- Quel est le secteur en croissance ? Pourquoi ?

150 La délocalisation industrielle

Le phénomène de délocalisation industrielle s'accentue avec la libéralisation des échanges et a une influence sur le nombre d'emplois disponibles dans le secteur secondaire au Québec. Les liens commerciaux que le Québec entretient avec certains pays asiatiques confirment cette tendance.

151 La situation du secteur manufacturier

Malgré les pertes d'emplois dans le secteur manufacturier, certains entrepreneurs se questionnent sur les véritables effets de la mondialisation et de la délocalisation des entreprises. L'auteur du texte suivant est directeur général des Manufacturiers et Exportateurs du Québec.

« […] l'arrivée sur nos marchés de la féroce concurrence des pays émergents […] explique en partie la perte de 125 000 emplois au cours des dernières années. Ce recul de l'emploi annonce-t-il la disparition de notre industrie manufacturière ? […] Précisons tout d'abord que, même si les emplois sont moins nombreux et que la part du secteur manufacturier dans le PIB diminue, la valeur de la production industrielle au Québec, au Canada et dans le reste du monde industrialisé demeure en constante progression. […]

En effet, bien que les manufacturiers prévoient transférer davantage d'activités de fabrication vers les pays émergents, ils le font non seulement pour réduire leurs coûts de production, mais aussi pour développer de nouveaux marchés d'exportation. […]

Bref, la prudence s'impose. Sans conclure que les pertes d'emplois riment nécessairement avec le déclin du secteur manufacturier, il faut toutefois se demander si les manufacturiers québécois sont en mesure de continuer à jouer un rôle moteur dans le développement économique et régional au Québec. »

Jean-Luc Trahan, « Un Québec sans usine ? », *La Presse*, 5 juillet 2007, p. A21.

- Quelles sont les deux observations de l'auteur à propos de l'industrie manufacturière ?
- Selon vous, les travailleurs de ce secteur ont-ils le même point de vue ? Expliquez votre réponse.

PISTES d'interprétation CD 2

1. Quelles sont les principales caractéristiques du marché de l'emploi depuis les années 1980 ?
2. Comment la libéralisation des échanges affecte-t-elle le marché de l'emploi au Québec ?

Question bilan

3. Quels sont les effets de la situation économique depuis les années 1980 sur la société québécoise ?

DÉCODER...
le développement économique du Québec, du XVIᵉ au XXIᵉ siècle

Boîte à outils

Interprétez chacun des documents en vous basant sur la méthode appropriée proposée dans la section Boîte à outils, à la page 269 du manuel.

Dès l'installation des premiers occupants sur le territoire actuel du Québec, l'exploitation des ressources s'avère cruciale pour la survie de la population et le développement de la société. En effet, les êtres humains doivent nécessairement s'adapter au territoire et à ses ressources. Pour avoir accès à ces ressources, il leur faut développer des réseaux d'échanges. Ces échanges commerciaux sont à la base de la création d'infrastructures qui modifient le territoire, comme les routes et les chemins de fer. L'exploitation intensive des ressources pour répondre aux besoins d'une population toujours plus nombreuse a donc d'importantes répercussions sur le territoire. Aujourd'hui encore, l'ensemble de ces échanges et les activités économiques qui s'y rattachent sont au cœur du développement territorial, social, culturel et économique de la province.

L'analyse et l'interprétation de plusieurs types de documents vous permettront de mieux comprendre les effets de l'activité économique sur l'organisation de la société et du territoire. Pour ce faire, suivez les étapes ci-dessous :

1. Répondez aux questions en lien avec chacun des documents ;
2. Déterminez l'époque à laquelle se rattache chacun des documents ;
3. Relevez, pour chacun des documents, les informations qui vous permettent de constater les effets de l'activité économique sur l'organisation de la société et du territoire québécois à travers les époques.

152 Le mode de vie des Autochtones

Lafitau, tiré de *Mœurs des sauvages américains comparées aux mœurs des premiers temps* [détail], 1724.

- À quelle activité économique les personnes représentées sur cette gravure s'adonnent-elles ?
- Qui pratique l'activité représentée ?
- À quelles familles linguistiques autochtones appartiennent ceux qui pratiquent majoritairement l'activité représentée ? Dans quelles régions sont-elles installées ?
- Les Autochtones représentés sur cette gravure sont-ils nomades ou sédentaires ? Expliquez votre réponse.

153 La Nouvelle-France vue par Samuel de Champlain

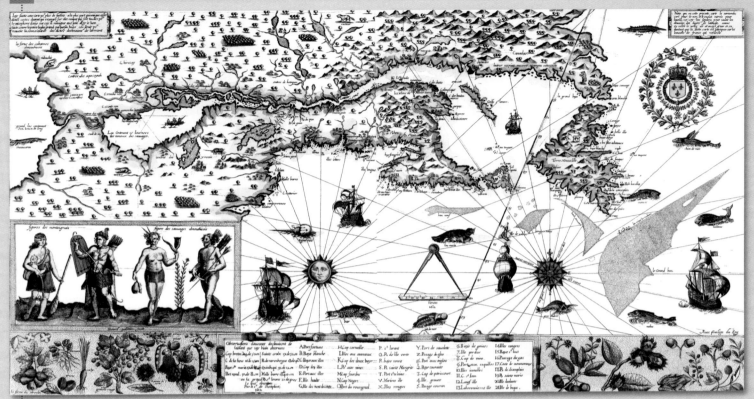

Samuel de Champlain, *Carte géographique de la Nouvelle-France faite par le sieur de Champlain*, 1612.

- Quelles ressources disponibles en Nouvelle-France sont illustrées sur la carte?
- Pourquoi, selon vous, Champlain a-t-il choisi d'illustrer ces ressources?
- Qui sont les personnages illustrés par Champlain?
- Pourquoi, selon vous, Champlain a-t-il choisi d'illustrer ces personnages?

154 L'organisation des terres en Nouvelle-France, au XVIIIᵉ siècle

- Quelle partie de la Nouvelle-France est illustrée sur ce plan?
- Comment les terres sont-elles disposées sur le territoire? Pourquoi?
- Quels sont les avantages de cette disposition?
- À quel mode d'organisation du territoire cette disposition est-elle associée?
- Quelles activités économiques sont pratiquées sur ce territoire?

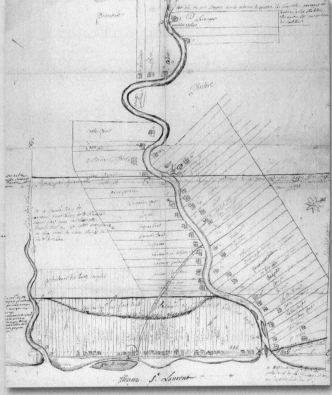

Le plan cadastral de Batiscan, seigneurie des Jésuites, 1725.

155 Les expéditions de bois d'œuvre à partir du port de Québec

Années	Bois d'œuvre (nombre de pièces)
1808 - 1812	292 740
1828 - 1832	1 648 944
1838 - 1842	2 732 645

Fernand Ouellet, *Le Bas-Canada, 1791-1840 : Changements structuraux et crise*, 2e éd., Presses de l'Université d'Ottawa, 1980, p. 197.

- Que pouvez-vous dire au sujet du commerce du bois dans le Bas-Canada entre 1808 et 1842 ?
- Quelles industries le commerce du bois permet-il de développer ?
- Quels sont les effets du dévelopement de l'industrie du bois sur l'économie de la colonie britannique ?
- Quels sont les effets du développement de l'industrie du bois sur le territoire de la colonie britannique ?

156 Le cheval de fer

« Comparé à tous les autres moyens de communication terrestres, on se fera une idée de la capacité du transport ferroviaire en calculant qu'un cheval tire habituellement entre 1500 et 3000 livres sur une bonne route goudronnée (réservée aux véhicules) ; de 4 à 6 tonnes sur un rail plat de tramway, et de 15 à 20 tonnes sur un rail latéral, incluant les wagons ; [...] nul besoin d'accroître sa puissance quand on voyage sur un cheval de fer pour lequel la faim et la soif ne sont que des métaphores. Il ne connaît ni la maladie ni la fatigue. Pour lui, 1000 milles ne sont jamais que l'amorce d'une journée, et un millier de tonnes ne sont qu'un fardeau ordinaire. »

Thomas Coltrin Keefer, *Philosophy of Railroads*, Montréal : Amour and Ramsay, 1850.

- Quels sont les avantages du chemin de fer comme moyen de transport ?
- À quelle époque le réseau ferroviaire est-il implanté au Québec ?
- Comment le chemin de fer stimule-t-il les activités économiques du Québec et du Canada ?
- Quelles industries le chemin de fer permet-il de développer ?
- Quel est le lien entre le développement des réseaux ferroviaires et le développement du territoire ?

157 La production automobile au Canada, de 1917 à 1929

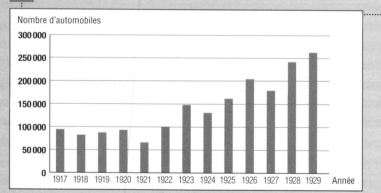

D'après Tom Traves, *The State and Enterprise : Canadian Manufacturers and the Federal Government, 1917-1931*, University of Toronto Press, 1979.

- Que pouvez-vous dire au sujet de la production automobile entre 1917 et 1929 ?
- Quels matériaux sont utilisés dans la fabrication des automobiles ?
- Quelle industrie se développe grâce à la production automobile ?
- Qui peut se permettre d'avoir une automobile au début du XXe siècle ?
- Quelles infrastructures sont nécessaires pour permettre l'utilisation de l'automobile ?
- Quel est le lien entre l'utilisation de l'automobile et le développement du territoire ?
- Selon vous, pourquoi dit-on qu'au XXe siècle, l'automobile révolutionne le monde du transport ?

158 Le barrage Daniel-Johnson

La construction du barrage Daniel-Johnson, situé sur la Côte-Nord, le 29 novembre 1965.

- Quel type d'énergie ce barrage permet-il de produire?
- De quelle façon ce type d'énergie est-il lié au développement industriel du Québec?
- Quel est l'impact de la construction de ce type d'infrastructure sur la main-d'œuvre au Québec?
- Dans quelle région du Québec ce barrage a-t-il été construit?
- Quel est l'impact de la construction de ce type d'infrastructure sur l'environnement et les communautés de la région?

159 L'industrie minière québécoise

«La concurrence chinoise fait pester bien des travailleurs québécois par les temps qui courent. Mais pas à Val-d'Or ou à Rouyn-Noranda. Il suffit de jeter un œil aux courbes des prix des métaux pour comprendre pourquoi.

Propulsés par la croissance asiatique, les prix du zinc et du cuivre ont plus que triplé depuis l'été 2002. Celui de l'or a doublé pendant la même période […]. Cette conjoncture se reflète directement sur l'activité entourant le sous-sol québécois. Les prospecteurs ont littéralement pris le territoire d'assaut. […] Il s'est dépensé l'an dernier 260 millions en exploration au Québec, un sommet en 20 ans. […]

"Il y a une évolution, observe Jean-Pierre Thomassin, directeur général de l'Association de l'exploration minière du Québec. Si on regarde l'historique, ça a commencé avec les forges du Saint-Maurice et l'Estrie, ensuite la Côte-Nord et l'Abitibi. Là, on est rendu à la Baie-James et l'Ungava. Comme partout au monde, on voit un déplacement vers les régions plus difficiles d'accès."»

Philippe Mercure, «Le Québec en mode prospection», *La Presse*, 26 avril 2007.

- Qu'est-ce qui a provoqué la hausse des prix de certains métaux, selon l'auteur de l'article?
- Quels sont les effets des activités minières sur le développement du territoire?
- Quelles régions sont convoitées par les entreprises minières?

Pour mieux comprendre CD 2

1. L'interprétation de ces documents vous a permis de reconnaître certains des effets de l'activité économique sur l'organisation de la société et du territoire à différentes époques. Afin d'approfondir cette question:

   a) Pour chaque période historique, repérez, dans le manuel, d'autres documents qui vous permettent de mieux comprendre l'effet des activités économiques sur l'organisation de la société et du territoire.

   b) Pour chaque document trouvé, utilisez l'outil approprié en vous référant, au besoin, à la Boîte à outils.

2. Répondez en quelques lignes à la question suivante:

   Quels ont été les effets des activités économiques sur l'organisation de la société et du territoire du Québec depuis le XVIᵉ siècle?

2 AILLEURS, L'ÉCONOMIE ET LE DÉVELOPPEMENT
Aujourd'hui

À partir du moment où les premiers occupants se sont organisés en sociétés sur le territoire québécois et jusqu'à maintenant, l'activité économique a influencé le développement de la société et du territoire québécois.

Ailleurs, l'activité économique a aussi eu des effets sur l'organisation des sociétés et leurs territoires. Quelles sont les ressemblances et les différences entre le développement économique du Québec aujourd'hui et celui d'autres sociétés du monde?

Haïti

Haïti est le pays le plus pauvre des Amériques. Son économie est minée depuis longtemps par l'instabilité politique. L'agriculture de subsistance occupe une grande partie de la main-d'œuvre. Cette activité est toutefois menacée par l'érosion des sols causée par la déforestation.

La République populaire de Chine

La Chine connaît un développement économique phénoménal depuis 30 ans. Elle est la deuxième puissance économique mondiale. Cette croissance nuit toutefois à l'environnement et ne profite pas de façon égale à l'ensemble de la population.

AMÉRIQUE DU NORD

OCÉAN PACIFIQUE

OCÉAN ATLANTIQUE

EUROPE

ASIE

AFRIQUE

AMÉRIQUE DU SUD

OCÉAN INDIEN

OCÉAN PACIFIQUE

OCÉANIE

Le Mexique

L'économie mexicaine est diversifiée et intégrée à l'ensemble de l'Amérique du Nord. L'État a joué un rôle économique déterminant au XXe siècle, mais le pays opte maintenant pour le libéralisme. Malgré le développement de l'économie mexicaine, la pauvreté demeure très répandue.

La Côte d'Ivoire

L'économie de la Côte d'Ivoire repose sur l'exportation de cacao et d'autres produits de base, comme le pétrole. Autrefois un modèle pour l'Afrique, le développement économique du pays est aujourd'hui freiné par sa trop grande dépendance aux exportations de cacao et par l'instabilité politique.

ANTARCTIQUE

La République populaire de Chine

La Chine est le quatrième pays du monde pour sa superficie, après la Russie, le Canada et les États-Unis, et c'est aussi le plus populeux. Son économie connaît une croissance fulgurante, ce qui entraîne des répercussions sur l'organisation de la société et du territoire.

> *Quels sont les effets de l'activité économique sur la société et le territoire de la Chine ?* CD 2

Le développement économique de la Chine avant 1978

CONCEPT

Production

En 1949, après une guerre civile et de nombreuses années d'instabilité politique, le Parti communiste prend le pouvoir en Chine. Suivant l'idéologie communiste, le régime en place abolit progressivement la propriété privée et amorce la redistribution des richesses par la mise en commun des moyens de production. Les politiques du président Mao Zedong amènent certains progrès, notamment en santé et en éducation. Cependant, les méthodes radicales de Mao et du Parti communiste freinent le développement économique du pays. Par exemple, à partir de 1958, les Chinois sont forcés de travailler dans de petites usines de sidérurgie : c'est le «Grand Bond en avant», qui vise à augmenter rapidement la production industrielle. Mais le résultat est désastreux : les paysans doivent abandonner leurs champs, et la famine qui s'ensuit entraîne la mort de millions de personnes.

La situation économique du pays continue de se dégrader dans les années 1960 et 1970. Les usines sont désuètes et la production agricole poursuit son déclin. De plus, en raison de la **Révolution culturelle**, la plupart des universités demeurent fermées entre 1966 et 1978. Sous la direction de Mao, la Chine reste un pays pauvre.

À la fin des années 1970, influencé par Deng Xiaoping, le Parti communiste chinois en arrive à la conclusion que l'État doit laisser plus de place à l'entreprise privée. À partir de 1978, Deng Xiaoping devient la figure dominante au sein du Parti communiste chinois, ce qui lui permet de lancer une série de réformes pour **décollectiviser** l'économie chinoise, surtout dans les domaines de l'agriculture et du commerce extérieur. Vingt ans plus tard, ces réformes seront étendues à plusieurs autres entreprises d'État.

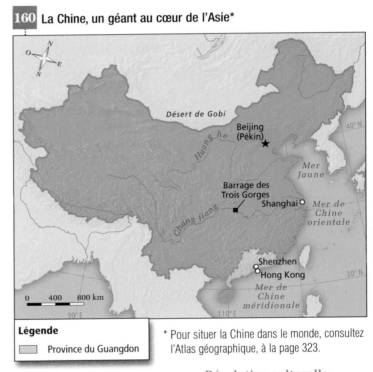

160 La Chine, un géant au cœur de l'Asie*

Désert de Gobi
Beijing (Pékin)
Huang he
Barrage des Trois Gorges
Chang jiang
Shanghai
Shenzhen
Hong Kong
Mer Jaune
Mer de Chine orientale
Mer de Chine méridionale

0 400 800 km

Légende
Province du Guangdon

* Pour situer la Chine dans le monde, consultez l'Atlas géographique, à la page 323.

Révolution culturelle
Mouvement politique lancé par Mao pour promouvoir les valeurs révolutionnaires.

Décollectiviser Le fait de créer des entreprises privées qui peuvent faire des profits en remplacement d'entreprises publiques ou étatiques dont les bénéfices reviennent à l'État.

Portrait

Deng Xiaoping (1904-1997)

Dirigeant *de facto* de la Chine de la fin des années 1970 à 1997, Deng Xiaoping transforme le pays en profondeur. Dès les années 1920, il est un leader politique et militaire au sein du Parti communiste chinois. Après la prise de pouvoir par les communistes, en 1949, il accède rapidement à des postes de commandement. Deng Xiaoping tente de faire valoir sa vision de l'économie. Selon lui les travailleurs et les gestionnaires plus performants devraient être mieux payés que les autres, dans le but d'encourager la productivité. Mais cette position, qui va à l'encontre de celle de Mao, lui attire des ennuis. Pendant la Révolution culturelle, Deng Xiaoping est envoyé comme ouvrier dans une usine rurale. Il revient en 1973, appuyé par quelques réformistes du Parti communiste, ce qui va lui permettre, cinq ans plus tard, d'instaurer des réformes inspirées des idées libérales.

Mao Zedong (à gauche) en compagnie de Deng Xiaoping en 1975. À partir des années 1940, les deux hommes deviennent les plus importants leaders de la Chine.

CONCEPTS

Capital, consommation, disparité, distribution, production

L'économie de la Chine aujourd'hui

Sur le plan économique, les réformes mises en place par Deng Xiaoping portent des fruits. La croissance du PIB chinois s'accélère à partir de 1978.

La Chine compte 1,3 milliard d'habitants. Toutefois, une grande partie de cette population profite peu de la croissance économique des 30 dernières années. Le PIB par habitant de la Chine la place loin derrière les autres pays industrialisés : il n'était que de 2034 $ US par habitant en 2006, comparativement à 132 597 $ US par habitant pour le Québec.

161 **La croissance du PIB, de 1978 à 2006**
En 2006, seuls les États-Unis, le Japon et l'Allemagne dépassaient le PIB de la Chine.

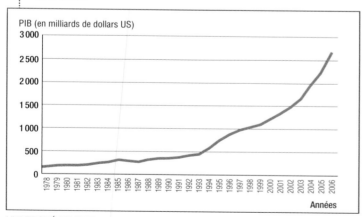

UNIVERSITÉ DE SHERBROOKE, *Perspective Monde* [en ligne], réf. du 25 février 2008.

162 **Shanghai, capitale économique de la Chine**
Shanghai est la plus grande ville de Chine (plus de 13 millions d'habitants) et sa capitale économique. Les gratte-ciel du quartier de Puxi, érigés en quelques années à peine, sont le symbole du développement économique accéléré du pays.

• Quels sont les effets du développement économique sur le territoire de Shanghai ?

Le secteur primaire

La Chine est le principal producteur agricole mondial. L'agriculture occupe 45% de la main-d'œuvre chinoise et génère 12% du PIB. Une grande partie de la population chinoise vit donc dans des communautés rurales où la production agricole est diversifiée. D'importantes installations agricoles industrielles avoisinent des communautés qui pratiquent une agriculture de subsistance. La Chine est le premier producteur mondial de riz, de coton, d'arachide et de thé. La Chine arrive aussi au premier rang mondial pour la production de fruits, de porcs, de poulets et d'œufs. Enfin, la Chine est un leader mondial dans les domaines de la pêche et de l'**aquaculture**.

Aquaculture Élevage d'espèces aquatiques destinées à la commercialisation.

164 **Les secteurs économiques en pourcentage du PIB, en 2006**

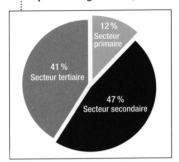

D'après BANQUE MONDIALE [en ligne], 2007, réf. du 25 février 2008.

163 **La culture en terrasses dans la province du Sichuan**
La riziculture existe depuis des milliers d'années en Chine. Le pays est le premier producteur de riz, avec le tiers de la production mondiale.

Quels sont les effets de la culture du riz sur le territoire chinois?

165 **L'occupation de la main-d'œuvre par secteur économique, en 2005**

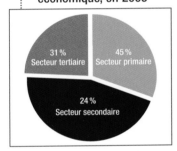

D'après EUROPA WORLD PLUS [en ligne], 2007, réf. du 25 février 2008.

166 **Quelques ressources naturelles de la Chine**

Ressources minières		Ressources énergétiques
• Bauxite	• Or	• Charbon
• Diamant	• Phosphate	• Gaz naturel
• Étain	• Plomb	• Pétrole
• Fer	• Tungstène	• Hydroélectricité
• Graphite	• Zinc	
• Mercure		

curiosité

Le ginseng du Québec... en Chine

Le Québec a exporté près d'un milliard de dollars de marchandises en Chine, en 2006. Mais les exportations d'ici vers la Chine ont commencé il y a bien longtemps. En 1715, le père Lafitau, un jésuite, découvre du ginseng à Caughnawaga (Kahnawake), au sud de Montréal. Les Agniers (Mohawks) l'utilisent alors comme plante médicinale. Or, le père Lafitau sait, par les écrits d'autres jésuites qui se trouvent en Chine, que les Chinois utilisent aussi cette plante. Cette découverte est à l'origine de l'exportation de ginseng canadien vers la Chine, un commerce qui va durer jusqu'en 1754.

167 Des ateliers de misère

● Selon vous, quels sont les effets des conditions de travail des Chinois sur leur quotidien?

168 Les exportations de la Chine, en 2004

Principaux produits d'exportation	Pourcentage de l'ensemble des exportations
Ordinateurs	14,7 %
Équipements de télécommunications	11,5 %
Vêtements	10,4 %
Appareils électriques et semi-conducteurs	10,0 %

ORGANISATION DE COOPÉRATION ET DE DÉVELOPPEMENT ÉCONOMIQUE (OCDE), *Economic Surveys of China*, 2005.

169 L'heure de pointe dans le district de Zhongguancun

Le district de Zhongguancun est qualifié de « Silicone valley » de la Chine en raison de l'importance de son marché informatique et de la modernité de son architecture.

Le secteur secondaire

Le secteur secondaire produit 47 % du PIB et fournit de l'emploi à 24 % de la main-d'œuvre. L'industrie manufacturière domine largement ce secteur. La Chine – et plus particulièrement la province du Guangdong, dans le sud-est du pays – est souvent surnommée l'«atelier du monde ». En quelques décennies, le pays est devenu une des principales puissances manufacturières mondiales.

Le pays est le plus grand exportateur de vêtements et de chaussures. C'est aussi, depuis 2004, le premier exportateur mondial de produits d'information et de télécommunications. D'autres domaines sont en forte croissance : l'aéronautique et l'aérospatiale, la fabrication d'équipements de précision ainsi que la construction automobile.

Ainsi, la nouvelle richesse de la Chine repose en bonne partie sur l'industrie manufacturière. Mais cette prospérité, qualifiée de « miracle chinois », est essentiellement attribuable à la main-d'œuvre chinoise, très nombreuse et souvent mal payée. En Chine, les disparités entre les revenus des grands propriétaires d'entreprises et ceux des petits salariés sont très grandes. Chaque année, des millions de paysans pauvres quittent la campagne pour chercher un emploi en ville. Ceux qui en trouvent sont souvent contraints d'accepter un très faible salaire et de longues heures de travail. De plus, plusieurs produits importés de Chine ou d'autres pays en développement sont fabriqués dans ce qu'on appelle des « ateliers de misère », des lieux de travail où les conditions sont particulièrement difficiles.

Le secteur tertiaire

Le secteur tertiaire génère 41 % du PIB et occupe 31 % de la main-d'œuvre. Le tourisme, en particulier, est en forte croissance. La Chine possède d'importants atouts dans ce domaine, dont une culture millénaire et des paysages très diversifiés.

Le développement économique du pays a aussi entraîné une croissance rapide du commerce de détail : comme certains Chinois s'enrichissent, ils consomment plus qu'avant et leur niveau de vie s'élève peu à peu. Puisque la Chine compte 1,3 milliard d'habitants, le marché pour la vente au détail est vaste. Les domaines des transports et de la distribution de produits ont aussi prospéré considérablement. Pour faciliter la distribution des marchandises, la Chine peut compter sur de nouvelles routes, sur son réseau ferroviaire, de même que sur son réseau navigable intérieur, le plus étendu du monde, dont l'axe principal est le fleuve Chang jiang.

● Quels sont les effets du développement économique sur la vie des citadins?

Les télécommunications ont suivi ce mouvement de croissance : c'est en Chine qu'on trouve le plus grand nombre d'abonnés au téléphone cellulaire. On y compte également plus de 220 millions d'abonnés à l'Internet, un record mondial.

Quant au domaine financier, il se transforme rapidement, poussé par la croissance de l'économie. Des Bourses ont été créées en 1990 à Shenzhen et à Shanghai pour constituer un marché de capitaux. Les Chinois investissent aussi de plus en plus à l'extérieur du pays. Depuis quelques années, ils dépensent des milliards de dollars dans l'achat de compagnies étrangères, notamment pour acquérir des technologies ou des ressources naturelles. En effet, même si la Chine possède de nombreuses ressources, elles ne suffisent pas à combler les immenses besoins du pays. Malgré ces changements, les milieux bancaires conservent certaines caractéristiques de l'économie communiste : presque toutes les banques demeurent la propriété de l'État.

Lieu de *mémoire*

Beijing

Beijing a été le siège du pouvoir impérial du XIIIe siècle au début du XXe siècle, à l'exception d'un intermède de quelques décennies. En plus d'être la capitale politique et culturelle de la Chine, Beijing constitue un pôle économique : sa production est entre autres axée sur l'acier, les pièces de machinerie, les textiles et les technologies de l'information. La ville est aussi au centre du réseau de transports du pays. Cette situation privilégiée fait de la capitale une plaque tournante de la distribution des produits de consommation et du déplacement des personnes.

Le tourisme est en pleine croissance à Beijing. La Cité interdite, ancienne résidence des empereurs chinois, est un de ses attraits les plus courus.

● Quels sont les effets de l'industrie touristique en Chine ?

Hong Kong

Hong Kong représente une autre facette de la Chine. D'abord, on y parle le cantonais et non le mandarin comme à Beijing. Ensuite, la ville a été une colonie britannique du milieu du XIXe siècle jusqu'à la fin du XXe siècle. Comme elle n'a pas connu le régime communiste, elle est restée ouverte au commerce international. Dans les années 1960, Hong Kong était connue pour ses exportations de produits manufacturés. Au fil des ans, la ville a développé son rôle de ville « entrepôt », en important des marchandises pour les redistribuer ensuite en Asie et dans le reste du monde. Le secteur financier est aussi très dynamique. Les investisseurs de Hong Kong ont d'ailleurs fourni beaucoup de capitaux qui ont contribué au développement économique de la Chine.

Le centre de commerce international de Hong Kong, en 2003.

Les défis de la Chine contemporaine

La Chine est toujours officiellement communiste, mais son économie a changé et est aujourd'hui capitaliste.

Les disparités

D'importantes disparités subsistent, particulièrement entre les villes et les campagnes. Par exemple, 91 % des ménages urbains possèdent un réfrigérateur, comparativement à 20 % des ménages ruraux. De plus, les trois quarts des habitants des zones rurales n'ont pas d'accès direct à des installations sanitaires. Dans un pays où, officiellement, 58 % de la population habite dans les campagnes, ces disparités provoquent de graves tensions sociales.

L'accès aux soins de santé est une autre préoccupation. Aujourd'hui, le système de santé est en pleine réforme. En règle générale, les citoyens doivent payer 20 % des coûts des soins, le reste étant remboursé par l'État. Divers régimes d'assurance publique ou privée existent pour couvrir les dépenses des citoyens. Cependant, le coût et la qualité des services de santé varient grandement entre la ville et la campagne ainsi que d'une région à l'autre.

L'environnement

Une autre préoccupation majeure est la dégradation de l'environnement, qui s'est intensifiée avec l'industrialisation du pays à partir du milieu du XXᵉ siècle. Depuis la fin des années 1970, la détérioration de l'environnement s'est encore aggravée en raison du développement économique rapide de la Chine. Un des principaux problèmes est la dépendance de la Chine à l'égard du charbon comme source énergétique. Or, la combustion du charbon est une source considérable de gaz à effet de serre et d'autres émissions toxiques qui causent, entre autres, les pluies acides.

Le développement économique entraîne aussi une augmentation du nombre de voitures en circulation, ce qui accroît les émissions de gaz à effet de serre. Par conséquent, la Chine est devenue le deuxième émetteur de gaz à effet de serre de la planète.

Par ailleurs, un cours d'eau sur trois est considéré comme extrêmement pollué. En ce cas, les pesticides utilisés en agriculture, le développement urbain accéléré et les usines de toute nature sont en cause. Enfin, la forte croissance des industries du papier, du bois et du meuble entraîne une intensification du déboisement.

Portrait

Dai Qing
(1941-)

Ingénieure de formation, Dai Qing a été espionne pour son pays. Devenue journaliste, elle s'est opposée au régime communiste, ce qui lui a valu d'être emprisonnée ou assignée à résidence. Elle a dénoncé la dégradation environnementale de la Chine et s'est aussi prononcée contre la répression dans son pays. Son action illustre un phénomène émergeant en Chine : même si le pays n'est pas une démocratie et que la liberté d'opinion n'y est pas protégée, de plus en plus d'organisations écologistes luttent contre les répercussions environnementales de la croissance économique trop rapide de leur pays.

170 Le dauphin blanc

Le dauphin blanc du fleuve Chang jiang a été déclaré officiellement éteint en 2007, après avoir vécu 20 millions d'années dans les eaux du fleuve. La destruction de son environnement naturel et les prises accidentelles par les pêcheurs du fleuve ont causé la disparition de ce mammifère marin.

Le patrimoine culturel subit lui aussi les répercussions du développement économique. Par exemple, à Beijing, plusieurs quartiers historiques appelés *hutong* sont détruits pour faire place à des constructions neuves.

Le développement économique de la Chine affecte de façon importante l'organisation de la société et du territoire. Les réformes économiques mises de l'avant à la fin des années 1970 ont enrichi de nombreux Chinois. Par contre, beaucoup d'entre eux continuent de vivre dans la pauvreté. Les réformes ont permis au pays de devenir un des chefs de file du commerce international. Le territoire a également subi des transformations, conséquence de l'intensification de son exploitation. Aujourd'hui, la construction de nouveaux bâtiments et d'infrastructures continue de transformer le territoire.

Lieu de *mémoire*

Le barrage des Trois Gorges

En 1992, la Chine a donné le feu vert à la construction du barrage des Trois Gorges, sur le fleuve Chang jiang. Le barrage a commencé à produire de l'électricité en 2003 et il sera pleinement opérationnel en 2009. Il s'agit du plus gros barrage en béton et du plus grand projet hydroélectrique au monde. Pour former le réservoir, les berges du fleuve ont été inondées sur une distance de plus de 650 km. Le barrage vise à combler une partie des immenses besoins énergétiques de la Chine et à permettre de contrôler les crues du fleuve Chang jiang, qui ont fait des milliers de morts. Les opposants, tant en Chine qu'à l'étranger, dénoncent notamment la destruction des berges du fleuve et l'inondation de nombreux sites archéologiques et patrimoniaux.

Le barrage des Trois Gorges situé près de Sandouping.

171 Les *hutong* et le développement urbain

Les tours de la société internationale de la télévision de Chine se dressent derrière un *hutong* de Beijing.

● Comment le développement urbain affecte-t-il la société et le territoire chinois?

PISTES de comparaison CD 2

1. Sur le plan du développement économique, quel changement la Chine connaît-elle à la fin des années 1970?

2. Quelles activités économiques dominent chacun des secteurs de l'économie?

3. Expliquez les effets de ces activités économiques sur la société et le territoire chinois.

4. Vous êtes un entrepreneur et vous devez choisir où installer votre usine de production: en Chine ou au Québec? Évaluez d'abord les effets de la production de votre usine sur la société et le territoire du Québec et de la Chine pour ensuite faire votre choix.

Le Mexique a été le berceau du puissant Empire aztèque. Aujourd'hui, il ouvre son économie sur le monde et tente d'exploiter son plein potentiel économique. Le développement économique du Mexique a des répercussions sur l'organisation de la société et du territoire.

Quels sont les effets de l'activité économique sur la société et le territoire du Mexique ? **CD 2**

L'héritage du passé

À partir de 1519, les Espagnols soumettent peu à peu l'Empire aztèque et s'emparent de son territoire. Les conquérants y exploitent surtout des mines d'or et d'argent ainsi que de vastes domaines appelées *haciendas* voués à l'élevage et la culture de céréales (maïs, blé) ou de la canne à sucre.

Devenu indépendant en 1821, le Mexique amorce son industrialisation vers 1875. Jusqu'à la fin du XXe siècle, l'État intervient beaucoup dans l'économie.

Vers la fin d'une longue guerre civile engagée en 1910, le Mexique adopte une constitution qui fixe des limites à la propriété pivée. L'État redistribue alors de grandes propriétés à des **communes** de paysans et nationalise les mines et l'industrie pétrolière. Le Mexique protège également ses entreprises de la concurrence étrangère en interdisant l'importation de certains biens et en imposant des tarifs douaniers élevés. Par ailleurs, de 1929 à 2000, le pays est dirigé par un **parti unique**, le Parti révolutionnaire institutionnel (PRI).

Vers la fin des années 1990, le Mexique traverse deux graves crises économiques qui le forcent à modifier son modèle de développement économique. Afin d'améliorer la santé financière du pays, le gouvernement mexicain est obligé de vendre presque toutes ses entreprises publiques à des investisseurs privés. Le Mexique décide également d'ouvrir son économie au commerce international. Il adhère donc à des traités internationaux qui facilitent l'importation et l'exportation de biens. En 1992, il signe l'Accord de libre-échange nord-américain (ALENA), qui regroupe le Canada, les États-Unis et le Mexique. L'ALENA favorise les échanges commerciaux entre ces trois pays en diminuant les tarifs douaniers et en abolissant les limitations relatives aux investissements de capitaux étrangers. Ainsi, à la fin du XXe siècle, le Mexique passe d'un modèle économique interventionniste à une économie libérale dominée par la libre concurrence.

172 Le Mexique au cœur des Amériques*

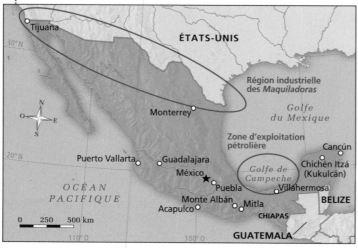

* Pour situer le Mexique dans le monde, consultez l'Atlas géographique, à la page 320.

Commune Ensemble de villages qui exploitent collectivement leurs ressources.

Parti unique Parti qui contrôle seul l'activité politique.

L'État du Chiapas et la révolte zapatiste

Les réformes économiques de la fin des années 1990 ont accentué les disparités entre les riches et les pauvres. Aujourd'hui, 10 % des Mexicains les plus fortunés possèdent 39 % de la richesse nationale, pendant qu'un ménage sur cinq vit sous le seuil de la pauvreté. Dans l'État agricole du Chiapas, peuplé majoritairement d'Autochtones, la pauvreté touche un ménage sur deux. De ce contexte socio-économique difficile est né un mouvement de révolte. En 1994, l'armée zapatiste de libération nationale (EZLN) s'est emparée de quatre villes du Chiapas. L'EZLN comptait entre 1000 et 3000 rebelles, la plupart d'origine autochtone. Les zapatistes exigeaient une réforme agraire, la reconnaissance de leurs droits ancestraux et la fin du régime à parti unique dominé par le PRI. Après divers épisodes violents, ils ont abandonné la lutte armée pour devenir un mouvement politique.

Le leader des zapatistes, le sous-commandant Marcos (Rafael Sebastián Guillén Vincente) n'est pas autochtone, mais il a fait connaître partout dans le monde les revendications des Autochtones du Chiapas.

Portrait

Carlos Slim (1940-)

Des millions de Mexicains vivent dans une extrême pauvreté, alors que d'autres possèdent une richesse extraordinaire. Selon le magazine américain *Fortune*, en août 2007, le Mexicain Carlos Slim était l'homme le plus riche du monde. Sa fortune personnelle, estimée à 59 milliards de dollars US, dépassait celle de Bill Gates, le fondateur de Microsoft. Carlos Slim est propriétaire de nombreuses entreprises, mais c'est l'acquisition de l'ancien monopole public du téléphone, en 1990, qui a véritablement fait sa fortune.

L'économie mexicaine aujourd'hui

L'économie mexicaine se trouve aujourd'hui à mi-chemin entre une économie développée et une économie en voie de développement. En 2008, le niveau de vie de ses 109 millions d'habitants se situe près de la moyenne mondiale.

CONCEPTS

Consommation, disparité, distribution, production

173 Le PIB par habitant en $ US dans le monde, en 2006

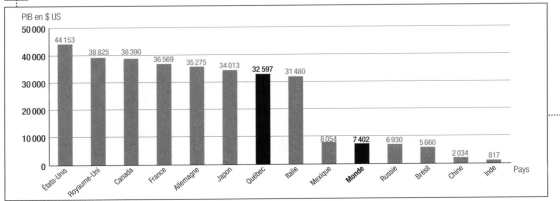

Situez le Mexique par rapport au Québec et à la moyenne mondiale en ce qui concerne le PIB par habitant. Que pouvez-vous en conclure?

D'après BANQUE MONDIALE [en ligne], 2007, réf. du 25 février 2008 et INSTITUT DE LA STATISTIQUE DU QUÉBEC [en ligne], 2006, réf. du 25 février 2008.

Lieu de *mémoire*

México, la ville la plus populeuse du monde

Avec ses 19 millions d'habitants, la région de México est la plus populeuse du monde. La mégapole se trouve sur le site de Tenochtitlán, l'ancienne capitale de l'Empire aztèque. À l'arrivée des Espagnols, en 1519, près de 400 000 personnes habitaient à cet endroit. Aujourd'hui, México est la capitale politique et économique du pays. La ville regroupe 20 % de la population du pays, et produit le tiers du PIB national. Son activité économique se concentre dans le domaine des services (finance, tourisme, administration gouvernementale, etc.). México et ses environs forment le cœur de l'industrie manufacturière, qui comprend de nombreux domaines (chimie, plastiques, ciment, électronique, vêtements, transformation alimentaire, etc.). Toute cette activité génère une intense circulation. En 2003, México comptait 3,5 millions de véhicules, et ce nombre pourrait atteindre 5,5 millions, en 2010. En conséquence, la qualité de l'air de la mégapole mexicaine est l'une des pires au monde.

La situation géographique de México aggrave son problème de pollution atmosphérique : les montagnes qui entourent la ville y emprisonnent la pollution.

174 Un paysan mexicain récolte du maïs

La production de maïs représente les deux tiers de la valeur nette de la production agricole. Trois millions de personnes travaillent à la culture du maïs, soit plus de 40 % de la main-d'œuvre du secteur agricole et près de 8 % du total de la main-d'œuvre mexicaine.

Le secteur primaire

L'agriculture mexicaine génère 4 % du PIB et occupe 15 % de la main-d'œuvre. Elle peut compter sur ses productions traditionnelles, dont celles de maïs, de tomates, d'avocats et de cacao. Le Mexique produit aussi des quantités appréciables d'agrumes, de mangues, de bananes, de patates, de fèves, de blé, de sorgho (une céréale), de café et de coton. Le secteur de l'élevage est également important.

175 Les secteurs économiques en pourcentage du PIB, en 2006

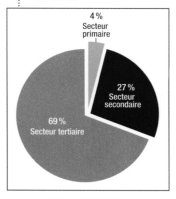

- 4 % Secteur primaire
- 27 % Secteur secondaire
- 69 % Secteur tertiaire

D'après BANQUE MONDIALE [en ligne], 2007, réf. du 25 février 2008.

176 L'occupation de la main-d'œuvre par secteur économique, en 2005

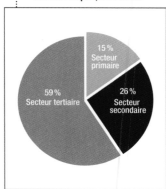

- 15 % Secteur primaire
- 26 % Secteur secondaire
- 59 % Secteur tertiaire

D'après EUROPA WORLD PLUS [en ligne], 2007, réf. du 25 février 2008.

Le secteur secondaire

Les activités du secteur secondaire génèrent 27 % du PIB et occupent 26 % de la main-d'œuvre. Ces activités se concentrent dans trois domaines : les *maquiladoras*, l'industrie automobile et l'industrie pétrolière.

Les *maquiladoras*

Les *maquiladoras* sont des ateliers qui appartiennent, en tout ou en partie, à des investisseurs étrangers. Divers produits, généralement destinés à l'exportation, y sont montés ou assemblés à partir de composantes fabriquées à l'extérieur du Mexique. Les *maquiladoras* bénéficient d'un avantage non négligeable : elles sont autorisées à importer ces composantes sans payer de taxes.

La plupart de ces ateliers sont situés le long de la frontière américaine, ce qui facilite le transport et la distribution des produits finis vers le marché américain. Depuis 2001, grâce à l'ALENA, les *maquiladoras* peuvent vendre leurs produits sur le marché mexicain. Elles occupent donc une place importante dans l'économie, car elles génèrent plus d'un emploi industriel sur cinq et près de la moitié des exportations mexicaines.

Les femmes représentent plus de la moitié de la main-d'œuvre des *maquiladoras* dans les domaines des textiles, des produits électroniques et chimiques. Les conditions de travail dans ces entreprises sont parfois très difficiles : de nombreux abus ont été rapportés, et la santé et la sécurité des travailleurs est parfois compromise. Néanmoins, les salaires y sont plus élevés que la moyenne mexicaine.

177 Les principales branches d'activité des *maquiladoras*, en 2003

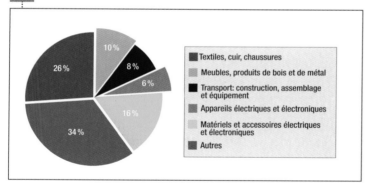

- Textiles, cuir, chaussures
- Meubles, produits de bois et de métal
- Transport : construction, assemblage et équipement
- Appareils électriques et électroniques
- Matériels et accessoires électriques et électroniques
- Autres

10 % / 8 % / 6 % / 16 % / 34 % / 26 %

D'après Alain Musset, *Le Mexique*, Coll. « Que sais-je ? », Paris, Presses universitaires de France, 2004, p. 69.

L'industrie automobile

L'industrie automobile emploie près d'un travailleur sur six dans le domaine manufacturier mexicain. En 2006, le Mexique a produit deux millions de véhicules, ce qui le place au 10e rang mondial, juste derrière le Canada. Les trois quarts de ces véhicules sont exportés. Une bonne partie de la production (pièces et voitures complètes) s'effectue dans le centre du pays, dans les environs des villes de México et de Puebla.

178 Les *maquiladoras*, des entreprises critiquées

L'accroissement de la demande industrielle augmente les taux de rejets des entreprises dans l'eau et dans l'atmosphère. Les *maquiladoras* sont donc souvent critiquées par les environnementalistes. Ici, une usine d'assemblage de téléviseurs à Tijuana, près de la frontière avec la Californie.

179 Le Mexique, sixième producteur mondial de pétrole
La raffinerie de Villahermosa vue de nuit.

Quels sont les effets de cette activité économique sur le territoire mexicain ?

180 Une femme autochtone vend des tissus sur la place publique
De nombreuses femmes autochtones occupent des emplois précaires ou participent à l'économie informelle en vendant des produits artisanaux.

L'industrie pétrolière

L'industrie pétrolière mexicaine est publique depuis 1938. En 2006, le pays était le sixième producteur mondial de pétrole. Les exportations de pétrole mexicain s'élevaient à 32 milliards de dollars US en 2005, un revenu considérable pour l'économie mexicaine. D'ailleurs, les ventes de pétrole représentent 9 % du PIB et le tiers des revenus du gouvernement. La pétrolière nationale, PEMEX (*Petróleos Mexicanos*), emploie 130 000 travailleurs.

Le Mexique possède également d'abondantes ressources minières. Il se place notamment au premier rang mondial des producteurs d'argent.

Les autres activités industrielles d'importance

Les autres activités du secteur secondaire comptent la métallurgie et la sidérurgie (à Monterrey, dans le nord-est du pays, et à Puebla), la transformation alimentaire (région de México, Puebla et Monterrey), les industries chimiques et plastiques (México, Monterrey) ainsi que des entreprises spécialisées dans les produits électroniques (dans la région de México et à Tijuana, dans le nord-ouest, près de la frontière avec la Californie).

Le secteur tertiaire

Le secteur tertiaire génère 69 % du PIB et occupe 59 % de la main-d'œuvre. Il est surtout présent dans le domaine de la finance, des médias, dans l'administration publique et dans la restauration. Ce secteur est marqué par la présence d'une **économie informelle** et par le dynamisme de son industrie touristique.

Il est difficile de dresser un portrait exact de l'économie informelle puisque, par définition, celle-ci échappe au contrôle des institutions gouvernementales. Certains estiment toutefois qu'elle génère près du tiers du PIB mexicain. Toutefois, comme beaucoup d'entreprises ne respectent pas les législations en vigueur, il existe peu de protection pour les employés qui y œuvrent. Parmi les gens qui occupent des emplois informels se trouvent les nombreux domestiques – le plus souvent des femmes autochtones – au service de familles fortunées.

Le domaine des services est centré sur le tourisme. En 2005, le pays a reçu 22 millions de touristes internationaux, qui ont dépensé 12 milliards de dollars US. Le Mexique est évidemment connu pour ses plages (Acapulco, Puerto Vallarta, Cancún, etc.), mais il offre aussi des paysages diversifiés et un riche héritage archéologique. Les sites les plus visités se trouvent dans le sud du pays (ruines de Monte Albán et de Mitla) ainsi que dans la péninsule du Yucatán.

Toutefois, le tourisme de masse nuit à l'environnement marin et terrestre. La construction d'énormes complexes balnéaires le long des plages freine la croissance des arbres, ce qui entraîne l'érosion des sols. Les régions bordant la mer n'en sont que plus vulnérables aux ouragans. Par ailleurs, la présence de milliers de touristes au même endroit implique une surconsommation d'eau potable et génère une quantité impressionnante de déchets que les infrastructures locales ont du mal à traiter. De plus, les activités de baignade et de plongée contribuent à la destruction des récifs coralliens et des lieux de ponte des tortues de mer.

181 Des installations touristiques, à Cancún

Le Mexique possède de nombreuses stations balnéaires. Elles ont bénéficié de l'appui financier du gouvernement qui souhaitait développer l'industrie touristique.

Quels sont les effets de l'industrie touristique sur le territoire mexicain ?

Les défis de l'économie mexicaine

Aujourd'hui, le Mexique est un pays ouvert sur le monde. Cette ouverture le pousse toutefois à relever plusieurs défis économiques. D'abord, l'économie du Mexique dépend beaucoup des États-Unis.

En 2005, 86 % des exportations mexicaines étaient dirigées vers les États-Unis, contre seulement 2 % vers le Canada. La même année, le Mexique a aussi importé 54 % de ses biens et services des États-Unis. Cet accès privilégié au marché américain, l'un des plus grands marchés de consommation du monde, a ses avantages. Toutefois, cette situation présente aussi des inconvénients. Par exemple, le ralentissement économique américain de 2001 a durement frappé l'économie mexicaine. Environ 200 000 emplois ont été perdus dans les *maquiladoras* entre 2001 et 2003. Le Mexique subit les conséquences des fluctuations économiques de son voisin.

curiosité

L'importance des *remesas* dans l'économie mexicaine

Le gouvernement américain estime qu'en 2006, 28 millions de personnes nées au Mexique ou nées de parents mexicains vivaient aux États-Unis. Plusieurs envoient de l'argent (des *remesas*) à leurs familles au Mexique pour leur permettre d'acheter des biens de consommation courante. En 2006, ces *remesas* ont totalisé 25 milliards de dollars US. Plusieurs travailleurs mexicains qui se trouvent aux États-Unis sont clandestins, c'est-à-dire qu'ils sont entrés illégalement au pays, mais les employeurs continuent de les embaucher dans les champs, les abattoirs, ou pour d'autres emplois exigeants.

Les travailleurs mexicains et ceux d'autre pays d'Amérique latine sont devenus essentiels aux entreprises agricoles des États-Unis et du Canada.

182 Le Mexique, partenaire économique du Québec

L'ouverture du Mexique sur le monde ne profite pas qu'aux États-Unis. Le Québec se tourne également vers ce nouveau partenaire économique.

« Après les États-Unis, le Mexique est le premier partenaire économique du Québec avec des échanges commerciaux bilatéraux s'établissant à plus de 3 milliards de dollars par année.

La signature de l'ALENA [...] a eu un effet d'entraînement irrésistible, comme en témoigne le nombre d'entreprises québécoises qui y œuvrent aujourd'hui de façon continue. D'une dizaine qu'elles étaient au début des années 1990, elles sont aujourd'hui près de 450. La proximité des marchés (à cinq heures d'avion et une heure de décalage), les coûts de production relativement bas, une main-d'œuvre spécialisée et un marché de consommation en croissance sont les principaux attraits favorisant les échanges avec le Mexique [...] »

Stéphane St-Amour, « Le Mexique, un des cinq marchés porteurs selon la Politique internationale du Québec », *Courrier Laval* [en ligne], 2007, réf. du 25 février 2008.

 Quels sont les attraits économiques du Mexique pour les investisseurs étrangers ?

Le Mexique fait aussi face à la concurrence grandissante que représentent les autres pays de l'Amérique latine et certains pays d'Asie. Les salaires sont beaucoup moins élevés au Mexique qu'aux États-Unis, ce qui attire encore des entreprises. Toutefois, la Chine, le Viêt-Nam et le Bangladesh offrent actuellement des salaires encore plus bas. Le Mexique ne peut donc plus miser uniquement sur ses bas salaires pour attirer les investisseurs. Il doit innover pour demeurer compétitif en augmentant, par exemple, le niveau technologique de sa production et en améliorant la formation des travailleurs.

Enfin, le Mexique est aux prises avec des disparités socio-économiques qui divisent sa population. En effet, la pauvreté, encore très répandue aujourd'hui, est indissociable des problèmes de criminalité et de corruption que connaît le pays.

Aujourd'hui, le Mexique dispose d'importants atouts pour relever ces défis. Par exemple, il peut compter sur la diversité de son économie (agriculture, produits pharmaceutiques, industrie automobile, etc.). Par ailleurs, les jeunes sont de plus en plus nombreux à faire des études supérieures, ce qui devrait leur assurer de bons emplois et favoriser un développement économique axé sur la spécialisation et le travail.

Le développement économique du Mexique affecte de façon importante l'organisation de la société et du territoire. La modification du modèle de développement économique du Mexique, au cours du XXe siècle, a profité à l'économie mexicaine qui a su s'ouvrir sur le monde. Toutefois, l'entrée du Mexique dans le commerce international a également eu des effets sur la population, qui doit s'adapter aux fluctuations économiques provoquées par la concurrence mondiale. Le territoire mexicain subit aussi les effets de l'intensification de la production. La pollution est un problème grandissant au Mexique et l'extension des zones de production industrielle transforme peu à peu le territoire.

183 **L'Université nationale autonome de México (UNAM)**
Grâce à l'UNAM, les Mexicains ont accès à l'éducation gratuite. Cette université comptait près de 290 000 étudiants en 2006.

PISTES de comparaison CD 2

1. Sur le plan économique, quel changement le Mexique a-t-il connu au XXe siècle ?

2. Quelles activités économiques dominent chacun des secteurs de l'économie ?

3. Expliquez les principaux effets de ces activités économiques sur la société et le territoire mexicain.

4. Vous êtes un entrepreneur et vous devez choisir où installer votre usine de production : au Mexique ou au Québec ? Évaluez d'abord les effets de la production de votre usine sur la société et le territoire du Québec et du Mexique pour ensuite faire votre choix.

Haïti

Le passé colonial haïtien et une instabilité politique récurrente ont nui au développement économique du pays. Aujourd'hui, Haïti tente de développer son économie, ce qui a des effets sur l'organisation de la société et du territoire.

Quels sont les effets de l'activité économique sur la société et le territoire d'Haïti ? **CD 2**

CONCEPT

Production

Taïnos Nom donné à l'un des peuples qui habitait l'île d'Hispaniola à l'arrivée des Européens.

Indigo Teinture bleutée produite à partir de l'indican, une substance extraite des feuilles de l'indigotier.

D'Hispaniola à la république d'Haïti

En 1492, Christophe Colomb débarque sur l'île d'Haïti, qu'il nomme « Hispaniola ». Elle est alors habitée par différents peuples, dont les **Taïnos**. Dans les décennies qui suivent, les Espagnols colonisent l'île et réduisent les indigènes en esclavage. La nouvelle colonie rapporte beaucoup à l'Espagne, qui y exploite des mines d'or, le coton, le bois et les peaux. Puis, en 1697, l'île est divisée en deux. Les Espagnols conservent la partie est, qui deviendra la République Dominicaine au milieu du XIXe siècle, et cèdent la partie ouest aux Français. Ces derniers y implantent un modèle économique centré sur les plantations de canne à sucre.

Au cours du XVIIIe siècle, les Français font venir sur l'île des centaines de milliers d'esclaves africains pour exploiter les plantations de canne à sucre. Cette culture rapporte d'importants bénéfices à la France. En 1789, Saint-Domingue (aujourd'hui Haïti) produit les trois quarts du sucre mondial ainsi que d'importantes quantités de café, de cacao, de coton et d'**indigo**.

En 1791, l'instabilité politique qui règne dans la France révolutionnaire gagne Saint-Domingue. En 1804, les esclaves se rebellent et proclament leur indépendance. Haïti devient la première république noire de l'histoire et le deuxième État indépendant d'Amérique, après les États-Unis.

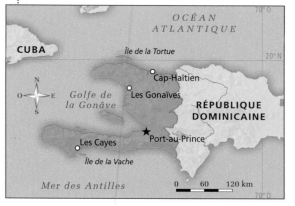

184 Haïti, entre l'océan Atlantique et la mer des Antilles*

* Pour situer Haïti dans le monde, consultez l'Atlas géographique, à la page 320.

Tout au long du XIXe siècle, la pauvreté et les rivalités entre plusieurs groupes culturels troublent la politique intérieure. Les gouvernements despotiques et les révoltes se succèdent. L'économie haïtienne se résume alors au travail forcé et à l'économie de subsistance. L'insécurité politique atteint son apogée au début du XXe siècle. Entre 1911 et 1915, six présidents perdent la vie dans des circonstances violentes. En 1915, à la suite de l'assassinat du président Jean Vilbrun Guillaume, les États-Unis interviennent militairement et occupent Haïti jusqu'en 1934. Pendant cette période, les Américains contrôlent la vie politique et économique, notamment dans le domaine de l'exploitation agricole. Ils mettent aussi en place un vaste programme de modernisation des infrastructures (ports, routes, lignes téléphoniques, etc.).

Lorsque les Américains se retirent, les gouvernements civils et militaires se suivent et les révoltes populaires reprennent. En 1957, François Duvalier est élu démocratiquement. Toutefois, son gouvernement se transforme rapidement en une dictature qui perdure après sa mort alors que son fils, Jean-Claude Duvalier, reprend le pouvoir. À la suite d'émeutes qui paralysent le pays, ce dernier s'enfuit en France en 1986.

Après ces années de dictature, les premières élections démocratiques haïtiennes ont lieu en 1990 et Jean-Bertrand Aristide est élu président. Il le sera une seconde fois en 2000. Cependant, son passage au pouvoir est marqué par des périodes d'insurrection et d'exil. En 2004, l'ONU doit envoyer une force militaire internationale pour stabiliser le pays.

L'économie d'Haïti aujourd'hui

Aujourd'hui, Haïti est le pays le plus pauvre des Amériques. En 2006, son PIB était de 5 milliards de dollars US pour une population d'environ neuf millions d'habitants. Cela correspond à un PIB de 581 $ US par habitant, comparativement à 32 597 $ US par habitant pour le Québec. Près de 80 % des Haïtiens vivent avec moins de 2 $ US par jour et leur espérance de vie est de 58 ans.

Le secteur primaire

Le secteur primaire occupe un peu moins des deux tiers de la main-d'œuvre et génère 28 % du PIB. En Haïti, l'agriculture de subsistance, qui n'est pas comptabilisée dans les principaux échanges économiques, occupe la majorité de la population. La forêt est exploitée pour la production de charbon de bois. Par ailleurs, malgré la proximité de la mer, l'industrie de la pêche demeure peu développée sur l'île.

Le problème de la déforestation

Actuellement, il ne reste qu'entre 1 % et 3 % des forêts qui, à l'origine, couvraient une grande partie de l'île. Par conséquent, les sols s'appauvrissent et s'érodent de plus en plus. Environ le tiers des terres du pays seraient aujourd'hui incultivables.

CONCEPTS

Consommation, disparité, production

185 Les secteurs économiques en pourcentage du PIB, en 2000

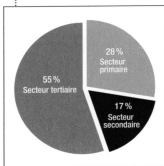

D'après BANQUE MONDIALE [en ligne], 2007, réf. du 25 février 2008.

186 L'ocupation de la main-d'œuvre par secteur économique, en 1990 et en 2004

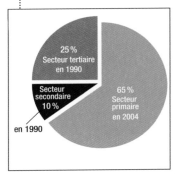

D'après EUROPA WORLD PLUS [en ligne], 2007, réf. du 25 février 2008.

187 Une employée d'une pépinière

Haïti doit combattre la déforestation et l'érosion des sols en organisant le reboisement de ses terres.

188 Le charbon qui tue Haïti à petit feu

« En découvrant Haïti en 1492, Christophe Colomb écrivait […]: "Tous les arbres étaient verts, chargés de fruits […] C'était la plus grande douceur du monde." Cette même terre est aujourd'hui grise et stérile. […] Les paysans ne sont plus des paysans, mais des "cultivateurs de charbon". Ils coupent, puis découpent les arbres. Le bois est ensuite placé dans un trou creusé dans le sol, on y met le feu avec de la paille, puis on le recouvre de terre et on le laisse se consumer lentement […] En quelques décennies, les paysans haïtiens ont ainsi rasé leur pays. […] Faute de bois, ils s'attaquent aux racines des arbres déjà coupés. »

Jean-Hébert Armengaud, « Haïti. La survie devant soi », *Libération*, n° 7764, 25 avril 2006, p. 34-35.

- Quelle activité économique est décrite dans ce document ?
- Quels effets cette activité a-t-elle sur le territoire et la société haïtienne aujourd'hui ?

L'agriculture

Igname Plante tropicale à gros tubercules comestibles qu'on transforme en farine.

Sisal Plante dont la fibre sert à fabriquer des cordes, des filets, des sacs, etc.

L'agriculture haïtienne est essentiellement une agriculture de subsistance pratiquée sur de petites parcelles de terre. Les principales cultures sont le manioc, le plantain, les bananes, le riz, le maïs, les patates douces et l'**igname**. Les paysans font aussi de l'élevage (chèvres, moutons, bœufs, porcs et poulets).

L'agriculture d'exportation est modeste : en 2004, les 20 principaux produits agricoles d'exportation ont rapporté 26 millions de dollars US au pays. Ces produits comprennent des huiles essentielles qui entrent dans la fabrication de produits cosmétiques, des fruits tropicaux, du cacao, du café et du **sisal**.

Comme les autres îles des Caraïbes, Haïti dépend de l'extérieur pour une partie de son approvisionnement alimentaire. En effet, la production nationale de certaines denrées de base telles le sucre, les céréales et les huiles végétales est inférieure aux besoins de la population. Haïti est donc contraint d'importer ces produits. Il reçoit aussi une aide alimentaire internationale qui s'élevait, en 2003, à 120 millions de dollars US.

Portrait

Chavannes Jean-Baptiste (1947-)

Agronome de formation, Chavannes Jean-Baptiste fait depuis longtemps la promotion d'une agriculture durable en Haïti. En 1973, il fonde le Mouvement paysan de Papaye (MPP) qui enseigne aux paysans des techniques agricoles respectueuses de l'environnement. Le MPP combat aussi la déforestation par le reboisement et par l'introduction de sources d'énergies renouvelables, comme l'énergie solaire. Le mouvement encourage également l'implication des femmes, qui représentent plus du tiers de ses membres. Les efforts de Chavannes Jean-Baptiste pour l'adoption de pratiques agricoles durables sont internationalement reconnus.

Lieu de *mémoire*

Les ouragans en Haïti

Haïti, île montagneuse au climat tropical, est située sur la route des cyclones des Antilles. En 2004, la tempête tropicale Jeanne y a été dévastatrice. Les pluies torrentielles ont causé des glissements de terrain et des coulées de boue qui ont profité de l'absence de forêts et de végétation pour s'étendre et causer des ravages. En effet, depuis des décennies, les paysans coupent les arbres pour en faire le charbon de bois qui leur sert de combustible. Cette déforestation décuple les effets meurtriers des cyclones. La ville des Gonaïves a particulièrement souffert du passage de Jeanne. Environ 3000 morts y ont été dénombrés et 200 000 personnes se sont retrouvées sans abri.

La ville des Gonaïves à la suite de la tempête tropicale Jeanne.

Les autres ressources naturelles

Le pays est pauvre en ressources naturelles et énergétiques. Le sol d'Haïti contient un peu de **bauxite** et de petites quantités d'or, d'argent et de cuivre, mais ces minerais ne sont pas exploités de façon systématique. L'activité minière se concentre plutôt dans l'exploitation du marbre et du calcaire. Haïti ne dispose d'aucune réserve de pétrole ni de gaz, et sa production hydroélectrique est insuffisante pour combler ses besoins énergétiques. Par exemple, dans la capitale, Port-au-Prince, la production d'électricité n'atteint que 10% des besoins de consommation de la population. Le pays dépend donc des importations de ressources énergétiques, notamment en ce qui concerne le pétrole.

Le secteur secondaire

Le secteur secondaire représente près de 17% du PIB et occupe environ 10% de la main-d'œuvre. Les principales activités de ce secteur se concentrent dans les domaines de la construction et des entreprises manufacturières.

Le domaine manufacturier rassemble des entreprises de transformation alimentaire et de confection de vêtements. Haïti compte aussi des entreprises spécialisées dans l'assemblage (notamment de matériel électronique), la fabrication de produits chimiques (comme du caoutchouc et des plastiques) et la transformation du tabac. Toutefois le domaine manufacturier occupe une place modeste dans l'économie haïtienne. Plusieurs facteurs freinent son développement : la petite taille du marché local, la quasi-absence de ressources naturelles, l'insuffisance de ressources énergétiques et l'instabilité politique du pays.

Le secteur tertiaire

Le secteur tertiaire représente près de 55% du PIB et occupe environ le quart de la main-d'œuvre haïtienne. Les principaux domaines d'activité sont le tourisme, l'administration gouvernementale et le commerce international. Le tourisme est le domaine des services qui rapporte le plus. D'après des estimations gouvernementales, plus de 300 000 touristes ont visité Haïti en 2004. Toutefois, en raison de l'instabilité politique, l'industrie touristique est loin d'exploiter son plein potentiel économique.

Bauxite Minerai dont on extrait l'alumine, qui sert à fabriquer l'aluminium.

Boucanier Aventurier qui chassait le gibier à Saint-Domingue et qui le faisait ensuite fumer ou « boucaner ». Plusieurs s'engageaient dans la flibuste.

Flibustier Pirate de la mer des Antilles qui s'attaquait aux possessions espagnoles en Amérique.

189 Le tourisme à Haïti.

Un bateau de croisière longe les côtes d'Haïti.

Lieu de *mémoire*

L'île de la Vache

Petite île située au sud-ouest d'Haïti, l'île de la Vache est très appréciée des touristes pour la beauté de ses paysages et son histoire pittoresque. Aux XVIIe et XVIIIe siècles, l'île a été fréquentée par les **flibustiers** et les **boucaniers**. L'un d'entre eux, sir Henry Morgan, pourchassait les galions espagnols chargés d'or qui faisaient route vers l'Europe. C'est aussi au large de cette île que le *Bluenose*, la célèbre goélette qui figure sur les pièces canadiennes de 10 ¢, a sombré par une nuit de janvier 1946. L'île tient son nom des bovins que les Espagnols y ont abandonnés et qui étaient toujours présents quand la France a pris possession de l'île.

L'économie informelle

Le secteur tertiaire se caractérise aussi par l'importance de l'**économie informelle**. En effet, comme le taux de chômage est très élevé (entre 33 % et 70 %) et que le gouvernement n'a pas les ressources pour offrir des programmes sociaux, la majorité des Haïtiens survivent en travaillant dans des petits ateliers ou en vendant divers objets comme du charbon dans les marchés publics. Or, ces activités ne sont ni réglementées ni imposées par l'État. Il en va de même pour le **troc** qui, dans ce contexte, permet de satisfaire certains besoins de consommation.

L'économie informelle est en partie criminalisée, et de la drogue circulant de l'Amérique du Sud vers les États-Unis transite parfois par Haïti. Les trafiquants de drogue menacent la stabilité du pays. Financés et armés, ils ont souvent recours à la corruption et à la violence pour protéger leur commerce.

Les défis de l'économie haïtienne

Haïti est bénéficiaire de l'aide internationale. Par exemple, depuis 1968, le gouvernement canadien a offert 700 millions de dollars en aide au développement à Haïti et s'est engagé à ajouter un demi-milliard avant 2011. Haïti compte aussi sur une présence militaire internationale pour le maintien de l'ordre sur son territoire. Bref, le pays a de nombreux défis à relever avant d'être financièrement autonome.

La stabilité politique

En plus de devoir résoudre des problèmes de déforestation et d'érosion des sols, Haïti doit contrer l'instabilité politique qui freine son développement. En effet, dans le contexte actuel, il est difficile pour Haïti d'attirer des capitaux étrangers. Malgré tout, depuis 1995, certains progrès ont été enregistrés alors que les investissements étrangers sont passés de 32 millions de dollars US, en 1995, à 120 millions de dollars US en 2004.

Lieu de *mémoire*

Port-au-Prince

Port-au-Prince est la capitale politique, culturelle et économique d'Haïti. Elle donne sur le golfe de la Gonâve, qui s'ouvre lui-même sur la mer des Antilles. Avec ses deux millions d'habitants, la ville est le centre de l'activité manufacturière et du commerce. Alors que 60 % des Haïtiens vivent en milieux ruraux, les deux tiers de la population urbaine se trouvent rassemblés à Port-au-Prince. De nombreux paysans fuient la misère de leurs villages pour y tenter leur chance. Beaucoup d'entre eux aboutissent dans les bidonvilles.

L'agglomération de Port-au-Prince présente des disparités socio-économiques profondes entre les quartiers fortunés et le bidonville de Cité Soleil.

La diaspora haïtienne et l'éducation

Le pays doit aussi lutter contre l'« exode des cerveaux », c'est-à-dire l'émigration de ses citoyens les plus scolarisés. L'ONU estime que 81,6 % des personnes détentrices d'un diplôme d'études supérieures avaient quitté le pays en 2000. De tous les pays pauvres, Haïti est reconnu pour être celui qui perd la plus grande proportion de diplômés.

Ces émigrants grossissent les rangs de la **diaspora** haïtienne qui compterait entre deux et quatre millions de personnes. On estime que 63 350 Haïtiens vivaient au Canada en 2006 et que 90 % d'entre eux se trouvaient au Québec. La plupart des émigrés haïtiens envoient d'importantes sommes d'argent vers leur pays d'origine. En 2006, ces sommes totalisaient près de un milliard de dollars US, soit l'équivalent d'un cinquième du PIB d'Haïti.

Diaspora Ensemble des membres d'un peuple dispersés dans le monde mais qui conservent des liens entre eux.

Vaudou Culte qui mélange les principes de la foi chrétienne à la pensée animiste de l'Afrique de l'Ouest, d'où venaient les esclaves.

Les infrastructures

Les infrastructures de transport haïtiennes (routes, aéroports, etc.) sont peu nombreuses et mal entretenues. Les quelques routes pavées qui relient les grandes villes sont parfois impraticables par mauvais temps. Haïti est également dépourvu de réseau ferroviaire. Cette situation nuit à la distribution des produits, et l'économie haïtienne en souffre. Par contre, Haïti a un aéroport international et un port de conteneurs à Port-au-Prince, deux infrastructures sur lesquelles le pays peut miser pour stimuler son développement.

Le développement économique d'Haïti affecte l'organisation de la société et du territoire. L'instabilité politique nuit à l'essor économique du pays et ne permet pas aux Haïtiens de bénéficier de l'aide gouvernementale dont ils auraient besoin. De plus, l'exploitation des forêts a transformé le territoire et compromet les possibilités de développement économique du pays.

Lieu de *mémoire*

Les tap-taps

Les tap-taps sont des camionnettes modifiées qui servent au transport en commun dans les villes. Ces véhicules rivalisent d'extravagance avec leurs mille couleurs et leurs slogans religieux. Les tap-taps expriment à leur façon différents aspects de la culture haïtienne, tels son art pictural vivant et coloré, sa foi catholique et ses croyances **vaudou**.

Les tap-taps rappellent que l'État a peu de ressources et que la population doit faire preuve d'ingéniosité. Ici, un slogan religieux signifiant « la vérité ne se cache pas » décore ce tap-tap.

PISTES de comparaison CD 2

1. Quelles sont les conséquences de l'instabilité politique sur les activités économiques en Haïti ?

2. Quelles activités économiques dominent chacun des secteurs de l'économie ?

3. Expliquez les principaux effets de ces activités économiques sur la société et le territoire haïtien.

4. Vous êtes un entrepreneur et vous devez choisir où installer votre usine de production : en Haïti ou au Québec ? Évaluez d'abord les effets de la production de votre usine sur le territoire du Québec et d'Haïti pour ensuite faire votre choix.

La Côte d'Ivoire

Après des années de colonialisme, la Côte d'Ivoire a connu, au cours des années 1960 à 1980, une période de croissance économique sans précédent, suivie d'une récession qui perdure encore. Aujourd'hui, le développement économique de la Côte d'Ivoire a des effets sur l'organisation de la société et du territoire.

Quels sont les effets de l'activité économique sur la société et le territoire de la Côte d'Ivoire ? CD 2

CONCEPT

Production

De la colonie française à la république de Côte d'Ivoire

En 1842, la Côte d'Ivoire devient un **protectorat** français. La France y installe un comptoir commercial où elle fait le commerce de l'ivoire, du poivre et des esclaves. Le territoire devient officiellement une colonie française en 1893. Au XXᵉ siècle, l'économie de la colonie repose sur l'exportation de produits comme l'huile de palme, le caoutchouc, le café, le cacao et le bois. En 1960, la Côte d'Ivoire obtient son indépendance.

Durant les 20 années suivantes, la Côte d'Ivoire est en plein essor : son produit intérieur brut (PIB) progresse de 7 % par année. Cette prospérité, qualifiée de « miracle ivoirien », est en grande partie attribuable à l'augmentation des exportations de café et de cacao, ceci malgré deux chutes de prix successives à la fin des années 1970 et au milieu des années 1980. Parallèlement, la population s'accroît considérablement et passe de 3,5 millions d'habitants en 1965 à plus de 18,5 millions en 2005.

Dans les années 1980, le pays est en difficulté. D'une part, le prix du cacao baisse sur les marchés internationaux, ce qui perturbe gravement son économie. D'autre part, des problèmes financiers obligent l'État à privatiser des entreprises publiques et à congédier des fonctionnaires.

Des tensions politiques aggravent cette situation. En 1990, après des décennies de **régime à parti unique**, les partis d'opposition obtiennent le droit de participer aux élections. Cependant, le gouvernement en place fait tout pour nuire à ces partis. Par exemple, en 1994, la loi électorale est modifiée afin d'interdire à un des principaux candidats de se présenter à l'élection présidentielle sur la base de son origine nationale.

190 La Côte d'Ivoire*

(Carte de l'Afrique de l'Ouest indiquant la Côte d'Ivoire, avec les villes de Yamoussoukro et Abidjan, l'Océan Atlantique et le Golfe de Guinée. Échelle : 0 200 400 600 km)

* Pour situer la Côte d'Ivoire dans le monde, consultez l'Atlas géographique, à la page 324.

Protectorat Forme d'impérialisme colonial qui consiste, pour une puissance impérialiste, à gouverner un territoire par l'intermédiaire d'un chef ou d'un souverain local.

Régime à parti unique Régime politique où un seul parti contrôle l'activité politique.

D'ailleurs, au cours des années 1990, de nombreux conflits divisent les différents groupes culturels et religieux de la Côte d'Ivoire. Un coup d'État est organisé en 2002 par un groupe qui prétend combattre la discrimination envers les immigrants, ainsi que la discrimination religieuse et l'exclusion politique de certaines populations. Des combats meurtriers entre les forces gouvernementales et les rebelles entraînent le morcellement du pays : le nord est occupé par les insurgés, tandis que le gouvernement maintient son autorité au sud. Cinq ans plus tard, en 2007, un accord de paix est finalement conclu.

Cette période d'agitation nuit à l'économie du pays. D'après la Banque mondiale, le PIB par habitant recule de 16 % entre 1998 et 2007. Le domaine manufacturier et celui des services sont les plus touchés. Par contre, la découverte de gaz naturel, l'augmentation de la production de pétrole et la poursuite des exportations de cacao préservent partiellement l'économie.

191 Des Ivoiriens fuient les combats sous le regard d'un soldat français

Entre 2002 et 2007, la Côte d'Ivoire a été déchirée par un violent conflit interne. La France et l'ONU y ont envoyé des soldats pour maintenir la paix.

● Quels sont les effets de l'instabilité politique sur l'économie?

Portrait

Félix Houphouët-Boigny (1905-1993)

Félix Houphouët-Boigny a d'abord été médecin auxiliaire, puis planteur de cacao. En 1944, il crée le Syndicat agricole africain (SAA). Le SAA défend les droits des planteurs de cacao ivoiriens contre le régime colonial, qui favorise les planteurs français. En 1960, alors que la Côte d'Ivoire accède à l'indépendance, Félix Houphouët-Boigny en devient le premier président du pays et le demeure jusqu'à sa mort, en 1993. Il met en place un modèle économique libéral et participe aussi à la création d'organisations politiques qui ont pour mandat de renforcer les liens économiques et politiques entre les pays d'Afrique, comme l'Organisation de l'unité africaine (aujourd'hui l'Union africaine).

Un jeune Dioula à la sortie d'une mosquée. Le terme « Dioula » désigne à la fois le peuple et sa langue. Celle-ci sert au commerce et est comprise partout en Côte d'Ivoire et dans les pays voisins.

Lieu de *mémoire*

Les Dioulas

La Côte d'Ivoire compte une soixantaine de groupes culturels, dont les Dioulas qui sont habituellement des commerçants musulmans originaires du nord du pays. Ils ont développé des réseaux d'échanges en Côte d'Ivoire en ouvrant des routes nord-sud pour le commerce de l'ivoire, de l'or, des armes à feu, des **noix de cola** et même des esclaves. Les Dioulas sont également présents au Burkina Faso, au Mali et au Ghana.

Noix de cola Graine du colatier dont on tire un extrait stimulant qui entre dans la préparation de certaines boissons.

L'économie de la Côte d'Ivoire aujourd'hui

Malgré la croissance qu'elle a connue dans les années 1960 et 1970, la Côte d'Ivoire fait aujourd'hui partie des pays les plus pauvres de la planète. Son PIB par habitant est de 946 $ US en 2006 comparativement à 32 547 $ US par habitant pour le Québec. En 2006, 43 % de sa population vit dans la pauvreté, avec moins de 2 $ US par jour. Malgré cela, l'économie de la Côte d'Ivoire reste l'une des plus importantes de l'Afrique de l'Ouest. Le PIB ivoirien dépasse celui de tous les pays de la région, à l'exception du Nigeria, qui est un important producteur de pétrole.

CONCEPTS

Capital, consommation, disparité, production

Le secteur primaire

Le secteur primaire génère environ 21 % du PIB et occupe à peu près 48 % de la main-d'œuvre. L'exploitation forestière et l'agriculture sont les principales activités du secteur primaire. Le bois – en particulier les bois précieux comme l'acajou – arrive au troisième rang des exportations ivoiriennes. Toutefois, ce commerce entraîne un problème de déforestation que la Côte d'Ivoire tente de régler en contrôlant mieux l'exploitation du bois et en favorisant le reboisement.

La forêt recule aussi pour faire place à l'agriculture, qui emploie une grande partie de la main-d'œuvre. Les produits de l'agriculture de subsistance sont le manioc, le plantain, le riz, le maïs, les arachides et l'**igname**. Mais c'est l'agriculture d'exportation qui supporte l'économie ivoirienne avec des produits comme le café, le coton, les bananes, les ananas, le caoutchouc et, surtout, le cacao.

Igname Plante tropicale à gros tubercules comestibles qu'on transforme en farine.

192 Les secteurs économiques en pourcentage du PIB, en 2006

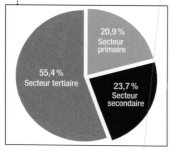

- 20,9 % Secteur primaire
- 55,4 % Secteur tertiaire
- 23,7 % Secteur secondaire

D'après BANQUE MONDIALE [en ligne], 2007, réf. du 25 février 2008.

193 L'occupation de la main-d'œuvre par secteur économique, en 1994 et en 2004*

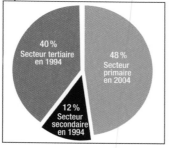

- 40 % Secteur tertiaire en 1994
- 48 % Secteur primaire en 2004
- 12 % Secteur secondaire en 1994

D'après EUROPA WORLD PLUS [en ligne], 2007, réf. du 25 février 2008.

* Ces chiffres sont approximatifs.

194 Un bûcheron ivoirien abat un arbre géant

Depuis le début du XXᵉ siècle, la superficie de la forêt tropicale ivoirienne est passée d'environ 15,6 millions à 3 millions d'hectares.

- Quels sont les effets de l'exploitation du bois sur le territoire ivoirien?

195 Un planteur examine un cacaoyer

La cueillette des fèves de cacao exige une main-d'œuvre abondante qui vient souvent des pays voisins. Ces travailleurs grossissent les rangs des immigrants qui représentent près du quart de la population ivoirienne.

- Quels sont les effets du développement de la culture des fèves de cacao sur la population ivoirienne?

196 Les principaux pays producteurs de fèves de cacao, en 2006

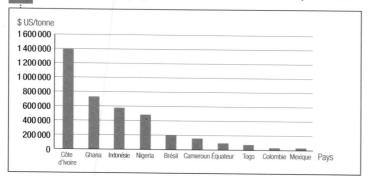

$ US/tonne

1 600 000
1 400 000
1 200 000
1 000 000
800 000
600 000
400 000
200 000
0

Côte d'Ivoire, Ghana, Indonésie, Nigeria, Brésil, Cameroun, Équateur, Togo, Colombie, Mexique, Pays

D'après ORGANISATION DES NATIONS UNIES POUR L'ALIMENTATION ET L'AGRICULTURE [en ligne], 2006, réf. du 25 février 2008.

L'importance du cacao

La Côte d'Ivoire est le premier producteur mondial de cacao. En 2005, elle produit le tiers des fèves de cacao vendues dans le monde. La production s'intensifie à partir des années 1960. Cette industrie est actuellement le gagne-pain d'un grand nombre d'Ivoiriens : trois à quatre millions d'entre eux travaillent dans ce secteur, et les exportations de cacao représentent 35 % de toutes les exportations du pays.

Cependant, cette dépendance de l'économie ivoirienne à l'égard de la culture du cacao est problématique. Par exemple, vers la fin des années 1970 et pendant les années 1980, le prix du cacao a chuté à quelques reprises sur les marchés mondiaux, notamment à cause de l'arrivée de pays compétiteurs, comme l'Indonésie. Ces baisses de prix ont réduit le pouvoir d'achat des Ivoiriens.

Les conditions de travail dans les plantations du pays sont un autre sujet de préoccupation. Des enquêtes internationales estiment qu'environ 200 000 enfants sont exploités sur divers types de plantations, dont celles de cacao. Ils effectuent souvent des tâches dangereuses pour la santé, comme l'épandage de pesticides. Toutefois, sous la pression internationale, depuis janvier 2008, les autorités ivoiriennes ont décidé de faire des efforts pour éliminer le travail des enfants dans les plantations.

197 Le prix du cacao sur les marchés mondiaux, de 1960 à 2003

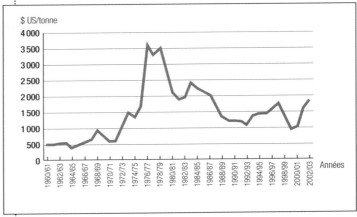

D'après INTERNATIONAL COCOA ORGANIZATION [en ligne], 2004, réf. du 25 février 2008.

● Quel est l'impact de la baisse des prix du cacao sur la société ivoirienne?

Et maintenant CD3 TIC

Le cacao équitable

En 2006, les ventes de la compagnie suisse Nestlé, qui fabrique plusieurs marques de tablettes de chocolat, s'élevaient à 81 milliards de dollars US, soit quatre fois et demie la valeur du PIB ivoirien. De leur côté, les paysans ne touchent qu'environ 1 ¢ par tablette de chocolat vendue, ou 45 ¢ par kilo de cacao exporté. Le «commerce équitable» a pour objectif de réduire ces disparités en proposant une dynamique plus juste entre les consommateurs et les producteurs. Un produit est certifié «équitable» lorsque le producteur reçoit un prix suffisant pour son produit, par rapport au prix payé par les consommateurs. Les producteurs équitables doivent également opter pour des pratiques agricoles qui respectent l'environnement et investir dans des projets communautaires en santé, en éducation, etc. La Côte d'Ivoire compte trois coopératives de cacao équitable.

● Comment les consommateurs du Québec peuvent-ils influencer les conditions de vie de paysans qui travaillent dans d'autres pays?

FAIR TRADE CERTIFIED

CERTIFIÉ ÉQUITABLE

Pour s'assurer que les principes du commerce équitable sont respectés, des organismes de certification font des inspections régulières chez les producteurs et les vendeurs. Au Canada, l'organisme TransFair Canada remplit cette fonction.

Les autres ressources naturelles

Après le cacao, la ressource la plus importante de la Côte d'Ivoire est le pétrole. De 2004 à 2006, la production pétrolière est passée de 40 000 à 100 000 barils par jour. En 2006, l'exportation du pétrole et de ses dérivés a généré plus de revenus que l'exportation de cacao et de café. Depuis 1990, la Côte d'Ivoire tire également des profits de l'exploitation du gaz naturel.

Lieu de *mémoire*

Le golfe de Guinée

Le golfe de Guinée est très important pour l'économie ivoirienne. D'une part, le pays a su profiter de son accès au golfe en construisant, à Abidjan, le plus important port de l'Afrique de l'Ouest. Ce port facilite l'exportation des produits agricoles de la Côte d'Ivoire, et les pays voisins (Burkina Faso, Mali, Niger et Guinée) en dépendent pour leurs importations et leurs exportations. D'autre part, le golfe de Guinée contient la majeure partie des réserves de pétrole et de gaz naturel de la Côte d'Ivoire.

Le golfe de Guinée est formé par un renfoncement de la côte ouest de l'Afrique qui donne sur l'océan Atlantique. Il s'étend du Liberia au Gabon.

Embargo Mesure visant à empêcher la libre circulation d'un objet.

La Côte d'Ivoire est aussi un petit producteur de diamants. Mais les diamants ivoiriens font l'objet d'un **embargo** international depuis 2005 puisque ses producteurs sont soupçonnés de financer les groupes armés du nord du pays. Malgré cet embargo, l'ONU estime que des diamants ivoiriens sont vendus illégalement sur les marchés internationaux.

Le secteur secondaire

Le secteur secondaire engendre environ 23,7 % du PIB et occupe près de 12 % de la main-d'œuvre. Le domaine manufacturier de la Côte d'Ivoire est le plus développé de la région et la moitié de ses activités sont reliées à la transformation des produits agricoles. Les entreprises de transformation sont regroupées à Abidjan, vers où sont dirigées les récoltes de cacao, de café, de bananes, d'ananas et d'huile de palme. Le gouvernement soutient le développement de ce type d'industrie en injectant des capitaux publics dans ce secteur.

Les autres principales industries de la Côte d'Ivoire se trouvent dans le domaine de l'industrie chimique (raffinage des produits pétroliers et production de caoutchouc) et dans celui de la transformation du bois. Ce dernier secteur est en crise en raison de la surexploitation des ressources forestières.

Le secteur tertiaire

Le secteur tertiaire génère environ 55,4 % du PIB et occupe environ 40 % de la main-d'œuvre. La Côte d'Ivoire s'illustre notamment dans le domaine de la finance. Elle est considérée comme un centre financier régional. La Bourse régionale des valeurs mobilières est d'ailleurs située à Abidjan. Il s'agit d'une Bourse commune pour les États membres de l'Union économique et monétaire ouest africaine (UEMOA). La Banque africaine de développement, qui prête aux gouvernements et à des entreprises privées pour soutenir le développement économique, se trouve aussi à Abidjan. Enfin, le domaine du commerce de détail occupe une place importante dans le secteur tertiaire, puisqu'il génère environ la moitié de l'activité du secteur.

Les défis de l'économie ivoirienne

L'économie ivoirienne fait aujourd'hui face à plusieurs défis, à commencer par sa dette publique qu'elle doit rembourser à des prêteurs étrangers. En 2007, cette dette « extérieure » représentait l'équivalent d'environ 81 % du PIB. La Côte d'Ivoire est aussi très dépendante des capitaux étrangers, de ceux de la France en particulier. Le tiers du PIB ivoirien est attribuable à des filiales d'entreprises françaises, et les deux tiers des entreprises installées sur le territoire appartiennent à des intérêts français. De plus, l'économie de la Côte d'Ivoire est sensible aux variations fréquentes des prix des principaux produits qu'elle exporte sur le marché international, comme le cacao, le café et le pétrole.

Le faible niveau de scolarité de la population est également un frein au développement du pays. Environ la moitié des Ivoiriens sont analphabètes, et seulement 20 % des jeunes fréquentent l'école secondaire. Il en résulte un manque de main-d'œuvre qualifiée qui nuit aux entreprises et, conséquemment, à l'économie.

Pour exploiter son plein potentiel économique, la Côte d'Ivoire dispose de plusieurs infrastructures régionales (routes pavées, axe ferroviaire important, aéroport international, port ouvert sur l'océan Atlantique, etc.). Ces infrastructures facilitent la distribution des produits, tant à l'intérieur qu'à l'extérieur du pays. La Côte d'Ivoire peut aussi s'appuyer sur un bon réseau de télécommunications et un approvisionnement énergétique constant, particulièrement depuis qu'elle exploite son gaz naturel.

Le développement économique de la Côte d'Ivoire affecte de façon importante l'organisation de la société et du territoire. Le « miracle ivoirien » a permis d'augmenter le pouvoir d'achat des Ivoiriens. Toutefois une grande majorité de la population vit dans la pauvreté. Le développement de plusieurs infrastructures industrielles et l'expansion de la production agricole a transformé le territoire et permis au pays de se démarquer sur le continent.

PISTES de comparaison **CD 2**

1. Sur le plan du développement économique, quels changements la Côte d'Ivoire a-t-elle connus depuis son accession à l'indépendance, en 1960 ?

2. Quelles activités économiques dominent chacun des secteurs de l'économie ?

3. Expliquez les principaux effets de ces activités économiques sur la société et le territoire ivoirien.

4. Vous êtes un entrepreneur et vous devez choisir où installer votre usine de production : en Côte d'Ivoire ou au Québec ? Évaluez d'abord les effets de la production de votre usine sur la société et le territoire du Québec et de la Côte d'Ivoire pour ensuite faire votre choix.

AUJOURD'HUI : ENJEUX DE CITOYENNETÉ

Le développement économique et les valeurs d'équité, de justice et de solidarité

Depuis la création des réseaux d'échanges par les premiers occupants jusqu'à la mise en place d'une économie de marché, le développement économique du Québec a influencé la façon dont les habitants ont aménagé le territoire et organisé leur société. La multiplication des échanges, l'industrialisation, puis la libéralisation des échanges à l'échelle mondiale, tous ces processus ont contribué à structurer la société dans laquelle nous vivons.

Contribuable Personne qui paie des impôts.

Par ailleurs, du point de vue de l'économie, les citoyens sont perçus comme des travailleurs, des **contribuables** et des consommateurs. Les activités qu'ils privilégient, les politiques qu'ils favorisent en exerçant leur droit de vote et les produits qu'ils choisissent de consommer ont des répercussions sur l'environnement, la qualité de vie et l'avenir de la société.

Le partage de la richesse

Le Québec d'aujourd'hui est une société prospère. Cependant, les profits générés par une économie compétitive sur les marchés mondiaux ne sont pas nécessairement redistribués de façon équitable au sein de la population. C'est pourquoi les citoyens doivent s'assurer que le développement économique se fait en tenant compte des valeurs d'équité, de justice et de solidarité sociale. De cette façon, tous les citoyens peuvent à la fois contribuer à la richesse de la société et en bénéficier.

Le financement de l'économie et des programmes sociaux

Au cours du XXe siècle, les gouvernements canadien et québécois ont soutenu le développement économique et mis en place des programmes sociaux afin de répondre aux besoins de l'ensemble de la population. Cependant, au cours des dernières décennies, l'État a réduit ses dépenses de manière significative afin de rembourser la dette publique. En agissant ainsi, il a restreint le financement des programmes sociaux. Or, dans le domaine de la santé, par exemple, les coûts ne cessent d'augmenter en raison entre autres du vieillissement de la population et des investissements nécessaires à l'amélioration des infrastructures médicales.

Devant cette situation, les points de vue sont partagés. Plusieurs estiment que le gouvernement devrait réduire le financement des programmes sociaux et moins intervenir dans l'économie. Ils considèrent qu'il faut plutôt réduire la dette publique par solidarité envers les générations futures qui devront en assumer le fardeau. D'autres, par contre, estiment que les programmes sociaux font partie des valeurs fondamentales de la société québécoise et qu'ils sont essentiels au maintien d'une certaine justice sociale.

198 Les revenus, les dépenses et la dette du Québec

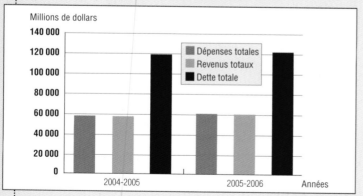

INSTITUT DE LA STATISTIQUE DU QUÉBEC, *Le Québec chiffres en main* [en ligne], 2007, p. 38, réf. du 13 février 2008.

- D'après ces données, qu'est-ce qui explique que la dette ne cesse d'augmenter?

199 Le Fonds des générations

En 2006, le ministre des Finances du Québec a annoncé la création du Fonds des générations dans le but de réduire le poids de la dette publique pour les générations futures et ainsi faire face à la baisse démographique que connaît la province.

« Au terme de la présente année financière [2006], le fonds créé pour réduire le poids de la dette québécoise disposera d'un milliard de dollars, annonce le quotidien *Le Devoir*. [...] Ce fonds est principalement alimenté par les droits perçus auprès d'Hydro-Québec et des producteurs privés d'électricité. Les contribuables peuvent aussi faire un don, déductible d'impôt, et ainsi contribuer au remboursement de la dette. »

« Un milliard dans la cagnotte », *Radio-Canada* [en ligne], 24 octobre 2006, réf. du 18 février 2008.

- Quelles valeurs sociales cette initiative économique reflète-t-elle ?
- À quoi sert le Fonds des générations ?
- Pourquoi a-t-il été mis sur pied ?

200 La pauvreté au Canada

« Le Conseil national du bien-être social (CNBS) déplore une stabilité inquiétante du taux de pauvreté au Canada depuis 25 ans. [...] L'organisme invite fortement le gouvernement à se doter d'un plan d'action clair et complet pour corriger la situation [...]. Le CNBS insiste pour dire que les Canadiens ont à cœur l'égalité des citoyens. Dans un sondage mené au cours des derniers mois, 93 % de la population souhaite que le gouvernement prenne des mesures concrètes pour régler le problème et en fasse une de ses priorités. [...]

Le coordonnateur du FRAPRU [Fonds d'action populaire en réaménagement urbain] [...] souligne le rôle du gouvernement fédéral dans les problèmes de pauvreté actuels. "Dans la série de coupures faites par les libéraux dans les années 1990, la santé, l'éducation postsecondaire et les programmes sociaux ont été touchés. Or, [...] si des mesures sont prises actuellement pour réparer les pots cassés en santé et en éducation, rien ne semble fait en matière sociale, et pendant ce temps, l'écart entre les riches et les pauvres s'agrandit." »

« La population souhaite des mesures », *Radio-Canada* [en ligne], 25 janvier 2007, réf. du 18 février 2008.

- Quelles sont les conséquences des compressions budgétaires sur les programmes sociaux ?

L'économie sociale

L'économie sociale prend de plus en plus de place au Québec. Il s'agit d'une façon différente de promouvoir le développement économique. Ce courant, qui prône l'équité et la solidarité sociale, vise à promouvoir des projets au sein de communautés aux prises avec des difficultés économiques ou sociales. La majeure partie des profits réalisés dans le cadre de ces projets sont redistribués entre les participants. Les projets communautaires visent entre autres à développer l'économie d'une région en créant des emplois, mais aussi à lutter contre la pauvreté et l'exclusion sociale tout en répondant aux besoins les plus criants. Par exemple, une entreprise de recyclage de vélos ou d'ordinateurs orientée vers l'économie sociale embauchera de jeunes décrocheurs, alors qu'un bistro donnera du travail à des handicapés intellectuels. Ceux-ci participeront ainsi activement au développement économique de la société.

201 Le Village en chanson de Petite-Vallée

Le Village en chanson de Petite-Vallée est un organisme à but non lucratif. Ses principales activités incluent un festival, un camp musical, un théâtre et une chorale. Cette initiative locale vise à stimuler le développement social, économique et culturel de cette région de la Gaspésie.

Mon p'tit café de quartier est situé près du Parc olympique, à Montréal. Cette entreprise de restauration s'est donné pour mission d'aider des personnes qui ont une déficience intellectuelle à intégrer le marché du travail. Le café expose aussi leurs œuvres d'art.

« L'idée d'avoir pignon sur rue avec un café est venue à Virginie [Paquin] alors qu'elle travaillait au jumelage de personnes déficientes et non déficientes pour l'organisme Parrainage civique les Marronniers. "En discutant avec les participants, nous en sommes venus à un constat : pour aller plus loin dans l'intégration, il fallait être présent dans la communauté. Mais nous ne voulions pas un endroit peu invitant comme un sous-sol d'église. Ouvrir un café est donc apparu comme une avenue intéressante, d'autant qu'elle offrait aussi la possibilité de créer des emplois." »

Esther Pilon, « Mon p'tit café d'intégration », *Cyberpresse* [en ligne], 30 mars 2006, réf. du 18 mars 2008.

Des membres du personnel de *Mon p'tit café de quartier* en compagnie de la directrice générale, Virginie Paquin.

● Quelles valeurs sociales cette entreprise reflète-t-elle ?

Date	Loi
1995	Loi fédérale sur l'équité en matière d'emploi
1997	Loi provinciale sur l'équité salariale
2000	Loi provinciale sur l'accès à l'égalité en emploi dans des organismes publics

« … L'écart salarial entre les hommes et les femmes a diminué de 2 % au Québec depuis l'adoption de la loi sur l'équité […].

Le Conseil du statut de la femme a plaidé hier pour un "renforcement" de la législation, adoptée en 1997. "Seulement 47 % des entreprises ont complété l'exercice d'équité salariale, a déclaré Christiane Pelchat, présidente du Conseil. Les femmes les plus vulnérables, non syndiquées ou employées de petites entreprises, ont besoin que la Loi reste en vigueur, car ce sont elles qui subissent les écarts salariaux les plus élevés." »

Maxime Bergeron, « Équité salariale. Des progrès mais des coûts élevés », *Cyberpresse* [en ligne], 20 février 2008, réf. du 18 mars 2008.

● L'équité salariale est-elle acquise au Québec ? Expliquez votre réponse.

L'équité en emploi

Afin de permettre à tous les citoyens du Québec de participer à son développement économique, les gouvernements canadien et québécois ont adopté des politiques favorisant l'équité en matière d'emploi. Ces lois visent d'une part à corriger les écarts de revenus entre les hommes et les femmes pour un travail équivalent. D'autre part, elles visent à aider certains groupes à intégrer le marché du travail : les femmes, les Autochtones, les personnes handicapées, les minorités visibles ainsi que les personnes dont la langue maternelle n'est ni le français ni l'anglais.

« Dans la population immigrée, le taux de diplomation universitaire est de 31 % chez les femmes et de 38 % chez les hommes, comparativement à 16 % dans l'ensemble de la population canadienne. Pourtant, le taux de chômage, qui est de 6,3 % au Canada, atteint les 17 % chez les immigrants.

Il ne suffit pas de parler français puisque 42 % des immigrants francophones disent être victimes de discrimination au travail. La reconnaissance des diplômes étrangers demeure l'un des problèmes les plus aigus. Sur 8900 demandes de reconnaissance de diplôme présentées entre 1997 et 2003, 37 % ont été accordées, 45 % ont reçu une acceptation partielle et 18 % ont été refusées. »

Daniel Baril, « Les mesures d'intégration des minorités devraient être plus coercitives, estime Marie-Thérèse Chicha », *Nouvelles de l'Université de Montréal*, 18 février 2008.

L'économie et le développement durable

Les activités économiques exercent une pression importante sur le territoire, plus particulièrement sur l'environnement. Toutefois, il est possible de conjuguer développement économique et respect de l'environnement, et cela afin de protéger le territoire et par solidarité envers les générations futures. On parle alors de « développement durable ». Ce type de développement poursuit plusieurs objectifs :

- la gestion consciente et responsable des ressources ;

- la revitalisation des milieux dégradés par l'industrie ;

- l'intégration de valeurs environnementales à la production de biens et de services ;

- la réduction de la pollution dans le processus de production.

206 La pêche dans la région de la Gaspésie–Îles-de-la-Madeleine

Les activités de pêche sont menacées par l'épuisement des stocks. La population devra trouver une façon de concilier développement durable et survie économique.

Débats d'idées CD 3 TIC

1. La situation financière de l'État québécois permet-elle le respect des valeurs d'équité, de justice sociale et de solidarité ? Expliquez votre réponse.

2. Comment faire pour concilier le développement économique et les valeurs sociales ?

3. Quel est le rôle des citoyens dans le développement économique de toutes les régions du Québec ?

4. L'équité dans l'emploi pour tous les Québécois est-elle possible ?

5. Le développement durable peut-il être compatible avec le développement économique ?

PISTES de réflexion citoyenne CD 3

1. Que peuvent faire les citoyens pour que le développement économique soit en accord avec les valeurs de justice, d'équité et de solidarité ?

2. En tant que citoyen, comment vous y prendriez-vous pour assurer le développement économique de votre communauté ou de votre région ?

Faites appel au contenu du chapitre pour réaliser l'un des projets suivants.

Projet 1 CD 1 · CD 2 · CD 3 TIC

Le sens des affaires

Imaginez que vous vous lancez en affaires. Vous souhaitez investir dans l'exploitation des ressources naturelles du Québec. Pour pouvoir bénéficier de subventions gouvernementales essentielles au démarrage de votre future entreprise, vous devez fournir un rapport détaillé de vos intentions et des retombées possibles de vos activités dans la société et sur le territoire québécois.

Les étapes à suivre

1. Choisissez une ressource que vous désirez exploiter dans votre entreprise. Pour déterminer cette ressource, posez-vous les questions suivantes :
    – Au cours des différentes périodes de l'histoire du Québec, quelles sont les ressources qui ont été les plus exploitées ?
    – Sont-elles encore exploitées aujourd'hui ?
    – Quelles sont les ressources qui sont les plus exploitées aujourd'hui ou qui sont en voie de le devenir ?

2. Expliquez la raison de votre choix :
    – Pourquoi vous intéressez-vous à cette ressource ?
    – Dans quel type d'industries souhaitez-vous utiliser cette ressource ?

3. Situez sur le territoire du Québec les ressources qui vous intéressent. Dressez une carte de la répartition de ces ressources. Dans quelles parties du territoire québécois se trouvent-elles ?

4. Précisez les retombées que pourrait entraîner l'installation de votre entreprise sur le territoire et la population du Québec :
    – Dans quelle région comptez-vous vous installer ?
    – L'exploitation de la ressource que vous avez choisie aura-t-elle des répercussions sur le territoire, l'environnement et la société ? Dans le passé, y a-t-il eu des entreprises qui ont exploité ce genre de ressources ? Quelles ont été les conséquences à long terme de cette exploitation pour le Québec ? La communauté où sera installée votre entreprise aura-t-elle à être déplacée pour faire place à de nouvelles infrastructures qui auront à être construites ? Votre entreprise créera-t-elle beaucoup d'emplois ? Quel rôle jouera votre entreprise dans la communauté où vous aurez choisi de vous établir ? Favoriserez-vous la main-d'œuvre locale ?

5. Rédigez votre rapport en présentant toute la documentation nécessaire (photo du site, études environnementales, graphiques sur la rentabilité potentielle de votre entreprise, etc.).

6. Présentez votre rapport.

Projet 2 [CD 1 • CD 2 • CD 3] [TIC]

Des Québécois au travail

Afin de mieux comprendre les transformations que connaissent les différents secteurs de l'économie du Québec, vous décidez de réaliser un documentaire sur la réalité des travailleurs québécois dans un de ces secteurs.

Les étapes à suivre

1. Choisissez un secteur de l'économie du Québec (primaire, secondaire, tertiaire).

2. Précisez le domaine d'emploi auquel vous allez vous intéresser dans le cadre de votre documentaire (mines, industrie du textile, finances, etc.).

3. Effectuez des recherches afin de vous renseigner sur ce domaine d'emploi :
   – Quelle est l'importance de ce domaine dans l'histoire et dans l'économie du Québec ?
   – Que savez-vous sur la main-d'œuvre qui a travaillé ou qui travaille dans ce domaine (rémunération, conditions de travail, formation, perspective d'avenir, etc.) ?
   – Comment ce secteur de l'économie s'est-il transformé au cours de l'histoire du Québec ?
   – Quels sont les effets des activités économiques liées à ce secteur sur le territoire et l'environnement du Québec ?
   – Ce domaine d'emploi occupe-t-il une importante proportion de la population du Québec ?
   – Les transformations actuelles que connaît l'économie du Québec affectent-elles les travailleurs de ce secteur ?

4. Relevez les principaux défis que doivent affronter les travailleurs de ce domaine.

5. Si possible, trouvez une ou quelques personnes qui travaillent dans ce domaine et qui seraient intéressées à vous rencontrer pour discuter de leur situation.

6. Préparez des questions qui vont vous permettre de recueillir des renseignements sur leurs conditions de travail et sur la perception qu'ils ont de leur rôle dans la société.

7. Réalisez vos entrevues.

8. Organisez l'information que vous avez recueillie en concevant un plan de votre documentaire.

9. Procédez au montage de votre documentaire à partir des entrevues réalisées. Ajoutez également des extraits d'autres reportages, des témoignages, des documents historiques et des images pour appuyer votre propos.

10. Soumettez votre documentaire aux personnes qui y ont participé.

11. Diffusez votre documentaire et recueillez des commentaires et des critiques.

SYNTHÈSE DU CHAPITRE

L'économie des premiers occupants (vers 1500)

Occupation du territoire, subsistance et réseaux d'échanges

- Les premiers occupants pratiquent des activités de subsistance adaptées au climat et aux ressources disponibles sur leur **territoire**.

- Afin de se procurer une diversité de ressources, les premiers occupants développent des réseaux d'échanges à l'échelle du continent.

Les premiers contacts

- Aux XVe et XVIe siècles, des Européens pratiquent la pêche en Amérique du Nord. Leurs installations temporaires favorisent les premiers contacts entre les Autochtones et les Européens.

- Au XVIe siècle, la France finance des voyages d'exploration, dont ceux de Jacques Cartier (entre 1534 et 1542) et prend officiellement possession du **territoire**.

- Grâce aux réseaux d'échanges des Autochtones, les Français ont accès à la fourrure. Le premier poste de traite permanent est établi à Tadoussac (1600).

L'économie sous le régime français (1608-1760)

Le développement économique et l'expansion du territoire

- Le mercantilisme français fait de la Nouvelle-France un fournisseur de ressources que la métropole transforme en produits finis, pour ensuite les exporter.

- La Nouvelle-France devient une colonie-comptoir exploitée par des monopoles commerciaux accordés dans un premier temps à des individus, puis à des compagnies.

- Des établissements permanents sont fondés à Port-Royal (1604) et à Québec (1608), notamment pour faciliter le commerce des fourrures.

- En 1663, Louis XIV met fin aux monopoles des compagnies. La responsabilité du développement économique est alors confiée à des intendants.

- De 1663 à 1755, des expéditions d'exploration permettent d'agrandir le **territoire** de la colonie.

- Les Français établissent des alliances politiques et commerciales avec des Amérindiens pour s'approvisionner en fourrures.

- L'Angleterre met sur pied la Compagnie de la Baie d'Hudson (1670).

Les principales activités commerciales de la colonie

- Les pêcheries sont profitables durant tout le régime français, mais le commerce des fourrures demeure le véritable moteur économique de la Nouvelle-France.

- Dans les années 1690, une surproduction occasionne une crise du commerce des fourrures.

- Au XVIIIe siècle, les intendants tentent de diversifier l'économie.

- D'abord exploitée en tant qu'activité de subsistance, l'agriculture produit des surplus à partir du XVIIIe siècle.

- Les commerçants font la **distribution** des surplus agricoles dans les villes et fournissent des produits aux campagnes. Les marchands exportent les fourrures et importent des produits finis de la métropole.

- Au XVIIIe siècle, un commerce triangulaire s'organise dans l'empire colonial français.

L'économie sous le régime britannique (1760-1867)

De nouveaux partenaires commerciaux

- Dans un contexte mercantiliste, des marchands britanniques établissent de nouveaux réseaux commerciaux entre la métropole et la colonie.

Le commerce des fourrures et l'exploitation des ressources forestières

- Alors que le commerce des fourrures décline, celui du bois connaît un essor et entraîne le développement de nouvelles activités de transformation.

- Plusieurs agriculteurs travaillent dans les chantiers de bois en hiver.

- De nouvelles régions de colonisation sont développées.

Les transformations dans le monde agricole

- L'agriculture est la principale activité économique de la population.

- D'abord axée sur le blé, la production agricole se diversifie au cours des années 1830-1840.

L'adoption du libre-échangisme et les institutions financières

- La métropole adopte des politiques libre-échangistes au milieu du XIXᵉ siècle. Les colonies britanniques d'Amérique du Nord se tournent donc vers un nouveau partenaire commercial : les États-Unis.
- L'apport des **capitaux** britanniques et américains permet de développer des industries.
- La multiplication des opérations commerciales mène à la création de plusieurs institutions financières au début du XIXᵉ siècle.

L'économie durant la première phase d'industrialisation

- Dans les années 1850, la colonie connaît une première phase d'industrialisation.
- La construction d'un important réseau de canaux et de chemins de fer facilite les activités de **production** et de **distribution**.
- Les activités de transformation sont regroupées dans les centres industriels, ce qui favorise l'urbanisation de la **société**.

La période contemporaine (de 1867 à nos jours)

La Confédération et la Politique nationale

- Le développement du Dominion du Canada est basé sur l'industrialisation et l'expansion du **territoire** vers l'ouest.
- La Politique nationale (1879) vise le développement du réseau ferroviaire, l'instauration de politiques protectionnistes et l'accroissement de l'immigration.

Une deuxième phase d'industrialisation

- L'essor de la production du blé dans l'Ouest, les investissements américains et la participation du Canada à la Première Guerre mondiale permettent d'amasser des **capitaux**.
- Grâce à l'hydroélectricité, de nouveaux secteurs industriels émergent au Québec entre 1900 et 1929.
- L'industrialisation engendre des **disparités** entre les classes sociales. Des organisations ouvrières voient le jour.
- La spécialisation de la **production**, notamment dans l'industrie laitière, entraîne une période de croissance.

La Grande Crise et l'impact de la Seconde Guerre mondiale

- Pour réduire les **disparités** sociales reliées à la crise des années 1930, les gouvernements interviennent de plus en plus dans l'économie.
- La Seconde Guerre mondiale met un terme à la Grande Crise.
- La période de prospérité qui s'ensuit et l'augmentation du pouvoir d'achat de la population permettent l'avènement d'une **société** de **consommation**.
- Des entrepreneurs américains injectent des **capitaux** dans l'économie en exploitant des ressources naturelles.
- L'exploitation de ces ressources permet le développement de nouvelles villes dans le Nord du Québec.

Les investissements publics dans les années 1960 et 1970

- La Révolution tranquille des années 1960 est marquée par la nationalisation de l'électricité, qui permet aux Québécois de prendre en main un secteur clé de leur économie, et par l'émergence d'un État providence.
- De nouvelles infrastructures et institutions publiques, notamment en éducation et en financement d'entreprises, permettent l'émergence d'une nouvelle élite francophone.
- Le secteur tertiaire prend de plus en plus d'importance.

Récessions et reprises depuis les années 1980

- À la fin des années 1970, l'Occident connaît un ralentissement économique.
- Dans les années 1980 et 1990, les gouvernements réagissent au ralentissement économique en réduisant leurs dépenses.
- L'économie du Québec se caractérise par la croissance du secteur tertiaire et la libéralisation des échanges. L'Accord de libre-échange canado-américain est ratifié en 1989, puis remplacée par l'ALENA en 1994.
- La mondialisation de l'économie transforme les secteurs primaire et secondaire. Le Québec affronte la concurrence mondiale en spécialisant son économie et en investissant dans la formation et la recherche.

Aujourd'hui, les activités économiques dans d'autres sociétés comme la République populaire de Chine, le Mexique, Haïti et la Côte d'Ivoire ont des effets sur l'organisation et le développement de la société et du territoire.

ACTIVITÉS DE SYNTHÈSE

1 **À chaque période ses ressources** `CD 2`

Pour chacune des périodes historiques du chapitre ;

a) dressez un ruban du temps sur lequel vous placerez les principaux événements de nature économique qui, selon vous, ont eu un impact sur l'organisation de la société et du territoire ;

b) établissez une liste des principales ressources exploitées ;

c) déterminez les conséquences de l'exploitation de chacune de ces ressources sur le territoire ;

d) déterminez les conséquences de leur exploitation sur la société.

2 **Des acteurs économiques** `CD 1 • CD 2`

Pour chacune des périodes historiques du chapitre ;

a) choisissez deux acteurs ou témoins importants ;

b) indiquez le rôle qu'ils ont joué dans le développement économique du territoire ;

c) précisez leurs intérêts et leurs points de vue par rapport au développement économique du territoire.

3 **Retrouver la période** `CD 2`

Prenez connaissance du document suivant :

> « L'organisation sociale du Québec préindustriel s'appuyait sur une population agricole ayant un accès raisonnable aux terres. La famille du paysan était l'unité de base de production, et bien qu'une partie des surplus agricoles servît à supporter les autorités seigneuriales et cléricales, elle était en mesure d'assurer sa reproduction sociale. Par l'entremise des marchands ruraux, l'économie paysanne était reliée à une économie de marché élargie. Une forte proportion du commerce de la colonie était basée sur l'exportation de produits moteurs [pêcheries et fourrures] vers les marchés européens. »
>
> John A. Dickinson et Brian Young, *Brève histoire socio-économique du Québec*, Septentrion, 1995, p. 118.

À la suite de votre lecture, répondez aux questions suivantes :

a) De quelle période l'auteur traite-t-il ?

b) Qui bénéficie des surplus agricoles ?

c) Selon l'auteur, quel est le rôle des marchands ruraux ?

d) Sur quoi s'appuie l'économie de la colonie ?

e) Quelle est, selon vous, l'interprétation que l'auteur fait de la période ?

4 Des cartes du commerce CD 2

a) Pour chacune des périodes historiques du chapitre, dressez une carte présentant les éléments suivants :
 – les principales ressources exploitées ;
 – l'étendue maximale du territoire exploité ;
 – les principaux centres économiques et commerciaux.

b) Répondez ensuite à la question suivante :
 Quel est le lien entre les activités économiques et le développement du territoire ?

5 Deux époques en observation CD 2

Millicent Mary Chaplin, *Les quais de Napoléon et de la reine, Québec*, vers 1840.   Karen Tweedy-Holmes, *Déversoir d'un barrage à la baie James*, 1990.

1. Observez les documents ci-contre et répondez aux questions suivantes :
   a) Quelles activités économiques sont représentées sur ces documents ?
   b) Quelles sont les ressources exploitées ?

2. Pour chacune des périodes associées à ces documents, précisez quels sont, selon vous, les effets des activités économiques sur l'organisation du territoire.

6 Une économie de marché CD 1 · CD 2 · CD 3

1. Expliquez dans vos mots le concept d'économie de marché.
   a) Indiquez l'objectif de ce type d'économie.
   b) Nommez les principaux éléments de fonctionnement de l'économie de marché.
   c) Expliquez quel est le rôle du marché.

2. L'économie du Québec correspond-elle à une économie de marché ? Expliquez votre réponse.

BOÎTE À OUTILS

S'INTERROGER EN VUE DE L'INTERPRÉTATION HISTORIQUE

Savoir poser de bonnes questions constitue le point de départ essentiel d'une interprétation historique. Des questions pertinentes guident la recherche de documentation et soutiennent une interprétation fouillée d'un sujet d'étude (ou objet d'interrogation).

Utilité

Cette technique est utile pour :

- développer le réflexe de se tourner vers le passé pour mieux comprendre le présent ;
- bien démarrer une démarche de recherche historique ;
- formuler, à partir de documents, des questions qui tiennent compte du sujet d'étude, de concepts et de différents aspects de l'histoire.

Méthode

1. Analyser le document en vue du questionnement

a) Quelle est la source du document ?

b) Quelle est l'information principale du document ?

c) De quel aspect de l'histoire le document traite-t-il ?

2. Interpréter le document en vue du questionnement

a) Quel est le message du document ?

b) Quels sont les liens entre les informations présentées dans le document et le sujet d'étude (ou objet d'interrogation) ?

3. Formuler une question

Dans votre question, introduisez :

a) une marque interrogative qui renvoie au passé (quand, depuis quand, à quand remonte, à quel moment, combien de temps, pendant quelle(s) période(s), a-t-on toujours eu, qui est à l'origine de, dans quel contexte, dans quelle circonstance, pourquoi, comment, etc.) ;

b) le sujet d'étude (ou objet d'interrogation) OU des éléments du document qui sont en lien avec le sujet ;

c) un ou plusieurs aspects de l'histoire (politique, économique, social, culturel, religieux, etc.) OU ENCORE un ou des concepts en lien avec le document.

Exemples

Document **1**

1 La population québécoise en 2007

	Nombre	%
La population totale (au 1er juillet 2007)	**7 700 807**	–
L'accroissement naturel	28 150	0,37
L'accroissement migratoire	23 450	0,30
L'accroissement total	55 890	0,73

D'après INSTITUT DE LA STATISTIQUE DU QUÉBEC. « Mouvement de la population (population totale, naissances, décès, migration nette), Québec, 1971-2008 » et « Taux de natalité, de mortalité et d'accroissement, Québec, 1971-2007 » [en ligne], réf. du 1er avril 2008.

1. a) D'après INSTITUT DE LA STATISTIQUE DU QUÉBEC. « Mouvement de la population (population totale, naissances, décès, migration nette), Québec, 1971-2008 » et « Taux de natalité, de mortalité et d'accroissement, Québec, 1971-2007 » [en ligne], réf. du 1er avril 2008.

b) L'évolution démographique du Québec en 2007.

c) L'aspect social.

2. a) La population québécoise comptait 7 700 807 personnes en 2007, ce qui constitue une légère croissance par rapport à l'année précédente. Cette croissance est due au fait que le bilan naturel et le bilan migratoire sont tous deux positifs.

   b) Le sujet d'étude est la population et le peuplement aujourd'hui, au Québec, et ce document nous donne des informations actuelles sur le nombre d'habitants et le pourcentage de croissance de la population du Québec en 2007.

3. a) <u>Depuis quand</u> les migrations contribuent-elles à la croissance de la population québécoise ?

   b) Le bilan démographique de la <u>population</u> du Québec a-t-il toujours été positif ?

   c) <u>Du point de vue social</u>, les migrations ont-elles toujours contribué à la croissance de la population québécoise ? OU Pendant quelles périodes l'accroissement naturel a-t-il le plus contribué à la <u>croissance</u> de la <u>population</u> québécoise ?

Document 2

2

L'industrie aérospatiale du Québec devrait voir la création de 1600 nouveaux emplois en 2008

Charles-Philippe Giroux, *La Presse canadienne*, 26 février 2008

Étudiants de l'École des métiers de l'aérospatiale de Montréal.

1. a) Charles-Philippe Giroux, « L'industrie aérospatiale du Québec devrait voir la création de 1600 nouveaux emplois en 2008 », *La Presse canadienne*, 26 février 2008.

   b) La création d'emploi dans le secteur de l'industrie aérospatiale.

   c) L'aspect économique.

2. a) On prévoit une création d'emplois dans le secteur de l'aérospatiale au Québec, en 2008.

   b) Le sujet d'étude est l'économie et le développement, aujourd'hui, au Québec, et ce document nous fournit des informations sur la croissance d'un des secteurs clés de l'économie québécoise : l'aérospatiale.

3. a) <u>À quand remonte</u> les débuts de l'industrie aérospatiale au Québec ?

   b) L'industrie aérospatiale a-t-elle toujours été un secteur important pour le <u>développement économique du Québec</u> ?

   c) <u>D'un point vue économique</u>, depuis quand l'industrie aérospatiale génère-t-elle de nombreux emplois au Québec ? OU Depuis quand le Québec est-il un chef de file mondial dans la <u>production</u> d'avions ?

UTILISER LA MÉTHODE HISTORIQUE

Afin d'approfondir leur sujet, de répondre à leurs questionnements et de tester leurs hypothèses, les historiennes et les historiens utilisent une démarche de recherche : la méthode historique. Bien que les étapes de cette démarche soient présentées ici dans un ordre précis, l'historienne ou l'historien revient souvent sur ses pas pour revoir une hypothèse, ajuster son plan, introduire de nouveaux mots-clés ou suivre la piste de nouveaux documents.

Utilité

Cette technique est utile pour :

- trouver des réponses à ses questions ;
- utiliser des stratégies d'apprentissage efficaces ;
- appuyer une interprétation ou une hypothèse ;
- présenter un travail de recherche bien planifié.

1. Prendre connaissance d'un problème

- Déterminez le problème à résoudre ou le thème à explorer et expliquez-le dans vos mots.
- Faites appel à vos connaissances antérieures sur le sujet.
- Informez-vous sur votre problème ou votre thème (questionnez votre entourage ou consultez votre manuel).

2. S'interroger

- Choisissez des aspects précis du thème à explorer ou formulez des hypothèses, c'est-à-dire proposez vos idées sur les causes du problème ou suggérez des explications possibles.
- Formulez des questions (Quoi ? Qui ? Quand ? Pourquoi ? Où ? Depuis quand ?).
- Organisez vos questions à l'aide de catégories (sous-thèmes).

7. Revenir sur la démarche

- En vous basant sur les commentaires de vos pairs et de votre enseignante ou enseignant, faites un retour sur votre travail.
- Les résultats de votre recherche vous satisfont-ils ? Quels sont vos points forts ? Vos points faibles ?
- Vous posez-vous de nouvelles questions ?
- Si vous aviez à refaire votre démarche de recherche, que feriez-vous différemment ?

6. Communiquer les résultats de la démarche

- Prévoyez le matériel nécessaire à la présentation. Assurez-vous de maîtriser le fonctionnement de votre appareil (ordinateur, projecteur, etc.).
- Dans le cas d'un travail écrit, créez une page de titre et une table des matières.
- Dans le cas d'un exposé oral, maîtriser votre sujet. N'ayez pas l'air de lire votre texte. Prévoyez une période de questions pour vos pairs.

3. Planifier la recherche

- Établissez un plan de recherche en organisant vos idées principales et secondaires.
- Faites une liste de mots-clés.
- Repérez des sources d'information pertinentes (atlas, encyclopédies, ouvrages d'histoire, sites Internet, journaux, magazines, etc.).
- Préparez des outils pour recueillir les informations (feuilles de notes, fiches, tableaux, tableur électronique, etc.).

4. Recueillir et traiter l'information

- Consultez les sources d'information repérées et sélectionnez les documents utiles à votre recherche.
- Vérifiez la fiabilité des documents retenus (voir l'outil 4).
- Recueillez les données qui vous permettent de répondre à vos questions ou de mieux comprendre votre sujet de recherche.
- Exercer votre jugement critique au moment de faire vos choix.
- Distinguez les faits des opinions (voir l'outil 6).
- Notez les documents et les données retenus sur votre support préféré (fiches, tableaux, etc.).
- Classez vos données en fonction de votre plan de recherche. Regroupez-les par mots-clés, par exemple.

5. Organiser l'information

- Ajustez votre plan de recherche en fonction de l'information recueillie. Veillez à ce que l'organisation de vos données vous permette de répondre à vos questions de manière à confirmer ou infirmer votre hypothèse.
- Choisissez un moyen de transmettre les résultats de votre collecte d'informations.
- Rédigez soigneusement votre travail. Exposez clairement vos idées principales et secondaires. Utilisez le vocabulaire approprié. Évitez les répétitions. Préparez une introduction, rédigez votre développement et faites votre conclusion.
- Prévoyez des documents visuels appropriés pour rendre votre travail dynamique (diagrammes, lignes du temps, reconstitutions, costumes d'époque, etc.).
- Rédigez votre médiagraphie (voir l'outil 12).
- Choisissez une forme de présentation : exposé oral, travail écrit, affiche, site Internet, diaporama numérique, reportage vidéo, etc.

DIFFÉRENCIER LES TYPES DE DOCUMENTS HISTORIQUES

Pour étudier l'histoire, il faut s'appuyer sur différentes sources d'information. Habituellement, on distingue les documents produits lors d'une époque donnée de ceux qui ont été rédigés pour commenter des documents d'époque. En fait, il existe une grande variété de types de documents. Si les historiennes et les historiens utilisent très souvent des documents écrits, ils recourent également aux images, aux artefacts et aux témoignages oraux pour étayer leurs recherches.

A. Les documents de source primaire

Définition : documents écrits ou réalisés par des témoins ou des acteurs qui sont contemporains de l'événement étudié.

Exemples : discours, sermons, documents juridiques, récits de voyage, codes de loi, journaux intimes, articles de presse, peintures, photographies, etc.

Utilité : prendre connaissance d'un point de vue datant de l'époque.

Difficultés d'interprétation : les documents produits par des contemporains peuvent être teintés par leurs préjugés, leurs opinions personnelles ou leurs valeurs, suivant le groupe social auquel ils appartiennent. Aussi convient-il, pour analyser ces documents, de bien se renseigner sur leurs auteurs et sur leurs contextes de production.

B. Les documents de source secondaire

Définition : documents écrits ou réalisés par des personnes qui analysent ou commentent des documents provenant d'une source primaire.

Exemples : synthèses d'histoire, manuels d'histoire, articles de magazine, films, documentaires, reconstitutions historiques, etc.

Utilité : prendre connaissance de différentes interprétations d'événements historiques.

Difficultés d'interprétation : ces documents traduisent les points de vue de personnes qui ne sont pas contemporaines des événements étudiés. De plus, il faut tenir compte du fait que les convictions personnelles des auteurs influencent la nature de leur propos.

C. La nature des documents

Les documents utilisés par les historiens sont très variés et peuvent être classés de toutes
sortes de façons. Voici un exemple de classification qui tient compte de la nature des documents.

1. Documents écrits :

- manuscrits et imprimés (textes de loi, lettres,
  articles de presse, rapports, etc.)

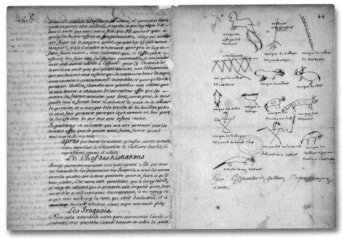

Archives nationales de France. Centre des Archives d'outre-mer,
Aix-en-Provence.

2. Documents iconographiques :

- tableaux, gravures, peintures, photographies,
  illustrations, etc.

John Henry Walker, *Autochtone*, 1850-1885
(Musée McCord).

3. Documents audiovisuels :

- entretiens enregistrés
- films, émissions (radio, télévision), cédéroms, etc.

Gramophone (Musée Moving Image).

4. Artefacts (objets fabriqués ou transformés par la main humaine) :

- vestiges archéologiques
- objets de la vie quotidienne
- édifices, sites, etc.

Anonyme (Autochtone Micmac), Récipient avec couvercle, 1904
(Musée McCord).

REPÉRER ET SÉLECTIONNER DES DOCUMENTS

Le choix des documents constitue une étape cruciale de la méthode historique. C'est ici que le plan de recherche, avec ses idées principales et secondaires, est mis à l'épreuve. Pour repérer et sélectionner l'information, il faut exercer son jugement critique afin de s'assurer que les documents trouvés correspondent à la problématique ou à l'hypothèse de recherche. La sélection d'un document doit se faire selon sa fiabilité et sa pertinence par rapport à la question de recherche.

Méthode

1. Établir ses critères de sélection

En vous basant sur votre plan de recherche, relevez les mots-clés (noms de lieux ou de personnes, dates, etc.) qui serviront à repérer votre documentation.

2. Repérer les sources d'information pertinentes

a) Quels documents sont les plus susceptibles de contenir l'information nécessaire à votre recherche ? Consultez des ouvrages de référence comme les encyclopédies, les atlas et les dictionnaires. Interrogez le catalogue de la bibliothèque et Internet à l'aide de vos mots-clés.

b) Vérifiez la justesse de vos mots-clés. Si vous ne trouvez rien, essayez des termes de la même famille, des synonymes ou encore de nouveaux mots-clés.

3. Apprécier la pertinence des documents

a) Repérez vos mots-clés dans les titres, les tables des matières et, s'il y a lieu, les index des documents. Dans Internet, parcourez le plan des sites et passez en revue les titres des différentes sections.

b) Survolez le contenu des documents.

c) Faites une liste des documents qui correspondent le mieux à vos critères de recherche.

4. Apprécier la fiabilité des documents

a) Classez vos documents suivant leur type (voir l'outil 3).

b) Déterminez la provenance de vos documents de source primaire (textes, images, etc.). Sont-ils identifiés par une référence complète ? Proviennent-ils d'un ouvrage spécialisé ou d'un organisme reconnu (musée, archives, site gouvernemental, etc.) ?

c) Déterminez la provenance de vos documents de source secondaire. Qui en est l'auteur ? S'agit-il d'un spécialiste ou d'un organisme reconnu ? Méfiez-vous des textes anonymes ainsi que des sites Internet personnels.

d) Votre document de source secondaire est-il récent ? Une synthèse d'histoire périmée ne rendra pas compte des nouvelles recherches et des découvertes récentes.

5. S'assurer de la diversité des documents sélectionnés

Sélectionnez des documents de nature différente (documents tirés d'Internet, ouvrages imprimés, documents iconographiques, etc.) pour accroître la qualité de votre recherche.

6. Faire des fiches bibliographiques

a) S'il s'agit d'un ouvrage de la bibliothèque, notez la référence complète du document et sa cote (voir l'outil 12).

b) Notez les informations trouvées pendant le processus de sélection.

Exemples

Documents repérés et sélectionnés :

1. Le sujet de la recherche est la rébellion des Métis du Nord-Ouest, en 1885.
Les mots-clés à retenir sont « Métis », « Louis Riel » et « rébellion ».

2. a) b) La liste des documents susceptibles de fournir de l'information sur la rébellion des Métis du Nord-Ouest en 1885 est la suivante :
- des ouvrages imprimés : synthèses sur l'histoire du Canada, monographies sur l'histoire du Nord-Ouest canadien, des biographies de Louis Riel, des articles de revues spécialisées en histoire canadienne, etc. ;
- des sites Internet : site de Bibliothèque et Archives Canada, site du gouvernement du Manitoba, site des Métis du Nord-Ouest, etc.

3. a) b) c) Les mots-clés retenus se retrouvent à la fois dans les titres des documents et dans les textes.

Document 1

1 La rébellion du Nord-Ouest de 1885

« Au début des années 1880, le mécontentement gronde dans les Territoires du Nord-Ouest, qui sont toujours soumis au contrôle direct de l'administration fédérale. Les différents groupes de la région […] connaissent des moments difficiles. Après les soulèvements de 1870, qui se sont soldés par la création du Manitoba, de nombreux Métis de la Rivière-Rouge ont délaissé leurs terres devant l'affluence de colons étrangers […]. En 1884, les Métis francophones et anglophones de la vallée de la Saskatchewan appellent à leur rescousse Louis Riel. »

Jacques-Paul Couturier et autres, *Un passé composé : le Canada de 1850 à nos jours*, Moncton, Éditions d'Acadie, 1996, p. 104.

Document 2

2 Dictionnaire biographique du Canada en ligne

Riel, Louis, porte-parole des Métis, considéré comme le fondateur du Manitoba, instituteur et chef de la rébellion du Nord-Ouest, né le 22 octobre 1844 dans la colonie de la Rivière-Rouge (Manitoba), fils aîné de Louis Riel et de Julie Lagimonière, fille de Jean-Baptiste Lagimonière et de Marie-Anne Gaboury ; en 1881, il épousa Marguerite Monet, dit Bellehumeur, et ils eurent trois enfants, dont le plus jeune mourut pendant que Riel attendait son exécution ; pendu le 16 novembre 1885 à Régina.

Lewis H. Thomas, « Riel, Louis », dans BIBLIOTHÈQUE ET ARCHIVES NATIONALES CANADA, *Dictionnaire biographique du Canada en ligne* [en ligne], réf. du 1er avril 2008.

Document 3

3 Louis Riel s'adressant au jury durant son procès pour trahison

BIBLIOTHÈQUE ET ARCHIVES CANADA, *Louis Riel s'adressant au jury durant son procès pour trahison* [en ligne], réf. du 26 mars 2008.

4. a) La monographie de Jacques-Paul Couturier et l'article tiré du *Dictionnaire biographique du Canada* sont des documents de source secondaire : ils ont été rédigés après la période à l'étude. La photo est un document de source primaire : elle a été prise durant la période à l'étude.

b) La photo de Louis Riel provient de Bibliothèque et Archives Canada, qui est un organisme gouvernemental citant ses sources.

c) Jacques-Paul Couturier est professeur d'histoire à l'Université de Moncton, au Nouveau-Brunswick. Lewis H. Thomas était professeur d'histoire à l'Université de l'Alberta, à Edmonton.

d) L'ouvrage de Couturier a été publié en 1996. Le site de Bibliothèque et Archives Canada est mis à jour régulièrement.

5. Les documents sélectionnés sont de nature différentes. Ils comprennent un extrait d'une synthèse historique, un article en ligne et un document iconographique.

6.

Document 1

a) Jacques-Paul Couturier et autres, « La rébellion du Nord-Ouest de 1885 », dans *Un passé composé : le Canada de 1850 à nos jours*, Moncton, Éditions d'Acadie, 1996, p. 104-107.

Cote de la bibliothèque : 262663 CON (Bibliothèque et Archives nationales du Québec)

b) Document de source secondaire (manuel).

Contient un tableau des populations des Territoires du Nord-Ouest en 1885 et une carte historique de la rébellion.

Document 2

a) Lewis H. Thomas, « Riel, Louis », dans BIBLIOTHÈQUE ET ARCHIVES NATIONALES CANADA, *Dictionnaire biographique du Canada en ligne*, [en ligne], réf. du 1er avril 2008.

b) Document de source secondaire (article biographique).

Présente une biographie de Louis Riel.

Document 3

a) BIBLIOTHÈQUE ET ARCHIVES CANADA, *Louis Riel s'adressant au jury durant son procès pour trahison*, [en ligne], réf. du 26 mars 2008.

b) Document de source primaire (iconographie).

Représentation de Louis Riel à son procès.

INTERPRÉTER UN DOCUMENT ICONOGRAPHIQUE

Les documents iconographiques se présentent sous forme d'images. Selon les époques et les sociétés, les types de documents iconographiques varient : peintures, gravures, dessins, photographies, caricatures, etc. Les historiens et les historiennes les interprètent pour mieux comprendre le passé. Bien qu'on puisse percevoir l'ensemble d'une image au premier coup d'œil, le document iconographique communique souvent des messages complexes ou symboliques.

Utilité

Cette technique est utile pour :

- visualiser une réalité du passé ;
- dégager la portée symbolique d'un événement ;
- connaître le sujet représenté et la société dans laquelle il s'inscrit.

Méthode d'interprétation

1. Préciser son intention

Quels buts visez-vous en interprétant le document iconographique ?

2. Identifier le document iconographique

a) De quel type de document s'agit-il (photographie, peinture, affiche, caricature, gravure, etc.) ?

b) Quelle est la source du document (auteur, titre, date, provenance) ?

3. Analyser le document iconographique

a) Décrivez ce que vous observez.

- Quel lieu observez-vous ? Quels personnages sont représentés ? Que font-ils ?

- Quels liens pouvez-vous établir entre les éléments que vous observez ?

b) Y a-t-il des aspects du document que vous ne comprenez pas ? Proposez une explication en faisant une recherche.

c) Dans quel contexte historique le document a-t-il été créé ?

4. Interpréter le document iconographique

a) Quel est, selon vous, le message du document ? Quel regard l'auteur porte-t-il sur le sujet du document ?

b) Quels renseignements présents dans le document aident à comprendre l'époque historique que vous étudiez ?

5. Comparer des documents

a) Quelles similitudes ou différences constatez-vous entre les documents ? Quels éléments de continuité ou de changement y constatez-vous ?

b) Quelles précisions sur le contexte historique de l'époque avez-vous trouvées ? Cette comparaison vous permet-elle de modifier votre interprétation de l'époque ?

Photographie du port de Montréal, en 1884

William Notman, *Vue du port, Montréal, Qc*, 1884 (Musée McCord).

2 Photographie du port de Montréal, en 2000

Andrzej Maciejewski, *Vue du port de Montréal en direction est depuis le Musée d'archéologie*, 2000 (Musée McCord).

Exemples

Document 1

1. Le but consiste à définir l'utilisation du port de Montréal à la fin du XIXe siècle.

2. a) Le document est une photographie.

   b) William Notman, *Vue du port, Montréal, Qc*, 1884, Musée McCord.

3. a) b) Plusieurs bateaux à voiles, un train de marchandises ainsi que des voitures à cheval circulent sur la rue principale, en terre. Les bassins du port sont ouverts sur le fleuve pour permettre aux bateaux de décharger leurs marchandises. On aperçoit au loin le toit du marché Bonsecours.

   c) Les activités du port de Montréal à l'époque de l'industrialisation.

4. a) Le photographe a voulu témoigner des activités du port de Montréal à l'époque de l'industrialisation.

   b) Les bateaux à voiles, les voitures à cheval ainsi que le train suggèrent que le port de Montréal est au centre des activités économiques de la ville, puisque la majorité des moyens de transport s'y concentrent.

Document 2

1. Le but consiste à définir l'utilisation du Vieux-Port de Montréal vers 2000.

2. a) Le document est une photographie.

   b) Andrzej Maciejewski, *Vue du port de Montréal en direction est depuis le Musée d'archéologie*, 2000, Musée McCord.

3. a) b) Plusieurs bâtiments récents occupent les quais. Les bassins ont été remplis et on y a aménagé des espaces verts avec des étangs. La voie ferrée est bordée d'arbres et d'un sentier piétonnier. Des automobiles et un autocar de touristes circulent sur la rue, asphaltée.

   c) Les activités au Vieux-Port de Montréal au début du XXIe siècle.

4. a) Le photographe a voulu témoigner des activités dans le Vieux-Port de Montréal au XXIe siècle.

   b) L'aménagement du Vieux-Port de Montréal permet de comprendre que sa vocation est axée sur les loisirs et le tourisme.

Comparer les documents 1 et 2

5. Les deux photographies montrent la transformation du Vieux-Port de Montréal sur une période d'environ 100 ans. La zone du Vieux-Port de Montréal est passée d'une vocation essentiellement économique à une vocation principalement touristique.

Document 3

1. Le but consiste à comprendre la vie culturelle d'une famille de Canadiens français au milieu du XIXe siècle.

2. a) Le document est une peinture.

   b) Cornelius Krieghoff, *Violoneux accompagnant un garçon dansant la gigue*, 1852, Musée des beaux-arts de l'Ontario.

3. a) b) Au premier plan du tableau, on voit un homme jouant du violon à trois enfants, parmi lesquels un garçon qui danse. Coiffé d'un bonnet bleu, l'homme porte une ceinture fléchée et des mocassins. Au deuxième plan, sur le manteau de la cheminée, quelques objets sont placés : une bougie, une pomme, un petit bol et un fer à repasser au-dessus duquel est accroché un chapelet. À l'arrière-plan, fixé au mur, on peut voir un tableau représentant le Christ. Sur le buffet, à droite, il y a un panier et des pommes de terre.

   c) La représentation de la vie culturelle de Canadiens français du Québec au milieu du XIXe siècle.

4. a) Le peintre dépeint l'univers culturel et matériel de Canadiens français au Québec.

   b) Le peintre a voulu illustrer la place de la musique et de la danse dans la vie culturelle des Canadiens français au XIXe siècle. En insérant un chapelet et une peinture religieuse aux deuxième et troisième plans, il souligne l'importance de la religion dans la vie des Canadiens français. Le peintre dépeint aussi la culture matérielle des personnages. Les habits traditionnels et la nourriture témoignent de leur condition modeste.

3 Une peinture de Cornelius Krieghoff

Cornelius Krieghoff, *Violoneux accompagnant un garçon dansant la gigue*, 1852, huile sur toile, Musée des beaux-arts de l'Ontario.

INTERPRÉTER UN DOCUMENT ÉCRIT

Qu'il soit gravé ou imprimé, le texte nous renseigne non seulement sur un événement ou une idée du passé, mais aussi sur son auteur et sur la société à laquelle il appartient. La nature des documents écrits influence l'interprétation qu'on en fait. Ainsi, le caractère officiel ou personnel d'un texte, ou encore le fait qu'il s'agisse d'un texte de loi ou d'un article de presse, en change la portée et la signification. Dans le cadre de son travail, l'historien doit sélectionner, analyser et interpréter divers documents écrits.

Méthode

1. Préciser son intention

Que cherchez-vous en interprétant ce document ?

2. Identifier le document écrit

a) Quelle est la source du document (auteur, titre, date) ?

b) S'il y a lieu, distinguez la date du document de celle de l'événement décrit dans le document.

c) Quelle est la nature du document (texte de loi, rapport d'enquête, discours, lettre, etc.) ?

d) Le document provient-il d'une source primaire ou d'une source secondaire (voir l'outil 3) ?

e) À qui ce document s'adresse-t-il ?

3. Analyser le contenu du document écrit

a) Lisez le document avec attention. Y a-t-il des mots ou des expressions que vous ne comprenez pas ? Cherchez-en la définition.

b) Quelle est l'idée principale du document ? Repérez les passages qui permettent de faire ressortir cette idée principale.

c) Le document présente-t-il un fait ou une opinion ?

d) Dans quel contexte historique le document a-t-il été rédigé ?

4. Interpréter le document écrit

a) Selon vous, quel est le message du document ? Quel regard l'auteur porte-t-il sur son sujet ?

b) Quels renseignements ou précisions présents dans le document vous aident à atteindre le but de votre recherche ?

5. Comparer des documents

a) Quelles similitudes ou différences constatez-vous entre les documents ? Quels éléments de continuité ou de changement constatez-vous entre les documents ?

b) Quelles précisions sur le contexte historique de l'époque avez-vous trouvées ? Cette comparaison vous permet-elle de modifier votre interprétation de l'époque ?

Exemples

Interprétation du document 1

1. Le but est de connaître l'évolution de l'éducation des filles au Québec, au XXᵉ siècle.

2. a) Joseph-Médard Émard, « Extrait de la lettre de Mᵍʳ Joseph-Médard Émard, évêque de Valleyfield, aux religieuses enseignantes de son diocèse, 1915 », dans Collectif Clio, *L'histoire des femmes au Québec depuis quatre siècles*, Montréal, Le Jour, 1992, p. 336.

   b) Le document a été rédigé en 1915 et renvoie à la même époque.

   c) Il s'agit d'un extrait d'une lettre.

   d) Ce document est de source primaire.

   e) Ce document s'adresse aux religieuses enseignantes du diocèse de Valleyfield.

3. a) Les « arts d'agréments » désignent le dessin, la peinture et la musique. Par « jeunes gens », l'évêque entend « les garçons ».

   b) L'éducation des filles doit leur permettre de remplir leur rôle de mère, d'épouse et de ménagère.

   c) Ce document présente essentiellement des opinions.

   d) Le contexte est celui des premières revendications féministes, lors de la Première Guerre mondiale.

4. a) La place des femmes est au foyer, où elles doivent prendre soin de leur famille.

   b) Les filles n'ont pas accès à la même éducation que les garçons.

---

1 L'éducation des filles selon Mᵍʳ Émard, 1915

« Ce qui fait la femme fort utile aux siens, c'est l'art de leur procurer la félicité complète, qui provient de la bonne conscience et de la bonne humeur ; celle-ci étant habituellement le fruit du dévouement maternel, qui sait fournir à tous le vêtement et l'aliment, dans une demeure de tenue irréprochable. [...] L'histoire, le calcul, le français et les arts d'agréments [...] pourront rendre service à ceux qui vivront dans la maison de femmes bien préparées à non pas devenir des femmes savantes que leur ridicule vanité ne tendrait qu'à écarter de la vocation et des devoirs ordinaires à leur sexe [...]. Il n'y a aucune comparaison à faire, aucun rapprochement à établir avec l'éducation des jeunes gens... »

Joseph-Médard Émard, « Extrait de la lettre de Mᵍʳ Joseph-Médard Émard, évêque de Valleyfield, aux religieuses enseignantes de son diocèse, 1915 », dans Collectif Clio, *L'histoire des femmes au Québec depuis quatre siècles*, Montréal, Le Jour, 1992, p. 336.

Cours d'enseignement ménager chez les Ursulines au début du XXᵉ siècle. Archives des Ursulines de Trois-Rivières, vers 1916.

2 L'éducation des filles selon le Rapport Parent, 1964

« La préparation de la jeune fille à la vie ne doit pas se limiter à la formation ménagère, qu'on entende celle-ci dans un sens étroit : cuisine, entretien ménager, etc., ou dans un sens plus large : équilibre du budget, formation de la consommatrice-acheteuse, etc. D'une part, on doit intéresser toutes les jeunes filles à ces occupations et au rôle de maîtresse de maison, aussi bien celles qui seront médecins, professeurs et techniciennes que celles qui se marieront au sortir de l'école ; d'autre part, on doit les préparer toutes, dans une certaine mesure, à être des femmes conscientes des grands problèmes de la vie conjugale, et des mères capables de prendre soin de leurs enfants et de les élever convenablement. Enfin, on doit fournir à toute jeune fille une certaine préparation à une occupation qui lui permettra de gagner sa vie avant ou durant sa vie en ménage ou quand ses enfants seront élevés. »

GOUVERNEMENT DU QUÉBEC, *Rapport de la Commission royale d'enquête sur l'enseignement dans la province de Québec*, tome II, volume 3, Québec, Publications du Québec, 1964, p. 279.

Interprétation du document 2

1. Le but est de s'informer sur l'évolution de l'éducation des filles au Québec, au XXᵉ siècle.

2. a) GOUVERNEMENT DU QUÉBEC, *Rapport de la Commission royale d'enquête sur l'enseignement dans la province de Québec*, tome II, volume 3, Québec, Publications du Québec, 1964, p. 279.

   b) Ce document a été rédigé en 1964 et renvoie à la même époque.

   c) Il s'agit d'un extrait d'un rapport d'une commission royale d'enquête.

   d) Ce document est de source primaire.

   e) Ce document s'adresse au gouvernement du Québec.

3. a) L'expression « vie de ménage » renvoie à la vie familiale alors que l'expression « vie conjugale » renvoie aux relations entre époux.

   b) L'éducation doit préparer les jeunes filles à leur rôle de ménagère, mais aussi leur permettre d'occuper un emploi.

   c) Ce document présente essentiellement des opinions.

   d) Le contexte est celui d'une réforme de l'éducation, alors que les femmes participent de plus en plus à la vie publique du Québec (travail, politique, etc.).

4. a) Les femmes doivent être qualifiées pour jouer leur rôle familial et professionnel.

   b) En plus de recevoir la formation ménagère (cuisine, entretien, budget, etc.), toutes les filles auront dorénavant accès à une formation menant au marché du travail.

Les membres de la commission Parent.

Interprétation du document 3

1. Le but est de s'informer sur l'évolution de l'éducation des filles au Québec, au XXᵉ siècle.

2. a) Jacques-Paul Couturier et autres, *Un passé composé : le Canada de 1850 à nos jours*, Moncton, Éditions d'Acadie, 1996, p. 302.

   b) L'ouvrage a été rédigé en 1996 et renvoie à des événements survenus dans les années 1960 et 1970.

   c) Il s'agit d'un extrait d'une synthèse sur l'histoire du Canada.

   d) Ce document est de source secondaire.

   e) Ce document s'adresse aux étudiants en histoire de niveau postsecondaire ainsi qu'à toute personne qui s'intéresse à l'histoire du Canada.

3. a) Le « premier cycle universitaire » correspond généralement aux trois premières années d'études dans une institution universitaire.

   b) Au cours des années 1960, la présence des femmes s'est accrue tant à l'université que sur le marché du travail.

   c) Ce document présente des faits.

   d) Ce document renvoie au contexte de la Révolution tranquille.

4. a) À l'aide de données statistiques, l'auteur démontre l'accroissement de la présence des femmes tant à l'université que sur le marché du travail.

   b) Entre 1960 et 1970, la proportion de femmes au sein de la clientèle universitaire canadienne connaît une hausse de 11,9 %. Entre 1957 et 1971, le taux d'activité des femmes de 15 ans et plus passe de 26 % à 37 %.

3 L'éducation des filles dans les années 1960, « La révolution des femmes »

« À compter des années 1960, les femmes ont moins d'enfants que par le passé, ce qui les laisse plus libres de poursuivre des études et d'entreprendre une carrière. Ainsi, elles représentent 36,7 p. 100 de la clientèle universitaire dans les programmes de premier cycle en 1970, alors qu'elles ne comptaient que pour 24,8 p. 100 des inscriptions à ce niveau en 1960 […]. Plus scolarisées, les femmes sont aussi de plus en plus présentes sur le marché du travail. À preuve, le taux d'activité chez les femmes de 15 ans et plus s'élève de 26 à 37 p. 100 entre 1957 et 1971. »

Jacques-Paul Couturier et autres, *Un passé composé : le Canada de 1850 à nos jours*, Moncton, Éditions d'Acadie, 1996, p. 302.

Étudiantes du séminaire de Joliette au milieu des années 1960, Archives des Clercs de Saint-Viateur de Joliette.

Comparer les documents 1, 2 et 3

a) Tous ces documents nous renseignent sur l'éducation des filles au Québec, au XXᵉ siècle.

Les documents 1 et 2 présentent deux points de vue différents à différentes époques. Selon Mᵍʳ Émard, l'éducation des filles a pour but de les préparer à leurs rôles d'épouse, de mère et de ménagère. Le rapport Parent confirme l'importance de cette formation ménagère et du rôle traditionnel des femmes, mais souligne que ces dernières doivent aussi avoir accès à une formation menant au marché du travail.

Le document 3 met en évidence l'accroissement significatif de la scolarisation des femmes et de leur présence sur le marché du travail au cours des années 1960, tel qu'on semblait le souhaiter dans le document 2.

b) La comparaison nous permet de constater que, dans les années 1960, malgré la persistance d'une certaine vision traditionaliste de leur rôle et de leur formation, les femmes occupent une place de plus en plus grande dans les établissements scolaires et sur le marché du travail.

INTERPRÉTER ET RÉALISER
DES REPÈRES TEMPORELS

Les repères temporels servent à mettre en ordre une suite d'événements afin de situer une réalité historique dans le temps. Il existe différentes représentations graphiques du temps :

a) la ligne du temps est un simple trait qui permet de situer des événements de façon chronologique dans la durée ;

b) le ruban du temps est une bande sur laquelle on peut facilement délimiter des périodes historiques, à l'aide de couleurs ou de hachures ;

c) la frise du temps est une superposition de rubans du temps qui permet de situer, dans une même durée, des faits survenus dans des contextes (politique, culturel, etc.) ou des lieux différents.

Utilité

Cette technique est utile pour :

- avoir une vue d'ensemble d'une réalité sociale ;
- situer les réalités sociales les unes par rapport aux autres ou par rapport à aujourd'hui ;
- comparer des sociétés ou des contextes différents ;
- relever des éléments de continuité ou de changement à travers le temps.

Méthode d'interprétation

1. Préciser son intention

Quels buts visez-vous en interprétant le repère temporel ?

2. Interpréter un repère temporel

a) Déterminez le thème général du repère temporel à l'aide de son titre ou de sa légende.

b) Relevez la ou les périodes représentées sur le repère temporel.

c) Situez les périodes ou les événements les uns par rapport aux autres et par rapport au temps présent.

Exemples

Document 1

1 Les dates marquantes de l'histoire occidentale

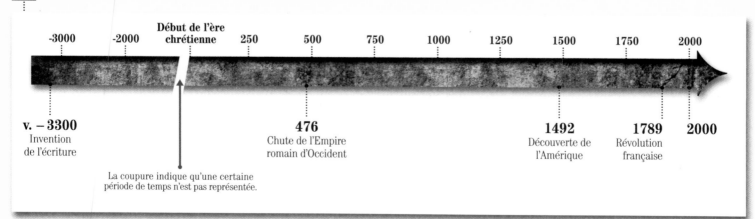

-3000   -2000   **Début de l'ère chrétienne**   250   500   750   1000   1250   1500   1750   2000

v. − 3300
Invention de l'écriture

476
Chute de l'Empire romain d'Occident

1492
Découverte de l'Amérique

1789
Révolution française

2000

La coupure indique qu'une certaine période de temps n'est pas représentée.

Document 2

2 Les grandes périodes de l'histoire du Québec

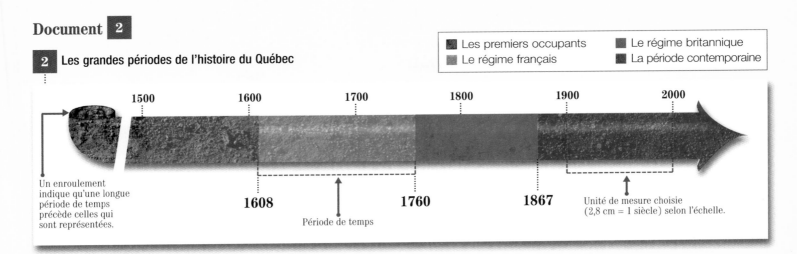

Légende :
- ■ Les premiers occupants
- ■ Le régime français
- ■ Le régime britannique
- ■ La période contemporaine

1500   1600   1700   1800   1900   2000

Un enroulement indique qu'une longue période de temps précède celles qui sont représentées.

1608   **1760**   **1867**

Période de temps

Unité de mesure choisie (2,8 cm = 1 siècle) selon l'échelle.

Document 3

3 Vie économique et politique au Québec entre 1929 et 1976

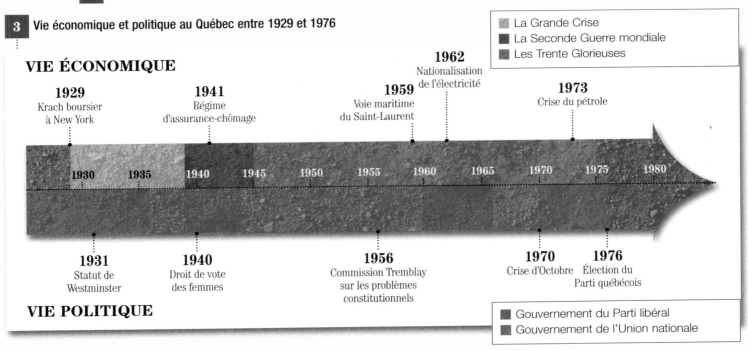

Légende :
- ■ La Grande Crise
- ■ La Seconde Guerre mondiale
- ■ Les Trente Glorieuses

VIE ÉCONOMIQUE

1929 Krach boursier à New York

1941 Régime d'assurance-chômage

1959 Voie maritime du Saint-Laurent

1962 Nationalisation de l'électricité

1973 Crise du pétrole

1930   1935   1940   1945   1950   1955   1960   1965   1970   1975   1980

1931 Statut de Westminster

1940 Droit de vote des femmes

1956 Commission Tremblay sur les problèmes constitutionnels

1970 Crise d'Octobre

1976 Élection du Parti québécois

VIE POLITIQUE

- ■ Gouvernement du Parti libéral
- ■ Gouvernement de l'Union nationale

Méthode de réalisation

1. Choisissez un thème. Sélectionnez les aspects que vous jugez essentiels pour représenter le thème (événements, personnages, durée d'un événement) et datez chacun des aspects.

2. Tracez et orientez de façon chronologique une ligne, un ruban ou une frise.

3. Calculez la durée à représenter. Pour vous aider, posez-vous ces questions :

   a) Quel est l'élément le plus éloigné dans le temps ?

   b) Quel est l'élément le plus récent ?

4. Déterminez une unité de mesure ou d'intervalle adéquate (par exemple 10 ans, 50 ans, un siècle, un millénaire, etc.) et divisez votre repère selon l'unité de temps ou l'intervalle choisi.

5. Inscrivez, selon l'ordre chronologique, les informations que vous avez sélectionnées.

6. Donnez un titre à votre repère temporel.

INTERPRÉTER ET RÉALISER UN TABLEAU OU UN DIAGRAMME

Les tableaux et les diagrammes sont des outils qui servent à organiser et à présenter de façon cohérente et dynamique des informations ou des données semblables ou comparables. Nous nous attarderons ici aux différents types de diagrammes.

Il y a trois types de diagrammes :

a) le diagramme à bandes présente des données quantitatives à l'aide de bandes verticales ou horizontales. Ces bandes représentent des catégories de données. En un seul coup d'œil, on peut ainsi comparer leurs différentes valeurs ;

b) le diagramme circulaire représente les proportions de chacune des parties d'un ensemble. Chaque pointe illustre la valeur d'une partie. En général, les données sont exprimées en pourcentage ;

c) le diagramme linéaire met en évidence les fluctuations, à la hausse ou à la baisse, d'un phénomène. La courbe relie une suite de points qui représentent une valeur à un moment donné.

Méthode d'interprétation

1. **Préciser son intention**

    Quels buts visez-vous en interprétant ce diagramme ?

2. **Connaître et analyser un diagramme**

    a) De quel type de diagramme s'agit-il ?

    b) Déterminez le sujet du diagramme à l'aide du titre et de la légende, s'il y a lieu.

    c) Quelle est la source ?

    d) Quelles sont les données présentées ? Repérez les axes (x et y) et les unités de mesure.

3. **Interpréter un diagramme**

    a) Quelles données le diagramme met-il en relation ?

    b) Que vous apprend le diagramme ? En quoi ces informations vous aident-elles à comprendre le sujet de votre recherche ?

Méthode de réalisation

1. Précisez votre intention. Quels buts visez-vous en réalisant le diagramme ?

2. a) Déterminez le sujet du diagramme.

    b) Sélectionnez les données qui doivent apparaître dans le diagramme.

    c) Déterminez le type de diagramme qui convient le mieux pour présenter vos données.

    d) Établissez le rapport de proportion entre vos données ou déterminez les unités de mesure qui les représenteront.

    e) Dessinez le diagramme choisi en répartissant les données sur les axes x et y.

    f) Utilisez différents moyens (couleurs ou symboles) pour faciliter la compréhension de votre diagramme.

    g) Titrez votre diagramme, indiquez la ou les sources de vos données et créez une légende, s'il y a lieu.

Exemples

Document 1

1. Le but est de mieux comprendre la composition de la population de l'île de Montréal au début de la colonisation.

2. a) Il s'agit d'un diagramme à bandes. En fait, c'est une pyramide des âges composée de deux diagrammes à bandes inversés et accolés. Ce type de diagramme représente la répartition par sexe et par âge d'une population à un moment donné. Le côté gauche indique le nombre d'hommes par tranche d'âge, le côté droit, le nombre de femmes.

   b) Le diagramme traite de la composition de la population de l'île de Montréal au 1er janvier 1660. La légende nous indique s'il s'agit d'immigrants ou de Canadiens nés dans la colonie.

   c) Réal Bates, « Des hommes en quête d'épouse », dans Yves Landry (dir.), *Pour le Christ et le Roi : la vie au temps des premiers Montréalais*, Montréal, Libre Expression ; Art Global, 1992, p. 103.

   d) L'axe des x indique le nombre de personnes et l'axe des y, l'âge des personnes par tranches de cinq ans.

3. a) Ce diagramme met en relation le nombre d'hommes et de femmes qui habitaient l'île de Montréal en 1660 et leur répartition selon leur âge.

   b) Ces informations nous apprennent que Montréal était peu peuplé en 1660. La population était alors composée majoritairement d'immigrants âgés de 20 à 35 ans. Les femmes étaient moins nombreuses que les hommes, et la population devait compter sur l'immigration plutôt que sur les naissances pour se renouveler.

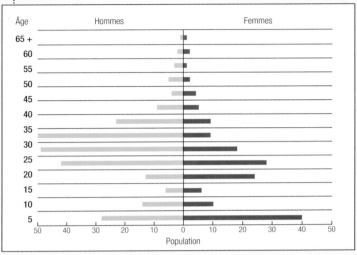

1 La population de l'île de Montréal au 1er janvier 1660

D'après Réal Bates, « Des hommes en quête d'épouse », dans Yves Landry (dir.), *Pour le Christ et le Roi : la vie au temps des premiers Montréalais*, Montréal, Libre Expression ; Art Global, 1992, p.103.

Document 2

1. Le but est de mieux comprendre la situation politique des années 1980.

2. a) Il s'agit d'un diagramme circulaire.

   b) Il traite de la répartition des votes aux élections de 1981. La légende indique les partis en lice.

   c) Les statistiques sont tirées de Paul-André Linteau, René Durocher, Jean-Claude Robert et François Picard, *Histoire du Québec contemporain : le Québec depuis 1930*, Montréal, Boréal Express, 1989, p.719.

   d) Les pourcentages représentent les votes obtenus par chacun des partis.

3. a) Ce diagramme circulaire met en relation les votes obtenus par les principaux partis politiques. Le Parti québécois a obtenu la majorité des voix.

   b) Ces informations nous apprennent que le Parti québécois et le Parti libéral dominaient la scène politique québécoise au début des années 1980.

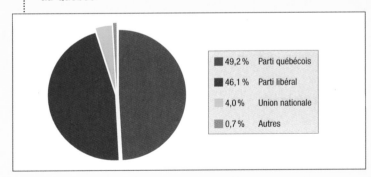

2 La répartition des votes aux élections provinciales de 1981, au Québec

D'après Paul-André Linteau, René Durocher, Jean-Claude Robert et François Picard, *Histoire du Québec contemporain : le Québec depuis 1930*, Montréal, Boréal Express, 1989, p. 719.

Document 3

1. Le but est de comprendre l'évolution de la population immigrante au Québec à la fin du XXe siècle.

2. a) Il s'agit d'un diagramme linéaire.

b) Il traite de la répartition de la population immigrante selon la langue maternelle (français, anglais ou autre) entre 1980 et 2000.

c) INSTITUT DE LA STATISTIQUE DU QUÉBEC, *Immigrants selon la langue maternelle*, Québec, 1980-2006 [en ligne], 2007, réf du 12 avril 2006.

d) L'axe des x indique les années et l'axe des y, le nombre de personnes.

3. a) Ce diagramme linéaire met en relation le nombre d'immigrants au Québec entre 1980 et 2000 et leur langue maternelle.

b) Ces informations nous apprennent que les immigrants dont la langue maternelle n'est ni le français ni l'anglais représentent une proportion de plus de 74 % de l'immigration au Québec. On remarque que la proportion d'immigrants de langue anglaise diminue constamment.

3 | **Immigrants selon la langue maternelle, Québec, 1980-2000**

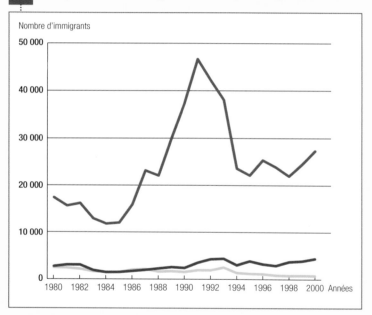

D'après INSTITUT DE LA STATISTIQUE DU QUÉBEC, *Immigrants selon la langue maternelle*, Québec, 1980-2006 [en ligne], 2007, réf. du 12 avril 2008.

INTERPRÉTER ET RÉALISER UNE CARTE HISTORIQUE

La carte historique est une représentation spatiale d'une réalité du présent ou du passé. Elle fournit des informations géographiques, mais aussi des renseignements sur l'économie, la culture, la politique et la population, ou encore sur les conflits dans un territoire donné, à une époque donnée. De son côté, la carte ou le plan ancien donne des indices sur la représentation qu'on se faisait du monde à l'époque de sa production.

Méthode d'interprétation

1. Préciser son intention
Quels buts visez-vous en interprétant la carte ?

2. Connaître et analyser la carte
a) Quel est le titre et, s'il y a lieu, quelle est la source de la carte ?

b) Que vous apprend la légende ?

c) Quel est l'espace géographique représenté ? À quelle date ?

d) Quelle est l'orientation de la carte selon la rose des vents ?

e) Le territoire est-il représenté à petite ou à grande échelle ?

3. Interpréter la carte
a) Quelles informations la carte vous donne-t-elle ?

b) En quoi ces informations vous aident-elles à comprendre l'époque historique que vous étudiez ?

Méthode de réalisation

1. Précisez votre intention. Quels buts visez-vous en réalisant la carte ?

2. a) Déterminez le sujet de votre carte.

b) Sélectionnez les informations qui doivent y apparaître.

c) Trouvez un fond de carte (une carte modèle).

d) Intégrez-y les informations en choisissant le moyen le plus adéquat (des symboles, des couleurs, etc.).

e) Rédigez le titre de la carte et la légende.

f) Tracez la rose des vents et l'échelle sur la carte.

g) Indiquez la source des informations qui ont servi à réaliser la carte.

Exemples d'interprétation

Document 1

1. Le but est de connaître le développement de la ville de Québec à la fin du Régime français.

2. a) *Plan de la ville de Québec* par Le Rouge, Bibliothèque et Archives Canada.

   b) À l'aide de lettres, la légende indique l'emplacement de différents sites.

   c) La ville de Québec, en 1755.

   d) La rose des vents est située dans le coin supérieur gauche de la carte. Elle est orientée vers l'ouest.

   e) Le territoire est représenté à grande échelle, car il s'agit d'un petit territoire.

3. a) En 1755, Québec était une ville fortifiée. Toutefois, il y avait quelques zones de développement à l'extérieur des murs. On y trouvait des églises, un hôpital, des couvents, un évêché ainsi que des bâtiments d'intendance. Il y avait aussi des espaces cultivés à l'intérieur même de la ville.

   b) Québec était le centre administratif et religieux de la Nouvelle-France, mais le développement urbain y était assez limité. La ville, située au confluent du fleuve Saint-Laurent et de la rivière Saint-Charles, était un lieu de défense stratégique.

1 Plan de la ville de Québec, 1755

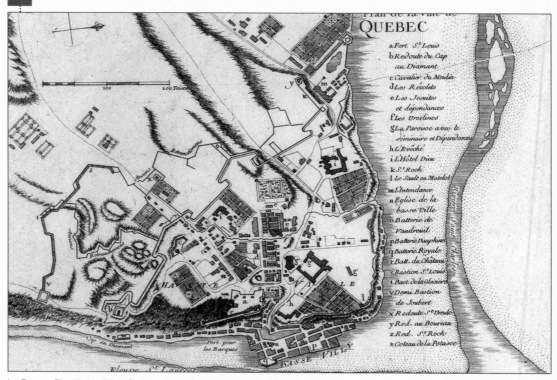

Le Rouge, *Plan de la ville de Québec, 1755*, Bibliothèque et Archives Canada.

Document 2

1. Le but est de connaître l'évolution du développement urbain de la ville de Québec.

2. a) Le centre-ville de Québec ; il n'y a pas de source.

   b) La légende indique les sites historiques, les édifices gouvernementaux et l'emplacement des fortifications.

   c) La ville de Québec, en 2008.

   d) La carte est orientée vers le nord.

   e) Le territoire est représenté à grande échelle.

3. a) La ville s'est considérablement développée à l'extérieur des remparts qui sont encore debout. Elle s'est dotée d'une infrastructure routière complexe qui comprend des autoroutes et des ponts. Les installations portuaires ont été aménagées sur des terrains artificiels à même le fleuve. On peut aussi observer plusieurs espaces verts.

   b) La ville de Québec est toujours un centre administratif et religieux. Elle est aussi devenue un haut lieu du tourisme grâce à ses nombreux musées et sites historiques liés, notamment, à l'histoire de la Nouvelle-France.

2 Le centre-ville de Québec, en 2008

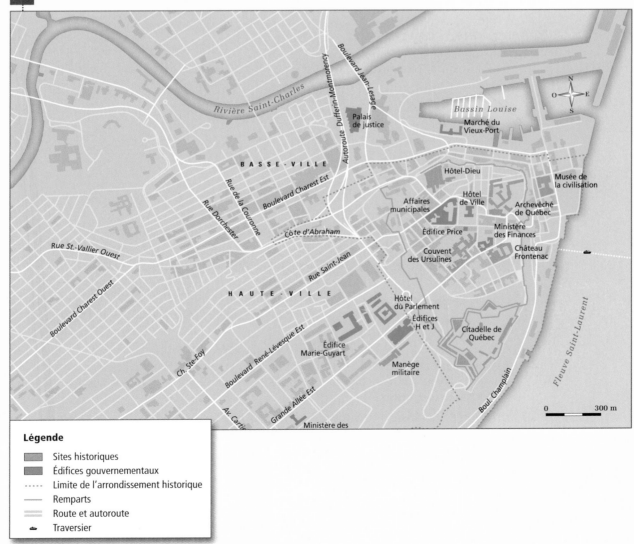

Légende
- ▨ Sites historiques
- ▨ Édifices gouvernementaux
- ⋯ Limite de l'arrondissement historique
- — Remparts
- ═ Route et autoroute
- ⛴ Traversier

INTERPRÉTER UN ROMAN, UN FILM OU UNE BANDE DESSINÉE HISTORIQUES

Les romans, les films et les bandes dessinées historiques sont des œuvres de fiction inspirées du passé. Leurs auteurs s'intéressent aux événements historiques pour tenter de reconstituer un pan de l'histoire, pour donner un contexte historique à ce qu'ils désirent raconter ou pour présenter leur interprétation d'un événement historique. Pour interpréter ces œuvres, il faut les comparer avec des données tirées de document de source première ou secondaire.

Méthode

1. Analyser l'œuvre

a) Repérez le titre et la source de l'œuvre.

b) Déterminez la période historique ou l'événement auquel le document renvoie.

c) Trouvez des indices qui rattachent le ou les passages à un contexte historique.

2. Interpréter l'œuvre

a) Que nous raconte le document ou l'extrait sur le plan historique ?

b) Vérifiez, à l'aide de documents ou d'ouvrages de référence, l'interprétation et les faits historiques présentés dans le document.

3. Saisir le message et comprendre la symbolique

a) À quel public l'œuvre s'adresse-t-elle ?

b) Quelle est l'intention de l'auteur ?

c) Quel est le message général de l'œuvre ?

Exemples

Document 1

1. a) Régis Loisel et Jean-Louis Tripp, *Magasin général : Marie*, Tournai, Casterman, 2006, p. 77.

   b) Les bédéistes mettent en scène les habitants d'un village fictif de la région de Charlevoix, dans les années 1920.

   c) Les activités des habitants, leurs vêtements, leurs outils (seaux en bois, hache forgée, charrette, barils de bois, etc.).

2. a) L'extrait montre les travaux de la ferme à l'automne, après la récolte. Un jeune garçon de 13 ans se fait offrir une hache en vue de son départ pour les chantiers forestiers d'hiver.

   b) D'après certains documents historiques, il semble probable que des garçons âgés de 12 et 13 ans aient pu travailler en tant que bûcherons durant l'hiver, à l'époque. Toutefois, les photos prises sur des chantiers nous laissent croire que les garçons aussi jeunes y étaient peu nombreux.

3. a) Cet ouvrage s'adresse, entre autres, à un public amateur de bandes dessinées historiques.

   b) Les auteurs décrivent le quotidien des habitants d'un petit village, au fil des saisons, dans le Charlevoix des années 1920.

   c) L'extrait montre la façon dont les adolescents de l'époque contribuaient très tôt à la vie économique familiale.

Régis Loisel et Jean-Louis Tripp, *Magasin général : Marie*, Tournai, Casterman, 2006, p. 77.

RÉALISER UNE ENQUÊTE ORALE

L'histoire peut aussi être construite, en partie, à l'aide de témoignages oraux. Ceux-ci nous renseignent sur le vécu des gens, leur savoir-faire et leurs traditions. Pour recueillir des sources orales, l'historienne ou l'historien doit mener une enquête et faire témoigner des personnes qu'on appelle informatrices ou informateurs. Les entretiens enregistrés sont ensuite transcrits et interprétés comme tout autre document écrit (voir l'outil 6).

Méthode

1. Préciser son intention

Que cherchez-vous à apprendre en réalisant votre enquête orale ?

2. Choisir ses informateurs

Qui sont les informateurs les plus aptes à fournir les renseignements dont vous avez besoin ? Trouvez-en au moins deux ou trois afin d'avoir plusieurs points de vue.

3. Préparer l'entretien

a) Pour chaque entretien, préparez soigneusement vos questions sur des fiches.

Formulez d'abord des questions qui permettront de bien connaître votre informateur ou votre informatrice :

- identification de l'informateur (nom, date et lieu de naissance, origine ethnique, religion, etc.) ;
- situation familiale et profession-nelle (état civil, nombre d'enfants, emploi, etc.) ;
- formation scolaire (diplômes, brevets, etc.).

Formulez ensuite des questions relatives à votre sujet d'enquête.

b) Vérifiez attentivement votre matériel d'enregistrement.

c) Prenez rendez-vous avec votre infor-mateur.

4. Recueillir le témoignage

a) Expliquez le but de votre recherche. Avertissez votre informateur que vous allez enregistrer l'entretien. Dites-lui bien que l'entretien peut demeurer anonyme.

b) Testez votre matériel.

c) Au début de l'enregistrement, nommez-vous, donnez la date et le lieu de l'entretien ainsi que le nom de l'informateur.

d) Énoncez vos questions clairement. Soyez à l'écoute de votre informateur : ne posez pas une question à laquelle la personne a déjà répondu.

5. Transcrire l'entretien

Reproduisez exactement les phrases telles qu'elles ont été prononcées. Notez aussi les silences, les rires ou les hésitations. On nomme « verbatim » le produit de cette transcription.

6. Analyser et interpréter la transcription (voir l'outil 6)

Exemple

1. Le but de cette enquête est de connaître les loisirs des personnes appartenant à la génération de nos grands-parents alors qu'elles avaient environ 16 ans.

2. Nos grands-parents, grands-oncles, grands-tantes, etc.

3.

L'informateur ou l'informatrice

- Quels sont vos nom et prénom ?
- Quel est votre lieu de naissance ?
- En quelle année ?
- Quelle est votre origine ethnique ?
- Quelle est votre religion ?
- Quelle est votre profession ?

L'enquête

- Où habitiez-vous à l'âge de 16 ans ?
- Quels étaient vos loisirs à l'âge de 16 ans ?
- Alliez-vous à l'école ?
- Que faisiez-vous durant la fin de semaine ou les jours de congé ?
- Sortiez-vous en famille ? En solitaire ? Avec des amis ?

4. et 5. Extrait d'un entretien avec Claude Lessard, 74 ans.

Q : Alliez-vous à l'école ?

R : Mmmoui, j'allais à l'école supérieure Le Plateau, dans le parc Lafontaine… Lorsque j'rencontrais des amis du primaire, y me disaient tout surpris : « Claude, tu vas encore à l'école ? » (rire).

Q : Que faisiez-vous la fin de semaine ou les jours de congé?

R : J'allais au cinéma du coin. Après les cours, j'prenais des cours de natation à la Palestre nationale… (silence) L'été, on jouait à balle-molle dans le champ ou au parc pis l'hiver on aimait ça patiner… (toux) Ah, oui, j'aimais aussi aller voir les matchs de lutte à 25 cents près d'chez nous à Montréal-Nord ou encore les Royaux, l'équipe de baseball de Montréal, au stade du coin de la rue De Lorimier pis Ontario… Avec mes p'tits jobs d'été, j'pouvais me payer le billet à 50 cents.

Extrait d'un entretien avec Pauline Gauthier, 72 ans.

Q : Alliez-vous à l'école ?

R : Heu… J'n'allais plus à l'école (rire)… J'travaillais à Montréal-Nord chez mon oncle comme assistante dentaire…

Q : Que faisiez-vous durant la fin de semaine ou les jours de congé ?

R : J'aimais aller prendre un café avec mes amies, puis j'allais au cinéma… J'aimais beaucoup aller magasiner avec ma tante chez Morgan (rire).

PRÉSENTER UNE MÉDIAGRAPHIE

Un travail de recherche en histoire doit être accompagné d'une médiagraphie. Une médiagraphie est une liste des ouvrages utilisés pour faire un travail de recherche. Ces ouvrages peuvent provenir de divers médias (imprimés, Internet, cédérom, etc.). Si l'on n'utilise que des documents imprimés, on parlera plutôt de bibliographie.

Utilité

Cette technique est utile pour :

- organiser son travail ;
- permettre au lecteur de vérifier la valeur des arguments avancés ou de l'interprétation faite ;
- respecter les droits d'auteur.

Méthode

1. Faites une fiche bibliographique pour chacun des documents que vous consultez durant votre travail de recherche (voir l'outil 4).

2. Faites une liste des différents genres de documents que vous avez consultés : ouvrages de référence, articles de revue, sites Internet et autres (voir l'outil 4).

3. Citez les documents en suivant le modèle approprié parmi les exemples ci-dessous.

Exemples de références bibliographiques

Dans le cas d'un ouvrage de référence (dictionnaire, encyclopédie, atlas) :

NOM, Prénom de ou des auteurs. « Titre de l'article », *Titre de l'ouvrage*, Ville d'édition, Nom de la maison d'édition, année de publication, tome ou volume, pages où l'article a été consulté.

COMMISSION DE TOPONYMIE. « Logan, Mont », *Noms et lieux du Québec : dictionnaire illustré*, Québec, Gouvernement du Québec, 2006, p. 391.

Dans le cas d'un livre :

NOM, Prénom de ou des auteurs. *Titre : sous-titre*, Ville d'édition, Nom de la maison d'édition, année de publication, nombre total de pages.

COUTURIER, Jacques-Paul, et autres. *Un passé composé : le Canada de 1850 à nos jours*, Moncton, Éditions d'Acadie, 1996, 418 p.

Dans le cas d'un article de presse :

NOM, Prénom de ou des auteurs. « Titre de l'article », *Titre du journal*, date de publication, Nom du cahier (s'il y a lieu), pages du journal où l'article a été consulté.

CÔTÉ, Émilie. « Le combat des chasseurs madelinots », *La Presse*, 30 mars 2008, cahier Plus, p. 2-3.

Dans le cas d'un article d'une revue ou d'un magazine :

NOM, Prénom de ou des auteurs. « Titre de l'article », *Titre du périodique*, volume ou numéro (s'il y a lieu), date ou numéro de parution, pages de la revue où l'article a été consulté.

HANSON, Jim. « Des aventuriers noirs au pays de la fourrure », *Cap-aux-Diamants*, n° 79, automne 2004, p. 26-29.

Dans le cas d'un site Internet :

NOM, Prénom de ou des auteurs. *Titre du site* [en ligne], date à laquelle le site a été consulté.

BIBLIOTHÈQUE ET ARCHIVES NATIONALES CANADA. *Bibliothèque et Archives Canada* [en ligne], réf du 1er avril 2008.

Dans le cas d'un article dans un site Internet :

NOM, Prénom de ou des auteurs. « Titre de l'article », dans Prénom NOM, *Titre du site* [en ligne], adresse URL, date à laquelle l'article a été consulté.

THOMAS, Lewis H. « Riel, Louis », dans BIBLIOTHÈQUE ET ARCHIVES NATIONALES CANADA, *Dictionnaire biographique du Canada en ligne* [en ligne], http://www.biographi.ca/FR/ShowBio.asp?BioId=39918&query=, réf. du 1er avril 2008.

PRÉPARER UN DÉBAT ET Y PARTICIPER

Le débat est une occasion de faire ressortir différents points de vue sur des enjeux de société. Les historiennes et historiens débattent aussi de différents sujets pour construire leur interprétation des réalités du passé. Pour être vraisemblable, une opinion ou une interprétation doit reposer sur des arguments solides et être appuyée par des documents ou des témoignages.

Utilité

Cette technique est utile pour :

- considérer les solutions possibles à un enjeu de société et les conséquences éventuelles qui en découlent ;
- faire connaître et faire valoir son point de vue en argumentant ;
- faire progresser sa réflexion sur un thème ou un sujet.

Méthode

1. Organiser et préparer le débat

a) Choisissez le sujet du débat et énoncez-le clairement.

b) Quelle est votre position par rapport à l'enjeu du débat ?

c) Quels sont les arguments qui justifient votre point de vue ? Faites une liste de tous les arguments possibles, en pensant aux avantages et aux inconvénients de chacun.

d) Résumez vos arguments en des phrases simples et courtes que vous pourrez noter sur une fiche.

e) Appuyez vos arguments sur des faits, des documents ou des témoignages.

2. Participer au débat

a) Organisez les équipes selon le point de vue des participantes et participants (pour ou contre) ou selon les solutions envisagées par rapport au sujet du débat.

b) Choisissez une médiatrice ou un médiateur qui animera le débat (par exemple, en faisant respecter le temps accordé à chacune des équipes et en posant des questions pour alimenter le débat).

c) Expliquez et appuyez clairement votre position à l'aide de vos arguments.

d) Si l'horaire le permet, prévoyez un temps de réplique pour chacune des équipes.

3. Conclure le débat

a) Dressez un bilan des forces et des faiblesses des arguments exposés.

b) Quels ont été les arguments les plus convaincants ? Résumez-les.

c) À la suite du débat, votre point de vue a-t-il changé ?

Exemple

1. Sujet à débattre : Êtes-vous d'accord avec la chasse aux phoques ?

2.

Arguments pour :

- Les populations de phoques visées par cette chasse ne sont pas menacées : il y aurait plutôt une surpopulation.
- À Terre-Neuve, au Labrador et dans le golfe du Saint-Laurent, le nombre de phoques a triplé depuis 1970 et ces phoques menacent les stocks de poissons, par exemple la morue.
- Si l'on interdit complètement la chasse, l'impact sur les stocks de poissons pourrait nuire à l'industrie de la pêche, déjà en difficulté.
- Il s'agit d'une chasse réglementée. On ne peut pas chasser dans les zones de reproduction ni abattre les blanchons (bébés phoques) avant qu'ils ne soient sevrés et qu'ils n'aient perdu leur fourrure blanche.
- La chasse aux phoques est payante : près de 60 $ par peau. Elle représente le quart (jusqu'à 35 %, dans certains cas) des revenus de 15 000 familles de pêcheurs canadiens.

Arguments contre :

- La chasse aux phoques pratiquée à l'aide d'un gourdin muni d'un pic pour tuer les bêtes est cruelle.
- Les quotas (nombre autorisé de bêtes à abattre) fixés par le gouvernement du Canada ne cessent d'augmenter.
- La chasse aux phoques représente moins de 1 % de l'économie de Terre-Neuve-et-Labrador : les Terre-Neuviens pourraient s'en passer.
- Les États-Unis, la Belgique, les Pays-Bas, la Croatie et le Mexique ont déjà banni l'importation des produits du phoque.

3. Conclusion

Au Canada, la chasse aux phoques est bien encadrée et représente un revenu intéressant pour de nombreuses familles de pêcheurs. Cette activité permet de contrôler la croissance des troupeaux de phoques qui menacent les stocks de poissons. Il faudrait cependant imposer des mesures pour s'assurer que les bêtes sont abattues sans souffrances inutiles et que la fixation des quotas soit basée sur des données scientifiques.

DÉTERMINER LES CAUSES ET LES CONSÉQUENCES D'UN ÉVÉNEMENT

Pour bien comprendre un événement historique, il faut en déterminer les causes et les conséquences. Il faut donc savoir pourquoi cet événement s'est produit et ce qu'il a entraîné comme répercussions.

Utilité

Cette technique est utile pour :

- mesurer l'importance d'un événement au cours d'une période historique ;
- comprendre l'effet d'un événement sur la société de l'époque et, parfois, ses répercussions sur la société actuelle ;
- établir un lien entre plusieurs événements historiques.

Méthode

1. Déterminer les causes d'un événement

a) Faites une recherche sur le contexte historique qui précède l'événement.

b) Déterminez les raisons qui permettent d'expliquer pourquoi l'événement s'est produit. Pour vous aider, demandez-vous pour quelle raison cet événement a eu lieu. Les causes de l'événement peuvent être politiques, sociales, économiques, culturelles, etc. Elles peuvent parfois s'échelonner sur plusieurs années.

2. Déterminer les conséquences d'un événement

a) Faites une recherche sur le contexte historique qui suit l'événement.

b) Déterminez les changements que l'événement a provoqués. Pour vous aider, demandez-vous quels ont été les résultats ou les effets de l'événement sur la société. Les conséquences peuvent être politiques, sociales, économiques, culturelles, etc. Elles peuvent, de plus, s'échelonner sur plusieurs années.

Voici, à titre d'exemple, l'analyse des principales causes et conséquences d'un événement.

Exemple : La fondation de la Compagnie de la baie d'Hudson en 1670

Quelles sont les causes de cette fondation ?

- Au XVIIe siècle, la France et l'Angleterre se disputent le commerce des fourrures et sont des rivales dans la colonisation de l'Amérique du Nord.
- En 1660, Radisson et Des Groseilliers font connaître aux autorités françaises le potentiel de la région de la baie d'Hudson en ce qui concerne la traite des fourrures.
- Les autorités françaises refusent de fonder une compagnie pour exploiter ce potentiel.
- Radisson et Des Groseilliers réussissent à convaincre les autorités anglaises de créer une telle compagnie.

L'événement

Le 2 mai 1670, Charles II d'Angleterre accorde aux explorateurs Radisson et Des Groseilliers une charte royale créant la « Compagnie des aventuriers d'Angleterre faisant le commerce dans la baie d'Hudson ». Cette charte leur octroie le monopole de la traite avec les Amérindiens dans le bassin hydrographique de la baie d'Hudson, aussi désigné Terre de Rupert.

Quelles sont les conséquences de cette fondation ?

- La Compagnie implante un réseau de postes de traite sur le pourtour des baies James et d'Hudson.
- Cette présence renforce la position de l'Angleterre dans le commerce des fourrures en Amérique du Nord.
- Ces activités de commerce touchent directement de nouvelles populations amérindiennes, qui adoptent les marchandises de traite (couteaux, couvertures, etc.).
- Jusqu'à la Conquête, la Compagnie lutte contre les Français pour la maîtrise du commerce des fourrures dans le sud de la région.

ATLAS

Légende

Empire colonial espagnol vers 1600
Empire colonial portugais vers 1600
Empire colonial néerlandais vers le XVIIᵉ siècle
Empire colonial français vers 1750
Empire colonial britannique vers 1750
Domination néerlandaise aux XVIIᵉ et XVIIIᵉ siècles
Domination britannique à partir de 1760

Vikings (XIᵉ siècle)
Colomb (1492)
Vespucci (1499)
Magellan (1519-1521)
Dias (1487)
Gama (1497)
Cabral (1500)

Verrazano (1524)
Cartier (1534-1541)
Cabot (1497)
Cook (1768-1779)

OCÉAN PACIFIQUE
OCÉANIE
ASIE
OCÉAN INDIEN
ANTARCTIQUE
OCÉAN ARCTIQUE
EUROPE
GRANDE-BRETAGNE
PAYS-BAS
FRANCE
ESPAGNE
PORTUGAL
AFRIQUE
OCÉAN AUSTRAL
OCÉAN ATLANTIQUE
AMÉRIQUE DU SUD
AMÉRIQUE DU NORD
OCÉAN PACIFIQUE
Équateur

3000 km
Échelle à l'équateur

LE COLONIALISME ET L'IMPÉRIALISME
(XIXᵉ SIÈCLE)

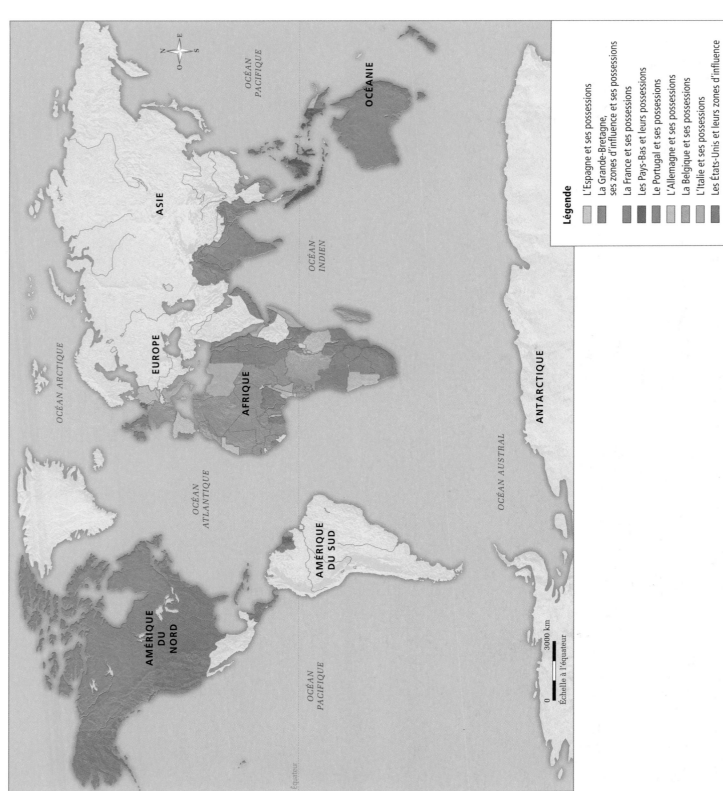

Légende

- L'Espagne et ses possessions
- La Grande-Bretagne, ses zones d'influence et ses possessions
- La France et ses possessions
- Les Pays-Bas et leurs possessions
- Le Portugal et ses possessions
- L'Allemagne et ses possessions
- La Belgique et ses possessions
- L'Italie et ses possessions
- Les États-Unis et leurs zones d'influence

OCÉAN PACIFIQUE

OCÉANIE

ASIE

OCÉAN INDIEN

OCÉAN ARCTIQUE

EUROPE

AFRIQUE

ANTARCTIQUE

OCÉAN ATLANTIQUE

OCÉAN AUSTRAL

AMÉRIQUE DU SUD

AMÉRIQUE DU NORD

OCÉAN PACIFIQUE

Équateur

0   3000 km

Échelle à l'équateur

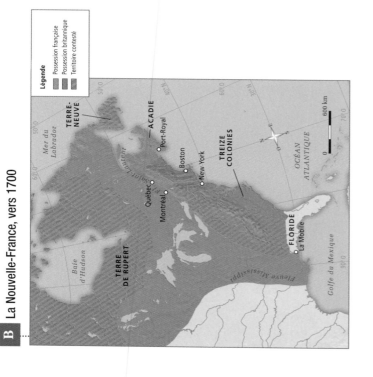

A Les nations autochtones du nord-est de l'Amérique, vers 1500

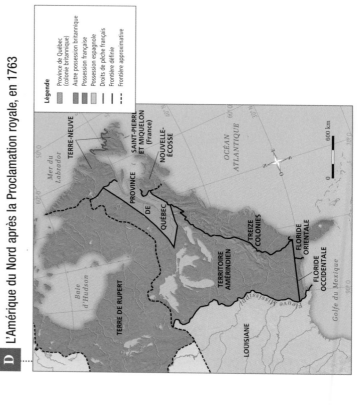

B La Nouvelle-France, vers 1700

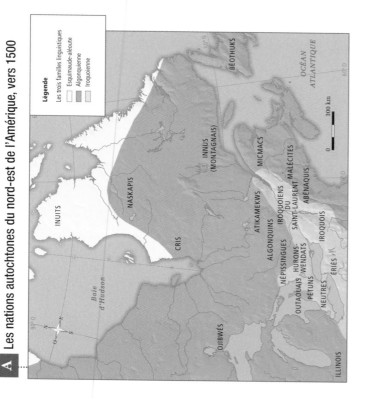

C La Nouvelle-France après le traité d'Utrecht de 1713

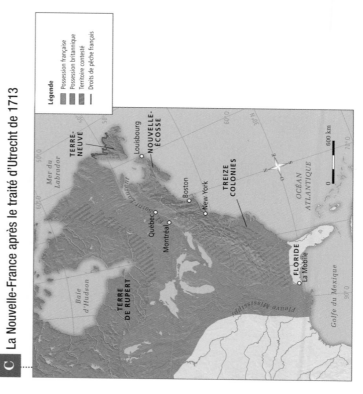

D L'Amérique du Nord après la Proclamation royale, en 1763

F L'Amérique du Nord après le traité de Paris, en 1783

Légende
- Province de Québec (colonie britannique)
- Possession britannique
- Possession française
- Possession espagnole
- États-Unis d'Amérique
- Territoire contesté (Grande-Bretagne–États-Unis d'Amérique)
- Territoire contesté (Espagne–États-Unis d'Amérique)
- Droits de pêche français
- Frontière définie
- Frontière approximative

E L'Amérique du Nord après l'Acte de Québec, en 1774

Légende
- Province de Québec (colonie britannique)
- Autre possession britannique
- Possession française
- Possession espagnole
- Droits de pêche français
- Frontière définie
- Frontière approximative

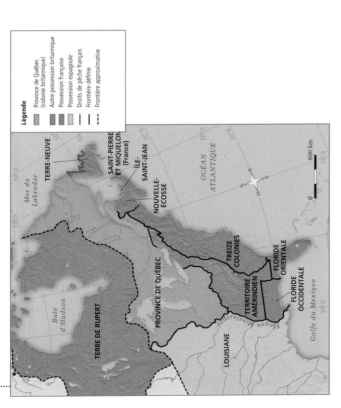

G L'Amérique du Nord britannique, en 1791

Légende
- Bas-Canada et Haut-Canada
- Autre possession britannique
- Possession espagnole
- États-Unis d'Amérique
- Frontière définie
- Frontière approximative

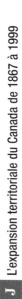

H Le Canada-Uni après l'Acte d'Union, en 1840

Légende
- Canada-Uni
- Autre possession britannique
- États-Unis d'Amérique
- —— Frontière définie
- – – – Frontière approximative

Mer du Labrador

TERRE-NEUVE

ÎLE-DU-PRINCE-ÉDOUARD

SAINT-PIERRE ET MIQUELON (France)

NOUVELLE-ÉCOSSE

OCÉAN ATLANTIQUE

0   200   400 km

Baie d'Hudson

TERRE DE RUPERT

CANADA-EST

CANADA-UNI

CANADA-OUEST

NOUVEAU-BRUNSWICK

Québec
Montréal
Toronto

ÉTATS-UNIS D'AMÉRIQUE

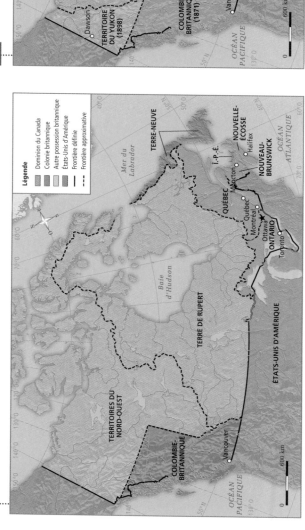

J L'expansion territoriale du Canada de 1867 à 1999

Légende
- Province canadienne
- Territoires du Yukon, du Nord-Ouest et du Nunavut
- Autre territoire britannique
- États-Unis d'Amérique
- —— Frontière définie
- – – – Frontières approximatives
- ······ (1867) Date d'entrée dans la Confédération

Mer du Labrador

TERRE-NEUVE-ET-LABRADOR (1949)

I.-P.-É. (1873)
Charlottetown
NOUVELLE-ÉCOSSE
Saint-Jean
Halifax (1867)
NOUVEAU-BRUNSWICK (1867)

QUÉBEC (1867)
Québec

ONTARIO (1867)
Toronto

Iqaluit

Baie d'Hudson

NUNAVUT (1999)

TERRITOIRES DU NORD-OUEST (1870)
Yellowknife

MANITOBA (1870)
Winnipeg

SASKATCHEWAN (1905)
Regina

ALBERTA (1905)
Edmonton

COLOMBIE-BRITANNIQUE (1871)
Vancouver

Dawson
TERRITOIRE DU YUKON (1898)

ÉTATS-UNIS D'AMÉRIQUE

OCÉAN PACIFIQUE

OCÉAN ATLANTIQUE

0   600 km

I Le Dominion du Canada en 1867

Légende
- Dominion du Canada
- Colonie britannique
- Autre possession britannique
- États-Unis d'Amérique
- —— Frontière définie
- – – – Frontière approximative

Mer du Labrador

TERRE-NEUVE

I.-P.-É.
NOUVELLE-ÉCOSSE
Halifax
NOUVEAU-BRUNSWICK
Moncton

QUÉBEC
Québec
Montréal
Ottawa
ONTARIO
Toronto

Baie d'Hudson

TERRE DE RUPERT

TERRITOIRES DU NORD-OUEST

COLOMBIE-BRITANNIQUE
Vancouver

ÉTATS-UNIS D'AMÉRIQUE

OCÉAN PACIFIQUE

OCÉAN ATLANTIQUE

0   600 km

L'ÉVOLUTION DE L'ORGANISATION POLITIQUE, DE 1663 À AUJOURD'HUI

A Le pouvoir d'État du Canada sous le régime français (1663-1760)

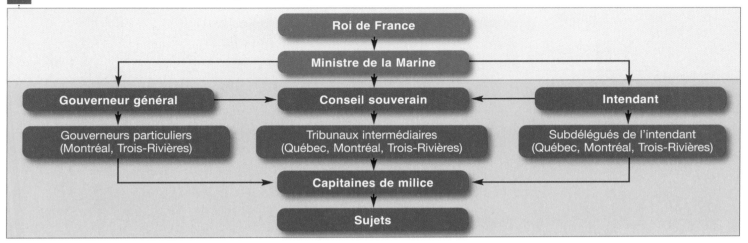

Roi de France
↓
Ministre de la Marine

Gouverneur général → Conseil souverain ← Intendant

Gouverneurs particuliers (Montréal, Trois-Rivières)

Tribunaux intermédiaires (Québec, Montréal, Trois-Rivières)

Subdélégués de l'intendant (Québec, Montréal, Trois-Rivières)

Capitaines de milice

Sujets

B Le pouvoir d'État dans la Province de Québec (1764-1791)

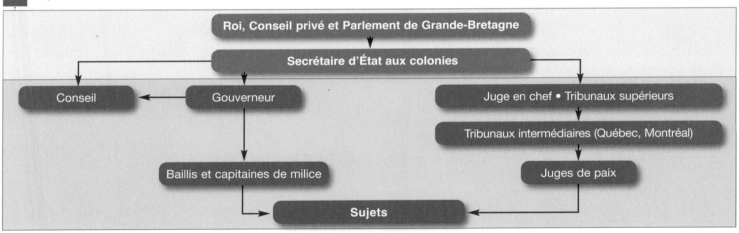

Roi, Conseil privé et Parlement de Grande-Bretagne
↓
Secrétaire d'État aux colonies

Conseil ← Gouverneur

Juge en chef • Tribunaux supérieurs

Tribunaux intermédiaires (Québec, Montréal)

Baillis et capitaines de milice

Juges de paix

Sujets

C Le pouvoir d'État au Bas-Canada (1791-1840)

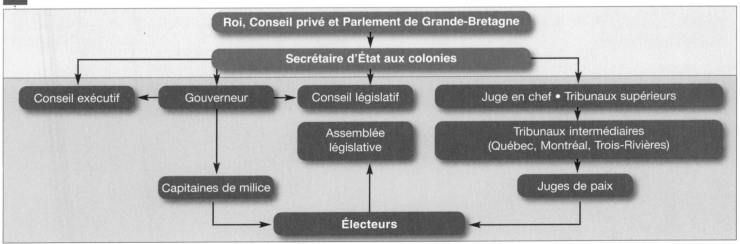

Roi, Conseil privé et Parlement de Grande-Bretagne
↓
Secrétaire d'État aux colonies

Conseil exécutif ← Gouverneur → Conseil législatif

Juge en chef • Tribunaux supérieurs

Assemblée législative

Tribunaux intermédiaires (Québec, Montréal, Trois-Rivières)

Capitaines de milice

Juges de paix

Électeurs

→ Indique un rapport d'autorité.

D Le pouvoir d'État au Canada-Uni (1840-1867)

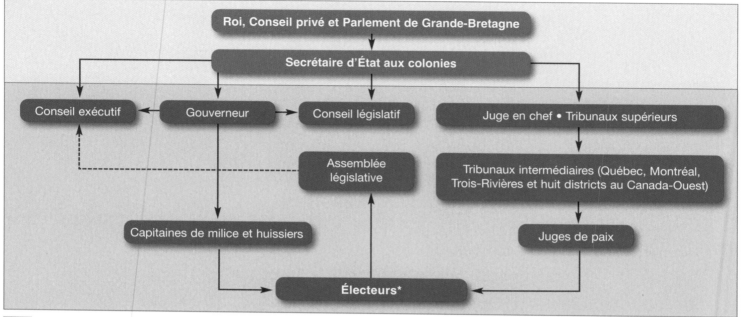

---➤ Après l'obtention du gouvernement responsable de 1848.

* Ils élisent aussi les gouvernements municipaux.

E Le pouvoir d'État dans la fédération canadienne (de 1867 à aujourd'hui)

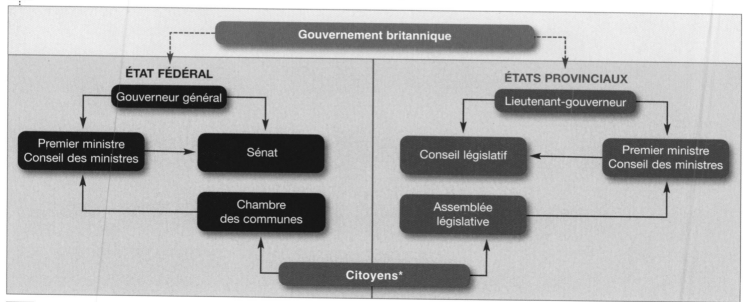

---➤ Indique que l'influence de la métropole diminue.

* Ils élisent aussi les gouvernements municipaux.

LE QUÉBEC PHYSIQUE

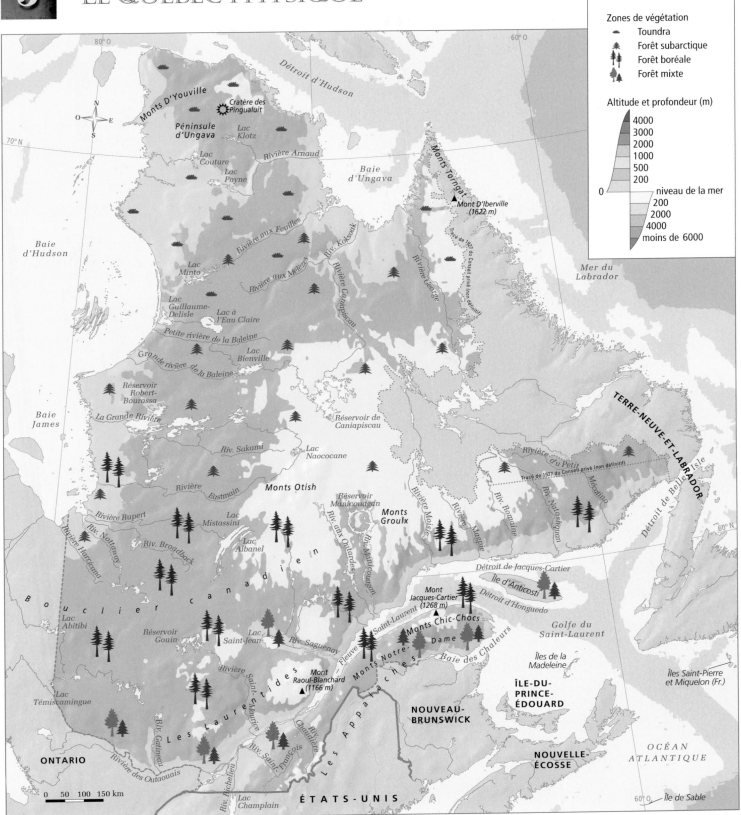

Légende

▲ Montagne
✺ Cratère

Zones de végétation
🌿 Toundra
🌲 Forêt subarctique
🌲 Forêt boréale
🌲 Forêt mixte

Altitude et profondeur (m)
4000
3000
2000
1000
500
200
0 — niveau de la mer
200
2000
4000
moins de 6000

Monts D'Youville
Cratère des Pingualuit
Péninsule d'Ungava
Lac Klotz
Lac Couture
Rivière Arnaud
Lac Payne
Détroit d'Hudson
Baie d'Ungava
Monts Torngat
Mont D'Iberville (1622 m)
Mer du Labrador
Baie d'Hudson
Rivière aux Feuilles
Riv. Koksoak
Rivière George
Lac Minto
Rivière aux Mélèzes
Rivière Caniapiscau
Tracé de 1927 du Conseil privé (non définitif)
Lac Guillaume-Delisle
Lac à l'Eau Claire
Petite rivière de la Baleine
Lac Bienville
Grande rivière de la Baleine
Réservoir Robert-Bourassa
La Grande Rivière
Baie James
Réservoir de Caniapiscau
TERRE-NEUVE-ET-LABRADOR
Riv. Sakami
Lac Naococane
Rivière du Petit Mécatina
Détroit de Belle Isle
Rivière Eastmain
Monts Otish
Monts Groulx
Rivière Moisie
Riv. Magpie
Riv. Romaine
Riv. Natashquan
Rivière Rupert
Réservoir Manicouagan
Riv. aux Outardes
Lac Mistassini
Riv. Nottaway
Riv. Broadback
Lac Albanel
Riv. Manicouagan
Détroit de Jacques-Cartier
Île d'Anticosti
Riv. Harricana
B o u c l i e r   c a n a d i e n
Mont Jacques-Cartier (1268 m)
Détroit d'Honguedo
Lac Abitibi
Réservoir Gouin
Lac Saint-Jean
Riv. Saguenay
Monts Chic-Chocs
Golfe du Saint-Laurent
Fleuve Saint-Laurent
Monts Notre-Dame
Baie des Chaleurs
Îles de la Madeleine
Îles Saint-Pierre et Miquelon (Fr.)
Lac Témiscamingue
Riv. Saint-Maurice
Mont Raoul-Blanchard (1166 m)
L e s   L a u r e n t i d e s
ÎLE-DU-PRINCE-ÉDOUARD
NOUVEAU-BRUNSWICK
Riv. Gatineau
Riv. Saint-François
Riv. Chaudière
L e s   A p p a l a c h e s
NOUVELLE-ÉCOSSE
OCÉAN ATLANTIQUE
ONTARIO
Rivière des Outaouais
Riv. Richelieu
Lac Champlain
ÉTATS-UNIS
Île de Sable

0 50 100 150 km

Légende

☆ Capitale provinciale
■ Ville de plus de 1 million d'habitants
○ Ville de plus de 100 000 habitants
• Ville ou village de moins de 100 000 habitants
— Frontière internationale
---- Frontière provinciale
······ Frontière non définitive
(tracé de 1927 du Conseil privé)

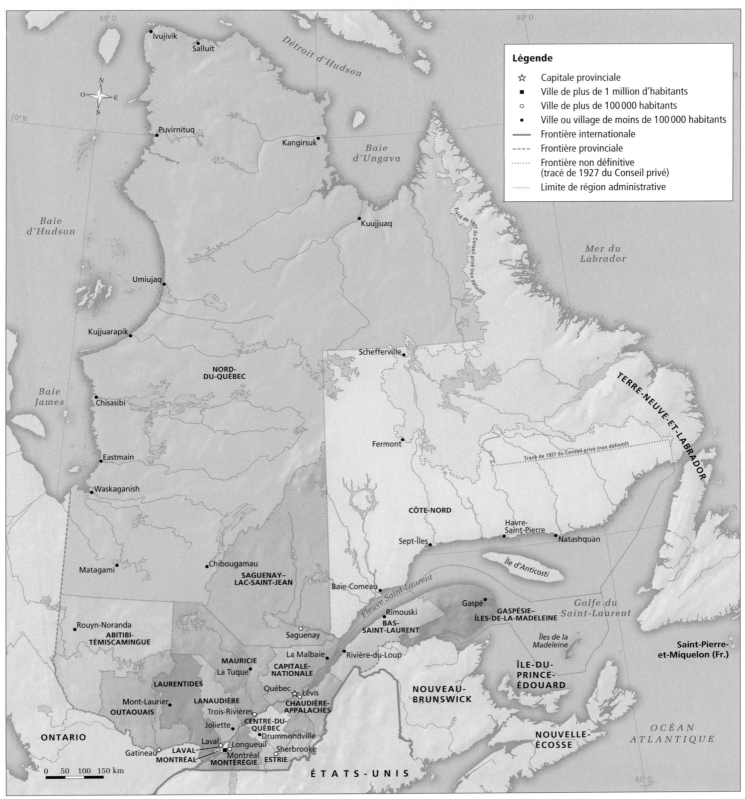

Légende

☆ Capitale provinciale
■ Ville de plus de 1 million d'habitants
○ Ville de plus de 100 000 habitants
• Ville ou village de moins de 100 000 habitants
—— Frontière internationale
---- Frontière provinciale
······ Frontière non définitive
         (tracé de 1927 du Conseil privé)
········ Limite de région administrative

Ivujivik
Salluit
Détroit d'Hudson

Puvirnituq
Kangirsuk
Baie d'Ungava

Baie d'Hudson

Kuujjuaq
Mer du Labrador

Umiujaq

Kujjuarapik

NORD-DU-QUÉBEC

Scheffervile
TERRE-NEUVE-ET-LABRADOR

Chisasibi

Baie James

Fermont
Tracé de 1927 du Conseil privé (non définitif)

Eastmain

Waskaganish

CÔTE-NORD

Havre-Saint-Pierre
Natashquan
Sept-Îles

Matagami
Chibougamau
Île d'Anticosti

SAGUENAY–LAC-SAINT-JEAN
Baie-Comeau
Fleuve Saint-Laurent
Golfe du Saint-Laurent

Rouyn-Noranda
ABITIBI-TÉMISCAMINGUE
Saguenay
Rimouski
BAS-SAINT-LAURENT
Gaspé
GASPÉSIE–ÎLES-DE-LA-MADELEINE
Îles de la Madeleine
Saint-Pierre-et-Miquelon (Fr.)

La Malbaie
Rivière-du-Loup

MAURICIE
La Tuque
CAPITALE-NATIONALE
ÎLE-DU-PRINCE-ÉDOUARD

LAURENTIDES
Québec ☆ Lévis
NOUVEAU-BRUNSWICK

Mont-Laurier
LANAUDIÈRE
CHAUDIÈRE-APPALACHES
OUTAOUAIS
Trois-Rivières
Joliette
CENTRE-DU-QUÉBEC
OCÉAN ATLANTIQUE

ONTARIO
Laval
Drummondville
NOUVELLE-ÉCOSSE

Gatineau
LAVAL
Longueuil
Sherbrooke
MONTRÉAL
Montréal
MONTÉRÉGIE
ESTRIE

0 50 100 150 km

É T A T S - U N I S

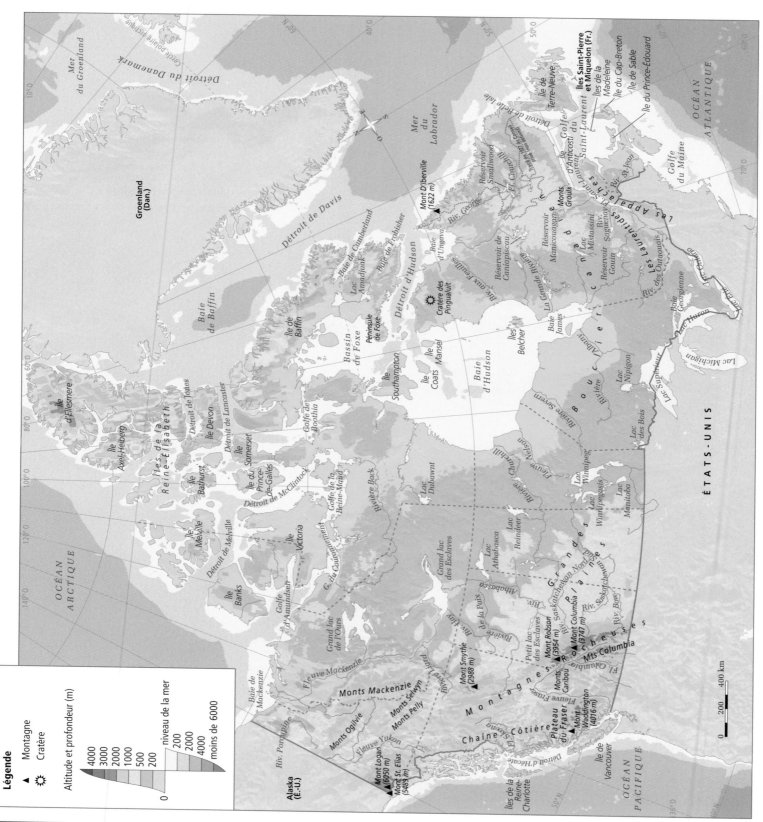

9 LE CANADA POLITIQUE

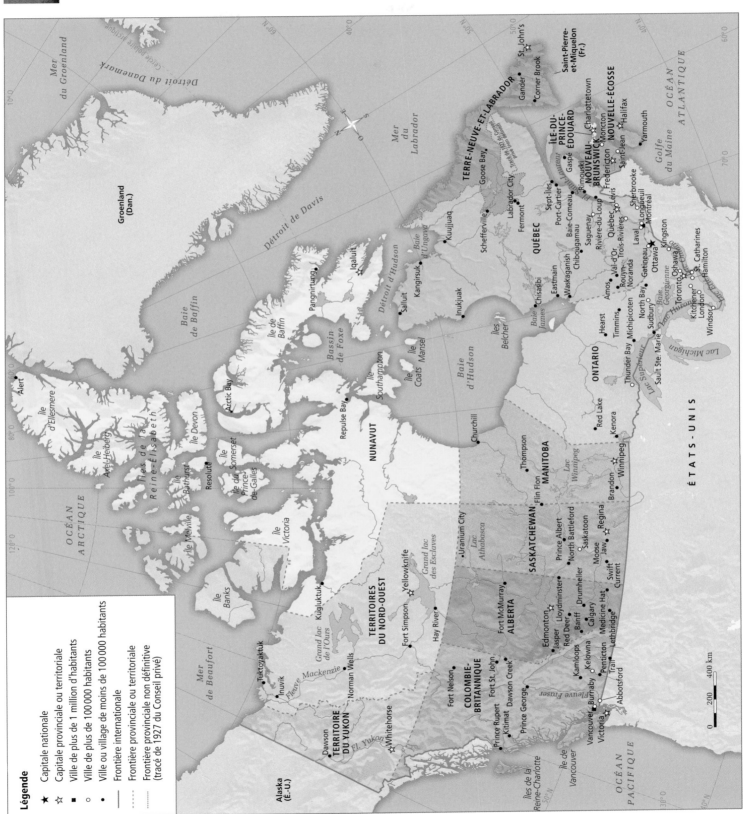

Légende

★ Capitale nationale
☆ Capitale provinciale ou territoriale
■ Ville de plus de 1 million d'habitants
▣ Ville de plus de 100 000 habitants
● Ville ou village de moins de 100 000 habitants
━━ Frontière internationale
┄┄ Frontière provinciale ou territoriale
········ Frontière provinciale non définitive (tracé de 1927 du Conseil privé)

Mer du Groenland

Détroit de Danemark

Groenland (Dan.)

Mer du Labrador

Détroit de Davis

Baie de Baffin

Île de Baffin

Île d'Ellesmere

Îles de la Reine-Élisabeth

Île Axel Heiberg

Île Devon

Île Bathurst

Île du Somerset

Île Prince-de-Galles

Île Melville

Île Victoria

Île Banks

OCÉAN ARCTIQUE

Mer de Beaufort

Alaska (É.-U.)

Alert

Arctic Bay

Pangnirtung

Iqaluit

Resolute

Kugluktuk

Repulse Bay

NUNAVUT

Bassin de Foxe

Île Southampton

Île Coats

Île Mansel

Baie d'Hudson

Churchill

Baie James

Îles Belcher

Baie d'Ungava

Kuujjuaq

Kangirsuk

Salluit

Inukjuak

TERRE-NEUVE-ET-LABRADOR

Goose Bay

Schefferville

Labrador City

Fermont

Mer du Labrador

Gander

St. John's

Corner Brook

Saint-Pierre-et-Miquelon (Fr.)

ÎLE-DU-PRINCE-ÉDOUARD

Charlottetown

NOUVEAU-BRUNSWICK

NOUVELLE-ÉCOSSE

Rimouski

Gaspé

Moncton

Fredericton

Saint-Jean

Halifax

Yarmouth

Golfe du Maine

OCÉAN ATLANTIQUE

Sept-Îles

Port-Cartier

Baie-Comeau

Saguenay

Rivière-du-Loup

Lévis

Sherbrooke

QUÉBEC

Chibougamau

Chisasibi

Eastmain

Waskaganish

Val-d'Or

Rouyn-Noranda

Québec

Trois-Rivières

Laval

Longueuil

Montréal

Gatineau

Ottawa

Kingston

St. Catharines

Hamilton

Amos

Hearst

Timmins

North Bay

Sudbury

Michipicoten

Thunder Bay

Sault Ste. Marie

Lac Supérieur

Baie Georgienne

Lac Huron

Oshawa

Toronto

Kitchener

London

Windsor

Lac Michigan

ONTARIO

Red Lake

Kenora

Thompson

MANITOBA

Lac Winnipeg

Flin Flon

Winnipeg

Brandon

SASKATCHEWAN

Uranium City

Lac Athabasca

Prince Albert

North Battleford

Saskatoon

Moose Jaw

Regina

Swift Current

ÉTATS-UNIS

TERRITOIRES DU NORD-OUEST

Grand lac des Esclaves

Yellowknife

Fort Simpson

Hay River

Grand lac de l'Ours

Fleuve Mackenzie

Norman Wells

Tuktoyaktuk

Inuvik

TERRITOIRE DU YUKON

Dawson

Whitehorse

Fl. Yukon

ALBERTA

Fort McMurray

Edmonton

Jasper

Red Deer

Banff

Calgary

Drumheller

Lloydminster

Medicine Hat

Lethbridge

COLOMBIE-BRITANNIQUE

Fort Nelson

Fort St. John

Dawson Creek

Prince Rupert

Kitimat

Prince George

Kamloops

Kelowna

Penticton

Trail

Abbotsford

Vancouver

Burnaby

Victoria

Fleuve Fraser

Îles de la Reine-Charlotte

Île de Vancouver

OCÉAN PACIFIQUE

Le Canada politique **Atlas géographique** 315

10 LE MONDE PHYSIQUE

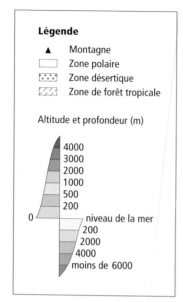

Légende

▲ Montagne

▢ Zone polaire

▢ Zone désertique

▢ Zone de forêt tropicale

Altitude et profondeur (m)

4000
3000
2000
1000
500
200
0
niveau de la mer
200
2000
4000
moins de 6000

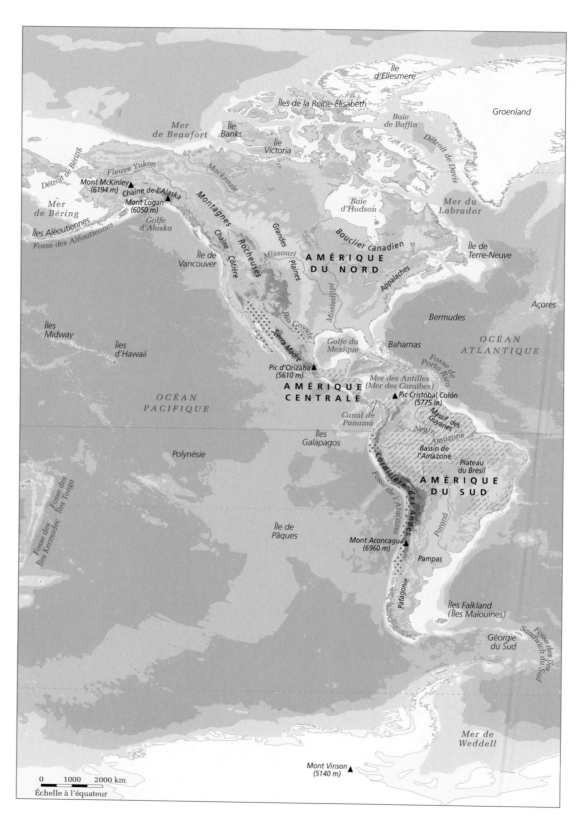

Île d'Ellesmere

Îles de la Reine-Élisabeth

Mer de Beaufort

Île Banks

Île Victoria

Baie de Baffin

Groenland

Détroit de Davis

Mackenzie

Bouclier canadien

Baie d'Hudson

Mer du Labrador

Détroit de Béring

Fleuve Yukon

Mont McKinley (6194 m)

Chaîne de l'Alaska

Mont Logan (6050 m)

Mer de Béring

Golfe d'Alaska

Îles Aléoutiennes

Fosse des Aléoutiennes

Montagnes Rocheuses

Chaîne Côtière

Île de Vancouver

Grandes Plaines

Missouri

Mississippi

AMÉRIQUE DU NORD

Appalaches

Île de Terre-Neuve

Açores

Îles Midway

Îles d'Hawaii

Rio Grande

Sierra Madre

Golfe du Mexique

Bahamas

Bermudes

OCÉAN ATLANTIQUE

Pic d'Orizaba (5610 m)

AMÉRIQUE CENTRALE

Mer des Antilles (Mer des Caraïbes)

Fosse de Porto Rico

Pic Cristóbal Colón (5775 m)

Canal de Panamá

Massif des Guyanes

OCÉAN PACIFIQUE

Îles Galápagos

Negro

Amazone

Bassin de l'Amazone

Plateau du Brésil

Polynésie

Cordillère des Andes

Fosse de l'Atacama

AMÉRIQUE DU SUD

Fosse des Îles Tonga

Fosse des Îles Kermadec

Paraná

Île de Pâques

Mont Aconcagua (6960 m)

Pampas

Patagonie

Îles Falkland (Îles Malouines)

Géorgie du Sud

Fosse des Îles Sandwich du Sud

Mer de Weddell

Mont Vinson (5140 m)

0   1000   2000 km

Échelle à l'équateur

OCÉAN
ARCTIQUE

Spitzberg

Terre François-Joseph

Terre du Nord

Îles de
Nouvelle-Sibérie

Nouvelle-Zemble

Île
Wrangel

Mer du
Groenland

Mer de
Barents

Mer de
Norvège

Cercle polaire arctique

Massif scandinave

Plateau de
Sibérie centrale

ASIE

Mer
d'Okhotsk

Kamtchatka

Mer
de Béring

Monts Oural

Ob

Lena

Îles Aléoutiennes
Fosse des Aléoutiennes

Mer du
Nord

Mer
Baltique

Plaine germano-polonaise

EUROPE

Volga

Plaine
de Sibérie
occidentale

Iénisseï

Désert
de Gobi

Sakhaline

Hokkaidō

Mer du
Japon

OCÉAN
PACIFIQUE

Rhin

Carpates

Danube

Mer
Caspienne

Monts Altaï

Amour

Honshū

Mont Blanc
(4808 m)
Alpes

Caucase

Mer
d'Aral

Monts Tian Shan

Mer
Jaune

Kyūshū

Fosse des Kouriles

Pyrénées

Mer Noire

Mont Elbrouz
(5642 m)

Jiang he

Mer de
Chine
orientale

Fosse du Japon

Tropique du Cancer

Tage

Détroit de Gibraltar

Mer
Méditerranée

Plateau
d'Iran

Himalaya
Plateau
du Tibet

Chang Jiang

Formose

Mer des
Philippines

Îles
Mariannes

Atlas

Tigre

Euphrate

Indus

Mont Everest
(8850 m)

Hainan

Micronésie

Îles Canaries

Arabie

Ganges

Mekong

Luçon

Fosse des Philippines

Îles Marshall

Massif
Hoggar
Tibesti

Désert
de Libye

Désert de
Rub'al-Khali

Plateau
du
Deccan

Mer de
Chine
méridionale

Fosse des Mariannes

Îles Carolines

Îles Gilbert

Désert du Sahara

Mer Rouge

Mer
d'Oman

Golfe
du
Bengale

Niger

Golfe d'Aden

Sahel

Massif
éthiopien

Îles
Maldives

Sumatra

Bornéo

Puncak Jaya
(4884 m)

Équateur

AFRIQUE

Golfe
de Guinée

Congo

Bassin
du Congo

Mont
Kilimandjaro
(5892 m)

Seychelles

OCÉAN
INDIEN

Fosse de Java

Java

Mer de
Timor

Mer
d'Arafura

Mer de
Corail

Îles Fidji

Sainte-Hélène

Zambèze

Île Maurice

Grand Désert
de Sable

OCÉANIE

Mélanésie

Îles du
Cap-Vert

La Réunion

Tropique du Capricorne

Fosse des
Îles Kermadec

Désert
du Kalahari

Canal de Mozambique

Grand Désert
de Victoria

Darling

Alpes australiennes

Mer de
Tasman

Orange

Grande
Baie
australienne

Tasmanie

N
O   E
S

Kerguelen

OCÉAN
AUSTRAL

Cercle polaire antarctique

ANTARCTIQUE

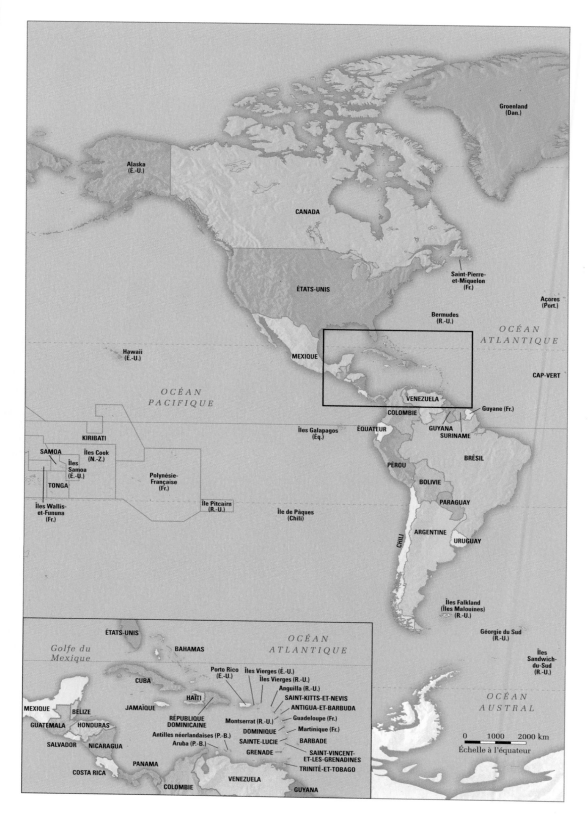

Groenland
(Dan.)

Alaska
(É.-U.)

CANADA

ÉTATS-UNIS

Saint-Pierre-
et-Miquelon
(Fr.)

Açores
(Port.)

Bermudes
(R.-U.)

OCÉAN
ATLANTIQUE

Hawaii
(É.-U.)

MEXIQUE

CAP-VERT

OCÉAN
PACIFIQUE

VENEZUELA

Guyane (Fr.)

COLOMBIE

Îles Galapagos
(Éq.)

ÉQUATEUR

GUYANA
SURINAME

KIRIBATI

BRÉSIL

SAMOA

Îles Cook
(N.-Z.)

PÉROU

Îles
Samoa
(É.-U.)

TONGA

Polynésie-
Française
(Fr.)

BOLIVIE

PARAGUAY

Îles Wallis-
et-Fununa
(Fr.)

Île Pitcairn
(R.-U.)

Île de Pâques
(Chili)

ARGENTINE

URUGUAY

CHILI

Îles Falkland
(Îles Malouines)
(R.-U.)

Géorgie du Sud
(R.-U.)

Îles
Sandwich-
du-Sud
(R.-U.)

OCÉAN
AUSTRAL

ÉTATS-UNIS

OCÉAN
ATLANTIQUE

Golfe du
Mexique

BAHAMAS

Porto Rico
(É.-U.)

Îles Vierges (É.-U.)

Îles Vierges (R.-U.)

CUBA

Anguilla (R.-U.)

SAINT-KITTS-ET-NEVIS

HAÏTI

ANTIGUA-ET-BARBUDA

MEXIQUE

BELIZE

JAMAÏQUE

Montserrat (R.-U.)

Guadeloupe (Fr.)

GUATEMALA

HONDURAS

RÉPUBLIQUE
DOMINICAINE

DOMINIQUE

Martinique (Fr.)

Antilles néerlandaises (P.-B.)

SAINTE-LUCIE

BARBADE

SALVADOR

NICARAGUA

Aruba (P.-B.)

GRENADE

SAINT-VINCENT-
ET-LES-GRENADINES

PANAMA

TRINITÉ-ET-TOBAGO

COSTA RICA

VENEZUELA

COLOMBIE

GUYANA

0   1000   2000 km

Échelle à l'équateur

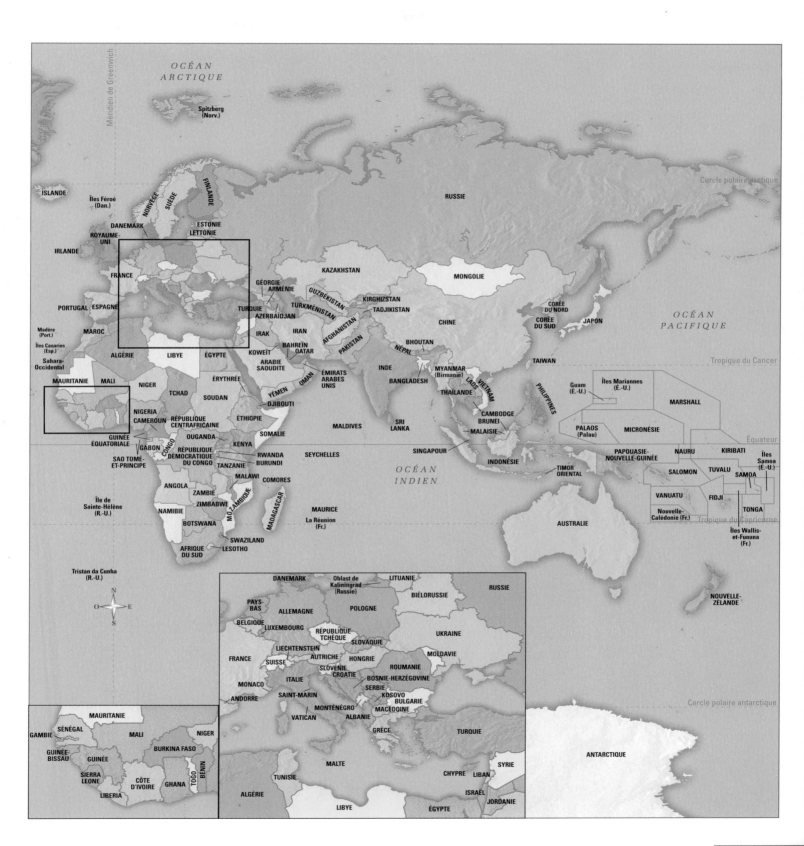

OCÉAN
ARCTIQUE

Spitzberg
(Norv.)

Méridien de Greenwich

ISLANDE

Îles Féroé
(Dan.)

NORVÈGE
SUÈDE
FINLANDE

DANEMARK

ESTONIE
LETTONIE

ROYAUME-
UNI

IRLANDE

FRANCE

PORTUGAL ESPAGNE

Madère
(Port.)

Îles Canaries
(Esp.)

MAROC

Sahara-
Occidental

ALGÉRIE

LIBYE

ÉGYPTE

MAURITANIE MALI

NIGER

TCHAD

SOUDAN

ÉRYTHRÉE

NIGERIA
CAMEROUN

RÉPUBLIQUE
CENTRAFRICAINE

ÉTHIOPIE

GUINÉE
ÉQUATORIALE

GABON

OUGANDA

SOMALIE

SAO TOMÉ-
ET-PRINCIPE

CONGO

RÉPUBLIQUE
DÉMOCRATIQUE
DU CONGO

KENYA

RWANDA
BURUNDI

TANZANIE

SEYCHELLES

MALAWI

COMORES

Île de
Sainte-Hélène
(R.-U.)

ANGOLA

ZAMBIE

ZIMBABWE

MOZAMBIQUE

MADAGASCAR

MAURICE

La Réunion
(Fr.)

NAMIBIE

BOTSWANA

SWAZILAND

AFRIQUE
DU SUD

LESOTHO

Tristan da Cunha
(R.-U.)

N
O   E
S

RUSSIE

KAZAKHSTAN

MONGOLIE

CORÉE
DU NORD

GÉORGIE
ARMÉNIE

OUZBÉKISTAN

KIRGHIZSTAN

TURQUIE
AZERBAÏDJAN

TURKMÉNISTAN

TADJIKISTAN

CORÉE
DU SUD

JAPON

OCÉAN
PACIFIQUE

IRAK

IRAN

AFGHANISTAN

CHINE

BAHREÏN
QATAR

PAKISTAN

NÉPAL

BHOUTAN

TAIWAN

Tropique du Cancer

KOWEÏT

ARABIE
SAOUDITE

OMAN

ÉMIRATS
ARABES
UNIS

INDE

BANGLADESH

MYANMAR
(Birmanie)

LAOS

VIETNAM

PHILIPPINES

Guam
(É.-U.)

Îles Mariannes
(É.-U.)

MARSHALL

YÉMEN

DJIBOUTI

THAÏLANDE

CAMBODGE
BRUNEI

MALDIVES

SRI
LANKA

MALAISIE

PALAOS
(Palau)

MICRONÉSIE

Équateur

SINGAPOUR

INDONÉSIE

TIMOR
ORIENTAL

PAPOUASIE-
NOUVELLE-GUINÉE

NAURU

KIRIBATI

Îles
Samoa
(É.-U.)

OCÉAN
INDIEN

SALOMON

TUVALU

SAMOA

VANUATU

FIDJI

TONGA

Nouvelle-
Calédonie (Fr.)

Tropique du Capricorne

AUSTRALIE

Îles Wallis-
et-Futuna
(Fr.)

NOUVELLE-
ZÉLANDE

DANEMARK

Oblast de
Kaliningrad
(Russie)

LITUANIE

BIÉLORUSSIE

RUSSIE

PAYS-
BAS

ALLEMAGNE

POLOGNE

BELGIQUE

LUXEMBOURG

RÉPUBLIQUE
TCHÈQUE

SLOVAQUIE

UKRAINE

FRANCE

LIECHTENSTEIN

AUTRICHE

HONGRIE

MOLDAVIE

SUISSE

SLOVÉNIE
CROATIE

ROUMANIE

MONACO

ITALIE

BOSNIE-HERZÉGOVINE

SERBIE

SAINT-MARIN

KOSOVO
BULGARIE

ANDORRE

MONTÉNÉGRO

MACÉDOINE

VATICAN

ALBANIE

Cercle polaire antarctique

GRÈCE

TURQUIE

MALTE

SYRIE

ANTARCTIQUE

CHYPRE

LIBAN

TUNISIE

ISRAËL

JORDANIE

MAURITANIE

SÉNÉGAL

GAMBIE

MALI

NIGER

GUINÉE-
BISSAU

GUINÉE

BURKINA FASO

SIERRA
LEONE

CÔTE
D'IVOIRE

GHANA

TOGO

BÉNIN

LIBERIA

ALGÉRIE

LIBYE

ÉGYPTE

Cercle polaire arctique

Légende

★   Capitale nationale

────   Frontière internationale

-----   Frontière provinciale, d'État
ou de territoire

Légende

★ Capitale nationale

— Frontière internationale

Aruba (P.-B.)

Curaçao (P.-B.)

Caracas ★

Orénoque

VENEZUELA

Georgetown ★

Magdalena

GUYANA

Paramaribo ★

Bogotá ★

SURINAME

Guyane (Fr.)

COLOMBIE

Équateur

0°

★ Quito

Negro

Amazone

ÉQUATEUR

Putumayo

Japurá

Îles Galápagos (Équateur)

Amazone

Juruá

Madeira

Tapajós

Tocantins

Ucayali

BRÉSIL

Lima ★

PÉROU

Lac Titicaca

La Paz ★

Brasília ★

OCÉAN PACIFIQUE

BOLIVIE

PARAGUAY

Tropique du Capricorne

Asunción ★

Îles Juan Fernández (Chili)

ARGENTINE

URUGUAY

OCÉAN ATLANTIQUE

Santiago ★

Buenos Aires ★

★ Montevideo

CHILI

Îles Falkland (Îles Malouines) (R.-U.)

Géorgie-du-Sud (R.-U.)

0 200 400 600 km

Détroit de Drake

14 L'EUROPE

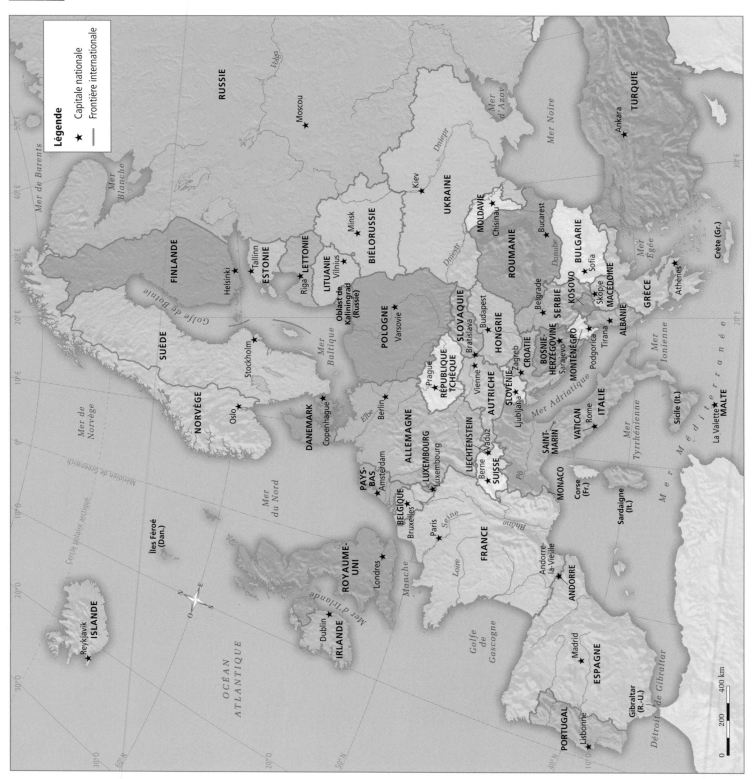

Légende

★ Capitale nationale

— Frontière internationale

RUSSIE

Volga

Mer de Barents

Mer Blanche

Moscou ★

Mer d'Azov

Mer Noire

TURQUIE

Ankara ★

FINLANDE

Helsinki ★

Tallinn ★ ESTONIE

Mer Égée

Crète (Gr.)

Kiev ★

UKRAINE

Minsk ★

BIÉLORUSSIE

MOLDAVIE

Chisinau ★

Riga ★ LETTONIE

LITUANIE

Vilnius ★

Bucarest ★

ROUMANIE

BULGARIE

Sofia ★

Danube

SUÈDE

Oblast de Kaliningrad (Russie)

POLOGNE

Varsovie ★

Belgrade ★

KOSOVO

SERBIE

Skopje ★ MACÉDOINE

Mer Baltique

SLOVAQUIE

Bratislava ★

Budapest ★

HONGRIE

BOSNIE-HERZÉGOVINE

Sarajevo ★

Podgorica ★

Tirana ★

ALBANIE

GRÈCE

Athènes ★

Stockholm ★

Golfe de Botnie

Prague ★

RÉPUBLIQUE TCHÈQUE

Zagreb ★ CROATIE

MONTÉNÉGRO

Mer Ionienne

NORVÈGE

Oslo ★

Vienne ★

AUTRICHE

SLOVÉNIE

Ljubljana ★

Mer Adriatique

DANEMARK

Copenhague ★

Berlin ★

Elbe

ALLEMAGNE

LIECHTENSTEIN

Vaduz ★

Berne ★

SUISSE

VATICAN

Rome ★

ITALIE

Mer Tyrrhénienne

Sicile (It.)

La Valette ★ MALTE

Mer Méditerranée

Mer de Norvège

Méridien de Greenwich

Mer du Nord

Iles Féroé (Dan.)

LUXEMBOURG

Luxembourg ★

SAINT-MARIN

Po

MONACO

Corse (Fr.)

Sardaigne (It.)

Cercle polaire arctique

PAYS-BAS

Amsterdam ★

BELGIQUE

Bruxelles ★

Paris ★

Seine

Rhône

Reykjavik ★ ISLANDE

ROYAUME-UNI

Londres ★

Manche

Mer d'Irlande

FRANCE

Loire

Andorre-la-Vieille ★

ANDORRE

OCÉAN ATLANTIQUE

Dublin ★

IRLANDE

Golfe de Gascogne

Madrid ★

ESPAGNE

Gibraltar (R.-U.)

Détroit de Gibraltar

PORTUGAL

Lisbonne ★

Dniepr

Dniestr

N

O E

S

400 km

200

0

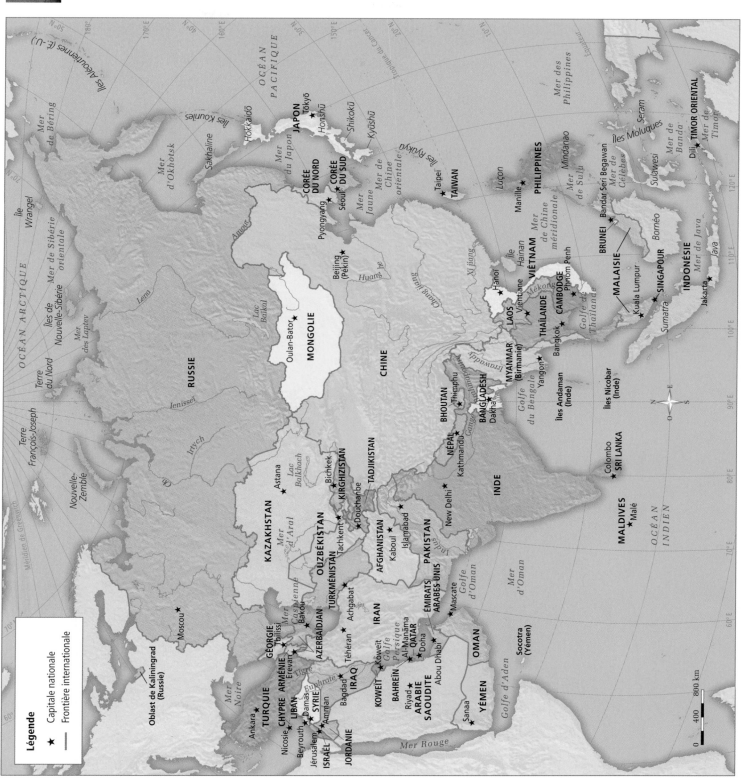

Légende

★ Capitale nationale

— Frontière internationale

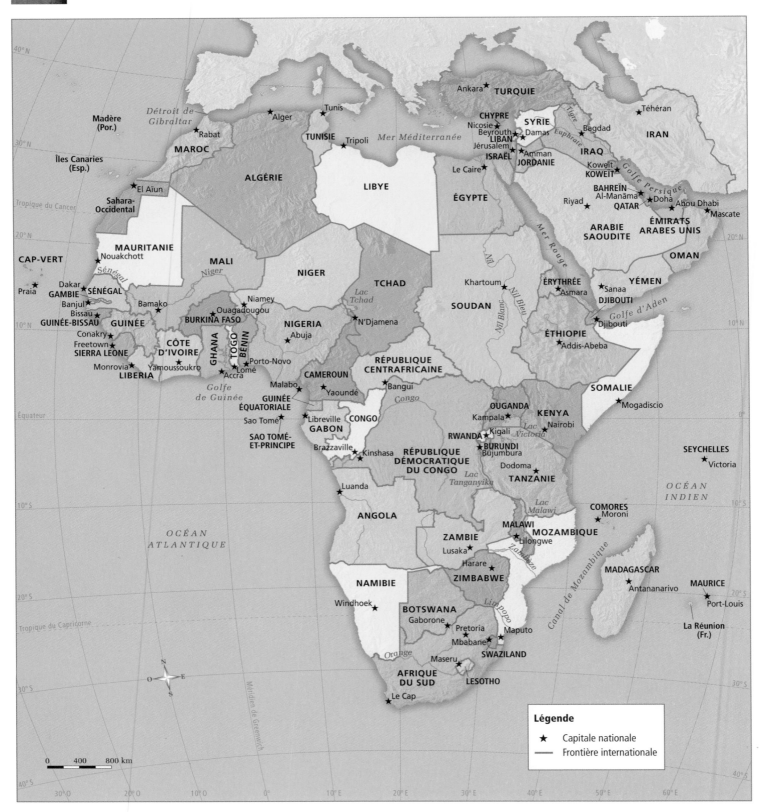

Madère
(Por.)

*Détroit de
Gibraltar*

Rabat ★

Alger ★

Tunis ★

TURQUIE

Ankara ★

Téhéran ★

CHYPRE
Nicosie ★
Beyrouth
LIBAN
Jérusalem ★
ISRAËL
Amman ★
JORDANIE

SYRIE
Damas ★

Bagdad ★

IRAN

Euphrate

Tigre

IRAK

Koweït ★
KOWEÏT

Îles Canaries
(Esp.)

MAROC

El Aïun ★

Sahara-
Occidental

TUNISIE
Tripoli ★

Mer Méditerranée

ALGÉRIE

LIBYE

ÉGYPTE

Le Caire ★

BAHREÏN
Al-Manāma ★ ★ Doha
QATAR

Riyad ★

ÉMIRATS
ARABES UNIS

Abou Dhabi ★
★ Mascate

Golfe Persique

Tropique du Cancer

CAP-VERT

MAURITANIE
Nouakchott ★

MALI

ARABIE
SAOUDITE

OMAN

Nil

Praia ★

Dakar ★
GAMBIE
Banjul ★
Bissau ★
GUINÉE-BISSAU

SÉNÉGAL

Sénégal

Niger

Bamako ★

Niamey ★
Ouagadougou ★
BURKINA FASO

NIGER

TCHAD

*Lac
Tchad*

N'Djamena ★

Khartoum ★

SOUDAN

ÉRYTHRÉE
Asmara ★

Nil Bleu

Sanaa ★
DJIBOUTI

YÉMEN

Golfe d'Aden

Conakry ★
GUINÉE

CÔTE
D'IVOIRE

GHANA

NIGERIA
Abuja ★

Djibouti ★

ÉTHIOPIE
Addis-Abeba ★

Freetown ★
SIERRA LEONE

Monrovia ★
LIBERIA

Yamoussoukro ★

Accra ★
Lomé ★
TOGO
BÉNIN
Porto-Novo ★

Malabo ★

CAMEROUN
Yaoundé ★

RÉPUBLIQUE
CENTRAFRICAINE

Bangui ★

SOMALIE

Mogadiscio ★

*Golfe
de Guinée*

GUINÉE
ÉQUATORIALE

Sao Tomé ★

SAO TOMÉ-
ET-PRINCIPE

Libreville ★
GABON

CONGO

Congo

OUGANDA
Kampala ★

Kigali ★
RWANDA
BURUNDI
Bujumbura ★

KENYA
Nairobi ★

*Lac
Victoria*

SEYCHELLES

Victoria ★

Équateur

Brazzaville ★

Kinshasa ★

RÉPUBLIQUE
DÉMOCRATIQUE
DU CONGO

Dodoma ★

*Lac
Tanganyika*

TANZANIE

*OCÉAN
INDIEN*

Luanda ★

ANGOLA

ZAMBIE

Lusaka ★

*Lac
Malawi*

MALAWI
Lilongwe ★

COMORES
Moroni ★

MOZAMBIQUE

*OCÉAN
ATLANTIQUE*

Harare ★

Zambèze

MADAGASCAR
Antananarivo ★

MAURICE

Port-Louis ★

NAMIBIE

Windhoek ★

BOTSWANA
Gaborone ★

ZIMBABWE

Limpopo

Canal de Mozambique

La Réunion
(Fr.)

Pretoria ★
Mbabane ★

Maputo ★

SWAZILAND

Orange

AFRIQUE
DU SUD

Maseru ★
LESOTHO

Le Cap ★

Méridien de Greenwich

N
O E
S

0   400   800 km

Légende

★ Capitale nationale

—— Frontière internationale

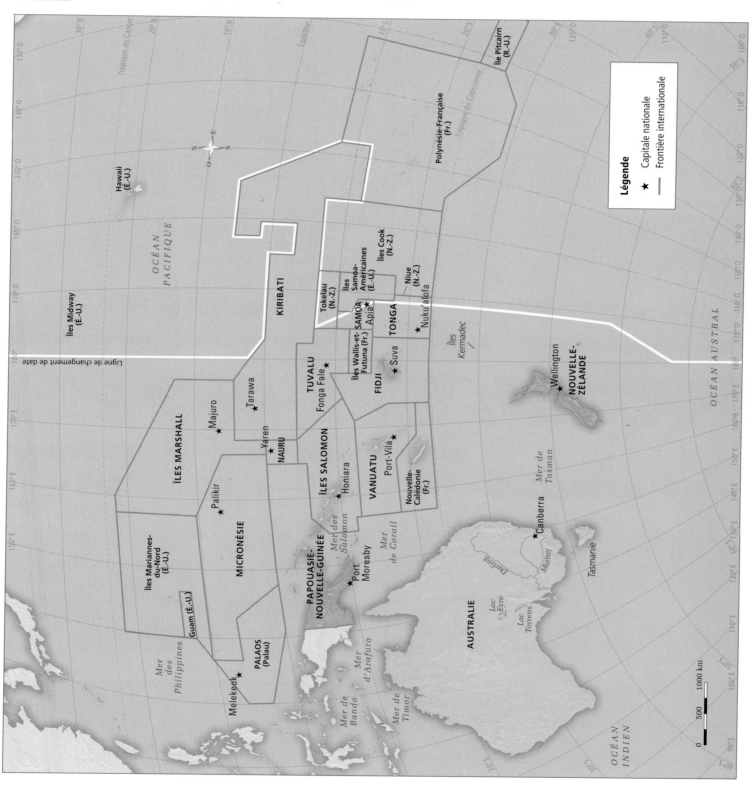

Légende

★ Capitale nationale

— Frontière internationale

Île Pitcairn (R.-U.)

Polynésie-Française (Fr.)

Hawaii (É.-U.)

OCÉAN PACIFIQUE

Îles Midway (É.-U.)

Ligne de changement de date

Îles Cook (N.-Z.)

Îles Samoa-Américaines (É.-U.)

Niue (N.-Z.)

Tokelau (N.-Z.)

SAMOA ★ Apia

Nuku'alofa ★

TONGA

KIRIBATI

Îles Kermadec

Îles Wallis-et-Futuna (Fr.)

TUVALU ★ Fonga Fale

FIDJI ★ Suva

★ Wellington

NOUVELLE-ZÉLANDE

Mer de Tasman

Tarawa ★

ÎLES MARSHALL

Majuro ★

Yaren ★ NAURU

ÎLES SALOMON

★ Honiara

VANUATU

Port-Vila ★

Nouvelle-Calédonie (Fr.)

Palikir ★

MICRONÉSIE

Îles Mariannes-du-Nord (É.-U.)

PAPOUASIE-NOUVELLE-GUINÉE

Mer des Salomon

Mer de Corail

Mer de Tasman

★ Canberra

Murray

Darling

Guam (É.-U.)

Port Moresby ★

AUSTRALIE

Lac Eyre

Lac Torrens

Tasmanie

PALAOS (Palau)

Melekeok ★

Mer des Philippines

Mer de Banda

Mer d'Arafura

Mer de Timor

OCÉAN INDIEN

OCÉAN AUSTRAL

CHRONOLOGIE THÉMATIQUE

POPULATION ET PEUPLEMENT

- v. −50 000 à v. −13 000, datations des nombreuses hypothèses sur les premières migrations vers l'Amérique du Nord
- v. −16 000, réchauffement et retrait graduel des glaces
- v. −10 000, début de la période du Paléoindien ; occupation du Méganticois
- v. −8000, début de la période de l'Archaïque ; occupation du Bouclier canadien et de la Côte-Nord
- v. −2500, arrivée des Prédorsétiens dans l'Arctique québécois
- v. −1000, début de la période du Sylvicole
- v. 900 à v. 1000, les Iroquoiens sont sédentarisés dans la vallée du Saint-Laurent
- v. 1000, arrivée des Thuléens dans l'Arctique québécois
- v. 1500, début des contacts avec les Européens

Vers −50 000 à vers 1500

- 1608, fondation de Québec
- 1627, fondation de la Compagnie des Cent-Associés
- 1634, fondation de Trois-Rivières
- 1642, fondation de Ville-Marie
- 1666, premier recensement au Canada
- 1709, légalisation de l'esclavage en Nouvelle-France
- 1755, déportation des Acadiens
- 1759, prise de Québec

1608 à 1760

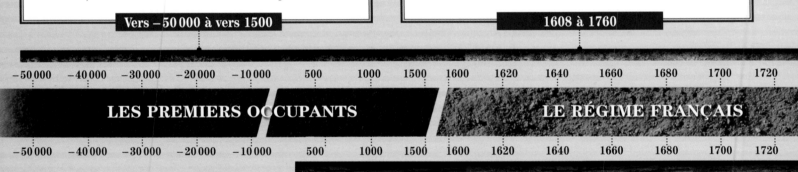

| −50 000 | −40 000 | −30 000 | −20 000 | −10 000 | 500 | 1000 | 1500 | 1600 | 1620 | 1640 | 1660 | 1680 | 1700 | 1720 |

LES PREMIERS OCCUPANTS   **LE RÉGIME FRANÇAIS**

| −50 000 | −40 000 | −30 000 | −20 000 | −10 000 | 500 | 1000 | 1500 | 1600 | 1620 | 1640 | 1660 | 1680 | 1700 | 1720 |

Vers −1000 à vers 1500

- v. −1000, des Autochtones nomades sont établis dans la zone subarctique et dans la zone continentale humide
- v. 900 à v. 1000, les Iroquoiens sont sédentarisés dans la zone continentale humide
- v. 1000, les ancêtres des Inuits, les Thuléens, sont établis dans la zone arctique ; des Scandinaves sont présents sur les côtes de Terre-Neuve
- 1492, Christophe Colomb atteint l'Amérique
- 1497, Jean Cabot atteint Terre-Neuve et longe la côte de l'Amérique du Nord
- 1524, Giovanni da Verrazano atteint la côte atlantique de l'Amérique du Nord
- 1534, Jacques Cartier fait ériger une croix à Gaspé
- 1600, le premier poste de traite permanent est établi à Tadoussac

1608 à 1760

- 1618, *Mémoire à Louis XIII*, de Champlain
- 1663, acquisition par les Sulpiciens de la seigneurie de l'île de Montréal
- 1670, création de la Compagnie de la Baie d'Hudson
- 1674, dissolution de la Compagnie des Indes occidentales
- Années 1690, crise du castor
- 1701, fondation de La Mobile en Louisiane par Bienville
- 1732, ouverture des chantiers maritimes du roi
- 1737, construction du Chemin du Roy

ÉCONOMIE ET DÉVELOPPEMENT

- 1760, Capitulation de Montréal
- 1760-1763, régime militaire britannique
- 1763, cession de la Nouvelle-France à la Grande-Bretagne (traité de Paris) ; Proclamation royale ; instructions au gouverneur Murray
- 1775, premiers loyalistes à Québec
- 1776, Déclaration d'Indépendance américaine
- 1783, fin de la guerre d'Indépendance des États-Unis (traité de Paris)
- 1815, fin de la seconde guerre entre les États-Unis et la Grande-Bretagne
- Années 1830, période de crise agricole
- 1832, première épidémie de choléra et ouverture de la station de quarantaine de la Grosse-Île
- 1833, abolition de l'esclavage dans l'Empire britannique
- 1847, famine en Irlande

1760 à 1867

- 1867, Acte de l'Amérique du Nord britannique
- 1869, acquisition par le Dominion de la Terre de Rupert
- 1871, premier recensement dans le Dominion
- 1876, Loi sur les Indiens
- 1885, épidémie de variole à Montréal, achèvement de la première voie ferrée pancanadienne par le Canadien Pacifique
- 1918, épidémie de grippe espagnole
- 1945, début du baby-boom
- 1968, création du ministère de l'Immigration du Québec

Depuis 1867

LE RÉGIME BRITANNIQUE   LA PÉRIODE CONTEMPORAINE

1740 1760 1780 1800 1820 1840 1860 1880 1900 1920 1940 1960 1980 2000

1760 à 1867

- 1777, instauration du droit commercial anglais
- 1783, officialisation de la Compagnie du Nord-Ouest
- 1806, blocus continental économique imposé à la Grande-Bretagne par la France
- 1817, fondation de la Banque de Montréal
- 1825, mise en service du canal de Lachine
- 1836, établissement d'une première ligne de chemin de fer entre Saint-Jean et Laprairie
- 1846, abolition des *Corn Laws*
- 1852, création du projet ferroviaire du Grand Tronc
- 1854, traité de réciprocité avec les États-Unis

Depuis 1867

- 1879, entrée en vigueur de la Politique nationale
- 1886-1889, Commission royale d'enquête sur les relations entre le capital et le travail
- 1900, fondation de la première caisse populaire
- 1929-1939, Grande Crise
- 1934, création de la Banque du Canada
- 1936, création de l'Office du crédit agricole
- 1962, proposition de nationaliser l'hydroélectricité au Québec
- 1965, création de la Caisse de dépôt et placement du Québec
- 1968, inauguration du barrage Daniel-Johnson et de la centrale Manic-5 sur la Côte-Nord
- 1975, convention de la Baie-James et du Nord québécois
- 1985, fermeture de la ville de Gagnon sur la Côte-Nord
- 1994, Accord de libre-échange nord-américain (ALENA)

CULTURE ET MOUVEMENTS DE PENSÉE

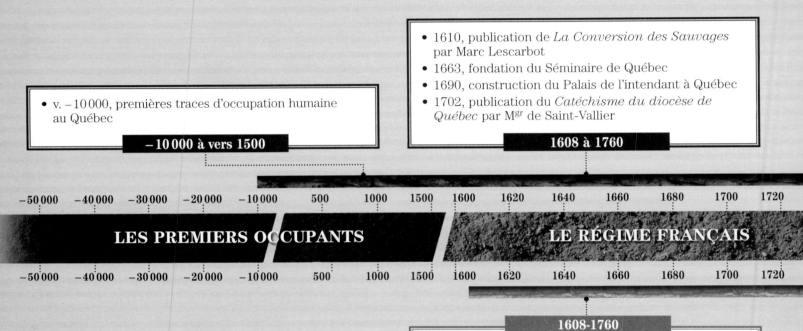

- v. –10 000, premières traces d'occupation humaine au Québec

–10 000 à vers 1500

- 1610, publication de *La Conversion des Sauvages* par Marc Lescarbot
- 1663, fondation du Séminaire de Québec
- 1690, construction du Palais de l'intendant à Québec
- 1702, publication du *Catéchisme du diocèse de Québec* par Mgr de Saint-Vallier

1608 à 1760

| –50 000 | –40 000 | –30 000 | –20 000 | –10 000 | 500 | 1000 | 1500 | 1600 | 1620 | 1640 | 1660 | 1680 | 1700 | 1720 |

LES PREMIERS OCCUPANTS

LE RÉGIME FRANÇAIS

| –50 000 | –40 000 | –30 000 | –20 000 | –10 000 | 500 | 1000 | 1500 | 1600 | 1620 | 1640 | 1660 | 1680 | 1700 | 1720 |

1608-1760

- 1663, instauration du gouvernement royal
- 1665, Jean Talon devient intendant de la Nouvelle-France
- 1672, Louis de Buade de Frontenac est nommé gouverneur de la Nouvelle-France
- 1674, Monseigneur François de Montmorency-Laval devient le premier évêque de Québec
- 1701, signature de la Grande Paix de Montréal
- 1713, ratification du traité d'Utrecht mettant fin à la guerre de succession d'Espagne
- 1759, bataille des Plaines d'Abraham à Québec

POUVOIR ET POUVOIRS

- 1776, ouverture de la première imprimerie de Montréal par Fleury Mesplet
- 1778, publication du premier numéro de *La Gazette du commerce et littéraire de Montréal*
- 1785, publication du premier numéro de *La gazette de Montréal/The Montreal Gazette*
- 1834, la Société Saint-Jean-Baptiste voit le jour
- 1836, l'église Saint-Jacques-le-Majeur devient la première cathédrale de la ville de Montréal
- 1841, modification de la Loi sur l'instruction publique
- 1842, fondation de l'Institut canadien de Québec
- 1845, publication de l'*Histoire du Canada* par François-Xavier Garneau
- 1863, publication de *Les Anciens Canadiens* par Philippe Aubert de Gaspé

1760 à 1867

- 1888, nomination du curé Labelle au poste de sous-ministre de l'Agriculture et de la Colonisation
- 1890, construction de l'édifice de la Sun Life à Montréal
- 1906, ouverture du Ouimetoscope à Montréal
- 1945, publication de *Bonheur d'occasion* par Gabrielle Roy
- 1948, publication du manifeste du *Refus Global*
- 1950, fondation de la revue *Cité libre*
- 1960, publication de *Les insolences du frère Untel* par Jean-Paul Desbiens
- 1978, première représentation de la pièce de théâtre *Les fées ont soif* de Denise Boucher

Depuis 1867

1740   1760   1780   1800   1820   1840   1860   1880   1900   1920   1940   1960   1980   2000

LE RÉGIME BRITANNIQUE   **LA PÉRIODE CONTEMPORAINE**

1740   1760   1780   1800   1820   1840   1860   1880   1900   1920   1940   1960   1980   2000

1760 à 1867

- 1760-1763, régime militaire britannique
- 1763, révolte de Pontiac contre les autorités britanniques
- 1774, Acte de Québec
- 1791, Acte constitutionnel
- 1832, Loi de pleine émancipation des Juifs
- 1837-1838, rébellions dans le Haut-Canada et le Bas-Canada
- 1839, rapport Durham
- 1840, Acte d'Union
- 1848, application du principe de la responsabilité ministérielle
- 1849, incendie du Parlement de Montréal

Depuis 1867

- 1867, Acte de l'Amérique du Nord britannique
- 1885, pendaison de Louis Riel
- 1899-1902, Guerre des Boers en Afrique du Sud
- 1917, crise de la conscription
- 1918, obtention par les femmes du droit de vote au fédéral
- 1940, obtention par les femmes du droit de vote au Québec
- 1942, création du Bloc populaire
- 1960, publication de *Le chrétien et les élections*, de Gérard Dion et Louis O'Neil
- 1967, fondation du Mouvement souveraineté-association
- 1970, crise d'Octobre
- 1971, Conférence de Victoria
- 1972, déclenchement d'une grève menée par le Front commun intersyndical
- 1975, Convention de la Baie-James et du Nord québécois
- 1977, adoption de la Charte de la langue française (projet de loi 101)
- 1980, référendum sur la souveraineté-association
- 1995, référendum sur la souveraineté

GLOSSAIRE-INDEX

A

Afrikaners (p. 101) Citoyens blancs d'Afrique du Sud descendant des Boers.

Afrikans (p. 101) Langue d'origine néerlandaise parlée en Afrique du Sud.

Aire linguistique (p. 116) Zone géographique définie en fonction de la langue qu'on y parle.

Alène (p. 14) Poinçon servant à percer les cuirs, de façon à pouvoir passer l'aiguille pour les coudre.

Antisémitisme (p. 81) Racisme dirigé contre les Juifs.

Appartenance (p. 7) Le fait pour une personne d'appartenir et de s'identifier à un groupe ou à une collectivité.

Aquaculture (p. 233) Élevage d'espèces aquatiques destinées à la commercialisation.

Archéométrie (p. 12) Ensemble des techniques scientifiques (physique, chimie, sciences environnementales, mathématiques) appliquées aux découvertes archéologiques afin de détecter des vestiges, de les dater et de mieux les identifier.

Armateur (p. 156) Propriétaire d'un ou de plusieurs navires exploités à des fins commerciales.

Arpent (p. 168) Ancienne mesure agraire qui valait environ 3400 mètres carrés.

B

Baby-boom (p. 82) Augmentation importante du taux de natalité.

Bantoustan (p. 102) Zones géographiques réservées uniquement aux populations noires du temps de l'apartheid. Elles ont été instaurées en 1948 et dissoutes en 1994.

Basque (p. 154) Habitant de la région appelée « pays basque » située à la frontière de la France et de l'Espagne, en bordure de l'océan Atlantique.

Bauxite (p. 249) Minerai dont on extrait l'alumine, qui sert à fabriquer l'aluminium.

Boers (p. 101) Nom donné aux descendants des colons néerlandais, allemands, scandinaves et français qui s'installèrent en Afrique du Sud.

Bois d'œuvre (p. 180) Pièces de bois sciées destinées à la construction.

Boucanier (p. 249) Aventurier qui chassait le gibier à Saint-Domingue et qui le faisait ensuite fumer ou « boucaner ». Plusieurs s'engageaient dans la flibuste.

Breton (p. 154) Habitant du duché de Bretagne, situé au nord-ouest de la France, sur la côte atlantique.

Brûlis (p. 149) Pratique agricole qui consiste à brûler la végétation d'une partie d'un territoire afin de préparer le sol à la culture.

C

Canton (p. 48) Division territoriale où les occupants sont propriétaires et libres de toute forme de redevance. Généralement, le canton prend la forme d'un carré découpé en lots.

Capital (p. 156) Ensemble des éléments (biens ou argent) qu'une personne ou une entreprise peut investir dans le but d'en tirer un profit.

Chert (p. 13) Roche riche en quartz appréciée pour sa dureté.

Chloration (p. 69) Action de purifier l'eau en y ajoutant du chlore.

Cité-État (p. 122) Territoire exclusivement contrôlé par une ville souveraine.

CNA (p. 106) Acronyme désignant le Congrès national africain, un parti politique chargé de la défense des droits de la majorité noire contre les abus de pouvoir de la minorité blanche en Afrique du Sud.

Colonialisme (p. 156) Politique de domination d'un territoire par un autre État étranger.

Colonie-comptoir (p. 160) Poste mis sur pied sur un territoire dans le but d'en exploiter les ressources.

Coloured (p. 102) En Afrique du Sud, individu d'origine mixte.

Commune (p. 238) Ensemble de villages qui exploitent collectivement leurs ressources.

Concession (p. 165) Contrat par lequel un individu ou une compagnie se voit accorder l'exclusivité de l'exploitation d'une ressource sur un territoire appartenant à l'État.

Consommation (p. 172) Utilisation (après achat) de biens et services dans le but de satisfaire un besoin.

Contribuable (p. 258) Personne qui paie des impôts.

Créancier (p. 188) Personne à qui une somme d'argent est due.

Créole (p. 125) Langue qui incorpore des éléments linguistiques propres à différentes communautés.

Croissance (p. 4) Augmentation d'une population, que ce soit par accroissement naturel, c'est-à-dire les naissances, ou par l'immigration.

D

Décollectiviser (p. 231) Le fait de créer des entreprises privées qui peuvent faire des profits en remplacement d'entreprises publiques ou étatiques dont les bénéfices reviennent à l'État.

Délocalisation industrielle (p. 223) Changement d'implantation géographique des activités d'une entreprise, notamment pour réduire les coûts de production.

Demande (p. 141) Quantité de produits demandée par les consommateurs et le prix auquel les producteurs sont prêts à les vendre sur le marché.

Dépression (p. 207) En économie, cycle caractérisé par une baisse de production, des prix et des profits et par une hausse du chômage.

Dévot (p. 30) Personne très attachée à la religion et à ses pratiques.

Diaspora (p. 251) Ensemble des membres d'un peuple dispersés dans le monde mais qui conservent des liens entre eux.

Dîme (p. 26) Impôt versé pour l'entretien du curé et de l'église paroissiale, et qui consiste en une petite portion de la récolte de grains.

Disparité (p. 204) Inégalité ou situation de déséquilibre entre deux États.

Distribution (p. 141) Répartition des ressources ou des produits selon un territoire ou un marché donné. La distribution assure le lien entre le producteur et le consommateur.

Domicilié (p. 28) Amérindien établi en permanence dans un village de la vallée du Saint-Laurent, administré par une communauté missionnaire.

E

Économie (p. 141) Ensemble des activités de production, de distribution et de consommation des ressources transformées en biens et en services, selon les besoins de la population.

Économie informelle (p. 242, 250) Ensemble d'activités de type économique qui échappent au contrôle de l'État.

Écoumène (p. 47) Ensemble des terres habitées ou exploitées par une population.

Embargo (p. 256) Mesure visant à empêcher la libre circulation d'un objet.

Émigration (p. 6) Départ de personnes vivant sur un territoire vers un autre territoire.

Énergie hydraulique (p. 181) Énergie obtenue grâce à la force ou au mouvement de l'eau. Au cours du XIXe siècle, les scieries, les meules, les machines à vapeur, etc., fonctionnent grâce à cette énergie.

Engagé (p. 32) Colon qui s'engage à travailler pendant trois ans pour un employeur de la colonie qui, en retour, paye son voyage aller-retour, son entretien et son salaire.

Expansionnisme (p. 156) Politique d'expansion territoriale et commerciale d'un État sur un territoire étranger.

F G

Flibustier (p. 249) Pirate de la mer des Antilles qui s'attaquait aux possessions espagnoles en Amérique.

Ghettoïsation (p. 126) Fait de transformer un lieu en ghetto, c'est-à-dire en un milieu où une communauté vit dans l'isolement.

H

Hectare (p. 168) Unité de mesure agraire qui équivaut à 10 000 mètres carrés.

Hochelaga (p. 21) Village iroquoien du Saint-Laurent situé sur l'emplacement de la ville actuelle de Montréal.

I

Identité (p. 7) Ensemble de caractéristiques propres à une personne ou à un groupe et qui se distingue des autres. Désigne aussi le sentiment d'appartenance d'un individu à ce groupe.

Igname (p. 248, 254) Plante tropicale à gros tubercules comestibles qu'on transforme en farine.

Immigration (p. 6) Installation sur un territoire de personnes nées sur un autre territoire.

Indice de fécondité (p. 5) Relation entre le nombre total de naissances viables et le nombre moyen de femmes en âge d'avoir des enfants.

Indigo (p. 246) Teinture bleutée produite à partir de l'indican, une substance extraite des feuilles de l'indigotier.

Inflation (p. 220) Phénomène économique qui se caractérise par une hausse générale des prix.

Inlandsis (p. 12) Calotte glaciaire.

Libre-échangisme (p. 186) Système économique qui abolit les droits de douane sur une partie ou sur l'ensemble des échanges commerciaux entre les pays qui y adhèrent.

Lithique (p. 13) Relatif à la pierre.

Loyaliste (p. 46) Personne demeurée fidèle à la Couronne britannique et qui refuse d'appuyer les insurgés des Treize colonies.

M

Mercantilisme (p. 159) Théorie économique qui fonde la prospérité d'une nation sur l'accumulation d'or et d'argent.

Migration (p. 6) Déplacement de personnes qui passent d'un territoire à un autre pour s'y installer.

Monopole (p. 156) Exploitation exclusive d'une ressource ou d'un marché par un individu ou une compagnie.

N

Nationalisme économique (p. 216) Politique interventionniste dont le but est de renforcer la mainmise d'un État sur son économie.

Nègre (p. 40) Personne noire réduite à l'état d'esclavage.

Noix de cola (p. 253) Graine du colatier dont on tire un extrait stimulant qui entre dans la préparation de certaines boissons.

Numéraire (p. 188) Argent, pièces, billets ou toute monnaie ayant cours légal.

O P

Offre (p. 141) Quantité de produits que les producteurs désirent vendre sur le marché et le prix que les consommateurs sont prêts à payer pour les acquérir.

Parti unique (p. 238) Parti qui contrôle seul l'activité politique.

Perlasse (p. 179) Sous-produit de la potasse utilisé dans l'industrie textile comme agent de blanchiment.

PIB (p. 140) Abréviation de « produit intérieur brut ». Le PIB correspond à la valeur de l'ensemble des biens et services produits en une année par un pays ou une province. Il permet de mesurer le développement économique global d'un pays ou d'une province.

Pluriculturalité (p. 7) Diversité de cultures ou de groupes culturels au sein d'une société.

Population (p. 4) Ensemble de personnes qui partagent un même espace géographique.

Potasse (p. 179) Produit issu de la transformation de la cendre du bois brûlé et utilisé comme agent de blanchiment.

Privatisation (p. 221) Action de transférer au secteur privé ce qui était auparavant la propriété de l'État.

Production (p. 147) Action de transformer des ressources par le travail, au moyen des outils appropriés, de façon à obtenir un rendement efficace. La production désigne aussi l'ensemble des ressources exploitées et des services offerts sur un territoire ou dans un environnement.

Protectionnisme (p. 175) Politique économique qu'un État ou un gouvernement met en place afin de protéger l'économie d'un pays ou d'un empire contre la concurrence étrangère.

Protectorat (p. 252) Forme d'impérialisme colonial qui consiste, pour une puissance impérialiste, à gouverner un territoire par l'intermédiaire d'un chef ou d'un souverain local.

R

Recensement (p. 31) Dénombrement détaillé de la population d'un pays, d'une région ou d'une ville.

Récession (p. 206) Ralentissement des activités économiques qui se mesure par une baisse de l'emploi et du PIB.

Régime à parti unique (p. 252) Régime politique où un seul parti contrôle l'activité politique.

Régime seigneurial (p. 26) Type d'organisation sociale dans laquelle le seigneur distribue des terres à des paysans en échange de redevances.

Région périphérique (p. 143) Région éloignée des grands centres urbains et des marchés importants. L'économie de ces régions dépend souvent de l'exploitation des ressources naturelles de leur territoire.

Réserve (p. 66) Territoire réservé aux populations amérindiennes et administré par le gouvernement fédéral.

Ressources (p. 147) Moyens disponibles qui permettent d'assurer la subsistance d'une personne ou d'une collectivité.

Révolution culturelle (p. 231) Mouvement politique lancé par Mao pour promouvoir les valeurs révolutionnaires.

Rhyolite (p. 13) Roche vitreuse.

S

Sauvage (p. 30) Terme souvent utilisé dans les documents d'époque pour désigner un Amérindien. Il témoigne d'un préjugé défavorable à l'égard du mode de vie des Amérindiens, que les Européens trouvent peu « civilisés »

Secteur primaire (p. 141) Division de l'économie axée sur l'exploitation des ressources naturelles (agriculture, forêts, mines, etc.).

Secteur secondaire (p. 141) Division de l'économie axée sur de la transformation des matières premières (industries, construction, etc.)

Secteur tertiaire (p. 141) Division de l'économie qui regroupe l'ensemble des activités (commerce, finance, éducation, santé, etc.) destinées à fournir des services.

Ségrégationniste (p. 101) Partisan des politiques de ségrégation raciale visant à isoler certains groupes de population en fonction de leur religion ou de leur couleur.

Serment du Test (p. 49) Serment par lequel une personne renonce à la foi catholique et rejette l'autorité du pape.

Services (p. 224) Domaine de l'emploi qui fournit des services contre paiement, comme la vente, l'éducation, le transport, les soins médicaux, l'administration publique, etc.

Sisal (p. 248) Plante dont la fibre sert à fabriquer des cordes, des filets, des sacs, etc.

Spéculation (p. 207) Opération financière qui consiste à tirer profit des fluctuations économiques.

Stadaconé (p. 21) Village iroquoien du Saint-Laurent situé sur l'emplacement de la ville actuelle de Québec.

Stagflation (p. 220) Terme formé par la contraction des mots « stagnation » et « inflation ». Ce mot désigne un phénomène économique qui se caractérise par la présence simultanée de chômage et d'inflation.

Subsistance (p. 146) Ensemble des activités accomplies par un groupe pour combler ses besoins essentiels et assurer sa survie.

Taïnos (p. 246) Nom donné à l'un des peuples qui habitait l'île d'Hispaniola à l'arrivée des Européens.

Tarifs préférentiels (p. 175) Frais de douanes moins élevés imposés sur les produits importés des colonies.

Taux de croissance naturelle (p. 36) Différence entre le nombre de naissances et le nombre de décès pour 1000 habitants dans une année.

Taux de mortalité (p. 5) Taux indiquant le nombre de décès pour 1000 habitants (‰) dans une année.

Taux de naissance (p. 5) Taux indiquant le nombre de naissances pour 1000 habitants (‰) dans une année.

Titre foncier (p. 66) Droit de propriété ou d'utilisation d'un territoire.

Troc (p. 250) Échange d'un produit contre un autre.

Vaudou (p. 251) Culte qui mélange les principes de la foi chrétienne à la pensée animiste de l'Afrique de l'Ouest, d'où venaient les esclaves.

Voyageur (p. 27) Commerçant spécialiste de la traite des fourrures et des relations avec les Amérindiens qui détient un permis ou travaille pour un marchand qui en possède un.

X

Xénophobie (p. 81) Hostilité ou crainte à l'égard des personnes d'origine étrangère.

SOURCES

Légende

haut = h bas = b centre = c
gauche = g droite = d

Photographies

Couverture

(canot) Frances Anne Hopkins, Canoes in a fog, Lake Superior, 1869, Collection du Glenbow Museum, Calgary, Canada, 55.8.1; (port) Musée McCord, MP-0000.890.2; (meule) Ministère de la Culture et des Communications du Québec, site Lanoraie (meule à main et grains), BIFh-1-ca44, reproduction autorisée par Les Publication du Québec; (pianiste) AP Photo/Keystone, Martial Trezzini; (partie de carte) Bibliothèque et archives Canada; (forêt) © Raymond Gehman/CORBIS; (viaduc) Bibliothèque et archives nationales du Québec, Centre d'archives de Montréal, E6,S7,SS1,P700379; (procession) Musée McCord, MP-0000.25.931; (manifestation) Archives La Presse; (immigrants) Bibliothèque et archives Canada: PA-010254; (train) Bibliothèque et Archives Canada: PA-149059; (parlement) Bibliothèque et archives Canada: C-000773; (bébé) CP PHOTO/Andrew Vaughan. **Pictogrammes:** ***P. III:*** (hg.) Musée d'archéologie et d'ethnologie de l'Université Simon Fraser; (chg.) Musée Marguerite-Bourgeoys/Chapelle Notre-dame-de-Bonsecours, Montréal; (cbg.) Musée McCord, M8281.2; (bg.) Istockphoto; (hd.) Leo Blanchette/Shutterstock; (chd.) © Musée de la Civilisation de Québec, collection Michel Brochu, Appelant, Eeyou (Cri), Vers 1960, Pierre Soulard, photographe, n° 86-1488; (cbd.) Bibliothèque et Archives Canada: C-017059; (bd.) Musée des sciences et de la technologie du Canada. ***P. IV:*** (h.) Len Green/Shutterstock; (b.) © Transtock/CORBIS. **P. V:** (port) Musée McCord, MP-0000.890.2; (pianiste) AP Photo/Keystone, Martial Trezzini; (partie de carte) Bibliothèque et archives Canada; (forêt) © Raymond Gehman/CORBIS; (viaduc) Bibliothèque et archives nationales du Québec, Centre d'archives de Montréal, E6,S7,SS1,P700379; (procession) Musée McCord, MP-0000.25.931; (manifestation) Archives La Presse. **P. XI:** (h.) © Christopher J. Morris/CORBIS; (c.) Girouard. C. A./PUBLIPHOTO; (b.) © Jean du Boisberranger/Hemis/CORBIS. **P. XII:** (g.) Tambour © Musée canadien des civilisations, IV-D-1644, n° S98-3590; (d.) Musée de la civilisation, Collection Coverdale, Calumet, Saki, avant 1850, Bois, stéatite, piquant de porc-épic, Idra Labrie Perspective, photographe. n° 68-2709. **P. XIII:** (g.) Archives des Ursulines de Québec; (d.) Bibliothèque et Archives Canada: C-000361. **P. XIV:** (g.) Collection Assemblée nationale; (d.) Musée McCord d'histoire canadienne. **P. XV:** (g.) Images du Québec; (d.) Toronto Star Syndicate/CP PHOTO. **P. 2:** (arrière-plan, carte) Bibliothèque nationale de France: RC C 8855; (portrait de femme) Collection: Musée national des beaux-arts de Québec: 56.298, photo: Patrick Altman; (Canadiens) Ville de Montréal, Gestion de documents et archives, BM7,S2,SS1; (portrait d'homme) Collection: Musée national des beaux-arts de Québec, 56.297, photo: Patrick Altman; (route) Bibliothèque et Archives Canada: C-009460; (poterie) © Jean Blanchet/Centre de conservation du Québec/2000 et collections du Laboratoire et de la Réserve d'archéologie du Québec du MCCCF; (Amérindiens) Bibliothèque nationale de France; (recensement) Centre des archives d'outre-mer (Archives nationales de France, Aix-en-Provence). **P. 2-3:** (Grosse-Île) Bibliothèque et Archives Canada: C-013656. **P. 3:** (immigrante) William James Topley/Bibliothèque et Archives Canada: PA-010151; (campement) M. Proulx, 1934, Bibliothèque et Archives nationales du Québec, centre d'archives du Québec: E6,S7,SS1,P68313; (enfant) Jacques Nadeau; (ruelle) Gordon McCartney/Bibliothèque et Archives Canada: PA-122952; (clinique) Service d'archives de la Province canadienne de la Congrégation de Sainte-Croix, Fonds École Baril; (bébé) CP PHOTO/Andrew Vaughan; (foule) CP PHOTO/Ryan Remiorz. **P. 5:** Photo: Michel Giroux. **P. 6:** Pierre Charbonneau. **P. 7:** (g.) Heiko Wittenborn; (d.) Megapress. **P. 8:** (hg.) Bibliothèque et archives nationales du Québec; (hd.) Photo: Louise Leblanc; (bg.) Collection privée, Archives Charmet /The Bridgeman Art Library; (bd.) Bibliothèque et Archives Canada: C-002029. **P. 9:** (hg.) Bibliothèque et Archives Canada: C-009460; (hd.) Gordon McCartney/Bibliothèque et Archives Canada: PA-122952; (bg.) Bibliothèque et Archives Canada: C-006556; (bd.) CP PHOTO/Ryan Remiorz. **P. 11:** Musée d'archéologie et d'ethnologie de l'Université Simon Fraser. **P. 13:** Ville de Montréal/Pointe-à-Callière, photo: Normand Rajotte. **P.15:** Photo © Musée canadien des civilisations, 1981, image IMG2008-0007-0016-Dm. **P. 17:** Centre des archives d'outre-mer (Archives nationales de France). **P. 18:** (h.) Photo © Musée canadien des civilisations, photo Thos. Chesmer Weston, 1884, image 594; (b.) Musée McCord, MP-0000.391.12. **P. 19:** Centre des archives d'outre-mer (Archives nationales de France, Aix-en-Provence). **P. 21:** (g.) Digital Scriptorium Huntington Catalog Database; (d.) Musée Conde, Chantilly, France, Giraudon/The Bridgeman Art Library. **P. 22:** Bibliothèque et archives nationales du Québec. **P. 23:** Bibliothèque et archives nationales du Québec. **P. 24:** (h.) Photo: Danielle Langlois; (b.) Bibliothèque et archives nationales du Québec. **P. 25:** (g.) Bibliothèque et Archives Canada: C-001889; (d.) Musée de la civilisation, bibliothèque du séminaire de Québec: 236.1.3v. **P. 27:** Archives nationales de France, (Fonds de la Marine, Cartes et Plans, NIII, Louisiane 1/2). **P. 28:** Bibliothèque nationale de France. **P. 29:** (h.) Photo: Louise Leblanc; (bg. et bd.) © Tessima. **P. 30:** Archives du Musée de l'Assistance publique de Paris. **P. 31:** (g.) Bibliothèque et Archives Canada: C-021404; (d.) Bibliothèque et Archives Canada: C-139973. **P. 32:** (h.) Centre des archives d'outre-mer (Archives nationales de France, Aix-en-Provence); (b.) © Leonard de Selva/CORBIS. **P. 33:** Bibliothèque et Archives Canada: e000102527. **P. 34:** akg-images. **P. 35:** Collection du Musée Acadien de Moncton **P. 36:** Bibliothèque et Archives Canada: C-011224. **P. 37:** Bibliothèque et Archives Canada: C-021404. **P. 38:** Musée McCord, M992.83.1. **P. 39:** (h.) Collection Musée du Château Ramezay, Montréal; (b.) Bibliothèque et Archives Canada: C-002029. **P. 40:** (h.) Service historique de la Marine, Service hydrographique, Recueil 68/72; (b.) Centre des archives d'outre-mer (Archives nationales de France, Aix-en-Provence). **P. 41:** Musée McCord, M989X.72.5. **P. 42:** (g.) Ville de Montréal. Gestion de documents et archives, BM7,S2,SS1; (d.) Bibliothèque et Archives Canada: C-000360. **P. 43:** Musée McCord, I-17502.1. **P. 44:** (g.) Collection: Musée national des beaux-arts de Québec, 56.298, photo: Patrick Altman; (d.) Collection: Musée national des beaux-arts de Québec, 56.297, photo: Patrick Altman. **P. 45:** Bibliothèque et Archives Canada: C-040312. **P. 46:** Bibliothèque et Archives Canada: C-108964. **P. 47:** Musée McCord, MP-0000.228.1. **P. 49:** Musée de la civilisation, collection du Séminaire de Québec, portrait de Mgr Jean-Olivier Briand, Gerritt Schipper, 1810, No 1993.15252. **P. 50:** Collection Musée du Château Ramezay, Montréal. **P. 51:** (h.) Musée McCord, I-6095.1; (b.) Service des archives de Herrnhut LBS 7191, vue du poste de garde de la Baie d'Hébron, photo par M. Bohlmann. **P. 52:** Bibliothèque et Archives Canada: C-006556. **P. 54:** (h.) Bibliothèque et archives nationales du Québec, Centre d'archives de Québec; (b.) Bibliothèque et Archives Canada: C-009460. **P. 55:** Musée McCord, I-33443.1. **P. 56:** Musée McCord, M310. **P. 57:** Musée McCord, M4777.3. **P. 58:** (h.) Service des ressources pédagogiques, Université Laval, gravure tirée de L'Opinion publique, 12 décembre 1872; (b.) Musée McCord, I-17502.1. **P. 59:** (h.) © Tessima; (b.) Collection Musée national des beaux-arts du Québec, 66.139, photo: Jean-Guy Kérouac. **P. 60:** Musée McCord, VIEW-3206. **P. 61:** William James Topley/Bibliothèque et Archives Canada: PA-010151. **P. 62:** Archives L D.B. Weldon Library, University of Western Ontario, Collection: Canadian Illustrated News, n°: AP5-C13. **P. 64:** Musée McCord, M985.230.5356. **P. 65:** Bibliothèque et archives nationales du Québec, centre d'archives du Saguenay Lac-Saint-Jean, 02C_P90_P067426. **P. 67:** Musée McCord, MP-0000.25.532. **P. 68:** Gordon McCartney/Bibliothèque et Archives Canada: PA-122952. **P. 70:** Bibliothèque et Archives nationales du Québec, centre d'archives de Montréal: P48S1.P05616. **P. 71:** (hd.) Musée McCord, M988.182.142; (bg.) Archives des Soeurs du Bon-Pasteur de Québec. **P. 72:** Archives de Richard Santerre (Coll Boston public Library, Boston, Mass). **P. 73:** Musée McCord, MP-0000.979.1. **P. 74:** Bibliothèque et archives nationales du Québec, centre d'archives de Québec: P428,S3,DL1. **P. 75:** M. Bibaud /Bibliothèque et Archives Canada: PA-074103. **P. 76:** (h.) William James Topley/Bibliothèque et Archives Canada: PA-027943; (bg.) William James Topley/Bibliothèque et Archives Canada: PA-010151; (bd.) Bibliothèque et Archives Canada/ Archives Division: C-081314. **P. 77:** Isaac Erb/Bibliothèque et Archives Canada: PA-041785. **P. 78:** Musée régional de la Côte-Nord (Sept-Îles), Fonds Pauline Laurin (Visite au camp d'hiver de Mingan, hiver 1953, 1994.57). **P. 79:** (g.) Musée McCord, MP-0000[1]. 816.1; (d.) Jean-Claude Hurni/PUBLIPHOTO. **P. 80:** R. Palmer/Bibliothèque et Archives Canada: PA-170535. **P.81:** (g.) © The Gazette/Bibliothèque et Archive Canada: PA-107943; (d.) Bibliothèque et Archives nationales du Québec, Centre de Montréal, Fonds Conrad Poirier, 06M_P48S1P04090. **P. 82:** Collection privée. **P. 83:** (g.) Armand Trottier/La Presse; (d.) Collection privée. **P. 84:** © Archives de la Casa d'Italia, Centre Communautaire de la Petite Italie, © Héritage Montréal. **P. 85:** CP PHOTO. **P. 86:** (h.) Bibliothèque et Archives nationales du Québec, Centre de Montréal: E6,S7,SS1,D800257 P800257; (b.) Bibliothèque et Archives nationales du Québec, Centre de Montréal: E6,S7,SS1,D800257 P800254. **P. 88:** M. Proulx, 1934, Bibliothèque et Archives nationales du Québec, Centre d'archives du Québec: E6,S7,SS1,P68313. **P. 89:** Société canadienne d'hypothèques et de logement (SCHL). **P. 92:** Megapress. **P. 93:** Heiko Wittenborn. **P. 94:** Patrick Sanfaçon/La Presse. **P. 95:** CP PHOTO/Ryan Remiorz. **P. 97:** Bibliothèque et Archives Canada: C-002001. **P. 98:** Bibliothèque et Archives Canada, e004922875-v5. **P. 99:** Bibliothèque et archives nationales du Québec, Centre de Québec, E6,S7,SS1,P31433. **P. 100:** (hg.) © Jon Hicks/CORBIS; (hd.) © Hanns-Peter Lochmann/dpa/CORBIS; (bg.) © Peter Turnley/CORBIS; (bd.) © Bisson/Sygma/CORBIS. **P. 101:** © Bisson/Sygma/CORBIS. **P. 103:** (g.) Gallo Images - Anthony Strack / Getty Images; (d.) David Turnley/CORBIS **P. 106:** (h.) © Louise Gubb/Saba/CORBIS; (b.) © Neal Preston/CORBIS. **P. 107:** © Reuters/CORBIS. **P. 109:** © Paulo Fridman/CORBIS. **P. 110:** © Reuters/CORBIS. **P. 111:** (h.) The Art Archive/Biblioteca National do Rio de Janiero Brazil/Gianni Dagli Orti; (b.) © Stephanie Maze/CORBIS **P. 113:** © Paulo Fridman/Sygma/CORBIS. **P. 114:** © Peter Turnley/CORBIS. **P. 115:** (g.) © Collart Herve/Sygma/CORBIS; (d.) © Bertrand Gardel/Hemis/CORBIS. **P. 118:** (h.) © Jon Hicks/CORBIS; (b.) Mark Renders/Getty images **P. 119:** (h.) © Richard Klune/CORBIS; (b.) © Van Parys/Sygma/CORBIS. **P. 120:** © Didier Bauweraerts/Van Parys Media/Sygma/CORBIS. **P. 121:** (h.) AFP/Getty images; (bg.) © Olivier Polet/CORBIS; (bd.) Mark Renders/Getty images. **P. 122:** © Paul Thompson/CORBIS. **P. 124:** (h.) Rex Butcher/Jupiter Images; (b.) © Baldev/CORBIS. **P. 126:** (g.) © Hanns-Peter Lochmann/dpa/CORBIS; (d.) © How Hwee Young/epa/CORBIS. **P. 128:** Megapress. **P. 129:** Normand Lacasse photographe. **P. 130:** Gracieuseté de Films en vue/Productions Virage. **P. 131:** Daphnée Dion-Viens **P. 132:** (g.) Bibliothèque et archives Canada: PA-010254; (d.) Paul G Adam/PUBLIPHOTO. **P. 133:** CP PHOTO/Jacques Boissinot. **P. 138:** (sols) Collection nationale de monnaies, Musée de la monnaie, Banque du Canada, Gord Carter; (canot) Photo © Musée canadien des civilisations, MCC-III-P-21; (chasse à la baleine) Bibliothèque et Archives Canada: C-111499; (vue de Québec) Bibliothèque et Archives Canada: C-002643; (train) Archives du Canadian Pacific; (usine) Musée McCord, M930.50.8.314; (maïs) Photo © Musée canadien des civilisations, MCC-III-I-627; (moulin) Pierre Joosten/CLD de Portneuf; (port) Collection: Musée national des beaux-arts du Québec, 69.191, Photo: MNBAQ; (échange) Bibliothèque et Archives Canada:

C-007300; (monnaie dominion) Musée McCord, M19563; (shilling) Collection nationale de monnaies, Musée de la monnaie, Banque du Canada, Gord Carter. **P. 139:** (femmes au travail) Nicholas Morant/Office national du film du Canada, Photothèque/Bibliothèque et Archives Canada: e000760280; (métro) Gracieuseté de la STM; (viaduc) Bibliothèque et archives nationales du Québec: E6,S7,SS1, P700379; (1 dollar) Photo: Luc Normandin; (barrage) Archives Hydro-Québec; (maison pauvre) Musée McCord, II-146359; (tour de la bourse) Eric Coia/Istockphoto; (train) Reproduit avec la permission de Bombardier Transport. **P. 142:** (h.) Photo: Michel Giroux; (b.) © Benoit Durocher. **P. 143:** © CSN **P. 144:** (hg.) Illustration de Francis Back; (hd.) Bibliothèque et Archives Canada: C-002771; (bg.) Bibliothèque et Archives Canada: C-111499; (bd.) Photo prise de la Banque d'images du site www.cmhg.gc.ca, Ministère de la Défense nationale, Reproduit avec la permission du ministre de Travaux publics et Services gouvernementaux Canada, 2008. **P. 145:** (hg.) Bibliothèque et Archives Canada: C-002005; (hd.) Écomusée du fier monde; (bg.) Bibliothèque et Archives Canada: C-121146; (bd.) Gracieuseté d'Ubisoft. **P. 146:** Musée McCord, M192 **P. 147:** (h.) Bibliothèque et Archives Canada : C-150164; (bg.) © British Library Board, Droits réservés; (bd.) © Musée de la Civilisation de Québec,Collection Michel Brochu, Appelant, Eeyou (Cri). Vers 1960, Pierre Soulard, photographe, N° 86-1488. **P. 149:** (g.) Ministère de la Culture et des Communications du Québec, site Lanoraie (meule à main et grains), BIFh-1-ca44, Reproduction autorisée par Les Publication du Québec; (d.) Illustration de Francis Back. **P. 150:** (g.) Bibliothèque et Archives Canada: NLC-000703; (d.) Musée McCord, M21090. **P. 151:** Photo © Musée canadien des civilisations: GbTo-18-876. **P. 152:** (h.) Photo © Musée canadien des civilisations: MCC BkGg-12:5665; (b.) Musée McCord, M192. **P. 153:** (g.) Scala/Art Resource, NY; (d.) ID: F5272-001 © National Maritime Museum, Greenwich, London. **P. 154:** (h.) Bibliothèque et Archives Canada: C-111499; (b.) © Parcs Canada. **P. 155:** Bibliothèque nationale de France. **P. 156:** © Musée de la Civilisation de Québec, Collection du Séminaire de Québec, Conférence entre Jacques Cartier et les sauvages de Stadaconé (6 mai 1536), Samuel C. Hawksett, 1859, Pierre Soulard, photographe. N° 1991.78. **P. 157:** (g.) Bibliothèque et Archives nationales du Québec; (d.) Gaetan Fontaine/PUBLIPHOTO. **P. 158:** © The Newberry Library, Cartes marines 105, Ayer MS Map 110/Sur catalogue Newberry: VAULT drawer Ayer MS map 30 sheet 106, 1721. **P. 159:** Bibliothèque nationale de France. **P. 160:** Musée McCord, M967.100.9. **P. 161:** musée de la Compagnie des Indes, Ville de Lorient (France). **P. 163:** (g.) Bibliothèque et Archives Canada: C-007300; (d.) Collection: Musée national des beaux-arts du Québec, 57.204, Photo: Patrick Altman. **P. 164:** Bibliothèque et Archives Canada: C-002771. **P. 165:** (h.) Gracieuseté de Gardiner Museum of Ceramic Art; (b.) Bibliothèque et Archives nationales Quebec. **P. 166:** (g.) Collection du Glenbow Museum, Calgary, Canada, 55.8.1; (d.) Mary Evans Picture Library. **P. 168:** Art Gallery of Ontario, The Thomson Collection (P-C-270) **P. 169:** CAOM, DFC Louisiane, 6A/119 **P. 170:** (h.) © The Newberry Library, Cartes marines 105, Ayer MS Map 110/Sur catalogue Newberry: VAULT drawer Ayer MS map 30 sheet 106, 1721; (c.) Collection: Musée national des beaux-arts du Québec, A68, 213.02; (b.) Bibliothèque et Archives Canada: C-000820. **P. 171:** (h.) © Tessima; (c.) Bibliothèque et Archives Canada: C-017059; (b.) Pierre Joosten/CLD de Portneuf. **P. 172:** Photo prise de la Banque d'images au site www.cmhg.gc.ca, Ministère de la Défense nationale, Reproduit avec la permission du ministre de Travaux publics et Services gouvernementaux Canada, 2008. **P. 174:** Musée McCord, VIEW-2231. **P. 175:** Fine Art Photographic Library, London/Art Resource, NY. **P. 176:** (g.) National Portrait Gallery, London; (d.) Bibliothèque et Archives Canada: C-002005. **P. 178:** (h.) Bibliothèque et Archives Canada: C-008711; (b.) Bibliothèque et Archives Canada: C-001934. **P. 179:** Bibliothèque et Archives Canada: C-131920. **P. 180:** (b.) Bibliothèque et Archives Canada: C-002005. **P. 181:** Division des Archives de l'Université de Montréal. **P. 182:** Collection: Musée national des Beaux-arts de Québec. **P. 184:** Bibliothèque et Archives Canada: C-011888. **P. 185:** Bibliothèque et Archives nationales du Québec. **P. 186:** (g.) Droits réservés; (d.) Musée McCord, MP-0000.267.5. **P. 187:** Collection: Musée national des beaux-arts du Québec, 69.191, photo: MNBAQ. **P. 188:** Musée McCord, MP-0000.290. **P. 189:** (h.) Musée McCord, MP-0000.1828.52; (monnaie dominion) Musée McCord, M19563; (sols) Collection nationale de monnaies, Musée de la monnaie, Banque du Canada, Gord Carter; (shillings) Collection nationale de monnaies, Musée de la monnaie, Banque du Canada, Gord Carter. **P. 190:** (h.) Musée McCord, I-8590.0; (b.) Musée McCord, I-35318. **P. 191:** Musée McCord, VIEW-2231. **P. 193:** Bibliothèque et Archives Canada: C-121146. **P. 194:** Collection: Musée national des beaux-arts du Québec, 38.01, photo: Patrick Altman. **P. 197:** Collection: Musée national des beaux-arts du Québec, 38.01, photo: Patrick Altman. **P. 198:** Musée McCord, view-1595.0. **P. 199:** (g.) William James Topley/Bibliothèque et Archives Canada: PA-000270; (d.) Musée McCord, I-63545.1. **P. 201:** (h.) Collection: Musée national des beaux-arts du Québec, 75.289, Photo: Jean-Guy Kérouac; (b.) © Sears pour le fonds Eaton, Photo: Archives publiques de l'Ontario. **P. 202:** Bibliothèque et archives nationales du Québec. **P. 203:** (g.) Musée McCord, MP-0000.25.1003; (d.) Musée McCord, MP-1986.53.6. **P. 204:** (h.) Alphonse Desjardins (1854-1920) Photographie d'une huile sur toile réalisée par Jonas N. Tomesco, Collection: Société historique Alphonse-Desjardins, Lévis; (b.) Musée McCord, II-116161. **P. 205:** Écomusée du fier monde. **P. 206:** Musée McCord, VIEW-8727. **P. 207:** Musée McCord, M965.199.4040. **P. 208:** Private Collection, The Stapleton Collection/The Bridgeman Art Library. **P. 209:** (g.) Bibliothèque et Archives Canada: PA-052437; (d.) Photo d'Eugène Gagné, 1935, Bibliothèque et archives nationales du Québec, Centre d'archives de Québec, E6, S7, P2228. **P. 210:** (g.) Qu'ils ne leur touchent pas, 19750317-211 © Musée canadien de la Guerre (MCG); (d.) Collection privée. **P. 211:** (h.) Bibliothèque et Archives Canada: PA-174518; (b.) Musée J. Armand Bombardier, www.museebombardier.com. **P. 212:** Bibliothèque et archives nationales du Québec, Centre d'archives de Québec E6, S7, P69448, Photo: Omer Beaudoin. **P. 213:** (g.) Bibliothèque et archives nationales du Québec, Centre d'archives de Montréal, E6,S7,SS1,P227349; (d.) SOCAMI. **P. 215:** Michel Gravel/La Presse. **P. 216:** © Ministère des Transports du Québec. **P. 217:** Archives d'Hydro-Québec. **P. 218:** (h.) Collection Archives de la ville de Québec; (b.) Gracieuseté du Service des communications de l'UQAR. **P. 219:** (h.) Ville de Montréal, Gestion des documents et archives; (b.) Photo de Gaétan Beaulieu /Images du Québec. **P. 220:** © British Petroleum/epa/CORBIS. **P. 221:** David Boily/La Presse. **P. 222:** Paul G. Adam/PUBLIPHOTO. **P. 223:** Gracieuseté d'Ubisoft. **P. 224:** (h.) Sylvain Grandadam/maXx images; (b.) Megapress. **P. 225:** Imaginechina via AP Images. **P. 226:** Bibliothèque et Archives Canada: NLC004108. **P. 227:** (h.) Bibliothèque et archives nationales du Québec; (b.) Archives nationales de France FR CAOM DPPC Gr vol. 461. **P. 229:** Société historique de la Côte-Nord, Collection Histoire régionale. **P. 230:** (hg.) Photo: Jim Iacona, avec l'aimable autorisation de the Goldman Environemental Prize; (hd.) Kim Steele/Getty images; (bg.) Lonnie Duka/Getty images; (bd.) AFP/Getty images. **P. 232:** (h.) New China Pictures/Magnum Photos; (b.) © Xiaoyang Liu/CORBIS. **P. 233:** © Keren Su/CORBIS. **P. 234:** (h.) AP Photo/National Labor Committee; (b.)© Gideon Mendel/CORBIS. **P. 235:** (h.) AFP/Getty images; (b.) © Jon Hicks/CORBIS. **P. 236:** (h.) New Century Net; (b.) © Alex Hofford/epa/CORBIS. **P. 237:** (h.) © Martin Ruetschi/Keystone/CORBIS; (b.) Kim Steele/Getty images. **P. 239:** (h.) AFP/Getty images; (b.) AP Photo/Jason DeCrow. **P. 240:** (h.) AFP/Getty images; (b.) National Geographic/Getty images. **P. 241:** Mark Segal /Getty images. **P. 242:** (h.) Lonnie Duka/Getty images; (b.) © Pawel Wysocki/Hemis/CORBIS. **P. 243:** (h.) © Roger Ressmeyer/CORBIS; (b.) José Fuste Raga /maXx images. **P. 244:** © Susanna Raab/Sygma/CORBIS. **P. 245:** AP Photo/Marco Ugarte. **P. 247:** Photo: Jim Iacona, Avec l'aimable autorisation de the Goldman Environemental Prize. **P. 248:** (h.) Photo: Jim Iacona, Avec l'aimable autorisation de the Goldman Environemental Prize; (b.) © Sophia Paris/UN/Minustah/Reuters/CORBIS. **P. 249:** Melanie Stetson Freeman/The Christian Science Monitor via Getty images. **P. 250:** (g.) © Rolf W. Hapke/zefa/CORBIS; (d.) © Peter Turnley/CORBIS. **P. 251:** © Jorge Silva/Reuters/CORBIS. **P. 253:** (hg.) AFP/Getty images; (hd.) AFP/Getty images; (b.) Getty images. **P. 254:** (g.) Bruce Dale/National Geographic Image Collection; (d.) AFP/Getty images. **P. 255:** Gracieuseté de Transfair Canada. **P. 256:** World Pictures/Photoshot. **P. 257:** De Agostini/World Illustrated/Photoshot. **P. 259:** © Jacques Gratton. **P. 260:** Gracieuseté de « Mon p'tit café de quartier ». **P. 261:** Alain Dumas/Alt-6. **P. 262:** Taylor S. Kennedy/Getty images. **P. 263:** (hg.) N. Lehoux/PUBLIPHOTO; (hd.) P.G. Adam/PUBLIPHOTO; (b.) R. Maisonneuve/PUBLIPHOTO. **P. 267:** (g.) Archives nationales du Canada: C-000860; (d.) © Karen Tweedy-Holmes/CORBIS. **P. 271:** École des métiers de l'aérospatiale de Montréal. **P. 275:** (hg.) Centre des archives d'outre-mer (Archives nationales de France); (hd.) Musée McCord, M991X.5.633; (bg.) Dorling Kindersley/Getty images; (bd.) Musée McCord, M14099. **P. 277:** O.B. Buell/Bibilothèque et Archives Canada: C-001879. **P. 280:** (h.) Musée McCord, VIEW-1332; (b.) Musée McCord, M2001.60.4. **P. 281:** (hg.) Musée McCord, VIEW-1332; (hd.) Musée McCord, M2001.60.4; (b.) Art Gallery of Ontario, The Collection Thomson. **P. 283:** Archives des Ursulines de Trois-Rivières. **P. 284:** Le *Mémorial du Québec, Tome VI*, Montréal, Société des Éditions du Mémorial, 1980. **P. 285:** Archives des Clercs de Saint-Viateur de Joliette. **P. 292:** Bibilothèque et Archives Canada: NMC-45192. **P. 295:** "*Magasin general – Tome 1 - Marie*" de Regis Loisel et Jean-Louis Tripp © Casterman, Avec l'aimable autorisation des auteurs et des Editions Casterman.

Textes

P. 7: ZEHLER, Estelle, « Entre homogénéité et diversité », *Le Devoir*, 7 et 8 avril 2007. **P. 13:** CHAPDELAINE, Claude, « Des chasseurs de la fin de l'âge glaciaire dans la région du la Mégantic », *Recherches amérindiennes au Québec*, vol. 34, nº 1, 2004, p. 18. **P. 17:** CARTIER, Jacques, « Deuxième voyage de Jacques Cartier (1535-1536) », *Voyages au Canada*, Paris, François Maspero, 1981, coll. "La Découverte", p. 198-199. **P. 20:** « Où est Vinland? », *Les Grands Mystères de l'histoire canadienne*, [en ligne] (25 avril 2008). **P. 25:** (g.) BOUCHER, Pierre, *Histoire véritable et naturelle des Mœurs & Productions du Pays de la Nouvelle-France, Vulgairement dite le Canada*, Paris, Lambert, 1664, (Réédition Société historique de Boucherville, Boucherville, 1964), extrait en texte modernisé dans Michel ALLARD et autres, dir. *La Nouvelle-France, 1534-1713*, Montréal, Guérin, 1976, p. 131, coll. « L'histoire canadienne à travers les documents »; (d.) KALM, Pehr, *Voyage de Pehr Kalm au Canada en 1749*, Montréal, Pierre Tisseyre, 1977, p. 137. **P. 30:** « Chartre de la Compagnie de la Nouvelle-France », 1627, dans Guy FRÉGAULT et Marcel TRUDEL, *Histoire du Canada par les textes (1534-1854), Tome 1*, Montréal, Fides, 1963, p. 137. **P. 31:** (g.) LE JEUNE, Paul, *Relation de ce qui s'est passé en la Nouvelle-France, en l'année 1635: envoyée au R. Père provincial de la Compagnie de Jesus en la province de France par le P. Paul LeJeune de la mesme compagnie, superieur de la residence de Kebec* dans *Les* Relations *des jésuites: aux sources de l'histoire de la Nouvelle-France*, (texte original modifié) [en ligne]. (d.) L'INCARNATION, Marie de, « Lettre à son fils, octobre 1669 », dans Robert LAHAISE et Noël VALLERAND, *La Nouvelle-France, 1524-1760*, Outremont, Lanctôt, 1999, p. 75 (l'extrait de Le Jeune est aussi cité à la même page). **P. 33:** Arrêt du « Conseil d'État du Roi », 1670, dans Michel ALLARD et autres, dir. *La Nouvelle-France, 1534-1713*, Montréal, Guérin, 1976, coll. « L'histoire canadienne à travers les documents », p. 136. **P. 36 :** DAUZAT, Claude (prêtre), *Acte de serment de fidélité*, paroisse de la Sainte-Famille de Boucherville, 12 février 1713, cité dans Jean-Pierre HARDY, *Chercher fortune en Nouvelle-France*, Montréal/Gatineau, Libre Expression/ Musée canadien des civilisations, 2007, p. 154. **P. 38 :** LE MERCIER, François, *Relation de ce qui s'est passé en la mission des pères de la Compagnie de Jésus, en la Nouvelle-France, des années 1653 & 1654 : envoyée au R.P. Nicolas Royon, provincial de la province de France dans Les Relations des jésuites : aux sources de l'histoire de la Nouvelle-France*, [en ligne]. **P. 40 :** *Ordonnance de Mᵉ Raudot intendant de Canada qui ordonne que les panis et negres acheptez et qui le seront par la suitte appartiendront à ceux qui les auront acheptez*, 13 avril 1709, FR CAOM COL C11A 30 fol. 334-335, (texte original modernisé) [en ligne]. **P. 41 :** DENYS, Nicholas, *Histoire naturelle des peuples, des animaux, des arbres & plantes de l'Amérique septentrionale & de ses divers climats : avec une description exacte de la pêche des moluées, tant sur le Grand-Banc qu'à la coste, et de tout ce qui s'y pratique de plus particulier*, Paris, Barbin, 1672, (vol. 2) [en ligne]. **P. 45 :** ALLARD, Michel et autres, dir. *Les deux Canadas, 1760-1810*, Montréal, Guérin, 1981, p. 24-25, coll. « L'histoire canadienne à travers les documents », (texte modernisé). **P. 46 :** « Lettre de Guy Carleton, administrateur de la *Province of Quebec*, au secrétaire d'État britannique, Lord Shelburne, 25 novembre 1761 », dans Guy FRÉGAULT et Marcel TRUDEL, *Histoire du Canada par les textes (1534-1854). Tome 1*, Montréal, Fides, 1963, p. 137. **P. 49 :** « Extraits de la Capitulation de Montréal, 1760 », dans Guy FRÉGAULT et Marcel TRUDEL, *Histoire du Canada par les textes (1534-1854). Tome 1*, Montréal, Fides, 1963, p. 106-114. **P. 50 :** « Lettre de Hector Cramahé, lieutenant-gouverneur de la *Province of Quebec*, au secrétaire d'État britannique, Lord Darmouth, 21 septembre 1775 », dans Michel ALLARD et autres, dir., *Les deux Canadas, 1760-1810*, Montréal, Guérin, 1981, coll. « L'histoire canadienne à travers les documents », p. 53-54. **P. 55 :** PILOTE, François (prêtre), *Le Saguenay en 1851 : histoire du passé, du présent et de l'avenir probable du Haut-Saguenay au point de vue de la colonisation*, 1852. **P. 60 :** « Pétition présentée au Conseil législatif du Canada-Uni par les Algonquins et les Népissingues en 1845 », dans Alain BEAULIEU, *Les Autochtones du Québec : des premières alliances aux revendications contemporaines*, Québec/Montréal, Musée de la civilisation /Fides, 2000, p. 67. **P. 62 :** CANADA, MINISTÈRE DE LA JUSTICE, *Loi de 1867 sur l'Amérique du Nord britannique*, texte n° 1, art. 95, [en ligne] (30 avril 2008). **P. 69 :** BROWN AMES, Herbert, *"The City Below the Hill"*, Bishop Engraving and Printing Company, 1897, dans CHARPENTIER, DUROCHER, LAVILLE, LINTEAU, *Nouvelle histoire du Québec et du Canada*, CEC, p. 284-285. **P. 70 :** Extrait du journal *Witness*, 13 août 1885, dans Michael BLISS, *Montréal au temps du grand fléau. L'histoire de l'épidémie de 1885*, Montréal, Libre Expression, 1993, p.122. **P. 71 :** Dr Beausoleil, *Journal d'Hygiène populaire*, vol. II, n° 7, 15 août 1885, p. 78. **P. 73 :** LAFLÈCHE, Mgr Louis-François, *Quelques considérations sur les rapports de la société civile avec la religion et la famille*, 1866 (extrait reproduit d'après la brochure 124 de l'École Sociale Populaire). **P. 74 :** DUSSAULT, G., *Messianisme, utopie et colonisation au Québec (1850-1900). Étude socio-historique d'un cas : le curé Labelle*, 1975, thèse de doctorat, Université de Paris V, Paris. **P. 77 :** BOYD, J.F., *Émigration de jeunes garçons d'Angleterre au Canada*, 22 mai 1884, BANQ (centre d'archives) : P1000,S3,D2770. **P. 80 :** CALDER, M., ministre de l'Immigration et de la Colonisation, *Discussion générale du projet de loi relatif à l'immigration*, Gouvernement du Canada, Débats de la Chambre des Communes, 29 avril 1919. **P. 81 :** « Le docteur Rabinovitch démissionne comme interne senior à l'hôpital Notre-Dame », *Le Devoir*, 19 juin 1934. **P. 84 :** GOUVERNE-MENT DU CANADA, *Loi concernant l'immigration de 1952*, Canadiana, p. 249-250, [en ligne] (30 avril 2008). **P. 86 :**

GOUVERNEMENT DU QUÉBEC, *Accord Canada-Québec relatif à l'immigration et à l'admission temporaire des aubains [étrangers]* (Accord Gagnon-Tremblay-McDougall), février 1991, [en ligne] (30 avril 2008). **P. 87 :** GOUVERNE-MENT DU CANADA, *Loi sur le multiculturalisme canadien*, [en ligne] (29 avril 2008). **P. 92 :** GOUVERNEMENT DU QUÉBEC, « Commission d'enquête sur les services de santé et les services sociaux », *Rapport de la Commission sur les services de santé et les services sociaux*, 1988, p. 696. **P. 94 :** DIOUF, Boucar, *La commission Boucar pour un raccommodement raisonnable*, Les Intouchables, 2008, p. 46-47. **P. 95 :** QUÉBEC, COMMISSION DES DROITS DE LA PERSONNE ET DES DROITS DE LA JEUNESSE, *Chartre des droits et libertés de la personne du Québec*, 19 avril 2006, [en ligne] (28 avril 2008). **P. 96 :** DICKINSON, John A. et YOUNG, Brian, *Brève histoire socio-économique du Québec*, Septentrion, 2003, p. 21-22. **P. 102 :** TUTU, Desmond, *Amnistier l'apartheid*, Paris, Seuil, 2004, p. 131. **P. 105 :** CASSIN, Barbara et autres, « Le genre humain », *Vérité, réconciliation, réparation*, 2004, [en ligne] (16 avril 2008). **P. 110 :** BEN, Jorge, *Curumim Chama Cunhatã Que Eu Vou Contar*, 2007 (1981), [en ligne] (16 avril 2008). **P. 114 :** AMBASSADE DU BRÉSIL EN FRANCE, *Constitution de la République fédérative du Brésil*, 1988, [en ligne] (16 avril 2008). **P. 120 :** MEULDERS, Raphaël, « Un pont d'enfants pour le bilinguisme », *La Libre Belgique*, [en ligne] (16 avril 2008). **P. 127 :** *Discours de Goh Chok Tong lors de la campagne « Parlez mandarin »*, 1991, [en ligne] (25 février 2008). **P. 128 :** RIOUX, Martine, « Se créer une identité : une interview avec Dany Laferrière », L'Infobourg, 26 avril 2002, [en ligne] (2 avril 2008). **P. 129 :** (h.) AZDOUZ, Rashida et GARANT, Élisabeth, « Identités multiples et projet de société », *Bulletin Vivre ensemble*, hiver 2002, [en ligne] (23 avril 2008) ; (b.) GOUVERNEMENT DU QUÉBEC, *Échanger pour s'entendre : Commission de consultation sur les pratiques d'accommodement reliées aux différences culturelles*, Document de consultation, 2007, p. VI, [en ligne] (23 avril 2008). **P. 130 :** LEROUX, Ginette, « Un coin de ciel », *l'Aut'Journal*, 7 décembre 2007, [en ligne] (23 avril 2008). **P. 131 :** EL BATAL, Kamal, « Intégration des minorités ethniques dans la société québécoise – les immigrants ont fait leurs devoirs », *Le Devoir*, 21 juillet 2006. **P. 152 :** LALEMANT, Gabriel. « Écrits de 1614 », cité dans Allan D. MC MILAN, *Natives Peoples and Cultures of Canada*, Douglas & McIntyre Ltd, Vancouver, 1998, p. 96. **P. 155 :** « Mémoire à Monseigneur le comte de Pontchartrain sur l'establissement d'une colonie dans l'isle du Cap Breton, 30 Novembre, 1706 », cité dans H.A. INNIS, *Select documents in canadian economic history (1497-1783)*, The University of Toronto Press, 1929, p. 50. **P. 156 :** CARTIER, Jacques. « Première relation de la découverte de la Terre-Neuve, dite la Nouvelle-France, 1534 », cité dans Craig BROWN, *Histoire générale du Canada*, Boréal compact, 1987, p. 84-85. **P. 160 :** CHAMPLAIN, Samuel de, « Mémoire à Louis XVIII », cité dans Marcel TRUDEL, *Histoire de la Nouvelle-France*, Montréal et Paris, Fides, 1956, coll. « Classiques canadiens », p.72 à 77. **P. 161 :** MONTMAGNY, Charles Huault de, « Lettre du 19 juillet 1640 », dans H.-P. et J.-F. TARDIF, *Généalogie des familles Tardif en Amérique*, Chez les Auteurs, Sainte-Foy, 1991, p. 10. **P. 167 :** JONQUIÈRE et BIGOT, « Observations sur les réponses fournies par les Compagnies des Indes », cité dans Thomas WIEN, *Selling Beaver Skins in North America and Europe, 1720-1760 : The Uses of Fur-Trade Imperialism*, Revue de la Société historique du Canada, 1990, p. 293 à 317. **P. 169 :** PONTCHARTRAIN, Jérôme de, « Mémoire du roi à MM de Vaudreuil et de Beauharnais », 1704, Bibliothèque nationale du Canada. **P. 173 :** ROUILLÉ, Antoine Louis, « Lettre à Du Quesne, 30 juin 1753 », cité dans Guy FRÉGAULT, *François Bigot : Administrateur français, tome 1*, Montréal, Guérin, 1997, p. 79. **P. 179 :** BOUCHETTE, Joseph, « arpenteur général du Bas-Canada, 1815 », tiré de *Description topographique de la province du Bas-Canada avec des remarques sur le Haut-Canada et sur les relations des deux provinces avec les États-Unis de l'Amérique*, Londres. W.

Faden **P. 181 :** PRICE, William, « Lettre à James Dowie, 20 février 1845 », cité dans Louise DECHÊNE, *William Price 1810-1850* (mémoire de licence ès Lettres), avril 1964, Université Laval, p. 92. **P. 182 :** (g.) « Pétition adressée par des Algonquins et des Népissingues aux membres du Conseil législatif du Canada-Uni, 1845 », cité dans Alain BEAULIEU, Les Autochtones du Québec, Fides, Montréal, 2000, p. 67 ; (d.) « Lettre de McLeod à Damas Boulanger », cité dans Camil GIRARD et Normand PERRON, *Histoire du Saguenay-Lac-Saint-Jean*, Institut québécois de recherche sur la culture, 1989, p. 205. **P. 187 :** « Le traité de réciprocité (1854) », cité dans *La Confédération canadienne*, Bibliothèque et Archives Canada, 2 mai 2005, [en ligne] (4 mars 2008). **P. 192 :** *La Minerve*, jeudi 2 janvier 1851, p. 3 (document numérisé à la Bibliothèque nationale du Québec). **P. 195 :** MINISTÈRE DE LA JUSTICE Canada, « Article 5 de la loi de 1868 sur la terre de Rupert », 31 juillet 1868, [en ligne] (15 octobre 2007). **P. 197 :** MACDONALD, John A., *Manifeste de John A. Macdonald aux électeurs*, 1891, [en ligne] (7 mai 2008). **P. 205 :** HÉBERT, Gaudiose, « Journal intime d'un cordonnier de Québec », cité dans Jacques ROUILLARD, *Histoire de la CSN, de 1921 à 1981*, Boréal Express/CSN, 1981, p. 49. **P. 208 :** KEYNES, John Maynard, *Théorie générale de l'emploi, de l'intérêt et de la demande*, Payot, 1942. **P. 214 :** *Fer et titane*, Paroles et musique de Gilles VIGNEAULT © Éditions Le Vent qui vire, 1965. **P. 218 :** PÉPIN, Marcel, « Positions, CSN, 1868 », cité dans CSN, *portrait d'un mouvement*, 2000, p. 171. **P. 222 :** « L'accord de libre-échange est bénéfique, dit un sondage », cité dans *La Presse Affaires*, 1ᵉʳ octobre 2007 [en ligne] (18 mars 2008). **P. 225 :** TRAHAN, Jean-Luc, « Un Québec sans usine ? », *La Presse*, 5 juillet 2007, p. A21. **P. 228 :** KEEFER, Thomas Coltrin, « Philosophy of Railroads », cité dans Nick BRUNE, *Histoire, identité et culture au Canada*, Montréal, Chenelière Mc/Graw Hill, 2004, p 254. **P. 229 :** MERCURE, Philippe. « Le Québec en mode prospection », La Presse, 26 avril 2007. **P. 244 :** ST-AMOUR, Stéphane, « Le Mexique, un des cinq marchés porteurs selon la Politique internationale du Québec », *Courrier Laval*, 2007, [en ligne] (25 février 2008). **P. 247 :** ARMENGAUD, Jean-Hébert, « Haïti. La survie devant soi », *Libération*, n° 7764, 25 avril 2006, p. 34-35. **P. 259 :** (h.) RADIO-CANADA, « Un milliard dans la cagnotte », 24 octobre 2006, [en ligne] (18 février 2008) ; (b.) RADIO-CANADA, « La population soutient des mesures », 25 janvier 2007, [en ligne] (18 février 2008). **P. 260 :** (h.) PILON, Esther, « Mon p'tit café d'intégration », Cyberpresse, 30 mars 2006, [en ligne] (18 mars 2008) ; (bg.) BERGERON, Maxime, « Équité salariale : des progrès mais des coûts élevés », Cyberpresse, 20 février 2008, [en ligne] (18 mars 2008) ; (bd.) BARIL, Daniel, « Les mesures d'intégration des minorités devraient être plus coercitives, estime Marie-Thérèse Chicha », *Nouvelles de l'Université de Montréal*, 18 février 2008. **P. 277 :** (g.) COUTURIER, Jacques Paul et collab., « La rébellion du Nord-Ouest de 1885 » dans *Un passé composé. Le Canada de 1850 à nos jours*, Moncton, Éditions d'Acadie, 1996, p. 104-107. (d.) THOMAS, Lewis H., « Riel, Louis », dans Bibliothèque et Archives Canada, *Dictionnaire biographique du Canada en ligne*, [en ligne]. **P. 283 :** « Extrait de la lettre de Mgr Joseph-Médard Émard, évêque de Valleyfield, aux religieuses enseignantes de son diocèse, 1915 », tiré de Collectif Clio, *L'histoire des femmes au Québec depuis quatre siècles*, Montréal, Le Jour, 1992, p. 336. **P. 284 :** Extrait du *Rapport de la Commission royale d'enquête sur l'enseignement dans la province de Québec, tome II, volume 3 : les structures pédagogiques du système scolaire*, Québec, Publications du Québec, 1964, p. 279. **P. 285 :** Extrait de « La révolution des femmes » dans Jacques Paul COUTURIER et collab., *Un passé composé. Le Canada de 1850 à nos jours*, Moncton, Éditions d'Acadie, 1996, p. 302. **P. 295 :** LOISEL, Régis et TRIPP, Jean-Louis, Magasin général : Marie, Tournai, Casterman, 2006, p. 77.